TEOREMA DA EXPROPRIAÇÃO CAPITALISTA

COLEÇÃO
Mundo do Trabalho
Coordenação **Ricardo Antunes**
Conselho editorial **Graça Druck, Luci Praun, Marco Aurélio Santana, Murillo van der Laan, Ricardo Festi, Ruy Braga**

ALÉM DA FÁBRICA
Marco Aurélio Santana e
José Ricardo Ramalho (orgs.)

O ARDIL DA FLEXIBILIDADE
Sadi Dal Rosso

ATUALIDADE HISTÓRICA DA
OFENSIVA SOCIALISTA
István Mészáros

A CÂMARA ESCURA
Jesus Ranieri

O CARACOL E SUA CONCHA
Ricardo Antunes

A CLASSE TRABALHADORA
Marcelo Badaró Mattos

O CONCEITO DE DIALÉTICA
EM LUKÁCS
István Mészáros

O CONTINENTE DO LABOR
Ricardo Antunes

A CRISE ESTRUTURAL DO CAPITAL
István Mészáros

CRÍTICA À RAZÃO INFORMAL
Manoel Luiz Malaguti

DA GRANDE NOITE
À ALTERNATIVA
Alain Bihr

DA MISÉRIA IDEOLÓGICA
À CRISE DO CAPITAL
Maria Orlanda Pinassi

A DÉCADA NEOLIBERAL E A CRISE
DOS SINDICATOS NO BRASIL
Adalberto Moreira Cardoso

A DESMEDIDA DO CAPITAL
Danièle Linhart

O DESAFIO E O FARDO
DO TEMPO HISTÓRICO
István Mészáros

DO CORPORATIVISMO AO
NEOLIBERALISMO
Angela Araújo (org.)

"É TUDO NOVO", DE NOVO
Vitor Araújo Filgueiras

A EDUCAÇÃO PARA ALÉM
DO CAPITAL
István Mészáros

O EMPREGO NA GLOBALIZAÇÃO
Marcio Pochmann

O EMPREGO NO
DESENVOLVIMENTO DA NAÇÃO
Marcio Pochmann

ESTRUTURA SOCIAL E
FORMAS DE CONSCIÊNCIA, 2v
István Mészáros

FILOSOFIA, IDEOLOGIA
E CIÊNCIA SOCIAL
István Mészáros

FORÇAS DO TRABALHO
Beverly J. Silver

FORDISMO E TOYOTISMO
Thomas Gounet

GÊNERO E TRABALHO
NO BRASIL E NA FRANÇA
Alice Rangel de Paiva Abreu, Helena Hirata
e Maria Rosa Lombardi (orgs.)

HOMENS PARTIDOS
Marco Aurélio Santana

INFOPROLETÁRIOS
Ricardo Antunes e Ruy Braga (orgs.)

OS LABORATÓRIOS DO
TRABALHO DIGITAL
Rafael Grohmann

LINHAS DE MONTAGEM
Antonio Luigi Negro

A MÁQUINA AUTOMOTIVA
EM SUAS PARTES
Geraldo Augusto Pinto

MAIS TRABALHO!
Sadi Dal Rosso

O MISTER DE FAZER DINHEIRO
Nise Jinkings

O MITO DA GRANDE CLASSE MÉDIA
Marcio Pochmann

A MONTANHA QUE DEVEMOS
CONQUISTAR
István Mészáros

NEOLIBERALISMO, TRABALHO
E SINDICATOS
Huw Beynon, José Ricardo Ramalho,
John McIlroy e Ricardo Antunes (orgs.)

NO ENTANTO, ELA SE MOVE
Iuri Tonelo

NOVA DIVISÃO SEXUAL
DO TRABALHO?
Helena Hirata

NOVA CLASSE MÉDIA
Marcio Pochmann

O NOVO (E PRECÁRIO) MUNDO
DO TRABALHO
Giovanni Alves

A OBRA DE SARTRE
István Mészáros

PARA ALÉM DO CAPITAL
István Mészáros

A PERDA DA RAZÃO SOCIAL
DO TRABALHO
Maria da Graça Druck e Tânia Franco
(orgs.)

POBREZA E EXPLORAÇÃO DO
TRABALHO NA AMÉRICA LATINA
Pierre Salama

O PODER DA IDEOLOGIA
István Mészáros

A POLÍTICA DO PRECARIADO
Ruy Braga

O PRIVILÉGIO DA SERVIDÃO
Ricardo Antunes

A REBELDIA DO PRECARIADO
Ruy Braga

RETORNO À CONDIÇÃO OPERÁRIA
Stéphane Beaud e Michel Pialoux

RIQUEZA E MISÉRIA DO TRABALHO
NO BRASIL, 4v
Ricardo Antunes (org.)

O ROUBO DA FALA
Adalberto Paranhos

O SÉCULO XXI
István Mészáros

SEM MAQUIAGEM
Ludmila Costhek Abílio

OS SENTIDOS DO TRABALHO
Ricardo Antunes

SHOPPING CENTER
Valquíria Padilha

A SITUAÇÃO DA CLASSE
TRABALHADORA NA INGLATERRA
Friedrich Engels

O SOLO MOVEDIÇO DA
GLOBALIZAÇÃO
Thiago Aguiar

SUB-HUMANOS: O CAPITALISMO E A
METAMORFOSE DA ESCRAVIDÃO
Tiago Muniz Cavalcanti

A TEORIA DA ALIENAÇÃO EM MARX
István Mészáros

TERCEIRIZAÇÃO:
(DES)FORDIZANDO A FÁBRICA
Maria da Graça Druck

TRABALHO E DIALÉTICA
Jesus Ranieri

TRABALHO E SUBJETIVIDADE
Giovanni Alves

TRANSNACIONALIZAÇÃO DO
CAPITAL E FRAGMENTAÇÃO DOS
TRABALHADORES
João Bernardo

UM PORTO NO CAPITALISMO GLOBAL
Guilherme Lei Gonçalves e Sérgio Costa

UBERIZAÇÃO, TRABALHO DIGITAL
INDÚSTRIA 4.0
Ricardo Antunes (org.)

Klaus Dörre

TEOREMA DA EXPROPRIAÇÃO CAPITALISTA

Tradução
César Mortari Barreira
Iasmin Goes

Apresentação e revisão técnica
Guilherme Leite Gonçalves

© Boitempo, 2022
© Klaus Dörre, 2022

Direção-geral	Ivana Jinkings
Edição e preparação	Tulio Kawata
Coordenação de produção	Livia Campos
Assistência editorial	João Cândido Maia
Tradução	César Mortari Barreira e Iasmin Goes
Revisão técnica	Guilherme Leite Gonçalves
Revisão	Maísa Kawata
Diagramação	Sandra Kato
Capa	Antonio Kehl
	imagens: *Castle and Sun*, óleo sobre tela, 1928, de Paul Klee (frente) e Jon Tyson/Unsplash (verso)

Equipe de apoio Camila Nakazone, Elaine Ramos, Erica Imolene, Frank de Oliveira, Frederico Indiani, Higor Alves, Isabella Meucci, Ivam Oliveira, Kim Doria, Lígia Colares, Luciana Capelli, Marcos Duarte, Marina Valeriano, Marissol Robles, Maurício Barbosa, Pedro Davoglio, Raí Alves, Thais Rimkus, Tulio Candiotto, Uva Costriuba

---

CIP-BRASIL. CATALOGAÇÃO NA PUBLICAÇÃO
SINDICATO NACIONAL DOS EDITORES DE LIVROS, RJ

D759t

Dörre, Klaus, 1957-
    Teorema da expropriação capitalista / Klaus Dörre ; tradução Cesar Mortari Barreira, Iasmin Goes ; apresentação e revisão técnica Guilherme Leite Gonçalves. – 1. ed. – São Paulo : Boitempo, 2022.

(Mundo do trabalho)

Inclui bibliografia
"Coletânea de diferentes artigos"
ISBN 978-65-5717-163-9

    1. Ciência política – Filosofia. 2. Economia marxista. 3. Direito e socialismo. I. Barreira, Cesar Mortari. II. Goes, Iasmin. III. Gonçalves, Guilherme Leite. IV. Título. V. Série.

22-77757   CDD: 335.412
                                                     CDU: 330.85

Meri Gleice Rodrigues de Souza – Bibliotecária – CRB-7/6439

É vedada a reprodução de qualquer parte deste livro sem a expressa autorização da editora.

Esta edição contou com apoio de DFG-Kolleg Postwachstumsgesellschaften.

1ª edição: junho de 2022

BOITEMPO
Jinkings Editores Associados Ltda.
Rua Pereira Leite, 373
05442-000 São Paulo SP
Tel.: (11) 3875-7250 / 3875-7285
editor@boitempoeditorial.com.br
boitempoeditorial.com.br | blogdaboitempo.com.br
facebook.com/boitempo | twitter.com/editoraboitempo
youtube.com/tvboitempo | instagram.com/boitempo

SUMÁRIO

Apresentação – Guilherme Leite Gonçalves 7
Nota da tradução – César Mortari Barreira 15

PARTE I – TEORIA GERAL DO REGIME DE EXPROPRIAÇÃO CAPITALISTA 19

1. A nova expropriação capitalista: dinâmicas e limites do capitalismo financeiro 21
   1. O que é capitalismo? 23
   2. Como o capitalismo se desenvolve? 34
   3. O que há de novo no capitalismo financeiro? 51
   4. A(s) crise(s) do capitalismo financeiro 63
   5. Alternativas? 72

2. Expropriação capitalista: causas, efeitos e limites da dinâmica capitalista de crescimento 77
   1. Componentes de uma teoria do regime de expropriação capitalista 78
   2. Diagnóstico temporal: o regime de expropriação do capital financeiro no setor social 84
   3. Limites da dinâmica capitalista 91
   4. Perspectivas de transformação social 97

PARTE II – EXPROPRIAÇÃO CAPITALISTA E CLASSES SOCIAIS 101

3. Precariedade: a nova questão social do século XXI? 103
   1. A nova discussão sociológica em torno da precarização 104
   2. Conceitos: precariedade, precarização, precariado 107

    3. Resultados selecionados da pesquisa 110
    4. Questões abertas, controvérsias e necessidades de pesquisa 113
    5. Precariedade como prova permanente de força 120
    6. A pesquisa sobre precariedade como sociologia pública 127
4. Expropriação capitalista e classes sociais:
sobre a relevância da exploração secundária 129
    1. O conceito de classe de Marx 132
    2. Expropriações, classes e exploração (secundária) 136
    3. Regime de expropriação do capitalismo financeiro e
erosão da sociedade de classes integrada 142
    4. Novas divisões sociais e relações de classe 146
    5. Conclusões para a análise e a teoria de classes 155
    Epílogo 160

PARTE III – O RETORNO DA SOCIOLOGIA CRÍTICA 163

5. A hora do predador: expropriação capitalista do Estado,
subclasses e segurança interna 165
    1. "A hora do predador" 166
    2. Sobre o conceito de subclasse(s) 168
    3. Regime de expropriação do capitalismo financeiro e
formação de subclasses 174
    4. A produção política de subclasses 180
    5. Algumas conclusões 184
6. Teoria crítica e crise: a expropriação capitalista nas fronteiras da
dinâmica capitalista 191
    1. A controvérsia em torno da reprodução da relação do capital 191
    2. Sobre a economia política da crise financeira e
econômica mundial 196
    3. A expropriação capitalista do social 207
    4. Da expropriação interna à dupla crise econômico-ecológica 216

Referências bibliográficas 221
Fonte dos textos 243
Sobre o autor 245

Apresentação

É possível articular a crítica de tradição alemã e a reflexão marxista não ocidental? No Sul global, sem dúvida, temos alguns exemplos. Dentre eles, o mais expressivo é Roberto Schwarz. Preocupado em compreender o amálgama entre produção da cultura e do valor, o autor brasileiro, nascido na Áustria, deu uma volta no parafuso machadiano para pensar a coexistência entre mercado e escravidão, eficiência e violência, capitalismo e não capitalismo no Brasil. O projeto intelectual schwarziano implica, portanto, assumir um programa crítico para a intelecção da sociedade periférica. Influenciado pela dialética (tipicamente ocidental, sobretudo alemã) entre arte e economia, Schwarz apresenta a dialética (tipicamente não ocidental) entre dentro e fora capitalista. Tem-se, assim, *um crítico na periferia do capitalismo*, conforme a homenagem de Maria Elisa Cevasco e Milton Ohata[1].

Mas e o contrário: a "periferia do capitalismo" no crítico (alemão)? O marxismo ocidental poderia ser provocado pelo não ocidental? A resposta é positiva. Mas não aconteceu em Frankfurt, e sim em uma tradição paralela que remonta ao marxismo revolucionário e anti-imperialista originário dos protestos de 1968 e que reúne nomes como Rudi Dutschke e Elmar Altvater. Ela se mantém e se expande na obra de Klaus Dörre.

Sem dúvida, essa afirmação causaria espanto à leitora ou ao leitor de origem alemã. Em primeiro lugar, Dörre é professor da prestigiosa Universidade Friedrich-Schiller de Jena, que contou com Hegel, Fichte e Schelling em seu corpo docente, considerada o berço do idealismo e do romantismo. Além disso, adquiriu notoriedade pela radicalidade com a qual tem conduzido a chamada Escola de Jena. Um programa que, após a crise de 2008, busca reativar a categoria capitalismo como meio de superação dos déficits analíticos da sociologia alemã desde que ela

---

[1] Maria Elisa Cevasco e Milton Ohata, *Um crítico na periferia do capitalismo: reflexões sobre a obra de Roberto Schwarz* (São Paulo, Companhia das Letras, 2007).

desencadeou seu giro normativo com Jürgen Habermas e a segunda geração de Frankfurt. Ao lado de Stephan Lessenich e Hartmut Rosa, Dörre lançou manifesto que, ao indicar a centralidade da acumulação capitalista na sociedade moderna, sustenta que os diagnósticos sociológicos deveriam se voltar para as condições e efeitos sociais de tal acumulação. Os autores exigem a volta da crítica do capitalismo nas ciências sociais.

Como visto, a obra de Dörre pressupõe os limites do projeto normativo habermasiano de uma modernidade inacabada – e aqui estão os primeiros encontros com a sociologia marxista não ocidental, que nunca o aceitou. A teoria de Habermas foi construída por exercício especulativo orientado ao esvaziamento da potência imanentemente crítica da noção marxiana de trabalho, cancelando de sua composição o caráter de mediação social. Para o autor frankfurtiano, o trabalho estaria apartado da esfera da interação e, como tal, reduzido ao âmbito da produtividade, da técnica e da razão instrumental. Esse tipo de distinção tem sido motor de ideias que buscaram ao longo dos anos 1970 a 1990 dar *adeus ao proletariado*. Dörre tem sido um questionador radical dessas ideias. Faz parte, portanto, do capítulo de uma história da sociologia de que autores como Ricardo Antunes têm profundamente participado. De um lado, tal história tem se dedicado a traçar um quadro heterogêneo e complexo do *mundo do trabalho*; de outro, ela opõe a riqueza do conceito de totalidade social de Marx à dicotomia interação/trabalho.

Em Dörre, podemos ver como essa dicotomia distingue artificialmente o que se construiu historicamente de maneira unitária, a saber, a sociabilidade capitalista é um processo indivisível que entrelaça expropriação dos meios de subsistência, produção de mercadorias e sociedade. Sem esse referencial de entrelaçamento, perde-se o sensor para as percepções das relações capitalistas, para a contestação de suas instituições e para a criação de alternativas. Se admitíssemos – como faz Habermas – um sentido comunicativo-interacional livre de coerção, o máximo que a crítica poderia alcançar seria a tese da "distorção" das interações dialógicas ou "colonizações sistêmicas do mundo da vida". O sentido social não realizado seria, assim, critério para julgar patologias. Com isso, a crítica dependeria da investigação do sentido, e o que poderia ser considerado diagnóstico do capitalismo – as colonizações – torna-se pressuposto para um modelo ético. Note-se que o "sentido social não realizado" é indiferente à instância material, um *dever ser* oposto ao *ser*. Quando se abandona a intelecção marxiana de que o trabalho é a rede de contradições estruturante do todo social, a sociologia vira normativa. Como tal, substitui a crítica pela defesa de normas que, na modernidade, assume a forma dos direitos. Torna-se, portanto, liberal.

Dörre responsabiliza esse projeto normativo não só pela criação de um pensamento conformado com a estabilidade institucional, mas também pela exclusão da economia política da análise sociológica, o que, por sua vez, tornou-a incapaz de oferecer diagnósticos plausíveis sobre as contradições e crises do capitalismo. Ironicamente, essa exclusão é considerada uma "assunção silenciosa das premissas mais importantes das teorias neo-harmônicas da acumulação". Não se trata, portanto, apenas de cancelamento das raízes da crítica social desde Marx. A partir de Habermas, adotou-se a crença no papel apaziguador do crescimento econômico, que, supostamente alcançado pelo capitalismo social-burocrático, seria suscetível a meros desequilíbrios – crises de regulação – que não minariam a integração social. Para Dörre, isto seria uma grande ilusão, que se renova a cada recessão econômica. E nesse ponto podemos identificar um segundo encontro com o marxismo não ocidental.

Nos países periféricos, a interconexão histórica e escancarada entre desigualdades redistributivas, imperativos do capital e violência estatal sempre acentuaram que as conclusões sobre o advento de suposta sociedade pós-material eram apressadas. Pacificação do conflito social pelo Estado? Fim do trabalho? Para o Sul global, a teoria normativa do bem-estar e do crescimento não passava de mistificação. A experiência social revelava, ao contrário, constante instabilidade econômica, repressão permanente contra povos não brancos, criminalização do protesto, aprofundamento das desigualdades, ampliação do barateamento da força de trabalho e legalização de suas condições precárias. Somente uma crítica social, construída por um olhar eurocêntrico, poderia lançar sombras sobre essa realidade.

No presente livro, Dörre demonstra que tal olhar apoiou-se em uma fé excessiva nos laços de união da grande empresa fordista. Essa fé, segundo ele, não serviu apenas para ocultar o funcionamento do sistema capitalista no então chamado Terceiro Mundo. Permitiu também esconder que, no interior do capitalismo social-democrático europeu, a economia orientada ao mercado e ao lucro já se ancorava na expropriação de determinados grupos. Em suas palavras, os setores de prosperidade desenvolveram-se "através da funcionalização das atividades reprodutivas da mulher, da exploração de migrantes ou da exclusão social de uma minoria pela maioria". Assim como Dörre, o marxismo não ocidental sempre foi mais sensível ao debate sobre gênero, raça e (neo)colonialismo à luz da categoria trabalho.

O autor de Jena não se limita à crítica aos sombreamentos com corte histórico ou espacial que a teoria normativa do bem-estar e do crescimento produz. Vai além e mostra a impossibilidade de sustentá-la na Alemanha contemporânea. Para isso, faz referência ao avanço da extrema direita e do poder autoritário. Sua definição de "Estado predador" mostra que a Europa ocidental estabilizou classificações preconceituosas para viabilizar medidas repressivas e antipopulares.

Na verdade, Dörre apresenta a crise alemã com base em tese inovadora sobre a precarização. Para ele, o desenvolvimento capitalista estabelece um mercado de trabalho dual. De um lado, empregos qualificados e proteção legal que asseguram um regime de tempo que possibilita planejamento de longo prazo; de outro, trabalhadoras e trabalhadores não qualificados que convivem com o desemprego, a informalidade e estão sujeitos ao acaso e à imprevisibilidade. O capitalismo produz, assim, um interno e um externo. O primeiro refere-se às relações de troca de mercadoria (incluída a força do trabalho), que, proporcionada pelo contrato entre partes, autoriza a apropriação privada do mais-valor criado coletivamente. O segundo, por sua vez, corresponde à expropriação dos meios de subsistência e espoliação das condições de vida via privatização e baixa remuneração. Segundo Dörre, ambos estão relacionados e tornam possível a expansão capitalista pelo que denomina "precariedade discriminatória": o interno enquanto objetivo da ocupação regular e estabilidade social recrudesce a competitividade e força os grupos externos não somente a se sujeitarem a qualquer remuneração (o que já é delimitado pelo risco do desemprego), mas também a aceitarem crédito e auxílios financeiros que reafirmam conotações preconceituosas, combustível de mais desigualdades em relação aos grupos internos.

Ao longo deste livro, essa reflexão é conduzida a partir das formulações de Marx sobre o exército industrial de reserva, da tese de Bourdieu a respeito do subproletariado da Argélia, do debate contemporâneo da história global do trabalho e do levantamento de dados e pesquisas empíricas do próprio Dörre e da sociologia alemã. Por óbvio, a noção de precariedade discriminatória tem paralelos com o que Frantz Fanon descreveu como "sonhos de possessão do colonizado"[2]. Esses paralelos são, na verdade, aproximações com o marxismo não ocidental graças ao alinhamento por parte de Dörre à dialética dentro-fora capitalista.

Nem no marxismo não ocidental nem no pensamento de Dörre tal dialética implica a aceitação de uma compreensão da sociedade de maneira dicotômica, como faz, por exemplo, Habermas. Ao contrário, para utilizar expressão de Francisco de Oliveira, pressupõe "uma simbiose e uma organicidade, uma unidade de contrários". O marxismo não ocidental tem elaborado essa simbiose para explicar que o atraso não é resquício pré-moderno, mas constitutivo da modernidade capitalista. Já Dörre a utiliza para descrever o capitalismo alemão atual. Para tanto, sugere que a Alemanha é hoje uma "sociedade precária do pleno emprego". Isto é: a dinâmica contraditória entre emprego estável e subocupação gerou um contexto no qual a participação na força de trabalho atingiu níveis recordes, mas o volume de horas de trabalho e a expansão do setor de baixa remuneração também. Trata-se, portanto, de uma sociedade em que o fora "atrasado" é elemento integrante do "dentro" moderno.

Com isso, Dörre nos oferece curiosamente uma reatualização das primeiras considerações de Marx a respeito de uma antiga situação alemã. Contra os jovens hegelianos, que insistiam na dicotomia entre nações modernas (Inglaterra e França) e *ancien régime* (Alemanha), Marx afirma que "o *status quo* alemão é a *realização sincera* do *ancien régime*" e o "*ancien régime* é a deficiência oculta do Estado

---

[2] Frantz Fanon, *Os condenados da terra* (Lisboa, Ulisseia, 1965).

moderno"³. Não há nenhuma naturalização de posição política ou social. Embora "não seja mais do que o comediante da ordem mundial, cujos *verdadeiros heróis* estão mortos", do ponto de vista alemão o *ancien régime* é sua atualidade; da perspectiva dos países democráticos, sua negação velada, mas, como tal, constituinte. Experiência presente de um fora escancaradamente violento para o mundo liberal, a explicitação da condição da Alemanha na primeira metade do século XIX revela o que tal mundo não consegue ver: que, não obstante sua forma de igualdade e liberdade, desigualdade, repressão e participação política de baixa intensidade são mantidas. Para explicar esse quadro, Marx formula o conceito *ancien régime moderno*. Um conceito que revela que o "dentro" moderno expande-se e se alimenta do "fora" atrasado, abrangendo-o.

Essa elaboração do Estado político não pode ser reconhecida pelo projeto normativo da modernidade inconclusa, para quem as promessas desta última são medidas de julgamento das práticas sociais. Por isso, Habermas reivindicou a contemporaneidade dos jovens hegelianos. Dörre não a aceita. E o faz de forma radical: a reflexão da sociedade e do Estado não pode ser desenvolvida sem crítica da economia política. Sua descrição das contradições alemãs é apreendida, portanto, por uma teoria do capitalismo. Trata-se, em outras palavras, de uma análise da acumulação, fundada em releituras do Marx tardio e de Rosa Luxemburgo. Em torno da autora polonesa, pode estar o segredo da relação entre Dörre e o marxismo não ocidental.

O conceito de acumulação primitiva é fundamental para este livro. Em sua reconstrução do capítulo 24 do Livro I de *O capital*, ela é apresentada como um conjunto de atos expropriatórios que separa os produtores dos meios de produção. Para garantir sua subsistência, a massa expropriada se vê obrigada a vender sua força de trabalho àqueles que se tornaram os únicos proprietários dos respectivos meios. Com isso, a acumulação primitiva adquire para Dörre um sentido específico: é a instituição violenta das relações sociais capitalistas em espaços onde ele ainda não é completamente válido, isto é, onde existem grupos e atividades ainda não constituídos pela lógica das trocas mercantis. É importante, todavia, ressaltar que Dörre adere à tese de que em Marx a acumulação primitiva é um evento da pré-história do capitalismo. A partir disso, ele se apropria da teoria luxemburguista.

Luxemburgo nunca foi tratada como indispensável para o marxismo ocidental, não obstante sua contribuição para o debate socialista alemão do início do século XX. Mulher, proveniente da Polônia (uma região periférica e estigmatizada na Europa), a autora elaborou um modelo de desenvolvimento capitalista com base em críticas (*heresias*, para alguns) aos esquemas de reprodução de Marx. E mais:

---

[3] Karl Marx, "Zur Kritik der Hegelschen Rechtsphilosophie. Einleitung", em Karl Marx e Friedrich Engels, *Werke*, v. 1 (Berlim, Dietz, 2006 [1844]), p. 378-91 [MEW 1].

atribuiu, de modo inovador, relevância fundamental às sociedades não europeias para a dinâmica do capitalismo.

Dörre analisa detalhadamente a tese luxemburguista. É consciente de suas falhas interpretativas sobre os esquemas marxianos e dos problemas da noção de subconsumo. Para Luxemburgo, o mais-valor produzido nos espaços capitalistas não consegue ser completamente realizado em razão do enfraquecimento da demanda; para tanto, ambientes não capitalistas são colonizados, abrindo novos mercados que permitem absorver os excedentes. Dörre examina as limitações dessa tese que, se considerasse a capacidade de investimentos, financiamento por meio do crédito e rentabilidade do capital, precisaria admitir que, no interior dos próprios espaços capitalistas, já existiriam meios para a realização do mais-valor, sem precisar recorrer a um fora. Por outro lado, para além da economia política marxista, Dörre reconhece a importância da formulação luxemburguista para os (neo)keynesianos – Joan Robinson, por exemplo, considerada a melhor economista que jamais ganhou o Nobel, era entusiasta das ideias de Luxemburgo.

As questões de teoria econômica são essenciais. Mas a proposta de Dörre é outra: sociologizar Luxemburgo, ou melhor, reinterpretá-la como ponto de partida para a crítica social. Dessa perspectiva, ele sustenta que a sociedade capitalista não existe em forma pura. Ao contrário, coexiste com outros modos e relações de produção de maneira circular e à custa de processos destrutivos. Dessa perspectiva, o capitalismo é definido como uma dinâmica ininterrupta de remoção de obstáculos à acumulação. Para Dörre, o motor da expansão capitalista é a *Landnahme*. Optamos por traduzi-la por regime de expropriação ou simplesmente expropriação, um conceito-chave para o marxismo não ocidental.

Dörre compreende expropriação (ou *Landnahme*) como a tomada violenta de espaços não mercantilizados já existentes ou criados por inovações tecnológicas e sociais. Com isso, sustenta que o capitalismo funciona segundo uma dialética dentro-fora que requer a existência de um outro para possibilitar seu permanente desenvolvimento. Essa tese é defendida em diálogo crítico com as concepções de "destruição criativa" (Schumpeter), incorporação social do mercado (Polanyi) e acumulação por despossessão (Harvey).

Engana-se, todavia, quem espera encontrar no livro de Dörre apenas a formulação teórica de uma reflexão que ousa desafiar os caminhos da crítica social alemã. Essa ousadia amplia-se para a análise empírica. Já vimos que ele investiga com profundidade a precariedade do trabalho. O conceito de expropriação também é utilizado para explicar políticas econômicas específicas a partir da espoliação de bens públicos e coletivos. Nesse caso, Dörre examina temas que estão no centro da discussão atual, entre eles, o papel da dívida dos Estados, os pacotes de salvamento do sistema financeiro nas crises (como a de 2008), as medidas de austeridade, privatizações, a dinâmica do baixo crescimento, a pressão dos investidores sobre os sistemas políticos e as bolhas especulativas.

Ao mesmo tempo, a teoria da expropriação também se desdobra em análises de *longue durée*. Dörre propõe ciclos do capitalismo e oferece uma descrição dos regimes de expropriação: o social-burocrático e o financeiro ou, em termos mais difusos, fordismo e neoliberalismo. Cada um desses ciclos é compreendido pelas características gerais de seu funcionamento – por exemplo, regulações, modelos de produção, tipos de relação capital/trabalho, formas de investimentos, padrões culturais e experiências de protesto. A ênfase, porém, recai sobre a análise do regime financeiro de expropriação. Dörre demonstra as implicações do processo de transferência da capacidade decisória do Estado para o mercado de capitais. Para ele, isto significa a imposição da centralidade do capital portador de juros e fictício, que tende à superprodução de ativos, securitizações e derivativos, oriundos da negociação dos empréstimos na bolsa de valores. Essa sobreacumulação parece desvinculada da economia produtiva, mas, no fundo, depende da expropriação e exploração do trabalho para assegurar o interesse dos investidores e reivindicar a valorização dos "papéis". Por isso, conforme Dörre, o regime financeiro de expropriação verifica-se pela mercantilização dos meios de subsistência, diminuição dos salários, aumento da dependência da classe trabalhadora em relação ao mercado e endividamento das famílias.

Trata-se, como se pode ver, de um regime sujeito a múltiplas crises. Dörre analisa cada uma delas, mas dá especial ênfase à relação entre finanças, crescimento e ecologia. Segundo o autor, quando uma bolha financeira estoura e gera repentina desvalorização dos ativos, há intensa pressão para superar a recessão. E isto só é possível pela expropriação violenta de espaços não mercantilizado, dentre eles, as reservas ambientais (florestas primárias, fundo oceânico) ainda não acessíveis ao circuito do capital. São combustíveis do crescimento econômico. Dörre denominou esse estado de coisas a "dupla crise ecológico-econômica": o deslocamento de toda energia existente para a superação da estagnação econômica acarreta o aprofundamento da destruição ambiental. Nenhuma das duas crises pode, assim, ser confrontada sem o agravamento da outra. Desse beco sem saída há por parte de Dörre um chamado ao ecossocialismo, movimento fundamental para o Brasil, mas que curiosamente tem adquirido mais força na Europa.

Dörre é um observador europeu, mais precisamente alemão. O que, porém, o aproxima tanto do pensamento e das preocupações marxistas não ocidentais? De uma parte, a própria Alemanha. É um país que cada vez mais tem se periferizado em diversas dimensões. Mas não é o único; isto vale evidentemente para todo o Ocidente. Em certo sentido, Dörre adere à tese de que a contradição primária entre o dentro e o fora capitalista/moderno tem na periferização e na precarização seu lugar de observação privilegiado. Na Alemanha, agora está visível. Por outra parte, essa relocalização geográfica de seu lugar de reflexão tem também um efeito global: as periferias alemãs confirmam cada vez mais que a sociedade capitalista esclarecida sempre carrega e contém a violência e a barbárie. Aqui fica nosso convite à leitora e ao leitor brasileiros: conhecer como a teoria marxista europeia vai se tornando não ocidental. Isto se ela quiser explicar a dinâmica do capitalismo mundial. Klaus Dörre quer e faz!

Guilherme Leite Gonçalves
Professor de Sociologia do Direito da
Universidade do Estado do Rio de Janeiro

Nota da tradução

O conteúdo deste livro apresenta uma chave de leitura sociológica para compreender os atuais fenômenos do capitalismo, notadamente em sua configuração financeira. Ancorado em discussões que remetem à contribuição de Rosa Luxemburgo acerca da recorrência da "assim chamada acumulação primitiva" – analisada por Karl Marx no Livro I de *O capital* –, Klaus Dörre desenvolve o teorema do "regime de expropriação capitalista" [*Landnahme*]. Seu objetivo é compreender como a expansão "interna" e "externa" do capitalismo traz impactos notáveis para as discussões sobre classes sociais, Estado e precarização, questões que se articulam em torno das tarefas e desafios de uma sociologia crítica.

A tradução do termo alemão *Landnahme* – que literalmente significa apropriação de terras (*land grabbing*, tal como aparece na literatura de língua inglesa) – exige algumas considerações. Diante da dificuldade de satisfazer a riqueza de seu sentido original, os tradutores para o inglês decidiram manter a palavra alemã (Dörre; Lessenich; Rosa 2015)[1]. Ainda que essa postura tenha sido observada recentemente – em uma coletânea de artigos sobre capitalismo e trabalho[2], igualmente

---

[1] Os tradutores explicam a opção: "o conceito de *Landnahme* sustenta que as sociedades capitalistas não podem se reproduzir sobre seus próprios fundamentos a longo prazo. Para se reproduzir, elas têm de ocupar continuamente e mercantilizar um 'outro' não capitalista (p. ex., regiões, arredores, grupos e atividades). Trata-se, por assim dizer, de uma incessante repetição do ato de acumulação primitiva. Devido à dificuldade de encontrar uma tradução conclusiva exata, o termo *Landnahme* será utilizado ao longo do texto" (Klaus Dörre, Stephan Lessenich e Hartmut Rosa, *Sociology, Capitalism, Critique* (Londres, Verso Books, 2015), p. 15).

[2] Klaus Dörre, Nicole Mayer-Ahuja, Dieter Sauer e Volker Wittke, *Capitalism and Labour: Towards Critical Perspectives* (Frankfurt/Nova York, Campus, 2019), p. 71.

em inglês, mas também na língua espanhola em ao menos duas oportunidades[3] –, outro artigo traduz o termo por "apropriação" [*appropriation*][4].

Naturalmente, outros exemplos podem ser citados. Indiretamente, em Portugal, *Landnahme* aparece na tradução de um artigo de Roswitha Scholz – "Cristóvão Colombo Forever?" – originalmente publicado na revista *Exit!*[5], momento em que a autora dialoga explicitamente com a teoria da "colonização" de Dörre[6]. Não por acaso, o termo "colonização" aparece na tradução italiana [*colonizzazione*][7] do artigo e na chamada em francês [*colonisation*][8] para um debate sobre o tema. No Brasil, a problemática acerca da tradução também pode ser observada: num primeiro momento, mantendo-se a utilização do termo alemão[9]; após, uma referência indireta através da tradução para o português do referido artigo de Roswitha Scholz traz o termo "colonização"[10]; por fim, recentemente *Landnahme* foi novamente utilizado sem tradução[11].

Esses casos trazem à tona dificuldades de tradução que, no entanto, têm seu melhor testemunho no *site* do *Kolleg Postwachstumsgesellschaften* da

---

[3] A justificativa aqui segue a mesma linha argumentativa da primeira nota: "*Landnahme* é um conceito alemão que originalmente significa 'apropriação de terra' ou 'aquisição de terra', comumente usado no contexto de assentamento ou conquista de novos territórios, aqui usado figurativamente para descrever a 'conquista de terra' ou a expansão das estruturas sociais e econômicas capitalistas em detrimento das não capitalistas" (Klaus Dörre, "Capitalismo, *Landnahme* y regímenes sociales de tempo: un panorama general", *Pléyade*, v. 18, n. 1, jul.-dez. 2016, p. 25). A mesma justificativa é apresentada pelo tradutor em outro artigo de Dörre ("*Landnahme*: un concepto para el análisis de la dinâmica capitalista, o superando a Polanyi com Polanyi", *Política, Revista de Ciencia Política*, v. 54, n. 2, 2016, p. 14-5).

[4] Hartmut Rosa, Klaus Dörre e Stephan Lessenich, "Appropriation, Activation and Acceleration: The Escalatory Logics of Capitalist Modernity and the Crises od Dynamic Stabilization", *Theory, Culture and Society*, 2016, p. 4.

[5] O título do artigo é "Christoph Kolumbus forever? Zur Kritik heutiger Landnahme-Theorien vor dem Hintergrund des 'Kollaps der Modernisierung'".

[6] Roswitha Scholz, "Cristóvão Colombo Forever? Para a crítica das actuais teorias da colonização no contexto do 'Colapso da modernização'", *Exit! Crise e Crítica da Sociedade da Mercadoria*, n. 13, 2016; disponível em: <http://www.obeco-online.org/roswitha_scholz24.htm>, acesso em: 7 mar. 2022.

[7] Disponível em: <https://www.sinistrainrete.info/marxismo/7527-roswitha-scholz-cristoforo-colombo-forever.html?showall=1>, acesso em: 7 mar. 2022.

[8] Disponível em: <http://www.palim-psao.fr/2017/10/debat-avec-roswitha-scholz-et-fabio-teixeira-pitta-critique-de-la-pratique-du-land-grabbing-au-bresil-et-des-tentatives-d-explicatio>, acesso em: 7 mar. 2022.

[9] Klaus Dörre, "A nova *Landnahme*. Dinâmicas e limites do capitalismo financeiro", *Revista Direito & Práxis*, v. 6, n. 12, 2015, p. 536-603.

[10] Roswitha Scholz, "Cristóvão Colombo Forever? Para a crítica das atuais teorias da colonização no contexto do 'Colapso da modernização'", *Geografares*, jan.-jun. 2019, p. 116-69.

[11] A justificativa segue argumentos já mencionados: "não há uma tradução exata para o termo em português, por isso resolvemos manter no original" (Klaus Dörre, "Capitalismo de risco. *Landnahme*, crise bifurcada, pandemia: chance para uma revolução sustentável?", *Revista Sociedade e Estado*, v. 35, n. 3, set.-dez. 2020, p. VII).

Friedrich-Schiller-Universität Jena. Ao disponibilizar em várias línguas um modelo de pesquisa, encontra-se o seguinte cenário: em inglês, mantém-se o termo *Landnahme*; em francês, apesar de igualmente conservar a palavra alemã, é aventada a possibilidade de traduzi-la como "monopolização" [*accaparement*]; em espanhol, a mesma situação anterior, desta vez aludindo à expressão "conquista de território" [*toma de territorio*]; por fim, em português observa-se "tomada de terras"[12].

Diante dessa situação, optamos por uma solução alternativa. No debate alemão, o processo expansionista do capitalismo é analisado por meio de uma série de substantivos correlacionados: *Aneignung* [apropriação], *Enteignung* [desapropriação], *Usurpation* [usurpação], *Eroberung* [conquista] etc. Juntos eles compõem uma espécie de gramática das técnicas de tomada capitalista do espaço, em que um "outro" (um território ou mesmo uma população) ainda não mercantilizado – tanto nacional como internacionalmente – é objeto de mercantilização, seja pelo Estado, seja pelo mercado.

Dörre compreende o capitalismo como uma sucessão desses atos. Quando socialmente organizados e temporalmente delimitados, esses processos expropriatórios – categoria genérica que abrange as demais – caracterizam um *modus operandi* de acumulação, tal como o período analisado com o termo "fordismo", referente aos "anos dourados" ou "trinta anos gloriosos" de parte dos países ocidentais em meados do século XX, ou, então, no âmbito do chamado neoliberalismo. Nesse plano macrossocial, *Landnahme* é traduzido no presente livro como *regime de expropriação capitalista*.

Essa escolha procura expressar o giro marxista que Dörre faz na "teoria francesa da regulação". Sem negar a importância das contribuições de Michel Aglietta – especialmente no que se refere ao imbricamento entre regimes de acumulação e modos de regulação –, pode-se dizer que o sociólogo da Escola de Jena recupera o compromisso inicial que as abordagens regulacionistas tinham com Marx, mas que, segundo Robert Boyer, teria se perdido a partir da década de 1980[13]. Note-se que, se em *Uma teoria da regulação capitalista* (1979) Aglietta considerava o materialismo dialético como seu fundamento lógico[14], em *A violência da moeda* (1982) há um explícito abandono da teoria do valor[15].

A abordagem de Dörre, no entanto, não se resume à retomada da crítica da economia política como substrato para uma concepção abstrata da sociedade. Ciente da importância de investigações empíricas cada vez mais sensíveis à tentativa de elucidação dos tipos de socialização e subjetividade amalgamados ao capitalismo financeiro, os artigos aqui reunidos também captam processos de

---

[12] Disponível em: <http://www.kolleg-postwachstum.de/Kolleg/Forschung/Forschungsantrag.html>.
[13] Richard Boyer, *A teoria da regulação: uma análise crítica* (São Paulo, Nobel, 1990), p. 56.
[14] Michel Aglietta, *A Theory of Capitalist Regulation: The US Experience* (Londres/Nova York, Verso, 2015), p. 15.
[15] Michel Aglietta e André Orléan, *A violência da moeda* (São Paulo, Brasiliense, 1990), p. 16.

meso e microalcance fundamentais à teoria social: as distintas manifestações da precarização e os mecanismos particulares de sua vivência; as relações entre precariado e os conceitos de classe e exploração; além do imbricamento destes nas políticas públicas e privadas de distintos Estados – questões igualmente descritas como *Landnahmen*, nesse plano traduzidas como *expropriações* e/ou *processos expropriatórios*. Note-se – e isso é fundamental –, que a opção pela tradução da palavra alemã pela combinação desses termos (regime de expropriação e processos expropriatórios) é igualmente tributária da importância desse (clássico) debate na América Latina e, notadamente, no Brasil[16].

Como se vê, a breve menção desses temas demonstra que não são poucos os desafios impostos pela tradução de *Landnahme*, tornando perceptíveis dificuldades que emanam do próprio objeto. No entanto, a riqueza analítica do arcabouço teórico que atravessa a noção de regime de expropriação capitalista e suas subsequentes expropriações é a grande responsável por fazer com que o teorema de Dörre possa – para retomarmos a presença de Marx – "consumir teoricamente"[17] essa complexidade tão característica da socialização hodierna.

César Mortari Barreira
Coordenador científico do Instituto Norberto Bobbio

---

[16] São inúmeras as aproximações e desenvolvimentos originais que recuperam a temática da acumulação primitiva e sua conexão com sucessivas expropriações, caracterizando os mais variados – e contraditórios – sistemas sociais, tal como ocorre no debate da geografia crítica urbana e rural contemporânea. Historicamente podem-se destacar, a título de exemplificação: as reflexões de Ruy Mauro Marini acerca da "marginalidade social" e da "superexploração" ("Sobre a dialética da dependência", em R. Traspadini e J. P. O. Stedile (orgs.), *Ruy Mauro Marini: vida e obra* (São Paulo, Expressão Popular, 2005) [1973], p. 192); no diagnóstico de Lúcio Kowarick sobre a dinâmica de "novas relações de produção arcaicas" que integram o processo de acumulação (*Capitalismo e marginalidade na América Latina* (Rio de Janeiro, Paz e Terra, 1985 [1975]), p. 61), além do seminal conceito de "espoliação urbana" (*Espoliação urbana* (Rio de Janeiro, Paz e Terra, 1979)); no estudo de José de Souza Martins sobre a transição do trabalho escravo ao trabalho livre (*O cativeiro da terra* (São Paulo, Contexto, 2013 [1979])) e a importância da categoria acumulação primitiva no processo de formação de fazendas, espaços de notória lucratividade com o fim da escravidão (*Fronteira: a degradação do outro nos confins do humano* (São Paulo, Hucitec, 1997)); além da análise do sistema soviético feita por Fernando Haddad, igualmente operacionalizando a referida categoria marxiana (*O sistema soviético: relato de uma polêmica* (São Paulo, Scritta, 1992)). Atualmente, vale destacar as fundamentais reflexões de Virgínia Fontes sobre imperialismo e expropriações (*O Brasil e o capital-imperialismo: teoria e história* (Rio de Janeiro, Editora da UFRJ, 2010)), além do recém-publicado pela Boitempo *Um porto no capitalismo global* (2020), de Guilherme Leite Gonçalves e Sérgio Costa.

[17] Perguntado por Danielson (carta de 10 de abril de 1879) acerca do andamento do segundo volume de *O capital*, Marx responde que "sob nenhuma circunstância teria liberado o segundo volume antes que a atual crise industrial na Inglaterra tivesse atingido seu clímax" (Karl Marx e Friedrich Engels, *Werke*, v. 34 (Berlim, Dietz, 1966), p. 370 [MEW 34]). E por qual motivo? Por ser "preciso observar o curso atual até que as coisas estejam maduras, para então 'consumi-las produtivamente', isto é, 'teoricamente'" (ibidem, p. 371).

Parte I

Teoria geral do
regime de expropriação capitalista

1
A nova expropriação capitalista: dinâmicas e limites do capitalismo financeiro

Eu trabalho em uma grande empresa como trabalhador temporário e não pertenço, portanto, à equipe de trabalhadores permanentes. De todo modo, não serei mais contratado. [...] Há apenas trabalho temporário por todos os lados. Infelizmente, essa forma de capitalismo tem sido livremente adotada. [...].
Em 2004, depois que as leis sobre trabalho temporário foram flexibilizadas pelo governo federal [...], se emprega por aqui apenas trabalho temporário. Da secretária ao administrador, é a única coisa que se expande. As contratações ocorrem sob a convenção coletiva da chamada Associação Federal dos Prestadores de Serviços Temporários[1], que prevê uma remuneração muito menor do que o salário normal de um empregado. A obrigação de pagar um salário equivalente ao de um contratado fixo também não existe mais, ou mesmo tem sido evitada [...]. Eu recebo, em comparação com meus colegas, um terço a menos de salário, cinco dias a menos de férias, nenhum bônus, metade dos adicionais, nenhum vale alimentação, não recebo aposentadoria por idade, aposentadoria por tempo de trabalho, nem mesmo aumento salarial, ou lugar no estacionamento; também não posso participar das festas internas da empresa [...] – e isso tudo tendo, em parte, melhor qualificação. Não quero nem falar do peso psicológico. Ele é assustador, é como sentir-se uma pessoa de segunda classe. E se tem de fato todas as

---

[1] O *e-mail* é um dos muitos enviados ao autor destas linhas após sua participação em um programa de TV. [Em alemão, o autor refere-se à BZA-Tarifverträge, sendo BZA a sigla para Bundesverband Zeitarbeit Personal-Dienstleistungen, ou seja, a Associação Federal dos Prestadores de Serviços Temporários, que tem competência para determinar regras de remuneração dos trabalhadores temporários em convenção coletiva. (N. T.)]

> razões para isso. Para onde ainda vai nos levar esse desenvolvimento? Qual saída eu deveria encontrar? O que o senhor me aconselha? Eu estou muito, muito desorientado [...]*.

Essa passagem do correio eletrônico de um trabalhador temporário, contém uma queixa que se tornou diária no mundo do trabalho. A aflição psíquica não é tratada de forma pública, nem mesmo a própria miséria em sentido absoluto; contudo, as experiências descritas são existenciais. Analisando superficialmente, o trabalhador em questão fez tudo certo. Com ocupação profissional em um setor de ponta – a indústria de tecnologia da informação –, ele continuou a se especializar para concluir ao final que, apesar de ter terminado a formação ginasial, não consegue voltar a ter um posto de trabalho permanente. Discriminação dolorosa e desorientação é tudo o que lhe resta.

Como pode, como deve, um sociólogo reagir a esse tipo de reclamação? Naturalmente não faltam instrumentos científicos capazes de refutar uma compaixão barata. Poder-se-ia informar ao trabalhador temporário em questão que ele se tornou vítima de uma decisão de alto risco – pessoalmente perturbadora, mas ainda assim o destino escolhido por muitos em uma modernidade individualista. Poderia dizer-lhe francamente, baseado no que ensina a hermenêutica, que ele próprio, por meio do bode expiatório do capitalismo, renunciou a sua responsabilidade em vez de decidir entrar para o ensino superior e assim aproveitar as oportunidades de formação estatisticamente comprovadas. Observadores versados na teoria dos sistemas talvez confrontassem o autor do *e-mail* com o fato de que sua reclamação causa um ruído no sistema, em cujas subestruturas ele, no entanto, permanece inevitavelmente incluído. Mas também seria possível fazer algo surpreendente: levar o trabalhador temporário a sério e seguir a pista que ele próprio oferece em sua mensagem eletrônica. Há de fato uma conexão entre a situação precária de vida de um indivíduo e uma variante específica de capitalismo? Como pode este capitalismo ser criticado e transformado? Quais são as alternativas existentes?

Na tentativa de responder à questão colocada pelo trabalhador temporário, sustenta-se a tese de que, desde os anos 1970, os contornos de uma nova formação capitalista foram criados, a qual será aqui denominada provisoriamente de capitalismo financeiro. Uma característica fundamental dessa frágil formação é que ela torna instituições limitadoras do mercado em objeto de um novo regime de expropriação. Esse processo se forma entre crises dramáticas, tornando visíveis e experimentáveis os limites do regime de expropriação financeira. Isso faz surgir espaços de manobra para mudanças políticas. Para fundamentar esse ponto de vista,

---

* Todas as traduções de textos citados no original pelo autor foram traduzidas livremente do alemão para o português pelos tradutores. (N. T.)

deve-se, primeiro, (1) ressaltar as estruturas socioeconômicas centrais do capitalismo que suportaram a existência de todas as metamorfoses. Em seguida, (2) o conceito de regime de expropriação será introduzido, assim como (3) os traços marcantes do capitalismo financeiro e, então, (4) de seus limites. Ao final, (5) trata-se de discutir como as reclamações cotidianas podem ser traduzidas em uma crítica sociológica ao capitalismo contemporâneo.

1. O QUE É CAPITALISMO?

Quem pergunta sobre a estrutura socioeconômica central do capitalismo geralmente será remetido à socialização através dos mercados. Para o *mainstream* econômico, que geralmente se designa, de forma abreviada, de neoliberal, o capitalismo ideal é idêntico a uma sociedade de mercado, que é regulada por meio de um Estado reduzido e, além disso, no melhor dos casos, mantida de maneira unificada por um autocompromisso moral de seus membros. Inúmeros diagnósticos contemporâneos que tratam a transição para uma nova formação capitalista como "economização do social", como "mercantilização" ou até mesmo como "totalitarismo do mercado"[2] conectam-se – por vezes criticamente, mas não necessariamente – a esse mesmo modelo. Um problema – seja convergente ou contra-hegemônico – em tais paradigmas é o fato de que eles identificam excessivamente o capitalismo com a generalização da forma mercadoria e da competição. No entanto, como será demonstrado, nem o postulado do "puro" capitalismo competitivo, tampouco sua crítica, são suficientes para uma compreensão da nova formação social. Assim é necessário, primeiramente, esclarecer o que o capitalismo *não* é ou, ainda, o que ele não é *exclusivamente*.

1.1. O PARADIGMA ORTODOXO DE MERCADO

A "exigência de uma separação estrita entre poder coercitivo e violência de exclusão"[3] é fundamental para o sistema de pensamento econômico liberal e seu individualismo metodológico. Liberdade é definida, de forma comparável ao liberalismo clássico, primariamente como ausência de coerção e regulação. Relações de mercado que se baseiam no esforço direcionado ao interesse próprio, e que deixam aos participantes o maior espaço de decisão possível, são consideradas

---

[2] Cf. Nikolas Rose, "Tod des Sozialen? Eine Neubestimmung der Grenzendes Regierens", em Ulrich Bröckling, Susanne Krasmann e Thomas Lemke (orgs.), *Gouvernementalität der Gegenwart* (Frankfurt a. M., Suhrkamp, 2000), p. 72-109; Dieter Sauer, "Arbeit unter (Markt-)Druck: Ist noch Raum für innovative Arbeitspolitik?", *WSI-Mitteilungen*, v. 58, n. 4, 2005, p. 179-85; Karl G. Zinn, "Neoliberalismus", em Hans-Jürgen Urban (org.), *ABC zum Neoliberalismus* (Hamburgo, VSA, 2006), p. 164-6, aqui, p. 164.

[3] "O modelo funcional de uma sociedade, que é organizada por meio da livre troca, é a economia de mercado baseada em empresas livres e privadas – é o que chamamos de capitalismo de concorrência" (Milton Friedman, *Kapitalismus und Freiheit* (Frankfurt a. M., Ullstein, 1984), p. 36).

o cenário ideal de uma interação livre. Dessa perspectiva, a ortodoxia de mercado contemporânea trata o capitalismo de concorrência como requisito para liberdade política[4]. Nesse capitalismo ideal, a busca pelo lucro é o motivo central da ação econômica. Tudo que enfraqueça essa racionalidade conduz consequentemente à distorção da concorrência e, com isso, às deformações sociais. O ideal de uma empresa com responsabilidade social representa, pelo menos para Milton Friedman, uma distorção consideravelmente problemática[5].

No entanto, deve-se acrescentar que o paradigma ortodoxo de mercado é em si diversificado, englobando diferentes escolas e sistemas de pensamento[6]. Mesmo seus defensores mais radicais admitem que aprenderam a partir das falhas do *laissez-faire* e reconhecem limites na coordenação do mercado[7]. Não somente para os ordoliberais, mas também para os representantes da Escola de Chicago, Estado e governo são importantes enquanto "fórum que define as 'regras do jogo', mas também como juiz-mediador que fiscaliza as regras e diz se elas foram corretamente interpretadas"[8]. Consequentemente, a ortodoxia de mercado não se direciona geralmente contra as associações e organizações sociais. Contudo, ela insiste no princípio da liberdade de contratar, o qual deveria existir e perdurar em todo tipo de organização. Opõe-se, portanto, "apenas à utilização da coerção na formação de uma organização ou sociedade, e não contra a formação social como tal"[9]. Dado que o mercado de trabalho é, nesse cenário paradigmático, um mercado como qualquer outro, a liberdade de contratar é reivindicada também e justamente contra as organizações da população assalariada. Assim, economistas como Milton Friedman defendem a livre concorrência entre empregadores e trabalhadores, incluindo a concorrência entre locais de trabalho sindicalizados e outros onde os contratos de contratação proíbem tal organização. Desse modo, o tipo de empresa que sobrevive é decidido pelo mercado[10].

---

[4] Ibidem, p. 32.
[5] "Há poucas coisas capazes de minar tão profundamente as bases de nossa sociedade livre do que a aceitação por parte dos empresários de uma responsabilidade social que não a de lucrar tanto quanto possível para seus acionistas. Trata-se de uma doutrina fundamentalmente subversiva. Se homens de negócios têm outra responsabilidade social que não a de obter o máximo de lucro para seus acionistas, como poderão eles saber qual seria ela?" (ibidem, p. 165).
[6] Cf. John L. Campbell e Ove K. Pedersen, *The Rise of Neoliberalism and Institutional Analysis* (Princeton, Princeton University Press, 2001).
[7] Lars Gertenbach, *Die Kultivierung des Marktes: Foucault und die Gouvernementalität des Neoliberalismus* (Berlim, Parodos, 2008), p. 37-46.
[8] Milton Friedman, *Kapitalismus und Freiheit*, cit., p. 38.
[9] Friedrich August von Hayek, *Individualismus und wirtschaftliche Ordnung* (Zurique, Eugen Rentsch, 1952), p. 28.
[10] Milton Friedman, *Kapitalismus und Freiheit*, cit., p. 143. A noção de que empresas sem presença sindical podem utilizar seu poder de mercado para levar concorrentes com funcionários organizados para fora do mercado nem precisa ser discutida, já que, em princípio, os assalariados podem com efeito escolher livremente suas empresas.

Parte-se do pressuposto de um mercado que não elimina as desigualdades e assimetrias de poder, mas, pelo contrário, que as utiliza de forma otimizada. A desigualdade, em si, é vista em princípio como "altamente gratificante"[11], pois estimula a motivação dos indivíduos. Abstraindo-se as intervenções estatais indispensáveis, os eventos do mercado funcionam, também para a ortodoxia de mercado moderna, à luz do princípio do *survival of the fittest*. Sua majestade, a eficiência econômica, decide, e somente os mais fortes sobrevivem! Decerto há regras do jogo que devem ser respeitadas pelos parceiros de troca. No entanto, essas regras devem ser aceitas devido a uma única razão: não porque tenham sido dadas por Deus ou porque possam ser racionalmente justificadas, mas exclusivamente porque elas se impuseram. Portanto, "não é sequer necessário pensar além do período após o qual seremos informados pelos mercados"[12].

O capitalismo pode com isso ser traduzido na fórmula "mercado + concorrência + liberdade de contratar = eficiência" (máxima emissão de mercadorias pelo menor preço possível). A fórmula recebe, todavia, um acréscimo, sobretudo no ordoliberalismo[13]. Este diz que mercados necessitam de um Estado capaz de negociar, o qual, no entanto, pode ser forte apenas se limitado a algumas poucas funções centrais. A "grande realização do mercado" consiste então em reduzir o número de problemas que "devem ser decididos com a ajuda de medidas políticas"[14]. Enquanto o Estado e o governo são introduzidos originariamente como guardiões das regras do mercado, é, em última análise, a economia que, novamente, decide sobre a eficiência e a compatibilidade da política com o mercado.

A fórmula liberal do mercado com seu adendo político também tem uma resposta à disposição para nosso autor do *e-mail*. Segundo a opinião da ortodoxia de mercado, o *status* de *outsider* do trabalhador temporário surge como uma consequência do mercado de trabalho sobrerregulado. Enquanto uma parte dos empregados, devido ao poder de cartel dos sindicatos, recebe acima do valor de mercado e é especialmente protegida nessa posição, resta impedido o acesso dos grupos *outsiders* a locais de trabalho bem remunerados e seguros[15]. Para melhorar o lugar dos *outsiders* no mercado de trabalho, é necessário, portanto, enfraquecer o

---

[11] Entrevista com Friedrich A. von Hayek à *Wirtschaftswoche*, 6 mar. 1981; ver: Lars Gertenbach, *Kultivierung des Marktes*, cit., p. 141.
[12] Hayek citado em *FAZ*, 3 jun. 1982.
[13] Lars Gertenbach, *Kultivierung des Marktes*, cit., p. 51-62.
[14] Milton Friedman, *Kapitalismus und Freiheit*, cit., p. 38.
[15] Como todos os atores do mercado, os sindicatos não estão comprometidos com a "responsabilidade social", mas apenas com o interesse próprio. O exercício de seu poder de cartel é como um jogo de soma zero. Para minorias, podem ser atingidos salários acima do preço de mercado, um ganho que, no entanto, deve ser inevitável em detrimento da "totalidade dos trabalhadores", pois custa empregos, aumenta a oferta de mão de obra e, portanto, diminui o nível salarial. Cf. Milton Friedman, *Kapitalismus und Freiheit*, cit., p. 154; Hans-Werner Sinn, *Ist Deutschland noch zu retten?* (Berlim, Ullstein, 2005), p. 143 e seg., p. 150.

poder dos sindicatos, diminuir o nível do salário, flexibilizar a proteção contra demissão, impulsionar formas de emprego flexíveis, como o próprio trabalho temporário, e dar prioridade a acordos individuais em detrimento das negociações coletivas vinculadas às categorias. A mensagem é: o trabalhador temporário queixoso pode ser ajudado, mas somente se "o mercado da mercadoria força de trabalho" continuar a ser desregulado, até que ele, ao final, se equipare novamente ao mercado para maçãs e peras[16].

1.2. ... E A SUA CRÍTICA

A noção de que uma tríade de maximização de interesse próprio, concorrência e liberdade de contratar, mais uma intervenção estatal "formadora do mercado", conduziria a desempenho econômico ótimo e, consequentemente, a mais prosperidade para todos, é há tempos objeto de crítica sociológica. Parte dessa crítica denuncia que o liberalismo de mercado teria construído um *homo œconomicus* que encontraria parceiros de troca ideais, sempre transparentes, completamente informados, e que agiria em mercados equilibrados e autorregulados, ou seja, em mercados que não existem na realidade. Essa crítica, todavia, atinge o novo liberalismo de mercado apenas parcialmente, pois o individualismo metodológico que o baseia parte da "limitação do saber individual" e deduz a superioridade da coordenação do mercado em relação a outros mecanismos de coordenação justamente do fato de que "nenhum indivíduo ou pequeno grupo de pessoas pode saber tudo o que qualquer outro sabe"[17].

Outra variante dessa crítica sociológica argumenta de forma mais fundamental no sentido de desmascarar o conceito ingênuo de eficiência do fundamentalismo de mercado. Eficiência pode ser alcançada, por exemplo, por meio da minimização dos custos de transação ou agência, a qual mal aparece nas reflexões neoclássicas[18]. Custos de transação resultam de "atritos nas trocas de serviços no mercado, assim como da cooperação interna nas empresas". Tais atritos surgem devido a "diferentes saberes e capacidades", diferentes interesses, possibilidades limitadas de conhecimento e formas de comportamento potencialmente oportunistas"[19] dos atores do mercado. A partir de reflexões teóricas sobre custos de transação, pode-se aprender que a eficiência não é influenciada – apenas, ou mesmo principalmente – por empresas que competem no preço, mas acima de tudo por instituições que regulam

---

[16] Hans-Werner Sinn, *Ist Deutschland noch zu retten?*, cit., p. 148.
[17] Friedrich A. von Hayek, *Individualismus...*, cit., p. 28.
[18] Neil Fligstein e Jennifer Choo, "Recht und Corporate Governance", em Ulrich Brinkmann, Karoline Krenn e Sebastian Schief (orgs.), *Endspiel des kooperativen Kapitalismus. Institutioneller Wandel unter den Bedingungen des marktzentrierten Paradigmas* (Wiesbaden, VS Verlag für Sozialwissenschaften, 2006), p. 98-120.
[19] Oliver E. Williamson, *Die ökonomischen Institutionen des Kapitalismus* (Tübingen, Mohr Siebeck, 1990), p. XIII.

as trocas de mercado. Algumas abordagens vão ainda mais longe, sustentando que as instituições são o resultado de processos políticos e históricos relativamente autônomos, e não a expressão de soluções eficientes para proprietários de capital que desejam maximizar seu lucro. A eficiência econômica baseia-se, assim, em sistemas de relação altamente complexos entre participantes do mercado e instituições reguladoras, razão pela qual o desempenho econômico não pode ser adequadamente analisado sem a identificação de assimetrias estruturais de poder e conflitos de interesse.

Aqui entra uma crítica fundamental ao liberalismo de mercado, como formulada de forma incomparável por Karl Polanyi. Polanyi destrói a noção central do fundamentalismo de mercado de que força de trabalho, solo e dinheiro seriam mercadorias como qualquer outra. O próprio fato de que a força de trabalho reside em um recipiente humano, e consequentemente se sujeita a um biorritmo e necessita de integração em estruturas familiares e redes sociais para sua reprodução, significa que ela seria apenas limitadamente flexível. A transformação de recursos naturais finitos em mercadorias se choca com os limites psíquicos. E a utilização do meio de comunicação dinheiro como objeto de especulação conduz, mais cedo ou mais tarde, a instabilidades econômicas. Devido à ignorância das peculiaridades da força de trabalho, do solo e do dinheiro, a ideia de uma economia pura de mercado seria "uma flagrante utopia". Um capitalismo de mercado autorregulado "não poderia existir por longos períodos sem exterminar a substância humana e natural da sociedade; ele aniquilaria os homens psiquicamente e transformaria o seu ambiente em um deserto"[20].

Consequentemente, Polanyi define a relação entre liberdade e capitalismo como diametralmente oposta ao paradigma da ortodoxia de mercado. Segundo seu entendimento, a liberdade positiva pode existir somente e exclusivamente através da restrição e regulação das forças de mercado. As "classes abastadas", as quais desfrutam "da liberdade que lhes oferece o ócio em segurança", estão "naturalmente menos propensas a ampliar a liberdade no interior da sociedade". Direitos civis elementares, incluído um "direito ao não conformismo", deveriam, no entanto, ser garantidos, "ao preço da eficiência na produção, na eficácia do consumo ou na conveniência da administração". Isso inclui a restrição de liberdades negativas, usufruídas à custa dos mais fracos, a favor de liberdades positivas. Somente o fim da economia pura de mercado poderia significar "o início de uma era de liberdade sem precedentes"[21].

Para o *mainstream* econômico liberal, tais reflexões podem parecer pura heresia. No entanto, por um período histórico relevante após 1945, elas influenciaram

---

[20] Karl Polanyi, *The Great Transformation*. Politische und ökonomische Ursprünge von Gesellschaften und Wirtschaftssystemen (Frankfurt a. M., Suhrkamp, 1995 [1944]), p. 19 e seg.
[21] Ibidem, p. 336 e seg., p. 339; David Harvey, *A Brief History of Neoliberalism* (Oxford, Oxford University Press, 2005).

o pensamento das elites econômicas e políticas[22]. O liberalismo econômico parecia morto, até ser ressuscitado como ideologia de ataque contra os resultados de uma recém-desperta "militância de trabalhadores" nos anos 1970[23]. Como ele visava primariamente à abertura de mercado, a dimensão político-estatal do novo fundamentalismo de mercado pôde ser muito bem mascarada. Para isso também contribuíram variantes críticas que tomaram a utopia negativa de um capitalismo concorrencial "puro" em sua palavra. O que a ortodoxia de mercado – supostamente – recomendou como seu modelo, o "totalitarismo antimercado" tomou por objeto de sua crítica. Sem dúvida, dessa forma foi possível compreender traços marcantes da transformação do capitalismo contemporâneo.

Isso é sobretudo verdadeiro porque a preocupação conceitual com o mercado, que pôde aceitar a intervenção limitada do Estado de Hayek e Friedman, é reduzida em sua maior parte a simples interpretações e receitas nas discussões cotidianas. Em um ponto crucial, entretanto, a crítica ao "turbocapitalismo" com seus "mercados desacorrentados" perde seu objeto. O capitalismo, mesmo o atual, não é uma sociedade de mercado pura, também não é puro capitalismo de concorrência; e nunca poderia nestes se tornar. Sua dinâmica e capacidade de sobrevivência estão enraizados precisamente no fato de que, como Polanyi apontou[24], mesmo em processo de crise, por vezes catastrófico, ele sempre foi capaz de produzir seus próprios mecanismos de autoestabilização para garantir sua sobrevivência. Por essa razão já não se poderia reduzir capitalismo à concorrência. Sem concorrência mediada pelo mercado, o capitalismo não pode funcionar. No entanto, para poder entrar em competição, os atores individuais e coletivos precisam se comportar com base na cooperação, e às vezes até mesmo na solidariedade, e assim, em certo sentido, pressupõem o oposto de uma concorrência mediada pelo mercado.

Os fundamentos de uma compreensão do capitalismo que assuma essa contradição serão o ponto de partida de nossas próprias reflexões conceituais. Isto pode ser ligado a um dos primeiros estudos de Pierre Bourdieu sobre a sociedade argelina em transição[25]. De forma semelhante a Weber[26] e Sombart[27], Bourdieu

---

[22] Já os regimes do fascismo, do stalinismo e do New Deal, que surgiram após a Grande Depressão de 1929-1933, "eram semelhantes apenas no sentido de que todos eles abandonaram os princípios do *laissez-faire*" (ibidem, p. 324).

[23] Wolfgang Streeck, "Gewerkschaften in Westeuropa", em Wolfgang Schröder e Bernhard Wessels (orgs.), *Die Gewerkschaften in Politik und Gesellschaft der Bundesrepublik Deutschland* (Wiesbaden, VS Verlag für Sozialwissenschaften, 2003), p. 86-99, p. 93 e seg.

[24] "Enquanto a economia do *laissez-faire* era o legado da intervenção deliberada do Estado, este *laissez-faire* foi mais tarde reduzido de forma espontânea" (ibidem, p. 195).

[25] Cf. Pierre Bourdieu, *Die zwei Gesichter der Arbeit. Interdependenzen von Zeit- und Wirtschaftsstrukturen am Beispiel einer Ethnologie der algerischen Übergangsgesellschaft* (Konstanz, UVK, 2000).

[26] Cf. Max Weber, "Die protestantische Ethik und der Geist des Kapitalismus" [1904-1905], em *Gesammelte Aufsätze zur Religionssoziologie* (Tübingen, J. C. B. Mohr, 1988), p. 17-206.

[27] Cf. Werner Sombart, *Der moderne Kapitalismus*, v. 2 (Munique/Leipzig, Duncker und Humblot, 1924).

relaciona a transição para uma economia capitalista com o problema de adquirir um estilo de vida racional baseado em um pensamento calculista. Aquilo que o fundamentalismo de mercado assume quase como propriedades supra-históricas, naturalmente dadas, do *homo œconomicus* – a formação de um modo de pensar racional e calculista, apartado das meras necessidades –, apenas podem surgir devido a circunstâncias histórico-sociais específicas. Tais esquemas de pensamento e ação são, como denomina Bourdieu, parte de um "*habitus* econômico".

Diferentemente de Weber e Sombart, no entanto, Bourdieu associa as chances de adquirir e habituar o pensamento calculista à experiência de estabilidade social elementar. Para o sociólogo francês, o desenvolvimento de uma consciência voltada para o futuro somente é possível a partir de pelo menos um mínimo de segurança de emprego e de renda. E somente essa consciência do futuro, que pressupõe uma certa capacidade de planejamento, permite que se torne real o comportamento racional e calculista. Mesmo os empresários que dependem de inovações, e que, portanto, são estruturalmente confrontados com incertezas, necessitam de um mínimo de segurança de planejamento. Em seus mais genuínos interesses (de lucro), aspiram limitar, ao menos temporariamente, a arbitrariedade da concorrência de mercado. Para isso dispõem de seus recursos de poder. A socialização de mercado baseia-se, assim, em lógicas de ação contraditórias, e até mesmo conflitivas. Cada ato de troca regulado por preços, se não for considerado de forma isolada, requer incorporação social; requer, sobretudo, um regime de tempo que ultrapasse o horizonte dos atos de troca controlados pelo mercado. Os capitalismos desenvolvidos com seus subsistemas diferenciados não podem escapar dessa inevitabilidade.

Até mesmo os críticos ortodoxos do "capitalismo social"[28] sabem disso. O modelo de um capitalismo concorrencial autorregulado dentro de certos limites manteve-se como uma ficção, mesmo nos casos das mais radicais tentativas de implementação no Chile, México, Estados Unidos ou Grã-Bretanha. Em todos os lugares, o fortalecimento da socialização pelo mercado desenvolveu, ao contrário do anunciado, um Estado burocrático de vigilância que controla, ele próprio, muitas atividades econômicas básicas em seus mínimos detalhes. Basicamente, a ideia universalista primordial do liberalismo econômico já contém, se não o seu oposto, então, pelo menos, diversos particularismos. Onde o liberalismo de mercado propaga a abertura dos mercados, o liberalismo dos direitos civis necessita de uma forma de Estado funcional que esteja em condições de oferecer garantias legais. O não tão mínimo Estado de concorrência da atualidade gera uma profusão de regulamentos que restringem o princípio de mercado. Para seus defensores, é exatamente isso o que constitui o charme cínico do paradigma de mercado radical.

---

[28] Richard Sennett, *Die Kultur des neuen Kapitalismus* (Berlim, Berlin Verlag, 2007), p. 27.

Os fundamentalistas de mercado sabem exatamente que eles proclamam uma ideologia de ataque que nunca alcançará completamente seu objetivo[29]. Com isso, a mensagem transmitida torna-se inesgotável. Sempre que a doutrina radical de mercado falhar, seus adeptos poderão afirmar que ainda operam instituições de mercado limitadas que distorcem a concorrência e que provocam falhas de alocação. Se, no caso de uma crise, o Estado intervém, digamos a favor de instituições de crédito em dificuldade, isto pode ser justificado pela função reguladora necessária do governo e por restrições sistêmicas. Dessa forma, o fundamentalismo de mercado sempre tem razão. Semelhante a uma teodiceia, o paradigma ortodoxo de mercado cria para si um compêndio de verdades eternas cujo questionamento crítico, pelo menos entre os economistas alemães, ainda equivale a um sacrilégio.

1.3. Capitalismo como economia de mercado que nega a si mesma

Essa afirmação significa ao mesmo tempo que o liberalismo econômico fundamentalista transmite uma concepção de capitalismo reduzida e irrealista. Tão somente atacá-la significa basear-se em uma imagem ideologicamente distorcida. Para evitar tais visões estreitas, é importante reatualizar uma variante crítica que conceitua o capitalismo como uma contínua economia de mercado que nega a si mesma constantemente. Segundo Marx, só se pode falar de capitalismo quando surge uma forma econômica na qual o dinheiro acumulado é investido em mercadoria com o fim de produzir mais dinheiro; uma descoberta que pode ser traduzida pela fórmula concisa D-M-D'. A transformação de força de trabalho e recursos naturais em capital, que, "com o objetivo da maximização do lucro, do aumento do capital novamente investido, sempre retorna ao ciclo da economia"[30], constitui a dinâmica especial da forma econômica capitalista.

A caricatura de uma economia de mercado pura é negada por Marx de três modos. Primeiro, uma assimetria de poder fundamental esconde-se atrás da relação de troca, na qual os proprietários livres das mercadorias se encontram no mercado para trocar mercadorias por valores equivalentes. A força de trabalho humana torna-se uma mercadoria comum na economia capitalista apenas na medida em que está sujeita ao princípio da troca de equivalentes. Dotada apenas do poder de criar valor de troca, ela possui, no entanto, uma característica especial.

---

[29] A afinidade com o mercado não impede de forma alguma que os neoliberais busquem interesses de forma organizada e planejada. Muito especificamente, os seguidores da Escola de Chicago utilizam as catástrofes para realizar suas ideias. No Chile, por exemplo, eles estavam no local quando Pinochet encenou um golpe de Estado. E, em Nova Orleans, o furacão Katrina foi seguido pela privatização de escolas, hospitais, transporte público e abastecimento de água. A competição torna-se, assim, "capitalismo de desastre" (Naomi Klein, *Die Schock-Strategie* (Frankfurt a. M./Nova York, Fischer, 2007)).

[30] Luc Boltanski e Ève Chiapello, *Der neue Geist des Kapitalismus* (Konstanz, UVK, 2003), p. 39.

Sua capacidade de produzir valor de troca pode ser consumida pelos usuários para além de um limiar que é definido pelos custos médios de reprodução da força de trabalho. A força de trabalho humana pode, assim, tornar-se fonte de um produto excedente, de mais-valor.

Com isso, torna-se constitutivo para a economia capitalista o fato de que a apropriação e o uso desse produto excedente se realizem na forma de relações especiais de produção. Uma classe de proprietários de capital que monopoliza a propriedade dos meios de produção está em condições de se apropriar do mais--valor produzido. Enquanto os trabalhadores assalariados são pagos meramente segundo o valor de sua força de trabalho, o qual oscila – dependendo do nível de vida material e das relações de força entre as classes sociais – em torno dos custos de reprodução dessa força de trabalho, os donos do capital são capazes de consumir a força de trabalho para além dos custos salariais. Após a dedução dos custos do capital constante (matéria-prima, energia, máquinas), os capitalistas alcançam pelas vendas bem-sucedidas um lucro que pode ser reinvestido com o objetivo de obter um ganho ainda maior.

Não é necessário adentrar nas controvérsias acerca da relação entre os fundamentos da teoria do valor e os diagnósticos marxistas sobre a exploração[31] para reconhecer que se esconde uma assimetria de poder fundamental por trás da troca de força de trabalho por salário. Os donos do capital podem, antes de tudo como indivíduos, confiar em seu poder de mercado para impor seus objetivos. A relação de capital não oferece a partir de si mesma nenhum incentivo para a organização. Os trabalhadores assalariados, por outro lado, somente podem influenciar as condições pelas quais vendem sua força de trabalho quando superam sua concorrência e começam "a formar coalizões contra a burguesia"[32]. Associações como os sindicatos são primeiramente defensivas, as quais, enquanto "esgrimistas dos preços", atuam para que o salário corresponda ao valor total da força de trabalho. Segundo Marx, no entanto, elas fracassariam em sua finalidade, na medida em que conduzem a uma mera "guerra em pequena escala contra os efeitos do sistema existente", "em vez de, ao mesmo tempo, tentar modificá-lo"[33].

O conflito de classes, que pode ser pacificado dentro do modo de produção capitalista, mas que em última análise é irreconciliável, não é a única característica estrutural do capitalismo que se desvia do ideal de mercados equilibrados, que podem ser criados por meios estatais, se necessário. Não menos importante é, *em*

---

[31] Cf. Michael Berger, *Karl Marx. Das Kapital* (Munique, Fink, 2004), p. 64-128; Michael Heinrich, *Kritik der politischen Ökonomie* (Stuttgart, Schmetterling, 2004); Piero Sraffa, *Warenproduktion mittels Waren* (Frankfurt a. M., Suhrkamp, 1963).

[32] Karl Marx e Friedrich Engels, "Das Manifest der kommunistischen Partei" [1848], em *Werke*, v. 4 (Berlim, Dietz, 1959), p. 459-93, aqui p. 468 [MEW 4].

[33] Karl Marx, "Lohn, Preis und Profit" [1865], em Karl Marx e Friedrich Engels, *Werke*, v. 16 (Berlim, Dietz, 1962), p. 103-52, aqui p. 152 [MEW 16].

segundo lugar, a propensão à crise do capitalismo condicionada pela concorrência. Para sobreviverem à concorrência, os capitalistas, enquanto produtores isolados uns dos outros, são coagidos a melhorar seus métodos de produção continuamente. Um motivo central para isso é a caça por mais lucros. Um "capitalista que utiliza modos de produção melhorados, mas não generalizados, vende abaixo do preço de mercado, mas acima do seu preço de produção; assim aumenta a sua taxa de lucro até que a concorrência se tenha equiparado a isso"[34]. Esse motivo, que garante uma melhoria contínua dos meios de produção, dos equipamentos técnicos e da organização do trabalho, provoca simultaneamente uma produção sistemática de desequilíbrios de mercado. Os capitalistas individuais ampliam suas capacidades de produção sobre campos de negócios lucrativos, mas se defrontam, mais cedo ou mais tarde, com barreiras para suas vendas.

Esse "problema de realização"[35] provoca a tendência de instabilidade sistêmica da acumulação do capital. Os participantes do mercado, principalmente os capitalistas, explicitam um comportamento que, como formulou o antigo mestre da especulação, George Soros, considerando as estratégias de investimento nos mercados financeiros contemporâneos, não corresponde a nenhum ideal de equilíbrio harmônico. Bem ao contrário, o comportamento nesses mercados se assemelha ao movimento de uma "bola de demolição", cujos impulsos pendulares repetidamente conduzem a exageros dramáticos, crises, destruição e extermínio de capital[36]. Na teoria marxista, crises econômicas periódicas[37] não são, no entanto, indicadoras de um iminente colapso do sistema. Pelo contrário, o ciclo de crise é funcional até certo grau, pois o extermínio do capital em um determinado ponto, exatamente devido à necessidade de substituição de meios de produção, torna-se um desencadeador de demanda, e com isso um estimulador de uma nova dinâmica de acumulação.

Em terceiro lugar, é decisivo, contudo, que as crises econômicas promovam um processo que caminhe em direção a uma restrição parcial da concorrência e a uma mudança das relações de propriedade no interior do modo de produção capitalista. Sem rodeios: pode-se dizer que a concorrência capitalista produz, de certa forma, seu oposto, a abolição da livre concorrência e a "socialização" da propriedade privada. A "expropriação se completa por meio do jogo das leis imanentes do próprio modo de produção capitalista, por meio da centralização dos capitais",

---

[34] Idem, "Das Kapital", v. III: Der Gesamtprozeß der kapitalistischen Produktion [1894], em Karl Marx e Friedrich Engels, *Werke*, v. 25 (Berlim, Dietz, 1976), p. 241 [MEW 25].
[35] Ibidem, p. 254.
[36] Cf. George Soros, *Die Krise des globalen Kapitalismus* (Berlim, Alexander Fest, 1998), p. 83 e seg.
[37] O próprio Marx, como se sabe, não desenvolveu uma teoria completa da crise. Cf. Robert Brenner, *Boom & Bubble. Die USA in der Weltwirtschaft* (Hamburgo, VSA, 2003); Jürgen Hoffmann (org.), Überproduktion, Unterkonsumption. Depression. Analysen und Kontroversen zur Krisentheorie (Hamburgo, VSA, 1983).

pois "cada capitalista causa a morte de muitos [outros]"[38]. A concentração de meios de produção e de forças de trabalho, assim como a simultânea centralização de capital, como Marx já antecipara, levam as sociedades por ações a se tornarem empresas que dominam o mercado. Embora essas grandes empresas não possam nunca enfraquecer completamente a concorrência capitalista, elas são capazes de, com a aplicação de seu poder de mercado, influenciar a formação dos preços, construir barreiras à entrada no mercado e retardar a desvalorização do capital.

O surgimento de enormes conglomerados empresariais destrói a ideia de mercados equilibrados harmônicos em muitos sentidos. Assim, os grandes conglomerados burocráticos e mesmo as companhias estatais podem utilizar-se de seu poder de mercado extraordinário de forma produtiva. O mundo teria ficado possivelmente por muito tempo sem estradas de ferro se "ele tivesse que esperar até que a acumulação de um único capitalista individual trouxesse"[39] os respectivos investimentos para tanto. Ademais, as grandes burocracias das empresas introduzem um certo grau de planejamento e previsibilidade nas atividades econômicas. Ao mesmo tempo, "essa abolição do modo de produção capitalista no interior do próprio modo de produção capitalista" produz, porém, uma fonte permanente de instabilidade econômica:

> Ele [o processo contraditório da abolição relativa da concorrência, K. D.] produz o monopólio em certas esferas e, com isso, requer interferência estatal. Ele reproduz uma nova aristocracia das finanças, uma nova espécie de parasitas sob a forma de formuladores de projetos, fundadores e diretores meramente nominais; todo um sistema de embustes e fraudes em relação à criação de sociedades, emissão e negociação de ações. É produção privada sem o controle da propriedade privada.[40]

Se desconsiderarmos a questionável comparação com animais ("parasitas"), Marx antecipa claramente uma problemática hoje refletida, por exemplo, nas teorias do dilema da agência. Já no nível de desenvolvimento histórico do capitalismo que Marx conheceu, a especialização de funções do capital – a separação entre propriedade de capital e gestão, a diferenciação no setor de crédito e a emergência de uma oligarquia financeira com interesses próprios específicos – cria inevitáveis interesses setoriais, atritos e falta de transparência, os quais retiram do ideal de mercados autorregulados qualquer credibilidade[41]. Certamente, o capitalismo

---

[38] Karl Marx, "Das Kapital", v. I: Der Produktionsprozeß des Kapitals [1867], em Karl Marx e Friedrich Engels, *Werke*, v. 23 (Berlim, Dietz, 1973), p. 790 [MEW 23].
[39] Ibidem, p. 656.
[40] Karl Marx, "Das Kapital", v. III, cit., p. 454.
[41] Para Marx, a tendência histórica da acumulação de capital está expressa na "lei da queda tendencial da taxa de lucro". É verdade que essa "lei" não significa de forma alguma um colapso automático; Marx nomeia com mais ou menos precisão uma série de fatores que neutralizam a queda na taxa

organizado, cuja existência Marx na melhor das hipóteses antecipou, é também uma economia de mercado específica. No entanto, ele só pode funcionar como economia de mercado porque se baseia em intervenção do Estado, burocratização, reconhecimento de interesses organizados e na abolição parcial das relações de concorrência, que ele, porém, reproduz em uma escala mais ampliada.

2. Como o capitalismo se desenvolve?

O que o nosso já mencionado trabalhador temporário pode aprender a partir da trajetória argumentativa realizada até agora? Ele já sabe que economia de mercado e capitalismo não são idênticos. Também está bastante claro para ele que não há como esperar algo de bom da atual ortodoxia de mercado. De algum modo, também lhe parece que não consegue evitar Marx e sua análise do capitalismo. Com o velho filósofo de Trier, ele aprende a conceituar o capitalismo como um "sistema absurdo"[42], no qual a grande massa dos produtores perdeu seus direitos de propriedade sobre seus produtos, enquanto o número comparativamente pequeno de capitalistas permanece trancado em um processo abstrato desacoplado completamente das necessidades de consumo concretas e dos valores de uso, que visa exclusivamente à autorrealização de valor e ao aumento de capital conforme sua própria vontade. A cisão de valor de uso e de troca já traz em si a possibilidade de crises. No entanto, tal processo consegue continuamente motivar não somente os capitalistas, mas também a ampla massa, a participar no "sistema absurdo".

Para poder explicar isso, nosso trabalhador temporário precisará, todavia, estender seus esforços intelectuais para além de Marx. Aparentemente, um "espírito do capitalismo"[43] especial dota de sentido o trabalho remunerado, assim como outras atividades sistêmico-funcionais. O espírito capitalista é um sistema ideológico, mas não mera falsa consciência. Assim, indivíduos e grupos sociais adquirem motivações, técnicas e esquemas de pensamento e ação que os tornam, antes de mais nada, capazes de agir em situações concretas de vida. Por vezes, o efeito de integração atingido através disso é tão forte que até mesmo a crítica fundamental ao capitalismo, que se reacende repetidamente em momentos de crise, é absorvida e transformada em forma de legitimação mediadora de conflitos.

---

de lucro. Mas, no final, ele está convencido de que as dificuldades de utilização de capital e as crises associadas formarão terreno fértil para um movimento de trabalhadores socialistas que acabará por abrir o caminho para um sistema alternativo por meio da revolução.

[42] Luc Boltanski e Éve Chiapello, *Der neue Geist des Kapitalismus*, cit., p. 42.

[43] "O espírito capitalista encarna um conjunto de crenças que estão associadas à ordem capitalista e contribuem para a justificação dessa ordem, para a legitimação e consequentemente para a promoção dos comportamentos e disposições a ela associados" (ibidem, p. 46). Em contraste com o "*habitus* econômico" conservador, o espírito capitalista encarna a dimensão explicitamente consciente e dinâmica das ideologias.

Não há dúvida que o conhecimento dessas questões ampliará ainda mais o grau de desorientação do nosso interlocutor. O capitalismo é inatacável?

A tentativa de resposta a essa questão nos conduz a um outro problema. Para desarmar a crítica, o capitalismo precisa se legitimar, às vezes mesmo através de procedimentos democráticos, de tal modo que possa atender à crítica ao menos parcialmente. Mesmo se ela ao final estabiliza o sistema, isso não significa que a crítica do capitalismo perde seu efeito. Ela contribui para transformar o capitalismo. Assim, ela deve, caso queira permanecer apta a produzir efeitos, referir-se a cada estágio específico de desenvolvimento do capitalismo e modificar seu sistema de coordenadas de acordo com as transformações do sistema. Mas como o capitalismo se desenvolve? Nossa tentativa de responder a essa questão altamente controversa baseia-se em uma ideia formulada pelo geógrafo David Harvey[44] a partir de Rosa Luxemburgo e Hannah Arendt. Segundo essa visão, o desenvolvimento capitalista pode ser compreendido como a sucessão de regimes de expropriação de espaços não capitalistas.

2.1. A ACUMULAÇÃO PRIMITIVA

A forma fundamental de expropriação capitalista foi por sua vez também analisada por Marx. Em suas reflexões sobre "a assim chamada acumulação primitiva"[45], ele delineia o surgimento do capitalismo em um ambiente não capitalista. A característica essencial desse desenvolvimento é a formação das relações capitalistas de propriedade e de classe. A expropriação do campesinato funciona para ele como o pressuposto central para a gênese de um novo tipo de produção, de um "trabalho assalariado duplamente livre". Esse processo, o qual corresponde, no outro lado da moeda, à monopolização da propriedade privada dos meios de produção por um pequeno grupo de proprietários, é retratado por Marx como um caso manifestamente brutal, baseado menos em talento e virtudes do que em uma história de séculos de expropriação dos camponeses, expropriação violenta da terra comum, roubo de bens da Igreja, opressão colonial e comércio de escravos.

Aquilo que Marx apresentou de maneira polemicamente mordaz foi substituído, pela pesquisa histórica, por análises diferenciadas. É bastante claro que Marx confia demais no exemplo inglês. Além disso, ele estava limitado aos conhecimentos históricos de seu tempo. Hoje é sabido que a transição do feudalismo para o capitalismo muitas vezes ocorreu a partir de formas menos despóticas[46], o

---

[44] Cf. David Harvey, *Limits to Capital* (Londres, Verso, 2006).
[45] Cf. Karl Marx, "Das Kapital", v.I, cit., p. 741 e seg.
[46] Cf. Ellen Meiksin Wood, *The Origin of Capitalism* (Nova York, Monthly Review Press, 1999); Fernand Braudel, *Sozialgeschichte des 15.-18. Jahrhunderts* (Munique, Kindler, 1985-1986), 3 v.; Michael Mann, *Geschichte der Macht*, v. 2: *Vom Römischen Reich bis zum Vorabend der Industrialisierung* (Frankfurt a. M./Nova York, Mansilla, H. C. F., 1994), p. 319-424.

que – conforme, por exemplo, afirmado por Edward P. Thompson sobre a Inglaterra durante a Revolução Industrial – implicou a renúncia de uma "historiografia catastrófica", sem, no entanto, endossar uma ortodoxia anticatastrófica[47]. Nesse ponto, interessa, no entanto, menos a luta entre as diferentes interpretações históricas sobre a formação do capitalismo, e muito mais o padrão básico da argumentação marxista. Regime de expropriação capitalista significa, nessa visão, expansão do modo de produção capitalista para dentro e para fora. Nesse sentido, a separação de grande parte da população agrícola de suas terras criou um "mercado interno": a população sem terra foi coagida a se alimentar a partir da venda da sua força de trabalho. Dessa forma, a pura orientação às necessidades foi eliminada; matérias-primas e mantimentos tornaram-se mercadorias. A subsequente eliminação das indústrias auxiliares e o processo de cisão entre manufatura e agricultura causaram uma transformação ainda mais radical, fornecendo o potencial necessário de força de trabalho ao modo de produção capitalista em expansão.

Como Marx mostrou de forma impressionante, essa expropriação interna é, desde o começo, um processo altamente político baseado na intervenção do Estado. Nem a mudança das relações de propriedade e a expropriação do campesinato, nem o direcionamento e disciplinamento das forças de trabalho liberadas para o novo modo de produção, teriam sido possíveis sem intervenção do Estado. Isso explica por que leis cujas origens remontam ao período feudal foram continuamente utilizadas para estabelecer uma coerção geral ao trabalho e para regular politicamente o salário. O "povo campesino transformado em vagabundo" foi em parte "açoitado, marcado a fogo e torturado por meio de leis grotesco-terroristas para a disciplina necessária ao sistema de trabalho assalariado"[48]. Analisando a partir de pontos de vista sistemáticos trata-se, todavia, menos do grau de brutalidade do que do fato de que uma forma de precariedade politicamente construída foi utilizada para disciplinar a força de trabalho liberada para um novo modo de produção. Certamente, o disciplinamento sistêmico-funcional poderia ter sido bem-sucedido com menos violência, talvez através da apropriação de habilidades, conhecimentos e relações sociais pré-capitalistas.

Apenas a indústria de grande escala, com suas máquinas e sistema de manufatura, proporciona uma "base constante para a agricultura capitalista, expropria radicalmente a imensa maioria do povo campesino, conclui a separação entre a agricultura e a indústria doméstica rural" e, portanto, "conquista todo o mercado interno para o capital industrial"[49]. Entretanto, o período da Revolução Industrial ainda foi caracterizado, durante muito tempo, pela exclusão política do trabalhador.

---

[47] Cf. Edward P. Thompson, *Die Entstehung der englischen Arbeiterklasse*, v. I (Frankfurt a. M., Suhrkamp, 1987), p. 203 e seg.

[48] Karl Marx, "Das Kapital", v. I, cit., p. 765; ver também Michel Foucault, *Wahnsinn und Gesellschaft* (Frankfurt a. M., Suhrkamp, 1996), p. 80 e seg.

[49] Karl Marx, "Das Kapital", v. I, cit., p. 776 e seg.

Mesmo na Inglaterra, a liberdade de associação e o direito dos trabalhadores de formar sindicatos só foram estabelecidos depois de um longo atraso. Mesmo em seus primórdios, o capitalismo nunca foi uma economia de mercado autorregulável. Ao contrário, o Estado atuou continuamente como parteiro indispensável para o nascimento do novo modo de produção. Ele garantiu que a formação do mercado se realizasse sob as condições de assimetrias estruturais de poder. A expansão externa do modo de produção capitalista, que se baseou no fato de que o capitalismo foi constituído desde seu nascimento como um sistema internacional, ou seja, entrelaçado através de Estados-nações, também ocorreu sob influência política. Nesse sentido, a formação do mercado nos séculos que compreendem o período da acumulação primitiva também foi um processo motivado politicamente e marcado por assimetrias de poder. Marx defendia, no entanto, a visão de que o exercício de coerção política, inclusive a violência aberta em suas diversas manifestações, permaneceria um mero episódio da pré-história do capitalismo. No transcurso histórico, surgiria uma classe de trabalhadores que, "a partir da educação, da tradição e do costume, reconheceria as condições daquele modo de produção como leis naturais autoevidentes". Violência externa à economia seria, portanto, empregada apenas como exceção. Em situações normais, os trabalhadores poderiam ser deixados ao curso das "leis naturais da produção". A "coerção silenciosa das relações econômicas" selou "a dominação dos capitalistas sobre os trabalhadores"[50].

2.2. Generalização da tese da expropriação capitalista

Não apenas os hereges marxistas[51] questionaram a validade universal dessa reflexão. Nos seus estudos sobre imperialismo, Hannah Arendt constata que a acumulação primitiva obviamente se repete sob condições históricas diferentes[52]. Arendt retoma o argumento que Rosa Luxemburgo trabalhou em sua obra central *A acumulação do capital*. Nessa perspectiva, a expansão capitalista é compreendida a partir de um duplo desenvolvimento. O primeiro ocorre nos centros de produção de mais-valor: nas fábricas, na agricultura capitalista e nos mercados de mercadorias. Nesse âmbito, o capitalismo se reproduz em grande medida sobre suas próprias bases. O outro tipo de desenvolvimento é trilhado nas relações de troca entre, de um lado, a acumulação capitalista e, de outro, os modos de produção e territórios não capitalistas[53]. O argumento de Luxemburgo afirma que apenas um volume

---

[50] Ibidem, p. 765.
[51] Cf. Rosa Luxemburgo, "Die Akkumulation des Kapitals. Ein Beitrag zur ökonomischen Erklärung des Imperialismus" [1913], em *Gesammelte Werke*, v. 5 (Berlim, Dietz, 1975).
[52] Cf. Hannah Arendt, *Elemente und Ursprünge totalitärer Herrschaft. Antisemitismus, Imperialismus, totale Herrschaft* (11. ed., Munique, Piper, 2006 [1951]), p. 332.
[53] "O mercado interno do ponto de vista da produção capitalista é o mercado capitalista, é esta produção em si como comprador de seus próprios produtos e fonte de seus próprios elementos de produção. O mercado externo de capital é o ambiente social não capitalista que absorve seus

limitado do valor do produto social total pode ser realizado no "trânsito interno". Uma demanda estruturalmente restrita necessita que a realização de partes do mais-valor se dê "externamente". Esse problema tornou-se mais agudo com o aumento absoluto e – em relação ao mais-valor produzido – relativo da massa de valor. Para Luxemburgo, as tensões daí crescentes explicam o fenômeno contraditório de que "os antigos países capitalistas representam uns para os outros um mercado cada vez maior, tornando-se cada vez mais indispensáveis uns aos outros e, ao mesmo tempo, cada vez mais ciumentos uns dos outros como concorrentes nas relações com os países não capitalistas"[54]. Seguindo esse argumento, Hannah Arendt acentua:

> Os anos das crises mais difíceis, que introduziram a era do imperialismo, ensinaram à crise do capital industrial o fato de que, a partir de agora, a "realização do mais-valor como primeira condição requer um círculo de compradores fora da sociedade capitalista". Oferta e demanda poderiam ser reguladas dentro do território nacional apenas enquanto o sistema capitalista não abrangesse todos os estratos da população [...]. Somente quando o capitalismo penetrou na estrutura geral da vida econômica e social de cada país e ordenou todas as camadas da população no sistema de produção e consumo por ele determinado tornou-se manifesto que "a produção capitalista", em suas formas e leis de movimento, tinha sido calculada desde o início em toda a Terra como a tesouraria das forças de produção, e que o movimento da acumulação, cuja paralisação colapsaria inevitavelmente o sistema como um todo, necessitaria permanentemente de novos territórios que ainda não tivessem sido completamente desenvolvidos de forma capitalista e, assim, poderiam abastecer o processo de transformação capitalista (*Kapitalisierungsprozess*) com mercados de matérias-primas, mercadorias e trabalho.[55]

Duas reflexões que são ecoadas por Luxemburgo e Arendt não podem ser mantidas à luz do debate contemporâneo. Isso vale em primeiro lugar para a tese do subconsumo[56]. Embora certamente existam fases ou períodos de desenvolvimento nos quais processos de crise econômica possam ser conduzidos ao subconsumo, hoje em dia, as explicações internacionalmente dominantes reconhecem que a fraqueza da demanda pode ser balanceada, por exemplo, com a atividade do investimento. Por essa razão, as novas teorias sobre crise, na medida em que se

---

produtos e o abastece de elementos de produção e mão de obra. Desse ponto de vista, economicamente, a Alemanha e a Inglaterra, em sua troca mútua de bens um com o outro, são em sua maioria mercados capitalistas internos, enquanto a troca entre a indústria alemã e os consumidores camponeses alemães, bem como os produtores, representa relações de mercado externo para o capital alemão" (Rosa Luxemburgo, "Die Akkumulation des Kapitals", cit., p. 315.

[54] Ibidem, p. 316.
[55] Hannah Arendt, *Elemente und Ursprünge totalitärer Herrschaft*, cit., p. 333.
[56] É controverso se Rosa Luxemburgo pode ser de fato descrita como teórica do subconsumo. Ver: Frigga Haug, *Rosa Luxemburg und die Kunst der Politik* (Hamburgo, Argument, 2007).

vinculam à crítica marxista da economia política, apoiam-se mais no fenômeno da sobreacumulação[57]. Igualmente problemáticas são as implicações teóricas de uma derrocada da tese da expropriação capitalista, como explicitamente formuladas por Arendt e Luxemburgo. Certamente, essas expropriações são em diversos sentidos irreversíveis. Pense-se, por exemplo, quando absorvem modos tradicionais de produção ou exaurem recursos naturais. Nesse sentido, a capitalização total de mercados externos aparece como um processo que deve terminar em um distante ponto de fuga, pois sem mercados externos não há capitalismo.

Há, no entanto, uma outra leitura mais interessante do teorema da expropriação capitalista. Segundo esse entendimento, o capitalismo é capaz de trocar sua pele em certos momentos de seu próprio desenvolvimento. Isso significa que o *regime de acumulação*[58] e as relações de propriedade, os *modos de regulação*[59] e os *modelos de produção*[60] são derrubados, transformados, mas apenas com o objetivo de autopreservação do próprio capitalismo. Um dos fundadores do marxismo ocidental, Antonio Gramsci, descreveu tais transformações como "revoluções passivas" e relacionou esse conceito, entre outros, ao fascismo italiano, mas

---

[57] Cf. Robert Brenner, *Boom & Bubble*, cit.; David Harvey, *Der neue Imperialismus* (Hamburgo, VSA, 2005), p. 1371 e seg.

[58] Pode-se falar de um *regime de acumulação* quando surge, durante um longo período, uma relação de correspondência entre as condições materiais de produção, seu desenvolvimento (volume de capital empregado, estrutura da indústria, padrões de produção) e o consumo social (demanda, normas de consumo). Ver: Michel Aglietta, *Ein neues Akkumulationsregime* (Hamburgo, VSA, 2000), p. 12 e seg.

[59] O termo "*modo de regulação*" refere-se à totalidade das formas institucionais, organizações, normas explícitas e implícitas que criam a coesão da sociedade, conciliando interesses conflitantes e comportamento obstinado de grupos sociais e indivíduos com as exigências de utilização de capital. A categoria de disposição regulamentar visa expressar que as mudanças na regulamentação não acontecem como uma substituição completa de um modo de regulação sobrevivente e sua substituição por um completamente novo. Uma disposição regulamentar descreve um "conjunto heterogêneo" no qual diferentes níveis de regulação formam um contexto estruturado que relaciona diferentes lógicas de coesão social umas com as outras. Assim, os processos de regulamentação são resultado de práticas materiais e discursivas através das quais as relações entre os atores sociais de um espaço/campo social são estabelecidas com relação a questões políticas. Uma vez fixados, os compromissos regulamentares geram então uma unidade de ação e estrutura que "pode ser comparada às paredes de um espaço do qual não há fuga para o indivíduo, mas dentro do qual o ator pode se mover livremente" (Anthony Giddens, *Die Konstitution der Gesellschaft. Grundzüge einer Theorie der Strukturierung* (Frankfurt/Nova York, Campus, 1992), p. 227; Klaus Dörre e Bernd Röttger, *Im Schatten der Globalisierung. Strukturpolitik, Netzwerke und Gewerkschaften in altindustriellen Regionen* (Wiesbaden, VS-Verlag, 2009)).

[60] Os *modelos de produção* são redes de relações sociais nas quais princípios específicos de gestão são combinados com a regulamentação das relações de trabalho. Cada modelo de produção historicamente identificável estabelece correspondências entre a organização da empresa, formas de concorrência, relações de trabalho e sistemas de educação. Ver: Robert Boyer e Jean-Paul Durand, *After Fordism* (Londres, Macmillan, 1997), p. 3.

também ao surgimento do modo de produção fordista e da cultura de massas ("Americanismo")[61]. Tais transformações são possíveis, pois, em certas relações espaçotemporais, o capitalismo pode se vincular sempre a um "externo" que, em parte, ele mesmo produz. O capitalismo pode, assim, tanto utilizar um "externo" já existente (sociedades não capitalistas ou uma região determinada no interior do capitalismo – como a educação –, que ainda não foi capitalizada) quanto produzi--lo "ativamente"[62]. A produção ativa de um "externo" significa que a expropriação capitalista é, a princípio, uma corrente interminável. A "queda da graça" da acumulação primitiva, isto é, "uma ruptura da lei econômica pura por meio de ação política"[63], pode e deve se repetir continuamente em escala estendida.

David Harvey ampliou essa dialética do interno-externo para uma teoria do desenvolvimento capitalista[64]. Para ele, a dinâmica do capitalismo se baseia em sua capacidade de produção e destruição do espaço. Por meio de investimentos em máquinas, fábricas, força de trabalho e infraestrutura, o capital vincula-se a laços espaciais que não podem ser dissolvidos sem causar custos e atritos. Nesse processo, assumem uma função especial os investimentos que servem à exploração econômica de espaços – por exemplo, recursos financeiros para escoamento de trânsito e novas rotas, extração de matérias-primas ou investimentos em formação/especialização e em proteção do trabalho/saúde. Tais investimentos são amortizados somente após um longo período, ou seja, são temporariamente retirados do circuito de capital primário (consumo imediato) e desviados para o circuito secundário (capital para os meios de produção, formação de ativos para o consumo, como moradia), ou para o circuito terciário (por exemplo, gastos para pesquisa, desenvolvimento e investimento social). Dessa forma, é absolutamente incerto que tais investimentos sejam realmente rentáveis. Conforme indicado no exemplo das ferrovias, o Estado, por vezes, deve servir como uma espécie de "capitalista total ideal" quando a longo prazo o investimento em larga escala for necessário.

Ciclos de investimentos de longo prazo em determinados espaços e horizontes de tempo relacionam-se claramente com as "ondas longas"[65] da acumulação

---

[61] Antonio Gramsci, *Gefängnishefte*, v. l: *Kritische Gesamtausgabe*, cad. 1 (Hamburgo, Argument, 1991 [1929]), p. 101 e seg.; ver: idem, *Gefängnishefte*, v. 9: *Kritische Gesamtausgabe*, cad. 22-29 (Hamburgo, Argument, 1999 [1934f.]), p. 2063 e seg.
[62] David Harvey, *Der neue Imperialismus*, cit., p. 140.
[63] Hannah Arendt, *Elemente und Ursprünge totalitärer Herrschaft*, cit., p. 335.
[64] Ver: David Harvey, *Spaces of Global Capitalism* (Londres/Nova York, Verso, 2006), p. 71 e seg.
[65] Sobre a discussão do conceito de "ondas longas", voltando a Kondratieff e Schumpeter: cf. Elmar Altvater, "Bruch und Formwandel eines Entwicklungsmodells. Die gegenwärtige Krise ist ein Prozess gesellschaftlicher Transformation", em Jürgen Hoffmann (org.), Überproduktion, Unterkonsumtion, Depression. Analysen und Kontroversen zur Krisentheorie (Hamburgo, VSA, 1983), p. 217-52; Ernest Mandel, *Long Waves of Capitalist Development* (Cambridge, Cambridge University Press, 1980); Alfred Kleinknecht, "Innovation, Akkumulation und Krise. Überlegungen zu den 'langen Wellen' der Konjunktur vor dem Hintergrund neuer Ergebnisse

capitalista, ancoradas nas crises de transformação histórica e que desembocam na constituição de formações capitalistas mais ou menos coerentes. A investigação precisa das relações entre essas ondas (que, de sua parte, são apenas abstrações analíticas, destiladas "dos eternos altos e baixos da acumulação e do produto social")[66] e a dialética do interno-externo do capitalismo, como tematizada por Harvey, justificaria por si só um programa de pesquisa. Aqui, no entanto, basta indicar a função de estabilização dessa dialética. Investimentos em infraestrutura, educação e formação técnica constituem, em seus respectivos espaços, ciclos de desenvolvimento econômico que pelo menos atenuam o problema da sobreacumulação por meio de compromissos de capital a longo prazo. Tais períodos são ideais para restringir a socialização de mercado, retirando potenciais campos de investimento – como os correios, telecomunicações, estradas de ferro, transportes públicos ou educação em escolas e universidades – da exploração privada e transformando-os em bens públicos por meio da intervenção do Estado. Surge, assim, um "externo" para as operações capitalistas individuais e moleculares, que, embora inacessível para a acumulação privada, pode ser utilizado para a melhoria do desempenho econômico.

Na medida em que esses confinamentos de socialização de mercado se tornam um entrave para a valorização do capital, provocam estratégias para a flexibilização ou até mesmo para a eliminação de tal fixação espaçotemporal do capital. Assim, as diferentes ondas de internacionalização das empresas capitalistas podem ser vistas como tentativas de escapar do problema de aproveitamento em suas bases domésticas[67]. Esta é, no entanto, apenas uma dentre muitas opções estratégicas para reagir à pressão da sobreacumulação. Harvey descreve uma parte dessas estratégias, entre elas, a financeirização (IPOs, fusões, aquisição de empresas etc.), bem como a transformação de empresas estatais ou a privatização de instituições públicas, como "acumulação por despossessão". Seu efeito consiste no fato de que o capital excedente pode se apoderar a baixos custos ou até mesmo sem nenhum custo dos ativos assim liberados[68]. Nos espaços onde isso conduz à desindustrialização, ao declínio econômico, desemprego em massa e pobreza, surge novamente um externo – regiões devastadas, abandonadas e força de trabalho ociosa – que, em uma fase de desenvolvimento posterior, pode se tornar objeto de investimentos de reparação de longo prazo[69].

---

der historischen Innovationsforschung", *Prokla: Zeitschrift für kritische Sozialwissenschaft*, v. 9, n. 35, 1979, p. 85-104.

[66] Cf. Jan Priewe, *Krisenzyklen und Stagnationstendenzen in der Bundesrepublik* (Colônia, Pahl-Rugenstein, 1988), p. 183 e seg.

[67] Cf. Rob van Tulder Winfried Ruigrok, *The Logic of International Restructuring* (Londres, Routledge, 1995).

[68] David Harvey, *Der neue Imperialismus*, cit., p. 147.

[69] Cf. Klaus Dörre e Bernd Röttger, *Im Schatten der Globalisierung*, cit.

Segundo Harvey, a "acumulação por despossessão" é um equivalente funcional ao ato de violência da acumulação primitiva e à expropriação imperialista, como analisada por Luxemburgo e Arendt. No entanto, regimes de expropriação capitalista não se esgotam apenas em práticas "canibais", "predatórias" ou "fraudulentas"[70]. Como apenas implicitamente apresentado por Harvey, seu *modus operandi* se baseia em formas altamente diversas de intervenção estatal. Como demonstrado, a "explosão" de leis exclusivamente econômicas, como no caso da ampliação de serviços públicos, da produção de bens coletivos e da expansão de sistemas de segurança pública, também pode ocorrer por meio da desmercantilização (desacoplamento dos riscos de mercado) e de fixações de capital a longo prazo nos ciclos secundário ou terciário. As estratégias que Harvey descreve como "acumulação por despossessão" utilizam a privatização de instituições públicas e a desregulamentação dos mercados de trabalho como alavanca para uma re- ou desmercantilização da força de trabalho. Aplicado à problemática do desenvolvimento, isso significa que o capitalismo não pode existir sem a expropriação e a utilização de ativos externos (inclusive força de trabalho ociosa). No entanto, os objetivos concretos, as formas e os meios do regime de expropriação podem variar em um amplo espectro. A escolha da estratégia é sempre também um processo político, isto é, os regimes de expropriação são, dentro de certos limites, politicamente influenciáveis.

Com a dialética interno-externo do desenvolvimento capitalista em mente, pode-se compreender de forma mais precisa o significado da exclusão e precarização para a racionalidade econômica do capitalismo. O "mecanismo do exército industrial de reserva"[71], que Marx detalhou no primeiro volume de *O capital*, é de certa forma o caso clássico da produção ativa de um externo. O exército industrial de reserva em suas diversas formas pode ser utilizado para mobilizar mão de obra adicional em períodos de alta da economia. Em tempos de crise, por outro lado, os excluídos da produção capitalista representam uma fonte potencial de pressão que pode ser utilizada para manter os custos da força de trabalho os mais baixos possíveis[72]. Portanto, a questão social que Marx tinha em mente conhece sempre um interno e um externo. No interno, é central a exploração, a apropriação privada de um mais-valor criado coletivamente. No externo, trata-se de empurrar a remuneração e condições de vida para abaixo dos padrões da classe, de superexploração e, em casos extremos, do completo esvaziamento da capacidade de trabalho, da exclusão de trabalhos remunerados.

A operação contínua dessa dialética do interno-externo forja espaços sociais e geográficos. A situação laboratorial argelina que Pierre Bourdieu analisou foi uma repetição da "acumulação primitiva" deslocada no tempo e no espaço para

---

[70] David Harvey, *Der neue Imperialismus*, cit., p. 147.
[71] Cf. Karl Marx, "Das Kapital", v. I, cit., p. 657 e seg.
[72] Cf. David Harvey, *Der neue Imperialismus*, cit., p. 139.

a periferia de um próspero capitalismo fordista e, portanto, uma ligação particular da expropriação capitalista e da precarização. Para a nova classe emergente de proprietários capitalistas, que Bourdieu, no entanto, não investigou, o subproletariado argelino representa um "mercado externo" adequado para eventual mobilização de força de trabalho adicional, mas também, antes de tudo, para o disciplinamento da classe trabalhadora industrial em constituição. O aspecto decisivo da diferenciação entre classe trabalhadora e subproletariado é a integração dos mais bem qualificados em um regime de tempo que possibilite um planejamento da vida a longo prazo. Particularmente sob condições de desemprego estrutural, especialistas e empregados qualificados possuem uma enorme vantagem na concorrência, pois a segurança relativa de seus empregos oferece a eles a oportunidade de direcionar sua vida a um objetivo futuro. Para o subproletariado, ao contrário, resta levar "a existência profissional inteira sob a estrela dos acasos e arbitrariedades"[73]. Um exército industrial de reserva de "trabalhadores não qualificados", pronto para "submeter-se a quaisquer que sejam as condições para escapar do desemprego"[74] pode ser explorado quase à vontade. O desemprego e o trabalho temporário bloqueiam o desenvolvimento de um planejamento de vida a longo prazo. Os trabalhadores "dividem-se claramente em dois grupos", aqueles que estão "contratados para assim permanecer" e aqueles que "estão dispostos a fazer qualquer coisa" para "fugir dessa insegurança"[75].

2.3. A economia mista do capitalismo social-burocrático

Nosso trabalhador temporário ouve com atenção. Muito do descrito por Bourdieu lhe parece bastante familiar. Afinal, ele vivencia com frequência diária, em sua própria empresa, as relações contraditórias entre "duas classes de trabalhadores". Será que a história se repete? Será que lidamos, inclusive, com um capitalismo cujos mecanismos remetem a uma fase inicial do capitalismo? A resposta é um decidido "sim e não"! Sim, porque as formas de processamento e o efeito disciplinador da precariedade, tal como analisados por Bourdieu, também são esclarecedores para o presente. Não, porque a situação de vida de um especialista em TI bem instruído não é de maneira alguma comparável à situação de um subproletário argelino.

Para entender e criticar as expressões contemporâneas da precariedade, é preciso estar atento ao contexto histórico que forneceu o pano de fundo para o desenvolvimento dessa nova formação capitalista. Como mostrado, regimes de expropriações capitalistas ocorrem no âmbito da alternância entre abertura e cerceamento do mercado. Não se trata de modo algum de uma alternativa "mercado ou

---

[73] Pierre Bourdieu, *Die zwei Gesichter der Arbeit*, cit., p. 67.
[74] Idem.
[75] Ibidem, p. 113.

Estado"[76], mas sim de combinações particulares entre mercados e o poder político-hierárquico. Em dado momento, o Estado age como protagonista da abertura de mercado, no momento seguinte, converte-se em um agente de fechamento do mercado. O capitalismo fordista, que hoje serve de modelo para definir o que é novo, foi também o produto de um regime de expropriação capitalista específico. Para ser mais exato, a formação desse capitalismo social-burocrático foi baseada em um ciclo de investimentos de longo prazo em infraestrutura, na absorção do potencial de mão de obra de um setor econômico tradicional, agrário e de pequena escala, e na antes desconhecida institucionalização do "poder dos trabalhadores"[77]. Sua gênese está relacionada primariamente às estratégias de desmercantilização da força de trabalho.

Os traços essenciais do capitalismo fordista já foram descritos em múltiplas publicações, de modo que um breve esboço será suficiente. Como "achado" histórico, ou seja, sem qualquer inevitabilidade, expropriações capitalistas podem temporariamente dar origem a versões relativamente estáveis de regimes de acumulação, dispositivos de regulação e modelos de produção que, juntos, resultam no que os teóricos da regulamentação chamam de formação capitalista. No caso do capitalismo fordista, cujas origens remontam aos anos 1920 e que vivenciou seu auge depois de 1945, trata-se de uma dessas formações. O regime fordista de acumulação se baseou nas conexões específicas entre produção em massa e consumo em massa, bem como na consequente sociedade do trabalho assalariado[78]. Em termos internacionais, o desenvolvimento do fordismo foi condicionado a uma ordem mundial bipolar, com uma hegemonia estável dos Estados Unidos no mundo ocidental. Tal desenvolvimento se baseou em um sistema de taxas de câmbio fixas,

---

[76] Cf. Daniel Yergin e Joseph Stanislaw, *Staat oder Markt: Die Schlüsselfrage unseres Jahrhunderts* (Frankfurt a. M., Campus, 1999).

[77] Basicamente, pode ser feita uma distinção entre o poder *estrutural, organizacional e institucional* dos trabalhadores. O poder estrutural surge da posição dos grupos assalariados no sistema econômico. Pode tomar a forma de poder de negociação primário, que surge de uma situação tensa no mercado de trabalho, bem como o poder de produção, que é constituído pela posição estratégica especial de grupos de trabalhadores nos processos de produção. Isto deve ser distinguido do poder associativo, que surge do sindicato de organizações políticas coletivas ou sindicais de trabalhadores. O poder institucional, por outro lado, surge como resultado de negociações e conflitos; sua especificidade está enraizada no fato de que as instituições estabelecem compromissos sociais básicos através de ciclos econômicos e mudanças de curto prazo nas relações sociais de poder, e os fixam parcialmente em lei. Cf. Beverly J. Silver, *Forces of Labor. Arbeiterbewegungen und Globalisierung seit 1870* (Berlim, Assoziation A, 2005), p. 30-44; Erik Olin Wright, "Working-Class Power, Capitalist-Class Interests, and Class Compromise", *American Journal of Sociology*, v. 105, n. 4, jan. 2000, p. 957-1002; Klaus Dörre, Hajo Holst e Oliver Nachtwey, "Organizing – A Strategic Option for Trade Union Renewal?", *International Journal of Action Research*, v. 5, n. 1, 2009, p. 1-35; nesse caso, p. 3 e seg.

[78] Cf. Michel Aglietta, *A Theory of Capitalist Regulation: The US Experience* (Londres/Nova York, Verso, 2015 [1979]).

permitindo que os Estados adotassem políticas fiscais independentes. Internamente, o regime de acumulação podia contar tanto com uma política econômica orientada para a demanda como com uma institucionalização do conflito de classes. Isto foi possível durante o apogeu de um modelo de produção e inovação[79] cujos ganhos de produtividade permitiram o envolvimento dos assalariados e suas organizações, mediados através de conflitos normativos e negociações coletivas.

Como conclusão do projeto de uma "modernidade organizada", o fordismo combinava a "anarquia dos mercados" aos princípios organizacionais militares--hierárquicos de grandes burocracias[80]. Por muito tempo, não só as grandes empresas como também as organizações e instituições de bem-estar social seguiram esse modelo de pirâmide burocrática[81]. Um incentivo para tal combinação era a tentativa de integrar classes trabalhadoras antes desprovidas de recursos em um regime de "tempo organizado". A "ideia de poder planejar adequadamente determinou a esfera das atividades e possibilidades individuais" de grande parte dos assalariados[82]. Devido a esse regime de tempo, as burocracias empresariais e instituições de bem-estar social também garantiram uma certa estabilidade e segurança sociais depois de 1949. Isto, naturalmente, não foi apenas, ou mesmo principalmente, devido ao princípio de funcionamento interno dos aparatos burocráticos, mas sobretudo por causa dos compromissos sociointegrativos e pela institucionalização do poder dos trabalhadores.

Tal processo de "incorporação" de interesses trabalhistas organizados em dispositivos fordistas de regulação foi elaborado de forma precisa por autores de perspectiva institucionalista. Originalmente, a adoção de modelos fordistas de produção apenas excepcionalmente era associada ao fortalecimento do poder organizacional e institucional dos trabalhadores assalariados. Na Europa ocidental, após a crise de 1929-1933, surgiu uma constelação extremamente polarizada na regulamentação dos interesses coletivos de trabalho. A Alemanha fascista, com seu sistema autoritário-antidemocrático de regulamentação, foi contrastada com a democracia industrial da Suécia, onde, após a vitória eleitoral socialista em 1932, as abordagens de uma política de pleno emprego orientada à demanda foram combinadas

---

[79] O modelo de produção foi baseado em quatro princípios básicos: (1) a redução e racionalização do tempo operacional através da divisão e padronização das tarefas de trabalho e sua mecanização; (2) uma organização estritamente hierárquica de projeto, desenvolvimento, produção e distribuição; (3) o primado da economia de produção sobre a economia de mercado; e (4) um dualismo da indústria de grande escala e das empresas de pequena escala, em que as grandes empresas satisfaziam necessidades de massa estáveis enquanto a produção de pequena escala atendia a uma demanda variável e gerava inovações importantes que poderiam ser adotadas pela indústria de grande escala.
[80] Richard Sennett, *Die Kultur des neuen Kapitalismus*, cit., p. 21.
[81] Max Weber, *Wirtschaft und Gesellschaft. Grundriß der verstehenden Soziologie* (Tübingen, Mohr Siebeck, 1980), p. 551.
[82] Richard Sennett, *Die Kultur des neuen Kapitalismus*, cit., p. 24 e 33.

com uma institucionalização de longo alcance das relações contratuais coletivas[83]. Os diferentes caminhos de desenvolvimento e processamento influenciaram a adaptação dos regimes fordistas após a Segunda Guerra Mundial. A forma pela qual os interesses trabalhistas organizados foram incorporados estruturou não apenas os sistemas de regulação nacional, mas também a própria formação do mercado. Nos países escandinavos, coalizões entre trabalhadores e Estado determinavam a "arquitetura dos mercados"; nos Estados Unidos, as alianças foram mais unilateralmente dominadas pelos interesses do capital, enquanto coalizões alemãs buscavam alcançar um compromisso entre os interesses dos trabalhadores e do capital[84].

Este é um fator, se não o único, que explica o surgimento de distintos modelos de bem-estar social. Em poucas palavras, pode-se dizer o seguinte: quanto maior for a força de organização e mobilização dos movimentos trabalhistas, mais abrangente será o Estado social[85]. Via de regra, os movimentos trabalhistas perseguem políticas de desmercantilização[86]. Ainda que a força dos movimentos trabalhistas e dos sindicatos, em si, não seja suficiente para explicar os diferentes tipos de capitalismo de bem-estar social nem a variação de modelos de produção ou dispositivos de regulação[87], ela faz com que uma especificidade do regime de expropriação fordista se torne compreensível. Foram apenas os efeitos desmercantilizantes da propriedade social – uma propriedade para manutenção da existência e do *status*, que se manifestou na garantia de direitos sobre aposentadoria, demissão, proteção do trabalho e da saúde, de codeterminação e em normas vinculantes de acordos coletivos – que converteram o trabalho assalariado em uma gigantesca máquina social de integração. Favorecido por uma prosperidade pós-guerra excepcionalmente longa, o trabalho assalariado se converteu em uma instituição que garantia às classes e grupos antes sem recursos uma posição social relativamente respeitável, apesar da continuidade das desigualdades[88].

Isso foi possível devido ao surgimento de algo que Marx considerava impensável – um capitalismo sem "exército industrial de reserva"[89] nacional aparente.

---

[83] Wolfgang Streeck, *Gewerkschaften in Westeuropa*, cit., p. 91.
[84] Cf. Neil Fligstein, *The Architecture of Markets* (Princeton, Princeton University Press, 2001), p. 67 e seg.; Colin Crouch, *Industrial Relations and European State Traditions* (Oxford, Claredon Press, 1996).
[85] Cf. Walter Korpi, *The Democratic Class-Struggle* (Londres, Routledge, 1983).
[86] Cf. Gøsta Esping-Andersen, *The Three Worlds of Welfare Capitalism* (Cambridge, Polity Press, 1996), p. 44.
[87] Sobre as especificidades do modelo de produção alemão: Arndt Sorge, "Mitbestimmung, Arbeitsorganisation und Technikanwendung", em Wolfgang Streeck e Norbert Kluge (orgs.), *Mitbestimmung in Deutschland. Tradition und Effizienz* (Frankfurt a. M./Nova York, Campus, 1999).
[88] Robert Castel, *L'Insécurité sociale. Qu'est-ce qu'être protégé?* (Paris, Seuil, 2003).
[89] Cf. Burkart Lutz, *Der kurze Traum immerwährender Prosperität. Eine Neuinterpretation der industriell-kapitalistischen Entwicklung im Europa des 20. Jahrhunderts* (Frankfurt a. M./Nova York, Campus, 1984), p. 184 e seg.

Ao conceder direitos sociais e atender a reivindicações participativas, não apenas foi possível aliviar o caráter precário do trabalho assalariado, como também domar a pobreza absoluta e relativa[90]. Estas não desapareceram, mas foram marginalizadas e passaram a se desenvolver essencialmente fora do trabalho assalariado protegido por acordos coletivos e pela lei. Tratava-se de uma pobreza de minorias, ligada aos "socialmente desprezados"[91] – cerca de 5% da população que vivia nas esferas mais baixas da sociedade. Ainda que não fosse idêntico a esse grupo, o núcleo duro dos pobres correspondia àqueles indivíduos incapazes de garantir sua própria existência e, consequentemente, dependentes da assistência social[92]. As "crianças de rua"[93] do capitalismo social serviam de alvo preferencial para projeção de rótulos negativos e atribuições de culpa. Para as maiorias nas sociedades de trabalho assalariado dos capitalismos desenvolvidos, o pauperismo era uma coisa do passado; na melhor das hipóteses, parecia relevante como um problema de instituições de cuidado e de bem-estar social.

Esse quadro idílico apresenta falhas quando se considera que o "capitalismo social-burocrático" foi uma economia mista por todo o tempo. Ao descrever o regime de expropriação fordista como a absorção de um setor tradicional, agrário e organizado em pequena escala, Bukhard Lutz negligencia qualquer evolução contrária. Mesmo sob o capitalismo social-burocrático, a economia mundial orientada para o mercado e os lucros já se baseava crescentemente em setores, serviços e atividades que seguiam princípios racionais distintos daqueles seguidos pelas grandes empresas fordistas. Tal economia já dialogava com um setor heterogêneo, de pequenas e médias organizações, mas vital e de inovações incrementais importantes, que inclui o serviço público expandido (produção de bens públicos), as organizações sem fins lucrativos (racionalidade da oferta), bem como um setor de economia doméstica e o setor informal (racionalidade da sobrevivência)[94]. Mecanismos de proteção traziam resultados especialmente quando os interesses trabalhistas organizados eram comparativamente assertivos – no setor público e em grandes empresas, com seus trabalhadores em jornada integral e predominantemente masculinos. A distribuição entre diferentes setores também se baseava em construções de gênero e nacionalidade. As mulheres, na medida

---

[90] Cf. Serge Paugam, *Die elementaren Formen der Armut* (Hamburgo, Hamburger, 2008), p. 164. Rainer Geissler, *Die Sozialstruktur Deutschlands. Zur gesellschaftlichen Entwicklung mit einer Bilanz zur Vereinigung* (4. ed. rev. e atual., Hamburgo, VS Verlag für Sozialwissenschaften, 2006), p. 201 e seg.
[91] Ralf Dahrendorf, *Society and Democracy in Germany* (Nova York, Doubleday & Co., 1967), p. 88.
[92] Cf. Georg Simmel, "Der Arme", em *Soziologie: Untersuchungen über die Formen der Vergesellschaftung. Gessamtausgabe*, v. 2 (Frankfurt a. M., Suhrkamp, 1992), p. 512-55.
[93] Diz o cantor-compositor Franz Josef Degenhardt em sua canção com o mesmo nome. ["*Schmuddelkinder*", no original em alemão, cuja tradução literal seria algo como "crianças sujas". (N. T.)]
[94] Cf. Luise Gubitzer, "Wirtschaft ist mehr. Sektorenmodell der Gesamtwirtschaft als Grundlage für Geschlechtergerechtigkeit", *Widerspruch. Beiträge zur sozialistischen Politik*, v. 50, 2006, p. 17-29.

em que conseguiam ser empregadas, dado o domínio do modelo de sustento da família, acabaram, em grande parte, nos setores menos protegidos. Ao lado das discriminações político-institucionais, atuavam os mecanismos básicos de uma ordem social que funcionava "como uma máquina simbólica gigante para a ratificação do domínio masculino"[95].

Nesse sentido, a dinâmica interna-externa da questão social não desapareceu por completo no capitalismo fordista. Ela continuou presente através da funcionalização das atividades reprodutivas da mulher[96], da exploração de migrantes[97] ou da construção de excluídos sociais pela sociedade da maioria. Apesar de tais relativizações, os capitalismos fordistas da Europa continental haviam produzido sociedades semelhantes, com coesão social que era particularmente pronunciada na Alemanha Ocidental. O poder de coesão desse capitalismo foi, por um tempo, tão forte, que a teoria crítica localizava o potencial de transcendência do sistema, na melhor das hipóteses, em grupos subculturais que se moviam externamente à lógica afirmativa do capitalismo social[98].

2.4. A crise do fordismo

Em retrospectiva histórica, os "anos dourados" do capitalismo metropolitano tiveram vida curta. No fim da década de 1960, as forças motrizes que haviam levado à ascensão do fordismo começaram a se converter em focos de crise[99]. Nesse meio-tempo, inúmeros ensaios foram escritos sobre o processo de crise do capitalismo social. Interpretações político-econômicas e, ao mesmo tempo, antieconômicas chamam a atenção para uma multiplicidade de pontos problemáticos relativamente independentes. Nesse contexto, a cisão histórico-econômica dos anos 1970 na Alemanha Ocidental pode ser explicada basicamente pelo desaparecimento das condições especiais do período de reconstrução e por uma consequente mudança nas atividades de inovação. Desde a crise econômica de 1973-1975, as empresas têm procurado contrariar a pressão sobre a rentabilidade do capital, a qual já era perceptível em meados dos anos 1950, reorientando-se para um tipo de acumulação que é principalmente orientada para a taxa de lucro. Em vez de expandir

---

[95] Pierre Bourdieu, *Die männliche Herrschaft* (Frankfurt a. M., Suhrkamp, 2005), p. 21.
[96] Brigitte Aulenbacher, *Die soziale Frage neu gestellt – Gesellschaftsanalysen der Prekarisierungs- und Geschlechterforschung*, em Robert Castel e Klaus Dörre (orgs.), *Prekarität, Abstieg, Ausgrenzung. Die soziale Frage am Beginn des 21. Jahrhunderts* (Frankfurt a. M./Nova York, Campus, 2009), p. 65-80.
[97] Manuela Bojadžijev, *Die windige Internationale. Rassismus und Kämpfe der Migration* (Münster, Westfälisches Dampfboot, 2008).
[98] Cf. Herbert Marcuse, "Versuch über die Befreiung" [1978], em *Schriften*, v. 8 (Springe, Zu Klampen, 2004), p. 237-317. Neste caso, p. 254 e seg.
[99] Cf. Michel Aglietta, *A Theory of Capitalist Regulation*, cit.; Joachim Hirsch e Roland Roth, *Das neue Gesicht des Kapitalismus: vom Fordismus zum Post-Fordismus* (Hamburgo, VSA-Verlag, 1986).

a capacidade de produção e a massa de mais-valor, o objetivo preferencial das empresas passaram a ser o aumento do lucro.

Não obstante, o excesso de capacidade e a pressão sobre as taxas de lucro não foram os únicos focos de crise. Nas empresas e empreendimentos, os recursos produtivos da racionalização dominante haviam se esgotado, já que a decomposição, a padronização e o controle burocrático do trabalho entravam crescentemente em conflito com as necessidades de trabalhadores com qualificações, na média, mais elevadas. A individualização de estilos de vida e desejos de consumo se chocou com um sistema de produção orientado para a produção padronizada em massa. No âmbito internacional, o colapso do sistema da taxa de câmbio fixa, as mudanças na divisão internacional do trabalho causadas pela expansão internacional de grandes empresas e a industrialização endividada de países subdesenvolvidos, juntamente com as turbulências que isso desencadeou, deram origem a um ambiente diferenciado para regimes nacionais de acumulação. Diante da inflação e endividamento público crescentes, políticas econômicas keynesianas de controle da demanda passaram a ser repudiadas pelas elites. Isto promoveu uma mudança política em direção a estratégias voltadas para a oferta, combinando uma política de austeridade interna à orientação agressiva para o mercado global e à modernização tecnológica acelerada.

No entanto, a natureza técnico-material de suas forças produtivas também gerou falhas na formação fordista. Mesmo no caso de países ricos em recursos naturais, água potável, solo cultivável e ar puro se converteram em bens escassos devido ao uso extensivo. O principal motivo para tanto foi a destruição de processos regeneradores autorregulados em decorrência da poluição e do excessivo uso industrial. Sistemas de produção que funcionavam através da extração linear de material ou entrada de poluentes em ciclos naturais quase fechados tratavam a natureza extra-humana como recurso gratuito. Ao mesmo tempo, os modos de regulação dominantes externalizavam os custos consequentes, um fator ainda mais evidente nas burocracias estatais socialistas do que nos capitalismos avançados. Estratégias de enfrentamento das crises ecológicas adotadas por coalizões de descarte burocrático-industriais foram incapazes de promover mais do que "um conserto, a curto prazo, dos danos causados pelo industrialismo"[100]. A dimensão global dos perigos ecológicos e de suas consequências parcialmente irreversíveis gerou desconfiança quanto ao uso de sistemas tecnológicos altamente complexos e fortemente conectados (usinas nucleares) que, apesar de impulsionados pela promessa de um funcionamento sem falhas, eram incapazes de excluir a possibilidade de reações em cadeia catastróficas[101].

---

[100] Joseph Grün e Detlev Wiener, *Global denken, vor Ort handeln* (Friburgo, Dreisam, 1984), p. 298.
[101] Cf. Charles Perrow, *Normale Katastrophen: die unvermeidbaren Risiken der Grosstechnik* (Frankfurt a. M./Nova York, Campus, 1987).

Tudo isso começou a prejudicar a hegemonia do capitalismo fordista e do seu gêmeo burocrático-estatal no Leste. Uma forma histórica de produção de mais-dinheiro (D'), baseada na expansão do mercado interno e na exploração ilimitada de recursos naturais, deixava de ser uma "fonte de lucros estáveis ou até mesmo crescentes"[102]. As robustas regulações do período pós-guerra, que incluíam uma ampla institucionalização do poder trabalhista, passaram a ser vistas como obstáculo central para a acumulação do capital. Elas se converteram em objeto de um novo regime de expropriação capitalista que, como produção de um exterior específico, reavivou o mecanismo capitalista do exército de reserva. Uma vez iniciado, tal regime tampouco terminava quando os lucros dos capitais individuais eram restabelecidos. Pelo contrário, ele encontrava legitimação adicional na integração de mercados exteriores, possibilitada pela implosão do stalinismo, por exemplo[103]. O fato de que a nova expropriação de espaço ocorreu em um Estado que, com o território da antiga RDA, tinha uma periferia interna, um mercado interno externo, estabeleceu um caminho alemão próprio de espoliação/mercantilização.

A digestão intelectual e política dessa dupla implosão ocorreu em uma constelação social na qual a institucionalização do conflito industrial de classes aparentou permanecer estável, a despeito do desemprego, pobreza e desigualdade crescentes. No fim dos anos 1960, tanto políticos quanto intelectuais de diversos Estados europeus foram surpreendidos por um retorno dos trabalhadores à militância[104]. Mesmo na Alemanha Ocidental, os líderes sindicais pareciam perder brevemente o controle de sua base de associados durante as greves espontâneas de setembro. Isto alimentou a expectativa entre alguns intelectuais de que o fim da prosperidade econômica abalaria o sistema de regulamentação de interesses intermediários com sua integração corporativa de interesses trabalhistas organizados. No entanto, não foi isso que aconteceu. Enquanto as agitações de 1968 registravam um paralelismo sem precedentes entre um movimento estudantil antiautoritário e um movimento de trabalhadores revitalizado, os anos de crise do fordismo, justamente na Alemanha Ocidental, foram dominados por novos movimentos sociais interclasses. Movimentos alternativos, de mulheres e ecológicos orientavam-se primariamente por uma crítica artística do capitalismo[105]. Em vez de igualdade e justiça distributiva,

---

[102] Joachim Hirsch e Roland Roth, *Das neue Gesicht des Kapitalismus*, cit., p. 88.
[103] Cf. Wolfgang Streeck, "German Capitalism: Does it Exist? Can it Survive?", em Colin Crouch e Wolfgang Streeck (orgs.), *Political Economy of Modern Capitalism* (Londres, Sage, 1997), p. 33-54.
[104] Cf. Colin Crouch e Alessandro Pizzorno (orgs.), *The Resurgence of Class Conflict in Western Europe since 1968* (Londres, Macmillan Press, 1978), 2 v.
[105] Luc Boltanski e Ève Chiapello, *Der neue Geist des Kapitalismus*, cit., p. 68 e seg., distinguem a perspectiva trabalhista de uma *crítica social* visando a conflitos de distribuição específicos de classe, da *crítica artística*, voltada ao autodesenvolvimento em atividades trabalhistas concretas, que é dirigida contra a reificação das relações sociais e considera o ganho de autonomia dentro e fora do processo trabalhista como um pré-requisito básico para a emancipação humana.

tais movimentos tencionavam primariamente desconstruir a determinação externa e maximizar a autonomia individual. Difundida especialmente na Alemanha Ocidental, a crítica artística encontrou, com o estabelecimento do Partido Verde, uma expressão autônoma dentro do sistema político.

Tal desenvolvimento social recebeu uma expressão intelectual no giro antiprodutivista de uma parte relevante da sociologia. Justamente porque os capitalismos avançados tinham concentrado com sucesso sua capacidade reguladora na contenção da dicotomia capital-trabalho, a "colonização do mundo da vida" tinha evidentemente trazido consigo linhas de conflito que moldaram a sociedade além da divisão industrial de classes. Como "o emprego remunerado formal perdeu a qualidade subjetiva" de ser o "centro organizador da atividade da vida, da avaliação social dos outros e de si mesmo, e das orientações morais, o conflito capital-trabalho não pôde mais ser o centro das relações de dominação nas sociedades desenvolvidas", como afirma Claus Offe, por exemplo[106]. Nesse debate, o prognóstico era de erosão das relações de trabalho normais e socialmente protegidas. Ao mesmo tempo, uma crítica social – real ou supostamente – tradicionalista ("discurso da pauperização") foi para a defensiva, tanto acadêmica quanto politicamente. Quando a precariedade começou a se difundir nos capitalismos avançados, faltou um quadro intelectual de referência a partir do qual um trabalhador temporário pudesse se orientar.

3. O QUE HÁ DE NOVO NO CAPITALISMO FINANCEIRO?

Quais conclusões nosso autor do *e-mail* pode tirar dos pontos mencionados? Ele aprendeu a ver o desenvolvimento capitalista como consequência dos regimes de expropriação. No fordismo, essa intrincada dialética interno-externo assumiu um formato que teria resguardado da precariedade os homens especialistas e não migrantes. Mas são águas passadas! De todo modo, nosso trabalhador temporário também desconfia que segurança social não é tudo na vida. Durante a adolescência, talvez nosso interlocutor tivesse vislumbrado o espírito burguês dos seus pais, que levariam uma vida milimetricamente planejada cujo apogeu seria a construção de uma casa própria. Se vivesse na Alemanha Ocidental, ele provavelmente teria engrossado as fileiras dos protestos antiautoritários. Se nascido na Alemanha Oriental, teria visto o Estado burocrático stalinista se apresentar como única alternativa a uma modernidade organizada, reprimindo liberdades individuais e coletivas em nome da segurança social – e fazendo uso de um poder quase militar. No entanto, relativizações históricas só fazem aumentar a impaciência do interlocutor. Ele quer finalmente entender por que o capitalismo contemporâneo leva até mesmo trabalhadores qualificados à precariedade.

---

[106] Cf. Claus Offe, *"Arbeitsgesellschaft": Strukturprobleme und Zukunftsperspektiven* (Frankfurt a. M./Nova York, Campus, 1984), p. 7 e 37.

3.1. Uma nova etapa da reestruturação internacional

A resposta: a precarização é consequência de um regime de expropriação capitalista com motivação financeira que deforma, prejudica e enfraquece instituições e sistemas de regulação do mercado. As empresas que ultrapassam as fronteiras nacionais e atuam no mercado global como resultado da crise no regime de expropriação fordista têm um papel importante. As operações internacionais de tais empresas são frequentemente interpretadas como simples globalização econômica. Para alguns autores, o desenvolvimento transnacional dos mercados internos teria avançado de tal maneira que "o conceito de economia nacional já seria praticamente obsoleto"[107]. Em contraste, críticos alegam – corretamente – que a economia global na qual "tudo pode ser produzido e vendido todo o tempo, em qualquer lugar"[108] ainda não passa de ficção. Para a maioria das transnacionais, ainda vale a máxima de que a força econômica na base nacional de operações é condição para expandir as atividades além das fronteiras. Portanto, em vez de insinuar um "imperativo da globalização" uniformizador, é mais sensato falar em uma nova fase de reestruturações internacionais no âmbito de uma longa história de globalização[109].

Um aspecto formativo dessa etapa são as transformações geoeconômicas: a ascensão do Japão como investidor estrangeiro; a transformação dos Estados Unidos em um grande mercado de investimentos estrangeiros diretos; a abertura econômica da Europa oriental e central; o *catch up* de alguns países recentemente industrializados e suas próprias empresas transnacionais; o rápido desenvolvimento de nações grandes e populosas (os Brics); e o crescente peso de blocos comerciais macrorregionais (UE, Nafta, Mercosul) na economia internacional[110]. No entanto, as transformações mais importantes estão ocorrendo nas relações entre empresas, governos e mercados financeiros. Nesse caso, a globalização se refere à crescente integração e penetração da tecnologia da informação em diversos segmentos do mercado financeiro. Dos anos 1990 até a crise global de 2008, os mercados financeiros foram o segmento econômico de maior crescimento. A esfera financeira era, em princípio, um mero efeito colateral da crescente internacionalização do comércio, da produção e das empresas, mas terminou por converter-se em uma entidade relativamente independente da atividade econômica real. Em 1998, o volume diário de transações no mercado de divisas já passava de 1,4 trilhão de dólares – cem vezes o necessário para financiar todas as transações de bens e serviços.

---

[107] Robert Reich, *Die neue Weltwirtschaft. Das Ende der nationalen Ökonomie* (Frankfurt a. M., Fischer-Taschenbuch, 1996), p. 15.
[108] Lester Thurow, *Die Zukunft des Kapitalismus* (Düsseldorf/Munique, Metropolitan, 1996), p. 169.
[109] Cf. Jürgen Osterhammel e Niels P. Petersson, *Geschichte der Globalisierung. Dimensionen, Prozesse, Epochen* (4. ed., Munique, C. H. Beck, 2007); Peter Dicken, *Global Shift. Mapping the Changing Contours of the World Economy* (Londres, Sage, 2007).
[110] Cf. John H. Dunning, *Multinational Enterprises and the Global Economy* (Wokingham, Addison-Wesley, 1992), p. 601 e seg.

Só entre 1980 e 2005, os ativos dos grandes investidores financeiros cresceram de 3 trilhões para inacreditáveis 55 trilhões de dólares[111].

Três complexos causais são essencialmente responsáveis pela relativa dissociação entre a esfera financeira e a economia real: (1) a crescente verticalização das desigualdades de riqueza e renda, que inibe o consumo ao concentrar o dinheiro excedente nas mãos das camadas ricas; (2) o lento crescimento econômico dos centros tradicionais, que caminha lado a lado com um fosso cada vez maior entre lucros crescentes e investimentos decrescentes; e (3) a privatização progressiva dos regimes de pensões, resultando na crescente importância de investidores institucionais, como os fundos de pensão[112]. O excesso de liquidez nos mercados financeiros é o húmus no qual prospera a transformação do capital financeiro em capital fictício. Patrocinados pela desregulamentação dos mercados e acelerados pelas tecnologias de informação e comunicação, os riscos associados às transações financeiras são desmantelados e regidos por instrumentos financeiros abertos à negociação. Graças aos fundos de pagamento e crédito, dinheiro (D) – expresso em títulos financeiros – se converte em mero objeto de especulação, utilizado com o objetivo de realizar mais-dinheiro (D'). Naturalmente, nenhum valor novo adequado pode ser criado por tal operação – afinal, pode-se distribuir apenas aquilo que já foi anteriormente criado na economia real como mais-valor. A concepção fetichista de que o capital monetário poderia se reproduzir na forma de títulos financeiros e derivativos, sem conexão com a economia real, é ponto de partida para uma bolha financeira.

Nos grandes mercados do capital financeiro, há tempos os atores negociam não apenas com divisas como também com perfis de risco e vencimentos dos títulos. Nesse processo, microatividades econômicas podem trazer resultados macroeconômicos espetaculares. O comércio de derivativos traz riscos substanciais devido à sua alavancagem – antes da crise, ativos financeiros podiam movimentar quatro vezes seu próprio valor. Antes de quebrar em 1998, por exemplo, o fundo multimercado Long Term Capital Management (LTCM) – um único ator – podia mover ativos de 125 bilhões de dólares com um patrimônio líquido de 4,8 milhões. Por meio da arbitragem de juros, da especulação cambial e da manutenção de credores e devedores internacionais, surgiu um frágil sistema de dependências mútuas que envolve não apenas instituições financeiras como também Estados inteiros. Investidores institucionais – especialmente fundos de pensão, fundos multimercados e fundos de *private equity* no mundo anglo-saxônico – recolhem o dinheiro guardado para aplicar nos mercados financeiros. Juntos, tais investidores

---

[111] Cf. Le Monde Diplomatique (org.), *Atlas der Globalisierung* (Berlim, Le Monde Diplomatique, 2003), p. 32.
[112] Cf. Jörg Huffschmid, *Politische Ökonomie der Finanzmärkte* (Hamburgo, VSA-Verlag, 2002); Elmar Altvater e Birgit Mahnkopf, *Grenzen der Globalisierung: Ökonomie, Ökologie und Politik in der Weltgesellschaft* (Münster, Westfälisches Dampfboot, 1996).

exercem influência sobre empresas (comprando suas ações ou obrigações) e governos (comprando títulos da dívida pública). Na Europa e na Alemanha, os investidores institucionais muitas vezes formam parte de institutos financeiros ainda maiores, cuja influência no mercado financeiro é, assim, potencializada[113].

3.2. O REGIME DE ACUMULAÇÃO DOMINADO PELAS FINANÇAS

Até muito recentemente, o *mainstream* econômico partia do princípio de que a lógica do capitalismo financeiro não apenas otimizava a distribuição de riscos e a alocação de capital como também minimizava as disputas por poder entre grandes empresários. A aplicação indiscriminada dessa doutrina levou até mesmo o mais crítico dos críticos a falar em um regime que se estabelecia nos países desenvolvidos: o regime de crescimento dos proprietários, um novo tipo de acumulação que tomava emprestado "do capitalismo anglo-saxônico o domínio da concorrência, o controle corporativo por investidores institucionais, o critério de definição do lucro e a capitalização da bolsa"[114]. A despeito de uma falta de regulamentação, o regime de acumulação na Europa poderia ser ajustado para o progresso social, desde que os trabalhadores tivessem uma participação adequada no capital. Mesmo antes da crise financeira global, tais considerações levantadas por Michel Aglietta já haviam suscitado polêmica ao oferecer uma avaliação demasiado otimista do *boom* da nova economia, e sobretudo ao defender que a democratização do regime de proprietários só poderia vir de dentro. Economistas como Robert Brenner argumentavam que esses novos anos dourados tinham apenas dado continuidade ao padrão de desenvolvimento de sobreacumulação estrutural[115]. O *boom* da economia americana, baseado no crédito, teria agravado os problemas estruturais da economia mundial, já que setores como TI, telecomunicações e mídia também sofreriam com um excesso de capacidade.

Uma explicação possível é dada por autores que falam em um regime de acumulação dominado pelas finanças sem igualar tal regime a uma constelação de prosperidade[116]. Numa referência original à categoria marxiana do "capital fictício"[117], François Chesnais argumenta que a independência relativa do capital financeiro

---

[113] Cf. Barry Eichengreen, *Globalizing Capital: A History of the International Monetary System* (Princeton, Princeton University Press, 1996).
[114] Michel Aglietta, *Ein neues Akkumulationsregime*, cit., p. 66.
[115] Cf. Robert Brenner, *Boom & Bubble*, cit.
[116] Cf. François Chesnais, "Das finanzdominierte Akkumulationsregime: Theoretische Begründung und Reichweite", em Christian Zeller (org.), *Die globale Enteignungsökonomie* (Münster, Westfälisches Dampfboot, 2004), p. 217-54; Frédéric Lordon, "La 'Creation de valeur' comme rhétorique et comme practice. Généalogie et sociologie de la 'valeur actionnariale'", *L'Année de la Régulation*, v. 4, 2000, p. 117-65; André Orléan, *Le Pouvoir de la finance* (Paris, Odile Jacob, 1999).
[117] Cf. Karl Marx, "Das Kapital", v. III, cit., p. 482 e seg. e p. 524 e seg.

não se limitaria necessariamente ao efeito "parasitário". A acumulação se concretizaria através do aumento de investimentos e capacidades de produção; graças à inclusão de áreas anteriormente excluídas às relações de produção do capitalismo privado; e devido ao aproveitamento do mais-valor, baseado no poder exercido por empresas focais[118] sobre seus fornecedores ou na flexibilização e precarização do trabalho. Em outras palavras, a dinâmica do capitalismo financeiro pode atuar a longo prazo como motor de expropriações destinadas à remercantilização do trabalho vivo. Isto é possível porque o capital financeiro, apesar de "fictício" em muitos aspectos, é também uma expressão de poder social capaz de estabilizar, a longo prazo, a acumulação movida pelo mercado financeiro.

É o que acontece nos centros capitalistas. O poder social do capital financeiro se reflete em instituições e organizações que – paradoxalmente – estabilizam o novo regime de acumulação ao mesmo tempo que contribuem para a vulnerabilidade do sistema ao abrir espaço para má alocação, especulação e corrupção. Entre as instituições capazes de gerar uma estabilização relativa e temporária do sistema estão o mercado de ações (função de capitalização), os fundos de investimento (como proprietários) e as agências de classificação de risco (que estabilizam expectativas), bem como os mecanismos especiais de transferência, incluindo aquisições hostis no mercado corporativo. No âmbito dos mercados financeiros institucionalmente estabelecidos, diferentes atores observam suas mútuas expectativas de expectativas, "baseadas num fluxo contínuo de informações". Assim, "os mercados financeiros são eficientes máquinas de processamento de informações"[119]. Mas este é apenas um lado da moeda – o outro lado é a vulnerabilidade sistêmica.

De fato, do ponto de vista da eficiência econômica, uma série de argumentos substanciais refuta a tese de um *regime* financeirizado. Em tais casos, defende-se a perspectiva inversa de que o capitalismo financeiro não advém da implementação de um modelo de produção superior ou particularmente eficiente. Diferentemente do fordismo, a hegemonia da realidade financeira não está baseada primariamente na fábrica, na combinação de conceitos de racionalização superiores ao consumo em massa. Real é aquilo efetivamente *implementável* em termos de poder. No âmbito transnacional, o novo regime delegou ao mercado financeiro funções econômicas centrais de determinação, nivelamento e direcionamento dos investimentos. Tal regime levou a transformações profundas no sistema da governança corporativa, afetou fusões e reorganizações de empresas e influenciou os níveis de consumo e o comportamento do consumidor. E todas as tensões produzidas pelo

---

[118] No geral, estes são fabricantes finais que dominam as cadeias de valor devido à sua posição privilegiada no mercado.
[119] Cf. Paul Windolf, "Was ist Finanzmarkt-Kapitalismus?", em idem (org.), *Finanzmarkt-Kapitalismus. Analysen zum Wandel von Produktionsregimen* (Wiesbaden, VS-Verlag, 2005), p. 20-57.

regime financeirizado têm efeitos "concentrados sobre os assalariados"[120], como exemplificado pelos três *mecanismos de transferência* apresentados a seguir:

(1) *Valor para acionistas e controle centrado no mercado:* para se proteger de aquisições hostis e fazer aquisições próprias, uma empresa projetada para o mercado internacional – mesmo na Alemanha ou na Europa continental – adota formas de controle dirigidas ao mercado de capitais[121]. O resultado é uma economia planificada a serviço dos rendimentos e lucros. As margens de lucro já não surgem como fruto do desempenho econômico, e sim como direito pressuposto dos proprietários, convertendo-se em uma dimensão central da organização empresarial. Para a gestão estratégica, já não se trata propriamente dos lucros *per se*, e sim da rentabilidade do patrimônio líquido, tal como este aparece no topo de cada segmento de mercado. Para os executivos do Deutsche Bank, um retorno recorde de 20% é insatisfatório, considerando que bancos concorrentes alcançam retornos de até 40% sobre o patrimônio líquido. A criação de valor para os acionistas – abraçada até mesmo por antigos carros-chefes do capitalismo social, como a Siemens – atua como elo entre mercados instáveis e voláteis, de um lado, e a organização flexível das empresas, do outro. Em consequência, o controle centrado no mercado tem por obrigação garantir a rentabilidade das empresas a longo prazo[122]. A realidade é diferente. Sistemas de decisão e estruturas organizacionais das empresas são submetidas a um rígido controle de lucros, substituindo o "regime do tempo organizado" (orientado para o longo prazo) por uma orientação unilateral para o lucro e um regime administrativo de visão curta.

A ferramenta mais importante para o controle rígido de lucros são as avaliações e metas de lucro, por sua vez pautadas na produtividade do capital e divididas pela gerência em atividades, setores, centros de lucro e custo e até mesmo grupos individuais de trabalho. No centro dessa forma de controle está uma variável econômica (valor econômico agregado, EVA) composta por ativos, passivos e juros sobre capital (tal como estabelecido pelas instituições de crédito), além de uma contribuição para os potenciais investidores. Em consequência, os gestores das unidades operacionais recebem uma margem de lucro predeterminada. Como incentivo para alcançar tais margens, constrói-se uma cultura de competição que inclui estratégias como *benchmarking*, *scorecards* e boas práticas. Essa estratégia de controle eficaz tem efeitos tanto sobre as aquisições adicionais quanto sobre a "faxina consistente" em áreas problemáticas. Mesmo quando são rentáveis, segmentos de mercado, plantas, centros e setores que não alcancem as margens de

---

[120] Frédéric Lordon, *"Aktionärsdemokratie" als soziale Utopie?* (Hamburgo, VSA-Verlag, 2003), p. 60.
[121] Cf. Martin Höpner, *Wer beherrscht die Unternehmen?* (Frankfurt a. M./Nova York, Campus, 2003).
[122] Cf. Alfred Rappaport, *Creating Shareholder Value. The New Standard for Business Performance* (Nova York, Simer and Schuster Publishing Group, 1986).

lucro predeterminadas devem se preparar para adotar medidas corretivas (reduções de pessoal, *spin-offs*) ou até mesmo encerrar os trabalhos.

A financeirização interna pode levar a mais transparência nas empresas. Má alocação de recursos e atividades ineficientes podem ser reconhecidas mais facilmente. Mais significativo, todavia, é o fato de que a aplicação de normas compatíveis com o mercado (financeiro) transformam profundamente a burocracia de empresas verticalmente integradas. A primazia fordista da economia de produção perante a economia de mercado é invertida. A organização corporativa passa a se orientar tanto pelos mercados de consumo quanto pelos mercados financeiros e constrói estruturas organizacionais condizentes. Por um lado, a produção corresponde à demanda solvente dos clientes. Dessa maneira, as plantas modernas da indústria automobilística produzem apenas carros já encomendados. Por outro lado, essas operações estão sujeitas a um rígido controle financeiro. Como resultado, surgiu uma variedade estandardizada de formas organizacionais que transforma relações intrassucessivas em relações interorganizacionais com base no mercado. Empresas-chave focam na sua competência central, enquanto serviços relacionados são desmantelados, plantas são divididas, funções de produção e administração ao longo da cadeia de valor são reagrupadas e muitas vezes transferidas para o exterior (*offshoring*). A empresa verticalmente integrada é desmembrada; o princípio da subsidiação cruzada é eliminado tanto dentro das empresas quanto nas próprias obras. Dessa forma, as conjunturas de venda atingem diretamente as unidades organizacionais. O resultado não é uma organização uniforme, e sim uma reestruturação permanente.

O rígido controle de lucros e um regime de gestão com visão a curto prazo agem sobre um tipo de hegemonia que substitui a combinação entre participação e controle hierárquico (como era o caso durante o fordismo) por um modo de controle centrado no mercado. Embora as hierarquias e as formas burocráticas de organização não desapareçam, a gerência usa o "poder difuso" do mercado[123] para disciplinar a força de trabalho e defender determinados interesses. Empresas e trabalhadores devem agir de acordo com o mercado, usando recursos próprios para amortecer flutuações econômicas e ameaças de crise. Uma alavanca importante para gerar uma flexibilidade compatível com o mercado é a perpetuação da concorrência entre os trabalhadores. Uma descentralização estratégica e operativa permite que segmentos semiautônomos – como os centros de lucro ou custo – vivam uma situação permanente de competição. A incerteza assim gerada se converte em fonte de poder de uma gerência que opera por meio de orçamentos, alocação de investimentos e recursos. A coerção objetiva e o anonimato da autoridade são fundamentais para que o controle orientado para o mercado funcione.

---

[123] Cf. Michael Mann, *Geschichte der Macht*, v. 1: *Von den Anfängen bis zur griechischen Antike (Theorie und Gessellschaft)* (Frankfurt a. M., Campus, 1994), p. 46-56.

A responsabilidade de proprietários e empreendedores termina onde "o mercado" começa a definir os objetivos. Além disso, a substituição constante de gestores leva a autoridade empresarial a literalmente perder seu rosto. É a implementação de controles orientados para o mercado – e não, como alegavam Boltanksi e Chiapello, a organização empresarial em formato de rede – que forma o verdadeiro cerne da transformação capitalista.

Diferentemente do poder autoritário, o poder difuso do mercado não funciona de modo algum segundo o princípio de mestre-escravo. Seu efeito se baseia na indefinição; o poder se articula de maneira abstrata e anônima, e frequentemente aparece como uma restrição objetiva. A hierarquia da gestão não desaparece, mas faz uso do poder abstrato do mercado para mascarar a própria influência. Para os governados, é difícil compreender esse modo de dominação "sem rosto" – que, aliás, não é perfeito, já que depende constantemente de uma integração social, de acordos comuns e, portanto, de uma comunicação com os governados. Nesse aspecto, a pressão da concorrência no mercado global não é repassada perfeitamente aos níveis mais baixos. Não obstante, situações reais ou simuladas de concorrência podem sempre ser aproveitadas pela gerência para pressionar a força de trabalho e a representação de interesses em nome da preservação da unidade de produção.

(2) *O dispositivo regulador baseado na concorrência:* aqui já são abordadas as mudanças no dispositivo regulador, cruciais na transição para o capitalismo financeiro. Seu elemento propulsor é um novo espírito do capitalismo que, condizente com a ortodoxia econômica anteriormente descrita, proclama a primazia da socialização do mercado sobre o controle hierárquico e a rigidez burocrática. Porém, esse espírito só é hegemônico porque se apresenta como projeto de libertação. A ortodoxia do mercado absorveu a mesma crítica ao capitalismo que, durante o fordismo tardio, opunha os movimentos sociais ao regime dominante. Um bom exemplo é o argumento clássico contra o taylorismo (tal como promovido pela sociologia industrial) e a política de humanização nele baseado. Construído como crítica artística a partir da decomposição, estandardização, monotonia e do controle autoritário das atividades de trabalho, esse argumento formulou alternativas baseadas em conceitos como autonomia, autodeterminação e responsabilidade. Em suas variantes feministas, padrões similares de crítica repudiavam a dominância do trabalho normal masculino sobre outras formas reprodutivas de atividade. Embora o taylorismo e a dominância masculina sigam presentes na sociedade do trabalho, os padrões de crítica da era fordista parecem pregação para os convertidos. Em um regime baseado na destruição de rotinas, nos horários de trabalho flexíveis e na autodeterminação dos trabalhadores, tais críticas perdem crescentemente o seu sujeito. Em vez disso, críticos são confrontados com discursos nos quais as estrelas de uma "boêmia digital" louvam a jornada de trabalho flexível, o autoempreendedorismo

e o nomadismo trabalhista moderno[124]. O capitalismo flexível se converte em um projeto de autorrealização. No entanto, o que se apresenta como espírito de libertação leva regularmente a polêmicas contra regulamentações – sejam acordos coletivos, participação dos trabalhadores ou sistemas coletivos de seguridade – que restringiriam a liberdade.

O novo espírito do capitalismo – com sua crença na flexibilidade, na velocidade e na ativação – é simultaneamente o meio que transfere as normas compatíveis com o mercado (financeiro) para áreas antes inacessíveis à racionalidade do lucro privado. Ao disputar oportunidades de financiamento público, microrregiões se apresentam como "empreendedores coletivos", criando condições favoráveis para amortecer a mudança estrutural econômica. Desse modo, antigas estatais – como os correios e o serviço ferroviário – que já foram (parcialmente) privatizadas, passam a ser geridas como corporações com fins lucrativos e cotadas na bolsa de valores. Organismos públicos privatizam serviços e se reestruturam segundo os princípios da "nova gestão pública". Para as agências de recrutamento, desempregados se convertem em clientes, que por sua vez são pressionados para desenvolver uma relação empreendedora com a própria capacidade de trabalho[125]. Nem mesmo as universidades são poupadas. O princípio norteador da "universidade empreendedora"[126], orientada por metas definidas e avaliada de acordo com seus resultados, é uma diretriz central da reforma universitária europeia.

Todas essas expressões de um regime de expropriação capitalista vinculado à remercantilização e à desmercantilização diluem as fronteiras entre formas concorrentes de coordenação em prol de uma coordenação do mercado. Dessa maneira, a lógica do capitalismo financeiro penetra profundamente nos poros do organismo social. Em geral, isto acontece sem que as instituições reguladoras sejam diretamente questionadas. Nesse aspecto não existe um automatismo comercializador. Políticas destinadas a reforçar a coordenação do mercado enfrentam barreiras institucionais gritantes e racionalidades concorrentes. Assim mesmo, tais políticas transformam os dispositivos sociais de regulação. Um bom exemplo são as relações organizadas de trabalho e a convenção coletiva de trabalho. Embora uma operacionalização

---

[124] Cf. Holm Friebe e Sascha Lobo, *Wir nennen es Arbeit. Die digitale Bohéme oder Intelligentes Leben jenseits der Festanstellung* (Munique, Heyne, 2007). [O movimento da "boêmia digital" – *digitale Bohème* – se refere a um grupo de artistas, *designers* e publicitários alemães que encaram a jornada de trabalho fixa como restrição à liberdade pessoal. A alternativa por eles defendida é uma jornada flexível, sem limitações espaciais. A principal crítica a esse movimento é justamente a falta de regulamentação: uma jornada de trabalho flexível permitiria uma exploração capitalista em período integral. (N. T.)]

[125] Cf. Peter Bescherer, Silke Röbenack e Karen Schierhorn, "Nach Hartz IV: Erwerbsorientierungen von Arbeitslosen", *Aus Politik und Zeitgeschichte*, v. 58, n. 33-4, 2008, p. 19-24.

[126] Cf. Sabine Maasen e Peter Weingart, "Unternehmerische Universität und neue Wissenschaftskultur", em Hildegard Matthies e Dagmar Simon (orgs.), *Wissenschaft unter Beobachtung. Effekte und Defekte von Evaluationen* (Wiesbaden, VS-Verlag, 2008), p. 141-60.

radical ainda seja exceção, as relações organizadas de trabalho são pressionadas a se submeterem a uma reestruturação competitiva. Isto não se deve apenas ao fato de que a mudança estrutural econômica reforça a existência de espaços sem negociação coletiva ou convenção coletiva de trabalho. A erosão do sistema de convenção coletiva de trabalho é um processo complexo. Ao aceitar a filiação de empresas que repudiam a convenção coletiva, associações patronais deixam sindicatos sem ter com quem negociar. No setor orientado para o mercado mundial, pacotes empresariais competitivos se converteram em *standard* de regulação, fixando compromissos fortemente assimétricos e fazendo com que os salários efetivos difiram radicalmente dos salários tabelados, mesmo em setores com forte articulação trabalhista (como a indústria elétrica ou metalúrgica)[127]. Em categorias pouco articuladas, como o trabalho temporário, a concorrência de pequenos sindicatos – que oferecem seus serviços por um preço mínimo – gera uma fragmentação de salários. Por outro lado, médicos ou maquinistas aproveitam sua articulação para impor condições privilegiadas. O resultado é a erosão da convenção coletiva de trabalho. Um mundo com convenções gerais, que estabeleciam padrões de trabalho e remuneração, "é coisa do passado"[128].

(3) *A precarização:* a erosão da convenção coletiva de trabalho exemplifica o declínio do poder institucional dos trabalhadores, precedido há décadas pelo enfraquecimento dos sindicatos. Em consequência, a organização do trabalho e as formas de emprego são igualmente pressionadas a se flexibilizarem. O controle do trabalho remunerado por meio do mercado gera uma variedade de formas de trabalho estruturadas e simultaneamente polarizadoras[129]. Como resultado de uma flexibilização externa e devido à ruptura com o Estado de bem-estar (o que ajuda a valorizar empregos de baixa remuneração e trabalhos temporários), também ocorre na Alemanha uma precarização da sociedade do trabalho. A dita precarização se concentra em pelo menos três pontos focais. Na parte inferior da hierarquia social estão aqueles desprovidos de um emprego regular, algo que Marx chamava de "mão de obra excedente da sociedade de trabalho capitalista"[130]. Desse grupo se distingue o verdadeiro precariado, um grupo crescente de indivíduos dependentes de trabalhos inseguros, com salários baixos e pouco prestígio social. Nessa categoria está grande parte do mais de um milhão de trabalhadores temporários na Alemanha. O aumento no número de relações de trabalho "atípicas" – de 17,5% (1997) para 25,5% (2007) de todos os trabalhadores – é um indicador pouco confiável da tendência precarizadora, por não computar a rápida expansão de trabalhos mal

---

[127] Cf. Heiko Massa-Wirth, *Zugeständnisse für Arbeitsplätze* (Berlim, Sigma, 2007).
[128] Wirtschafts- und Sozialwissenschaftliches Institut in der Hans-Böckler-Stiftung (org.), *WSI- -Tarifhandbuch 2006* (Frankfurt a. M., WSI, 2006), p. 64.
[129] Cf. Michael Schumann, "Kampf um Rationalisierung – Suche nach neuer Übersichtlichkeit", *WSI Mitteilungen*, v. 61, n. 7, 2008, p. 379-86.
[130] Cf. Karl Marx, "Das Kapital", v. I, cit., p. 657 e seg.

remunerados em período integral. Cerca de 6,5 milhões de alemães já ganham menos de dois terços do salário mediano – em 2006, isto correspondia a 1 em cada 7 trabalhadores em período integral. As cifras mais altas são observadas entre mulheres (30,5%) e indivíduos pouco qualificados (45,6%). No entanto, cerca de três quartos de todos os trabalhadores de baixa renda têm uma formação técnica ou até mesmo universitária. Apesar de tais condições, a mobilidade ascendente de empregos mal remunerados vem retrocedendo, o que indica uma estabilização da precariedade[131].

Um aspecto oculto da precariedade também pode ser observado no âmbito dos empregos formalmente protegidos. O medo de perder o *status* assombra uma parcela relevante dos trabalhadores. Tal medo não corresponde necessariamente a uma ameaça objetiva, mas é mais do que apenas uma necessidade exagerada de segurança. Dada a competitividade, a perda de salários reais e a erosão paulatina dos acordos coletivos, mesmo os trabalhadores articulados temem perder sua conexão com a classe média. Ainda existem indícios que apontam para uma estabilidade significativa em parte dessa camada. No entanto, os medos existenciais no "núcleo da classe média" pouco surpreendem, considerando o aumento do trabalho precário "justamente nas margens do cerne social", o declínio na projeção de salários e os crescentes riscos trabalhistas[132]. A novidade é que "o retorno da insegurança social"[133] atinge crescentemente grupos que mantinham posições seguras no antigo regime. Por enquanto, o capitalismo sem exército industrial de reserva também faz parte do passado na Alemanha. O que ocorre em vez disso é uma transição da precariedade marginal para a precariedade discriminatória. Os assalariados são disciplinados pela mera existência de trabalhadores com emprego irregular e condições de vida muito inferiores à classe média. Como um efeito bumerangue, a concorrência vivida pelo precariado no dia a dia faz com que os assalariados vejam seu emprego fixo como um privilégio a ser defendido com unhas e dentes. Nesse aspecto, a precariedade discriminatória representa muito mais do que apenas uma mudança socioestrutural; o termo representa um sistema de dominação e controle que disciplina os trabalhadores fixos de maneira sutil.

---

[131] Cf. Gerhard Bosch e Thorsten Kalina, "Niedriglöhne in Deutschland – Zahlen, Fakten, Ursachen", em Gerhard Bosch e Claudia Weinkopf (orgs.), *Arbeiten für wenig Geld. Niedriglohnbeschäftigung in Deutschland* (Frankfurt a. M./Nova York: Campus, 2007), p. 20-105; neste caso, p. 42 e seg.; Thorsten Kalina, Achim Vanselow e Claudia Weinkopf, "Niedriglöhne in Deutschland", *Zeitschrift für Sozialistische Politik und Wirtschaft*, v. 164, 2008, p. 20-4.

[132] Cf. Martin Werding e Marianne Müller, "Globalisierung und gesellschaftliche Mitte. Beobachtungen aus ökonomischer Sicht", em Herbert-Quandt-Stiftung (org.), *Zwischen Erosion und Erneuerung. Die gesellschaftliche Mitte in Deutschland. Ein Lagebericht* (Frankfurt a. M., Societäts-Verlag, 2007), p. 103-61; neste caso, p. 157.

[133] Robert Castel, "Die Wiederkehr der sozialen Unsicherheit", em Robert Castel e Klaus Dörre (orgs.), *Prekarität, Abstieg, Ausgrenzung* (Frankfurt a. M./Nova York, Campus, 2009), p. 21-34.

O controle centrado no mercado certamente não surge como constrangimento econômico para as pessoas. Tal como sua versão original, o novo regime de expropriação capitalista é um processo permeado pela política. Desregulamentação financeira, privatização de empresas, política do mercado de trabalho – em todas as áreas, o Estado e o sistema político estão envolvidos. Esse regime transforma as relações de propriedade ao privilegiar o acionista e desmantelar o sujeito social. Seu motor ideológico é uma ortodoxia de mercado – embalada, por exemplo, pela versão mais suave de uma "terceira via"[134] ou de um corporativismo competitivo. Embora os discursos em torno do "ser empreendedor"[135] estejam longe de descrever a realidade empírica da nova subjetividade, suas variantes críticas frequentemente fornecem princípios e normas que se combinam de forma contraditória com práticas institucionais, convertendo-se em um desafio para grupos sociais e indivíduos. Quando a promessa de liberdade do liberalismo de mercado se torna obsoleta, ela é complementada por um novo regime disciplinar. Por exemplo: o Hartz IV*, o seguro-desemprego alemão, aumenta a disposição para fazer concessões, especialmente entre os sujeitos que ainda têm um emprego. Vistas de maneira sistemática, as regras estritas da razoabilidade no capitalismo financeiro exercem uma função similar à exercida pelas relíquias legais do período feudal no contexto da acumulação primitiva. Elas ativam e disciplinam os trabalhadores em prol de uma forma de produção nova e flexível. Esse sistema só funciona porque *não* pode ser implementado plenamente ou por toda parte. O mito do mercado[136] funciona justamente *porque* sempre surgem falhas e contramovimentos nas tentativas microssociais de realização. Ele corresponde aos interesses basais de grupos sociais que participam do modo de acumulação flexível. Nos capitalismos desenvolvidos, esses grupos incluem não somente a maioria das elites políticas e econômicas como também parte relevante da classe média, dos trabalhadores especializados e qualificados, que por décadas ofereceram apoio à cultura do mercado no interior das sociedades. Apoiado por poderosos blocos de interesse, o compromisso-base com o social, característico do fordismo, é irreversivelmente rompido. Ainda na superfície de instituições aparentemente estáveis, os modelos de produção e os dispositivos sociais de regulação promoverão mudanças no regime de acumulação que, no geral, apontam para um novo estado físico na sociedade.

---

[134] Cf. Anthony Giddens, *The Third Way: The Renewal of Social Democracy* (Cambridge, Polity Press, 1998).
[135] Cf. Ulrich Bröckling, *Das unternehmerische Selbst. Soziologie einer Subjektivierungsform* (Frankfurt a. M., Suhrkamp, 2007).
* Em alemão, fala-se de "Arbeitslosengeld II (Hartz IV)", modalidade do seguro-desemprego desse país. Aqui, para maior clareza, traduzimos sempre somente como "auxílio-desemprego". (N. T.)
[136] Cf. Christoph Deutschmann, *Postindustrielle Industriesoziologie* (Weinheim, Juventa, 2002), p. 80 e seg.

4. A(s) crise(s) do capitalismo financeiro

Nosso trabalhador temporário já sabe que o capitalismo financeiro funcional e a precariedade discriminatória são dois lados da mesma moeda. Mas por que falamos em formação capitalista quando o panorama global está se desintegrando? De fato, a crise mundial financeira e de sobreacumulação evidenciou as limitações do capitalismo financeiro. Entre 2008 e 2009, o que havia começado como crise do *subprime* nos Estados Unidos deu origem a um colapso global da economia real – um colapso de dimensões comparáveis à crise de 1929-1932[137]. Há que ser cuidadoso nesta análise, já que a crise ainda está em curso. De todo modo, uma coisa é certa: diante de tantos choques, seria insensato afirmar que grandes crises poderiam ser evitadas no presente[138]. Crises financeiras são parte integrante do *modus operandi* do novo regime de expropriação capitalista. O gerenciamento de crises corresponde às estratégias de desmercantilização já ilustradas pelo mecanismo do exército industrial de reserva. No caso de crises financeiras, o *modus operandi* tem efeitos diretos sobre as relações de propriedade. Títulos de renda são desvalorizados, voltando a circular com um novo proprietário e a preço de pechincha. Para David Harvey, essa variante da "acumulação por despossessão" pode ser guiada e racionalizada de modo eficiente[139]. Para ele, crises financeiras seriam responsáveis "pela transferência de propriedade e poder para aqueles capazes de proteger os próprios bens". Quanto ao gerenciamento de crise apoiado pelo FMI, trata-se em retrospecto da maior "transferência de riqueza dos últimos cinquenta anos, das mãos de proprietários nacionais para as mãos de proprietários estrangeiros"[140]. No entanto, o impacto social da crise é devastador. Só durante a crise da dívida na Argentina, metade da população passou a viver nos limites – ou até mesmo abaixo – da linha de pobreza. Quinze milhões de pessoas não tinham dinheiro para produtos essenciais, um milhão vivia com menos de um dólar por dia[141].

A ortodoxia do mercado se recusa a chamar tais crises de "grandes" – afinal, os centros capitalistas foram poupados das piores consequências. A questão é que os mercados financeiros também puniram o México ou os Tigres Asiáticos, economias que tinham abraçado rigorosamente o Consenso de Washington. O *mainstream* econômico defende que a Grande Depressão de 1929 teria sido

---

[137] Cf. John Kenneth Galbraith, *Der große Crash 1929: Ursachen, Verlauf, Folgen* (Frankfurt a. M., FinanzBuch, 2008), p. 7-19.
[138] Cf. Hans-Werner Sinn, "1929 traf es die Juden – heute die Manager", *Der Tagesspiegel*, 27 out. 2008.
[139] David Harvey, *Der neue Imperialismus*, cit., p. 145.
[140] Ibidem, p. 149; ver também Robert Wade e Frank Veneroso, "The Asian Crisis: The High Debt Model versus the Wall Street-Treasury-IMF Complex", *New Left Review*, v. 1, n. 228, mar.-abr. 1998, p. 3-23.
[141] Cf. Nestor D'Alessio, "In Argentinien ist etwas schief gegangen", *SOFI-Mitteilungen*, v. 30, 2002, p. 47-53.

um "acidente industrial" hoje gerenciável[142]. Entre políticos e atores dos mercados financeiros, tal argumento parecia haver reforçado a crença de que era necessário continuar racionalizando o mecanismo de crise. Essa crença foi brutalmente destruída pelo colapso global dos mercados financeiros. É evidente que o *modus operandi* desse regime de expropriação só foi capaz de regionalizar e controlar suas crises com meios que – de acordo com Marx – explicitavam suas contradições numa escala ampliada. Para explicar como tal processo desencadeou uma grande crise transformativa, quatro complexos causais podem ser extraídos de crises preliminares.

(1) *Intervenção estatal e "risco moral":* a dinâmica do novo regime de expropriação capitalista estava ancorada na liberalização dos mercados financeiros, conforme exigido nos organismos internacionais e executado por governos nacionais. No entanto, intervenções estatais constantes eram necessárias para manter o sistema – mostrando, mais uma vez, que os conceitos do fundamentalismo de mercado contradiziam sua execução. Em caso de dúvida, o Estado sempre estava disposto a arcar com as consequências, como na já mencionada falência do fundo multimercado LTCM. Wall Street e a *City* de Londres sabiam que o Estado seria incapaz de ignorar seu peso econômico e seu poder social na eventualidade de uma crise. Esse "risco moral" aumentou a disposição ao risco entre empreendedores, contribuindo assim para a grande crise. No entanto, o fenômeno do "risco moral" não afetava apenas as castas mais altas. Num desvio bárbaro do keynesianismo, por exemplo, os governos britânico e espanhol – que adotaram sem ressalvas a doutrina do capitalismo financeiro – especulavam em cima dos ganhos obtidos nos mercados financeiros para financiar empréstimos baratos para imóveis residenciais. Aqui se observa um fator importante para a disposição ao risco, não só na classe política como também entre os gestores das instituições públicas de crédito.

(2) *Desequilíbrios da economia global e limites da política monetária:* o sucesso momentâneo de uma política de dinheiro barato, tal como promovida pelo FED americano em resposta à explosão da bolha da nova economia, parece ter levado atores-chave à dissociação fictícia entre o setor financeiro e a economia real. Essa tendência foi decisivamente reforçada pelos desequilíbrios estruturais na economia global. Grandes crises financeiras ocorrem sempre que potências de hegemonia em declínio tentam manter sua posição dominante por meio da política monetária. É exatamente o que os Estados Unidos tentaram fazer por décadas. No entanto, contramedidas como a compra de dólares por países asiáticos financeiramente fortes e dependentes de exportações (China, Japão) frustraram os interesses americanos e intensificaram os desequilíbrios globais, o que também contribuiu para a eclosão da grande crise. No começo dos anos 2000, quando o FED diminuiu a taxa básica de juro e deu início a um período de dinheiro barato, os bancos imobiliários e

---

[142] De modo crítico: Paul Krugman, *Die große Rezession* (Frankfurt a. M./Nova York, Campus, 1999), p. 7.

hipotecários dos Estados Unidos aproveitaram para conceder empréstimos com as mais variadas taxas de juros. Devido aos juros baixos, o preço dos imóveis subiu. Proprietários aproveitaram a valorização de seus imóveis para transformar hipotecas de segunda categoria em dinheiro, aumentando o consumo. Dessa maneira, o excesso de liquidez nos mercados financeiros foi desviado e canalizado para o círculo primário do capital. Quando o FED voltou a aumentar a taxa básica de juro, em 2004, o *boom* imobiliário inicialmente se manteve. Afinal, um dólar supervalorizado – graças à compra de divisas pelas economias asiáticas emergentes, que queriam garantir suas exportações – estimulava o consumo no exterior. Os preços dos ativos eram repetidamente elevados. Para burlar a valorização dos imóveis e realizar o sonho da casa própria, muitos americanos recorreram a empréstimos baratos. Só entre 2005 e 2006, foram investidos 3,2 trilhões de dólares – 20% dos quais eram empréstimos *subprime*, ou seja, concedidos a tomadores de alto risco. Cerca de 2,3 milhões de cidadãos americanos foram afetados por essa prática de empréstimo, que muitas vezes violava os limites da legalidade[143]. O problema de tal prática é que as taxas de juro inicialmente baixas aumentam depois de alguns anos, dificultando a quitação da dívida.

(3) *Falta de transparência de produtos financeiros:* para refinanciar o *boom* de empréstimos, os bancos agruparam os *subprimes* em portfólios que, por sua vez, foram vendidos a investidores em todo o mundo. Nesse processo de securitização, os créditos podres se converteram em objeto de especulação. Como as perdas foram inicialmente repassadas às parcelas mais altas, a maior parte dos títulos parecia protegida. Cerca de 75% dos empréstimos podres receberam a mais alta classificação de risco – AAA. Consequentemente, cada vez mais investidores institucionais e fundos multimercado aderiam ao negócio em busca de oportunidades lucrativas. Entre os atores financeiros envolvidos, a disposição ao risco não tinha limites, uma vez que os gestores de bancos imobiliários ou fundos tinham participação nos lucros, enquanto os riscos eram carregados pelos investidores. Não só fundos multimercado e bancos imobiliários americanos como também instituições de crédito supostamente sérias participavam do negócio. Mesmo bancos alemães fundaram sociedades de propósito específico (SPE) para contornar os regulamentos estabelecidos pelo Acordo de Basileia II. As SPE apostavam nos ganhos resultantes da diferença entre o preço de compra dos créditos e o preço de venda dos títulos legítimos. O diferencial entre as taxas de empréstimo (pagas pelos proprietários de imóveis nos Estados Unidos) e os reembolsos (recebidos pelos investidores financeiros) trazia promessas de um lucro adicional.

(4) *Falta de transparência dos riscos:* as práticas empresariais descritas alimentaram a busca por rendimentos máximos (financiada pelo crédito) e a disposição

---

[143] Cf. Clauss Tigges, "Amerikas neue Geisterstädte", em Gerald Braunberger e Benedikt Fehr (orgs.), *Crash: Finanzkrisen gestern und heute* (Frankfurt a. M., FAZ-Institut, 2008), p. 118-24.

ao risco entre atores do mercado financeiro. A bolha cresceu – e, junto com ela, o preço de praticamente todos os ativos. Porém, quando os Estados Unidos perceberam que cada vez menos proprietários de imóveis tinham condições de pagar suas dívidas podres, a economia real reagiu. Especialistas como Warren Buffett já diziam havia tempos que os novos derivativos para transferência de risco eram "armas financeiras de destruição em massa". Os eventos de 2007 e 2008 lhe deram razão. Em abril de 2007, o líder na concessão de *subprimes*, New Century Financial, entrou em crise. Seguiu-se um choque após o outro, e todos queriam vender seus títulos. No entanto, faltavam compradores e o patrimônio líquido de muitos investidores não era suficiente para satisfazer as necessidades de liquidez. Diferentemente das crises anteriores, a rede de dependências e obrigações mútuas era tão forte que a crise se internacionalizou rapidamente. Em julho de 2007, a crise do *subprime* atingiu a Alemanha. A Supervisão Bancária, o Banco Central e o Ministério das Finanças tiveram que salvar o Deutsche Industriebank (IKB) da falência. Mas estes foram apenas os arautos do colapso, iniciado com a falência dos bancos hipotecários Fannie Mae e Freddie Mac e de grandes instituições como a Lehmann Brothers. Instituições financeiras fora do âmbito de atuação do FED entraram em colapso, de modo que a desconfiança se espalhou por todo o sistema bancário. O excesso de liquidez deu lugar a uma crise de pagamentos, já que não havia confiança mútua entre os bancos. Nos Estados Unidos, nenhum banco de investimento sobreviveu; em países como a Islândia, o Estado chegou à beira da falência.

As operações de resgate adotadas desde então não têm precedentes. Logo no início, países desenvolvidos disponibilizaram cerca de 2,4 trilhões de euros para estabilizar o sistema de crédito. Alguns deram início à "nacionalização" dos bancos, enquanto outros (como a Alemanha) ofereciam pacotes de resgate inicialmente voluntários. Entretanto, as quedas dramáticas nos mercados de ações e o aparecimento tardio da crise na economia real – em setores importantes, com capacidades estruturais já esgotadas – foram inevitáveis. Durante o outono de 2008, a economia mundial entrou em uma profunda recessão, de extensão, duração e consequências sociais que só poderão ser avaliadas com o tempo.

4.1. Da crise financeira à crise social

Diante do desastre global, a ortodoxia do mercado faz todos os esforços possíveis para esconder as próprias falhas. As "políticas erradas" e as estratégias de atores individuais são responsabilizadas pela crise. Culpa-se o FED, que manteve uma baixa taxa de juro por mais tempo do que o necessário, ou a ganância de Wall Street[144], cujos atores correm qualquer risco diante da chance de "alavancar"

---

[144] Cf. Doug Henwood, *Wall Street: How it Works and for Whom* (Londres/Nova York, Verso, 1997).

30 dólares de financiamento externo para cada dólar de capital próprio. Culpa-se uma supervisão bancária ineficiente, que tolerou produtos financeiros de alto risco, além de submeter fundos multimercado e investidores institucionais a regras pouco transparentes, aumentando a disposição desses atores a correr riscos (ainda mais diante da crescente concorrência em segmentos apertados do mercado). Ainda que tudo isso tenha contribuído para o colapso do sistema financeiro, tais explicações tendem a ignorar os "erros sistêmicos anônimos" – os mesmos erros usados por Hans-Werner Sinn para traçar um espantoso paralelo entre os judeus de 1929 e os empresários de hoje[145]. No entanto, esse "erro sistêmico" é consequência direta de uma compreensão de mercado pregada repetidamente por economistas como Sinn, segundo os quais os mercados financeiros – como todos os mercados – tenderiam a um estado de equilíbrio[146]. Essa perspectiva é aplicada de forma dogmática a uma realidade que frequentemente difere do modelo. Mesmo o credo ordoliberal, que defende a regulamentação estatal da especulação[147], ignora propositadamente a regra básica do jogo: todas as regras devem ser constantemente quebradas.

É justamente isso que se questiona com o teorema do regime de expropriação capitalista. A formação do capitalismo financeiro representa uma institucionalização do paralelismo entre a racionalização dos subsistemas, por um lado, e a permanência de manipulações, fraudes, violações e atos repressivos, por outro. Nos vértices da expansão, instituições e atores que haviam momentaneamente estabilizado o sistema especulativo no passado hoje contribuem para um agravamento crítico. Um bom exemplo é a gestão empresarial do mercado de capitais. Embora exerçam uma função nominalmente importante, os proprietários são excluídos das atividades de coordenação dos seus administradores. Acionistas só podem avaliar os sucessos e fracassos da administração em retrospecto. O mesmo vale para instituições que originalmente deveriam resolver esse dilema. Quando analistas e agências de classificação de risco desvinculam sua avaliação de um conhecimento factual, também passam a operar com continuações de tendências contemporâneas, com expectativas e expectativas de expectativas. Dessa maneira, se apropriam da ignorância e aproveitam a confiança de que desfrutam para oferecer aos empreendedores seus serviços de consultoria comercial[148].

---

[145] [Em entrevista concedida ao jornal alemão *Tagesspiegel*, o economista alemão Hans-Werner Sinn afirmou em 2008 que "[e]m toda crise se busca um culpado, um bode expiatório. Mesmo durante a Grande Depressão de 1929, ninguém queria acreditar num erro sistêmico anônimo. Na Alemanha da época, os culpados eram os judeus; hoje, são os *managers*" (N. T.)]. Ver: Hans-Werner Sinn, "1929 traf es die Juden – heute die Manager", *Der Tagesspiegel*, 27 out. 2008.

[146] Cf. Hans-Werner Sinn, *Ist Deutschland noch zu retten?*, cit., p. 102 e seg. e p. 533.

[147] Cf. Michael Bloss et al., *Von der Subprime-Krise zur Finanzkrise: Immobilienblase. Ursachen, Auswirkungen, Handlungsempfehlungen* (Munique, Oldenbourg, 2009), p. 229 e seg.

[148] Torsten Strulik, *Nichtwissen und Vertrauen in der Wissensökonomie* (Frankfurt a. M., Campus, 2004).

A tarefa dos analistas é reduzir a complexidade dos processos futuros de mercado a um número – a "expectativa dos ganhos futuros". Trata-se de um prato cheio para a corrupção, pois analistas são pagos por bancos de investimento que nutrem um substancial interesse pelas previsões oferecidas[149]. Por sua vez, as zonas de incerteza remanescentes podem ser aproveitadas pelos administradores (que dispõem de informações privilegiadas) como instrumentos de poder perante acionistas. O mercado de opções geralmente leva esses administradores a projetarem seus interesses nos mercados financeiros. A perspectiva interna de participação perde peso diante da perspectiva externa, que não fortalece de maneira alguma a lealdade dos gestores para com os acionistas, mas enfraquece a ligação dos executivos com suas empresas. Na mesma medida em que a vontade coletiva de outras empresas é ignorada, declina a influência dos especialistas concorrentes que poderiam reverter a autonomia dos interesses da gestão. A aplicação da doutrina do valor ao acionista contradiz a si mesma ao expandir a zona de autonomia da administração estratégica. Tal déficit de controle claramente levou a nova elite administrativa a um avanço, colocando a busca por maximização de lucros a curto prazo no centro de suas ações. A promessa de controle feita pelo valor acionário não foi cumprida, e a consequência lógica é a instabilidade sistêmica[150].

Como especulador experiente, George Soros chama tais mecanismos de "reflexividade" dos mercados (financeiros), o que significa que os mercados não funcionam simplesmente como mecanismos passivos de coordenação de processos de troca: os atores envolvidos querem influenciar os processos de maneira ativa[151]. Fundos de investimento não se limitam a comprar ações de empresas. Ao ameaçar uma saída e desencadear o medo de perdas e aquisições hostis, tais fundos podem pressionar as empresas a qualquer hora. Fundos multimercado – que não revelam nem o nome dos investidores, nem as estratégias de investimento – tentaram múltiplas vezes desencadear eventos nos quais eles próprios tinham apostado. Para satisfazer às demandas dos investidores, fundos de *private equity* precisam recorrer aos ativos líquidos de suas empresas. Quando isto leva à fragmentação de obras e ao fechamento de produções rentáveis, o resultado é o oposto da inovação. Em suma, o capitalismo financeiro como sistema está baseado em instituições e formas de organização às quais manipulação, exagero, especulação, má alocação, fraude e, portanto, desigualdades e crises são imanentes.

Ao longo de 2009, a crise financeira atingiu a economia real. Especificamente, a autonomia relativa da economia financeira, que antes servia de escape à economia real, atua agora de maneira destrutiva e intensifica a crise na produção

---

[149] Cf. Paul Windolf, "Was ist Finanzmarkt-Kapitalismus?", cit.
[150] Cf. Neil Fligstein, *The Architecture of Markets*, cit., p. 168 e seg.; Adolf Berle, *The American Economic Republic* (Nova York, Harcourt, 1963), p. 28.
[151] Cf. George Soros, *Das Ende der Finanzmärkte und deren Zukunft* (Munique, Finanzbuch, 2008).

de bens e serviços. Diante da mais severa recessão mundial desde 1945, antigos defensores fervorosos da ortodoxia de mercado se converteram da noite para o dia em keynesianos professos. Em suas reações à dinâmica de crise, porém, tanto as elites econômicas quanto políticas se comportam como cordeiros. Se antes um ministro alemão das finanças se opunha radicalmente a qualquer tipo de nacionalização, agora tem que criar um projeto de lei que desapropria os acionistas de institutos de crédito falidos. Seus conselheiros, que antes distribuíam discursos sobre a importância da austeridade, hoje reclamam que os programas de estímulo do governo têm orçamentos muito apertados. Tendo em mente tal reavaliação de valores, a teoria crítica não pode se deixar cegar por essa nova euforia estatal. Diante de tantos investimentos bilionários num sistema bancário doente, os programas oficiais de austeridade (apresentados como única alternativa) são um absurdo. E, claro, ao analisar os programas de conjuntura, constata-se que há mais no ar do que apenas Keynes. O capitalismo financeiro está longe de ser derrotado – de certa forma, o novo intervencionismo estatal apenas dá continuidade à "acumulação por despossessão". Afinal, quem paga a conta do "imperativo da globalização" são aqueles que sofrem com o arrocho salarial, os efetivos cortes na aposentadoria, a precarização e a pobreza. Agora, a redistribuição da propriedade social ocorre em nome de instituições de crédito e empresas supostamente relevantes para o sistema. Nesse caso, o rótulo da importância sistêmica é frequentemente concedido pelos mesmos profissionais cuja experiência conduziu ao desastre financeiro.

Tais continuidades nos levam a temer o pior. Executivos como Josef Ackermann apontaram sua saída preferida para a crise. Ex-chefe do Deutsche Bank e um dos responsáveis pelo pacote de ajuda financeira, Ackermann se distanciou às pressas da sua obra. Ao afirmar que apenas institutos de crédito fracos precisariam de ajuda oficial, deixa claro o que viria pela frente: haverá vencedores e perdedores; após as turbulências, porém, o próprio capitalismo do mercado financeiro deve se recuperar e voltará a desabrochar. Por mais necessárias que sejam, as regras de transparência para investidores institucionais e fundos multimercado ou as proibições de operações especulativas (venda a descoberto) não mudarão muita coisa[152].

Focar exclusivamente na falta de transparência da acumulação financeira é também ignorar o fato de que a crise financeira já se converteu há muito em uma crise social. Há uma lógica competitiva em todas as realidades sociais problemáticas – uma lógica que toma de uns o que dá a outros. A precarização da sociedade de trabalho irá aumentar à medida que o trabalho temporário (que a princípio atenuou as consequências da crise) perca sua eficácia. Uma consequência da precarização já existente atende pelo nome do que Richard Sennett chama de

---

[152] Cf. James Kenneth Galbraith, "Die Weltfinanzkrise – und was der neue US-Präsident tun sollte", *Blätter für deutsche und internationale Politik*, v. 11, 2008, p. 41-57; neste caso, p. 52.

"exaustão". O capitalismo do mercado financeiro é uma máquina de "aceleração"[153] e "ativação"[154], que existe à custa do medo do declínio social. O medo sempre motiva arranjos com as condições já existentes, como ilustrado pela posição na qual se encontram os trabalhadores precários. Impulsionado pelo sonho de se converter em trabalhador permanente, o precariado mobiliza todas as energias para ser contratado. Quando os esforços diminuem, periga a queda em uma zona de dissociação total do trabalho regular. Quem vive uma situação de vida e de trabalho precária por muito tempo tende a se acomodar mais cedo ou mais tarde. A energia restante precisa ser utilizada para pagar as contas; para o protesto ou a resistência, tal energia é utilizada apenas em casos excepcionais.

Um sistema que substitui a participação pela disciplina de mercado consegue viver politicamente com resignação e exaustão, mas não com as consequências da atividade declinante no sistema de inovação. Aqui, no coração da produtividade capitalista, existe uma variação peculiar do contraste entre a concorrência mediada pelo mercado e a atividade criativa. Diferentemente da imagem clássica schumpeteriana de um "líder"[155] assertivo, as inovações de hoje se baseiam em processos coletivos, recíprocos, organizados em formato de rede. Ao lado do conhecimento especializado explícito, o "conhecimento tácito" é crucial. Informalidade, subjetividade, cooperação e não raramente a participação ativa dos funcionários desempenham um papel central na mobilização de tais conhecimentos implícitos[156]. A racionalidade do capitalismo financeiro produz frequentes *bloqueios invencionais* devido à sua lógica quantificadora que ignora repetidamente as exigências correspondentes. A permanente reestruturação desgasta novas "boas práticas" de maneira frequente e constante. A gestão a curto prazo tem efeitos negativos sobre os processos de inovação, já que projetos de qualificação e trabalho em grupo parecem arriscados. E o constante apelo empresarial aos trabalhadores para que melhorem continuamente seus processos de trabalho desencadeia explosões, evasões ou simplesmente abstinências – especialmente diante da competição permanente entre os locais de produção.

A falta de harmonia entre o princípio dominante de racionalidade e a especificidade dos processos criativos pode ser vista nas universidades, nas quais a lógica competitiva chegou ainda que de maneira indireta e modificada. Inovações economicamente mensuráveis, como *spin-offs* acadêmicos (empresas criadas no âmbito

---

[153] Cf. Hartmut Rosa, *Beschleunigung: Die Veränderung der Zeitstrukturen in der Moderne*. Buch (Suhrkamp Taschenbuch Wissenschaft) (Frankfurt a. M., Suhrkamp, 2005).
[154] Cf. Stephan Lessenich, *Die Neuerfindung des Sozialen* (Bielefeld, transcript Verlag, 2008).
[155] Cf. Joseph A. Schumpeter, *Theorie der wirtschaftlichen Entwicklung* (Berlim, Duncker und Humblot, 1997).
[156] Cf. Christoph Deutschmann, "Finanzmarkt-Kapitalismus und Wachstumskrise", em Paul Windolf (org.), *Finanzmarkt-Kapitalismus. Analysen zum Wandel von Produktionsregimen* (Wiesbaden, VS-Verlag, 2005), p. 58-84; neste caso, p. 77.

universitário), são financiadas primariamente por "empreendedores invisíveis", advindos do corpo acadêmico intermediário e precariamente empregado. Quando tais empresas se concretizam, dependem do apoio de redes externas, especialmente de professores que disponibilizam o espaço e os recursos necessários para permitir a realização do trabalho criativo. Como mostra esse exemplo, inovações derivam em grande parte de processos não planejados, em nichos que não estão sob um controle direto. Elas se baseiam em aprendizados coletivos e pressupõem confiança e reconhecimento mútuos[157]. O modelo de "universidade empreendedora" – adotado por toda parte com estabelecimento de metas, alocação de recursos vinculada a indicadores e orientação estrita pela excelência – tem a intenção de melhorar também o desempenho econômico das instituições. No entanto, muitas vezes ocorre o oposto. Por meio da infantilização do ensino superior e da orientação estrita pela eficiência, formas associativas de trabalho, liberdade e confiança – justamente os pré-requisitos fundamentais para o sucesso de *spin-offs* e inovações economicamente mensuráveis – são colocadas sob pressão[158].

Quando a racionalidade do capitalismo financeiro – incluindo seus mecanismos de transferência – falha tão claramente em realizar as ambições de eficiência autoestabelecidas, os problemas de legitimação do novo regime de expropriação são evidentes. É questionável, porém, se as instituições democráticas ainda são capazes de trabalhar tais desenvolvimentos de maneira produtiva. Na democracia de massas moderna, dispositivos de regulação representam há tempos "uma tensão entre o poder expansivo do capital e o princípio democrático"[159]. Ao longo do seu desenvolvimento, o capitalismo demonstrou, ao menos nos centros, que pode coexistir com o princípio democrático, pois esse princípio pode construir uma ponte bem-sucedida entre a necessidade da concorrência e a demanda latente por coesão social. Aí repousa a atratividade do capitalismo social – as burocracias estatais stalinistas nunca conseguiram reproduzir tal feito. Atualmente, o capitalismo financeiro está prestes a perder essa força. Quando decisões vitais são tomadas por elites sem legitimação democrática (e não por parlamentos), quando o Estado renuncia a atividades centrais e os partidos políticos cortam suas relações com a sociedade civil, faz sentido falar em uma pós-democracia. Uma característica central da era pós-democrática é que, para "pessoas que não pertencem à classe de acionistas ou executivos", é cada vez mais difícil "perceber a si mesmos como grupo social claramente definido"[160]. Dito de outro modo, a lógica generalizada da

---

[157] Cf. William Lazonick, "The Theory of Market Economy and the Social Foundations of Innovative Enterprise", *Economic and Industrial Democracy*, v. 24, 2003, p. 9-44.
[158] Cf. Matthias Neis e Klaus Dörre, *"Visible Scientists" und "unsichtbare Entrepreneurs"*. Universitäten in regionalen Innovationsprozessen. Zwischenbericht des Projekts "Wirtschaftsfaktor Wissenschaftsförderung" (Jena, 2008).
[159] Michel Aglietta, *Ein neues Akkumulationsregime*, cit., p. 25 e seg.
[160] Colin Crouch, *Postdemokratie* (Frankfurt a. M., Suhrkamp, 2008), p. 71.

concorrência destrói identidades coletivas e nega aos cidadãos e cidadãs (mesmo àqueles cuja participação é constantemente solicitada) os recursos mínimos que permitiriam uma participação democrática. Ao promover a degradação de grandes grupos populacionais, o regime de expropriação do capitalismo financeiro desemboca em uma verdadeira crise da coesão social, da capacidade de inovação social e do princípio democrático. Tal regime expropriatório, assim podemos concluir, é disfuncional não só para o sistema econômico como também para a democracia.

5. Alternativas?

Qual é o significado desta conclusão para o nosso interlocutor? Este se vê confrontado com os efeitos da crise na prática – como trabalhador temporário, ele é um dos primeiros a serem demitidos. Não sabemos como ele lidará com isso. Temos que especular: como democrata obstinado, ele não cederá sua ira e sua indignação à extrema direita do espectro político, mas tampouco quer aceitar o *status quo*. Em noites de insônia, nas quais as preocupações são avassaladoras, ele continuará a pensar como e com quem poderia mudar alguma coisa.

Existem alternativas? Crise financeira global, exaustão, bloqueios invencionais e pós-democracia mostram que o regime de expropriação do capitalismo financeiro provoca limitações intrínsecas. Tais limitações não foram criadas por movimentos de protesto, e sim por mecanismos centrais de funcionamento do sistema. Na medida em que isto se converte em conhecimento consciente dos grupos subalternos, surgem possibilidades de mudanças. Ao lado da exaustão e da resignação, surgem oportunidades, críticas, oposição e resistência. Até mesmo grupos precarizados são eventualmente capazes de revolta e protesto. Bloqueios invencionais podem causar um declínio econômico, mas também podem fortalecer os motivos para uma mudança política. E a tendência pós-democrática pode levar a contramovimentos surpreendentes, como é o caso de Organizing for America, que mobilizou milhares de americanos durante as eleições de 2008.

Com a possibilidade de resistência, ou pelo menos de um comportamento resistente, chega-se a um ponto em que o sociólogo pode aprender com o interlocutor. É impossível prever se o trabalhador temporário mencionado vai se engajar, se vai buscar alternativas políticas ou mesmo colocar em prática sua crítica ao capitalismo. No fim das contas, trata-se de uma decisão que cada indivíduo deve tomar por si mesmo, de acordo com as alternativas disponíveis. A questão, porém, é se existem sistemas intelectuais de referência que encorajem a resistência, o engajamento coletivo. O fato é que ainda existe um vácuo grande, apesar da crise. Hoje, as múltiplas variedades da teoria crítica se veem confrontadas com uma "situação pós-stalinista". Embora existam numerosas frentes "nas quais se pode lutar, falta um projeto crível, abrangente, emancipador"[161], que ofereça uma perspectiva

---

[161] Nancy Fraser, *Die halbierte Gerechtigkeit* (Frankfurt a. M., Suhrkamp, 2001), p. 13 e seg.

às inúmeras iniciativas fragmentadas existentes. Para que isto mude, primeiro é necessário explorar o espectro de alternativas à disposição dos movimentos de oposição. James Fulcher toma aqui um posicionamento claro: "A busca por uma alternativa *ao* capitalismo é [...] um esforço perdido [...]. Quem quer reformar o mundo deveria se concentrar no potencial de transformação *dentro* do próprio capitalismo"[162]. Em outras palavras, o capitalismo do mercado financeiro é finito, mas só se ele for substituído por uma outra forma de capitalismo.

De fato, uma nova transformação sistêmica do capitalismo é uma opção real. Nesse processo, um foco de tensão poderia se converter em tábua de salvação, o que até agora não foi considerado. A lógica competitiva do capitalismo financeiro havia ignorado a questão ecológica ou delegado a solução desse problema aos mecanismos de mercado; agora, os temas ignorados retornam com força ainda maior[163]. As alterações climáticas e a iminente revolução energética pressionam (não apenas) as sociedades ocidentais para uma inovação radical. Para alcançar as principais metas climáticas, por exemplo, só os países industrializados teriam que reduzir suas emissões de monóxido de carbono em 30% até 2020; desde 1990, a UE alcançou uma redução de 1,5%. Para chegar perto do alvo, seria necessário promover "a maior, mais profunda mudança estrutural já enfrentada pela economia"[164]. No melhor dos casos, um *New Deal* ecológico, tendo "o Estado como pioneiro", poderia criar as condições necessárias para programas de investimento maciço (uso de energia solar, aumento da eficiência energética), redirecionando assim o capital excedente para investimentos de infraestrutura mais urgentes. Para isto, países desenvolvidos teriam que contribuir com tecnologia e conhecimento, enquanto as economias emergentes teriam melhores chances para desenvolver uma economia verde[165]. Tudo isto seria implementado no âmbito de uma ordem mundial multilateral, com fortes blocos regionais de segurança e na qual os Estados Unidos aceitariam pacificamente a perda de sua posição hegemônica. Neste momento, as probabilidades de um ciclo ecológico de crescimento não podem ser discutidas em detalhe. De todo modo, é essa a estratégia defendida por economistas americanos mais prudentes, como James K. Galbraith, acrescentando uma informação que o monopólio intelectual tecnocrático da Alemanha tende a ignorar. Um Kondratiev[166] ecológico precisa assumir a pressão exercida sobre os grupos mais vulneráveis da

---

[162] James Fulcher, *Kapitalismus* (Stuttgart, Reclam, 2007), p. 178 e seg.
[163] Cf. Ulrich Beck, *Die Risikogesellschaft. Auf dem Weg in eine andere Moderne* (Frankfurt a. M., Suhrkamp, 1986).
[164] Matthias Machnig, "Der Staat als Pionier im 21.Jahrhundert", *Zeitschrift für sozialistische Politik und Wirtschaft*, v. 158, 2007, p. 14-8; neste caso, p. 14 c seg. Cf. criticamente as contribuições em *Widerspruch. Beiträge zu sozialistischer Politik*, v. 54, 2008.
[165] Cf. Bundesministerium für Umwelt, Naturschutz und Reaktorsicherheit (org.), Ökologische Industriepolitik (Berlim, 2006).
[166] Kondratiev é sinônimo de longos ciclos de acumulação capitalista.

sociedade, investindo em segurigade social, bens públicos e programas de emprego, de modo a corrigir os problemas externos produzidos pelo regime de expropriação do capitalismo financeiro[167].

Talvez o caminho para o capitalismo ecossocial realmente proporcione um resgate temporário do sistema. Dados os desafios globais historicamente novos, porém, não é possível saber se a economia capitalista de lucro e as soluções por ela apresentadas serão suficientes para resolver os principais desafios no futuro. Por isso, Immanuel Wallerstein foi um dos primeiros a falar abertamente sobre a possibilidade de uma transformação sistêmica. Segundo Wallerstein, as próximas décadas serão marcadas por um novo protecionismo que poderia assumir tanto contornos social-democráticos quanto formas autoritário-populistas. De todo modo, pode-se assumir com "confiança" que "o sistema atual não tem futuro":

> Mas não podemos prever qual nova ordem será escolhida como substituta, porque essa decisão resulta da oposição de uma infinidade de aspirações individuais. Mais cedo ou mais tarde, um novo sistema será instalado. Este não será um sistema capitalista. No entanto, será algo possivelmente muito pior (mais polarizador e mais hierárquico) ou muito melhor (ou seja, relativamente democrático, relativamente igualitário) que o atual. A luta para a seleção do novo sistema é agora a discussão mais importante, mais disputada do nosso tempo.[168]

Wallerstein explica sua visão por meio do excepcional sucesso do sistema capitalista mundial, o que teria prejudicado as bases de uma nova acumulação. Não se trata de uma argumentação nova. De todo modo, o diagnóstico de Wallerstein não é completamente implausível. Se a crise global das finanças e da acumulação resultar em uma estagnação mais duradoura, não saberemos como os recursos estabilizadores do sistema serão produzidos e distribuídos no futuro. Se o desemprego e a precariedade seguirem aumentando, os conflitos sociais distributivos serão cada vez mais explosivos. O resultado serão problemas de legitimação do sistema, tal como já emergem na consciência cotidiana dos indivíduos. Em tal contexto, uma sociologia crítica não pode nem deve banir a transformação sistêmica do espectro de possíveis transformações sociais. Criar esse tabu simplesmente não seria científico, porque não se pode garantir uma validade eterna para nenhuma formação social. O próprio caso da burocracia stalinista mostrou quão rapidamente garantias supostamente científicas são refutadas pela realidade.

Por essas razões, uma crítica sociológica deve ser feita com sobriedade, sem ilusões, buscando tanto alternativas *no* capitalismo quanto alternativas *ao* capitalismo. No âmbito de uma "situação pós-stalinista", porém, suas intervenções

---

[167] Cf. James K. Galbraith, "Die Weltfinanzkrise", cit., p. 47 e seg.
[168] Immanuel Wallerstein, "Die große Depression", *Blätter für deutsche und internationale Politik*, v. 11, 2008, p. 4-7; neste caso, p. 7.

devem estar necessariamente vinculadas a quatro premissas. *Primeiro*, a crítica sociológica precisa de uma sonda hermenêutica que a conecte às reclamações diárias e empiricamente tangíveis daqueles que de outra forma não teriam voz. *Segundo*, tal crítica deve prestar contas ao imperativo de uma pluralidade crítica. Numa sociedade democrática, a crítica não tem o direito de reivindicar universalidade. Em vez disso, é essencial que os próprios críticos reconheçam o valor intrínseco dos processos democráticos, aplicando tais valores a si mesmos[169]. Toda crítica deve levar em conta o fato de que ela pode estar errada. *Terceiro*, a crítica social radical precisa de uma *comunidade moral*[170] – sem, entretanto, se limitar aos fundamentos morais e às sociedades que os propagam. Ela deve fornecer um enquadramento a partir do qual seus argumentos podem ser teórica e empiricamente verificados. Tal enquadramento requer um distanciamento triplo – um distanciamento da sociedade criticada, dos manifestantes e acusadores, mas também dos condicionamentos, das lutas por reconhecimento e dos rituais do campo acadêmico. *Quarto* e último, a crítica social radical requer sujeitos sociais com os quais possa interagir. Caso contrário, tal crítica não terá efeito algum.

Eis o maior desafio da teoria crítica contemporânea. Para a crítica social clássica, mas também para a crítica clássica da alienação, o sujeito crucial é o movimento trabalhista. Esse sujeito está enfraquecido e precisa ser definido, mais do que nunca, pela pluralidade de movimentos trabalhistas; contudo, num contexto global, ele não desapareceu. Particularmente em economias emergentes como Brasil, Coreia do Sul, África do Sul e até mesmo China, os movimentos trabalhistas frequentemente encabeçam as alianças reformistas e os movimentos democráticos. Mesmo nos centros capitalistas, vislumbramos as delicadas sementes de uma revitalização dos sindicatos[171]. Uma crítica eficaz do novo mundo trabalhista, incluindo a necessária contraexperiência, não pode ser feita sem mencionar esses sujeitos[172]. No entanto, a perspectiva de uma reconstrução exclusiva do poder trabalhista já não serve mais para o futuro. É preciso expandir os horizontes.

O teorema do regime de expropriação capitalista implica que a teoria crítica deve superar o desprezo por formas periféricas e não mercantilizadas de produção e ocupação. O mesmo vale para os movimentos sociais, que não correspondem aos padrões de um socialismo trabalhista modernizado a todo custo. O processo desequilibrado de uma democracia igualitária, abrangendo o sistema econômico, requer formas adicionais e distintas de poder heterodoxo. Para uma estratégia

---

[169] Cf. Eric Hobsbawm, *Das Zeitalter der Extreme: Weltgeschichte des 20. Jahrhunderts* (Frankfurt a. M., WBG Theiss, 1994), p. 177.
[170] Cf. Michael Walzer, *Zweifel und Einmischung: Gesellschaftskritik im 20. Jahrhundert* (Frankfurt a. M., S. Fischer), 1991.
[171] Cf. Ulrich Brinkmann et al., *Strategie Unionism. Aus der Krise zur Erneuerung?* (Wiesbaden, VS Verlag für Sozialwissenschaften, 2008).
[172] Cf. Frank Deppe, *Politisches Denken im 20. Jahrhundert* (Hamburgo, VSA, 1999-2008), 4 v.

de pesquisa científica, tais formas serão momentaneamente chamadas de *poder associado* – uma referência às novas combinações entre perspectivas produtoras e consumidoras, por exemplo[173]. Os protagonistas do poder associado pressionam para fortalecer aqueles princípios da racionalidade que buscam ocupar o "imperialismo interno" do capitalismo financeiro. Isto não pode ser alcançado somente por meio do protesto e da resistência. É necessário testar alternativas práticas, reconstruindo setores eliminados pelo setor privado – como a economia solidária ou o setor público. Se existe uma resposta conceitual às perguntas do trabalhador temporário, a melhor expressão para descrevê-la é *democracia econômica*. Nos últimos anos, sociólogos analisaram as variações do capitalismo; a democracia econômica implica buscar um modo de superá-lo.

---

[173] Cf. Heinrich Geiselberger (org.), *Und jetzt? Politik, Protest und Propaganda* (Frankfurt a. M., Suhrkamp, 2007).

2
Expropriação capitalista: causas, efeitos e limites da dinâmica capitalista de crescimento

> *No geral, a reação da humanidade vai ser forte o suficiente para resolver alguns dos problemas, mas não vai ser rápida o suficiente para resolver outros, tal como é próprio do sistema capitalista atual.* [...] *Em alguns lugares haverá revoluções, mas, em geral, não vejo nenhuma razão pela qual a luta por poder entre trabalhadores e capitalistas nos próximos quarenta anos deva levar a resultados diferentes dos últimos quarenta anos* [...].[1]

É assim que Jorgen Randers resume as perspectivas do capitalismo atual, numa versão atualizada do relatório do Clube de Roma. Partindo de uma perspectiva crítica ao capitalismo, o prognóstico de Randers contém duas mensagens notavelmente pessimistas: primeiro, que o capitalismo impede uma revolução sustentável; segundo, que – apesar de tudo – esse sistema continuará a existir pelos próximos quarenta anos. É evidente que os cenários previstos por modelos computacionais[2] não devem ser confundidos com os desenvolvimentos sociais do mundo real. No entanto, os prognósticos de Randers – como muitos antes – chamam a atenção para um marco da nossa era. Os capitalismos desenvolvidos do Norte global claramente enfrentam um dilema de crescimento. Essas sociedades são cada vez menos capazes de promover uma autoestabilização expansiva – ou seja, cada vez menos capazes de gerar um crescimento econômico moderno e sustentável, como demonstrou a

---

[1] Jorgen Randers, *2052: Eine globale Prognose für die nächsten 40 Jahre. Der neue Bericht an den Club of Rome* (Munique, Oekom, 2012), p. 41, 44.

[2] Para detalhes acerca do modelo World3, usado nos estudos do Clube de Roma, ver Donella Meadows, Jorgen Randers e Dennis Meadows, *Grenzen des Wachstums. Das 30-Jahre-Update. Signal zum Kurswechsel* (Stuttgart, S. Hirzel, 2012), p. 155). A versão atualizada do relatório apresenta onze modelos computacionais com resultados muito distintos, por conta das diferentes premissas de cada modelo.

crise global de 2008 e 2009. Condizente com essa perspectiva, as páginas seguintes esboçam os componentes da teoria do regime de expropriação capitalista e do seu diagnóstico histórico, aplicando as conclusões alcançadas à crise global em curso e ao consequente processo de transformação social.

1. Componentes de uma teoria do regime de expropriação capitalista

Primeiro, algumas reflexões sobre uma teoria do regime de expropriação capitalista. De acordo com Burkart Lutz, cada surto capitalista de crescimento representa uma fase específica de um regime expropriatório, em que a indústria e o mercado se apropriam de espaços[3]. A ideia central que conecta as diferentes vertentes da teoria das expropriações é que o capitalismo não é capaz de se reproduzir por si só. Para sua autoestabilização, sociedades capitalistas exigem (a) um aumento contínuo da riqueza social, que pode ser alcançado, mas (b) apenas por meio da internalização de espaços externos, antes inexplorados e agora mercantilizados. Ao contrário do que sugere o termo, regimes de expropriação capitalista não estão restritos à dimensão socioespacial ou físico-material. A expansão do capitalismo ocorre em meio ao tempo, tanto dentro quanto fora das sociedades nacionais, tanto setorial quanto específica, e envolve diferentes métodos de produção, grupos sociais, estilos de vida e até mesmo estruturas de personalidade[4].

No entanto, a racionalidade da troca de mercadorias equivalentes – que leva sociedades capitalistas à generalização – nunca se realiza plenamente, porque continua embutida em outras racionalidades, com as quais a mercantilização se relaciona (ou ao menos poderia se relacionar) de modo expansivo, possessivo, até mesmo *imperialista*. Portanto, entender o desenvolvimento capitalista como uma série de regimes de expropriação significa ir além da construção de um capitalismo puro e, em vez disso, olhar para a dependência de uma socialização do mercado capitalista *externo*.

1.1. Causas socioeconômicas: por que o espaço é tomado?

Por que a dinâmica capitalista se baseia em regimes de expropriação permanentes? Sem explicitamente usar essa noção, Marx, em seus comentários sobre a acumulação primitiva do capital, analisa ao menos em parte as causas político-econômicas. Ele descreve o surgimento do capitalismo em meio à desintegração das sociedades feudais como um longo processo baseado essencialmente na coerção e na violência de Estado, um processo fundamentado naquilo que David Harvey mais tarde

---

[3] Burkart Lutz, *Der kurze Traum immerwährender Prosperität. Eine Neuinterpretation der industriell-kapitalistischen Entwicklung im Europa des 20. Jahrhunderts* (Frankfurt a. M./Nova York, Campus, 1984), p. 62.

[4] Ver Klaus Dörre, Stephan Lessenich e Hartmut Rosa, *Soziologie. Kapitalismus. Kritik. Eine Debatte*, (Frankfurt a. M., Suhrkamp, 2009).

descreveria como "acumulação por despossessão"[5]. No entanto, Marx era da opinião de que a "queda do homem"[6] fundada no disciplinamento estatal e no – em parte violento – novo modo de produção, característico do regime de expropriação primitivo, se encerraria assim que o capitalismo começasse a se reproduzir por conta própria. Algumas décadas depois, Rosa Luxemburgo criticou esse argumento de maneira construtiva. Apesar de não usar o termo "regime de expropriação" de maneira explícita, ela fala em *colonização*[7] e discute em profundidade a ideia central desse teorema[8].

De acordo com Luxemburgo, a necessidade de expandir a reprodução do capital, desencadeada pelas leis da concorrência, leva continuamente à produção de mais-valor que, em última análise, não pode ser absorvido pela demanda insolvente dos consumidores finais. Para superar essa barreira, o mais-valor precisa ser captado em ambientes não capitalistas. Somente através da incorporação de força de trabalho e terra não capitalistas é que o capital adquire "um poder de expansão que lhe permite estender os elementos de sua acumulação além dos limites que pareciam ter sido estabelecidos pelo seu próprio tamanho". A acumulação de capital continua vinculada a "círculos não capitalistas"[9]. Assim, o dinamismo capitalista se baseia num entrelaçamento de duas formas diferentes de socialização. No sistema de *mercados internos*, caracterizados pela racionalidade da troca de equivalentes, as sociedades capitalistas se reproduzem amplamente a partir de suas próprias bases. Ao mesmo tempo, elas continuam dependendo – dentro e fora das sociedades nacionais – de *mercados externos*, em regiões, ambientes, grupos, atividades e modos de vida ainda não mercantilizados. Nestes, o princípio da troca de equivalentes vale de maneira limitada, dominando a arbitrariedade, a disciplina política e, em alguns casos, até mesmo a violência aberta.

Apesar das várias inconsistências identificadas por críticos[10], a análise de Luxemburgo é muito atual por identificar um *crescimento estrutural forçado* que leva

---

[5] David Harvey, *Der neue Imperialismus* (Hamburgo, VSA, 2005), p. 137 e seg.
[6] Karl Marx, "Das Kapital", v. I: Der Produktionsprozeß des Kapitals [1867], em Karl Marx e Friedrich Engels, *Werke* (Berlim, Dietz, 1973), p. 741 [MEW 23].
[7] Rosa Luxemburgo, "Die Akkumulation des Kapitals. Ein Beitrag zur ökonomischen Erklärung des Imperialismus" [1913], em *Gesammelte Werke*, v. 5 (Berlim, Dietz, 1975), p. 205.
[8] Rosa Luxemburgo explica esse conceito, *inter alia*, por meio da "destruição e divisão deliberada e sistemática da propriedade comum" empreendida pela França em suas colônias árabes (ibidem, p. 328). Outro exemplo é o "trabalho forçado remunerado" como instrumento da política colonial espanhola contra a população indígena (idem, "Einführung in die Nationalökonomie", em *Gesammelte Werke*, v. 5, cit., p. 670).
[9] Idem, "Die Akkumulation des Kapitals. Ein Beitrag zur ökonomischen Erklärung des Imperialismus", cit., p. 305 e seg.
[10] Ver Paul M. Sweezy, *Theorie der kapitalistischen Entwicklung. Eine analytische Studie über die Prinzipien der Marx'schen Sozialökonomie* (Frankfurt a. M., Surhkamp, 1976), p. 256 e seg.; David Harvey, *Der neue Imperialismus*, cit., p. 138 e seg.

à dinâmica de constantes regimes de expropriação. Em uma economia capitalista anárquica, tal crescimento forçado leva à independência do esforço de exploração: "É a produção de mais-valor que perpetua a reprodução das condições da vida na sociedade capitalista"[11]. A escala dessa reprodução é determinada pelos capitalistas e ocorre em condições competitivas, de modo que existe um motivo poderoso para expandir essa reprodução. Afinal, todas as medidas tomadas para manter a competitividade são produtos de tal expansão: "O modo de produção capitalista e a eterna ânsia por mais-valor não só criam a força motriz que expande a reprodução, como praticamente convertem essa expansão em uma obrigação, uma necessidade econômica para a existência individual"[12].

Na melhor das hipóteses, os capitalistas individuais ou empresas só podem escapar desse crescimento estrutural forçado por um período de tempo limitado, tendo como base produtos e setores específicos. Isto ocorre não apenas devido à concorrência, mas também em virtude das complexas metamorfoses pelas quais passa o capital em cada ciclo de reprodução. Essa complexidade – e a consequente tendência a sempre produzir novas desproporcionalidades – fica clara quando se analisa a fórmula da reprodução ampliada: $(c + v) + m/x + m'$[13]. Tal fórmula pode ser decomposta em operações individuais, cada uma das quais sendo propensa a crises. Na prática, expandir a acumulação de capital significa que o capitalista deve produzir um mais-valor excedente, que então é novamente capitalizado (ao menos em parte). Para que o mais-valor destinado a expandir a reprodução do capital seja efetivamente utilizado, ele deve se converter em dinheiro. Supondo que isto seja possível pela venda de produtos, o capital monetário adicional assume outra forma produtiva, isto é, ele se transforma justamente na força de trabalho, nos meios de consumo e investimento necessários para expandir a produção. Finalmente, é indispensável usar o mais-valor para gerar uma quantidade ainda maior de mercadorias, que então devem ser novamente vendidas e convertidas em dinheiro. Só quando todo esse processo se realiza é que se pode falar em reprodução ampliada.

A reprodução ampliada funciona apenas na medida em que os territórios, materiais, matérias-primas, reservas de energia, máquinas, meios de transporte, trabalho, consumidores, atividades de reprodução e meios financeiros necessários estão disponíveis, em cada ciclo de reprodução, para realizar o mais-valor recém--criado. Para garantir a reprodução ampliada no nível micro em uma economia altamente intensiva em mão de obra e essencialmente coordenada pelos mercados, é necessário ter um excedente relativo de cada um desses componentes em cada uma das fases do ciclo econômico. Esse excedente, por sua vez, pode ser fornecido

---

[11] Rosa Luxemburgo, "Die Akkumulation des Kapitals. Ein Beitrag zur ökonomischen Erklärung des Imperialismus", cit., p. 16.
[12] Ibidem, p. 18.
[13] c = capital constante, v = capital variável, m/x = mais-valor (m) apropriado em períodos anteriores (x), m' = mais-valor produzido no novo período; ver ibidem, p. 20.

apenas na medida em que crédito e juros desempenham um papel central no ciclo de reprodução. Nessa medida, é verdade que o endividamento, a criação de dinheiro pelos bancos e as reivindicações de participação nos lucros e nos juros são *os* fatores centrais – ou ao menos estão entre os fatores centrais – que motivam regimes de expropriação capitalistas[14]. Em sua busca pelo mais-valor, o capitalista precisa tomar medidas constantes para melhorar seu posicionamento em relação à concorrência, uma vez que nenhum capitalista tem a certeza de que o processo de transformação do capital projetado será bem-sucedido. O "aumento incessante da produtividade do trabalho" inclui o esforço ilimitado para "fazer uso de todas as substâncias e condições disponibilizadas pela natureza e pela terra"[15].

Ao analisar esse argumento com mais clareza, podem ser identificados diferentes motores de crescimento. Em termos capitalistas, (i) a compulsão para aumentar a produtividade do trabalho cria um tipo específico de crescimento, baseado na substituição do trabalho vivo por máquinas. Nesse contexto, *crescimento* significa sobretudo uma mudança na composição orgânica do capital, o crescente domínio do trabalho morto sobre o trabalho vivo. Em termos da reprodução social do capital, (ii) a problemática da realização obriga de fato à produção excedente – tanto em termos de material quanto de valor; quando isto não é possível, ocorrem transtornos de (re)produção. O uso capitalista de dinheiro (iii) atua como um motor de crescimento adicional. O dinheiro se converte em pagamento e crédito; ele se desprende da troca real e antecipa um futuro social que pode ou não se concretizar. Quanto mais abrangente a garantia de cobertura das transações de risco através do mercado financeiro e "quanto maior o volume de atividades especulativas, melhor e mais eficiente será o mercado"[16] – ao menos é esta a promessa do capitalismo financeiro.

A peculiaridade do sistema creditício é o aparente fato de que o crescimento do crédito pode se desligar de todos os requisitos sociais e materiais. Para produzir mais dinheiro a partir do dinheiro investido em mercadorias (D-M-D'), cria-se o mito do dinheiro que se reproduz por si mesmo, sem necessidade de trabalho ou natureza (D-D'). Isto corresponde à expectativa de que "riscos de preço podem ser protegidos pela dispersão de riscos, e transações especulativas podem ser protegidas por transações especulativas"[17]. Isto continua sendo uma ficção, de modo que a expansão de crédito é também um motor de regimes de expropriação que

---

[14] Ver Christoph Binswanger, *Die Wachstumsspirale. Geld, Energie und Imagination in der Dynamik des Marktprozesses* (Marburgo, Metropolis, 2009) p. 298; Christoph Deutschmann, "Capitalist Dynamics: A Sociological Analysis", em Annual Conference of the "Ausschuss für Evolutorische Ökonomik in Verein für Sozialpolitik" (Linz/Áustria, jul. 2010, trad. e rev. 2011).
[15] Rosa Luxemburgo, "Die Akkumulation des Kapitals. Ein Beitrag zur ökonomischen Erklärung des Imperialismus", cit., p. 306.
[16] Joseph Vogl, *Das Gespenst des Kapitals* (Zurique, Diaphanes, 2010) p. 89.
[17] Ibidem, p. 90.

reproduzem o capital ao mesmo tempo que cultivam uma relação expansiva com os recursos sociais e naturais.

No debate atual, esse relacionamento também é visto com clareza por economistas que consideram obsoleta uma teoria do valor-trabalho. Em períodos de estagnação e crescimento fraco, o sistema capitalista é pouco resiliente. A retroalimentação da reprodução prolongada, que antes contribuía para a integração de interesses opostos, é revertida tão logo os motores do crescimento param de funcionar. Essa retroalimentação passa a ser incapacitante ou até mesmo agravante. Portanto, os vários capitalismos, incluindo aqueles em países desenvolvidos, são incapazes de se converterem em sistemas estacionários[18], em sociedades em equilíbrio ou em sistemas sem expropriações em andamento. A dinâmica inerente a todas as suas variações impulsiona o sistema "a apenas um extremo – expansão ou colapso"[19].

1.2. Causas político-ideológicas: como o espaço é tomado?

Se a longo prazo "só é possível expandir a criação de mais-valor", e a consequência é a "necessidade social de crescimento permanente"[20], então essa orientação de crescimento precisa ser constantemente fundamentada e implementada. Ou seja, é necessário um espírito hegemônico do capitalismo[21], sem o qual não é possível ancorar o crescimento forçado nas estratégias dos atores capitalistas em sociedades diferenciadas. No entanto, as legitimações político-ideológicas tendem a se distanciar e até mesmo levar vantagem sobre as causas socioeconômicas do expansionismo.

Hannah Arendt descreve esse fenômeno como acumulação de poder político. A partir da política imperialista, Arendt mostra que uma acumulação de capital supostamente ilimitada precede uma acumulação de poder que é igualmente ilimitada em sua autolegitimação ideológica[22]. Especialmente durante grandes crises estruturais, que atingem todo o conjunto de regulamentos institucionais, o *evento pecaminoso* (isto é, a superação temporária dos limites econômicos da reprodução prolongada por meio do poder acumulado) precisa se repetir periodicamente. A acumulação de capital só acontece porque é desencadeada pela ação política e pelas correspondentes legitimações ideológicas. Nesse processo, o expansionismo ideológico-político pode se tornar independente dos seus impulsos econômicos. Em outras palavras, o *espaço também é tomado* (por exemplo, através de política colonial e intervenções militares), mesmo quando isto é economicamente disfuncional. Além disso, a acumulação de poder político ocorre independentemente das

---

[18] Ver Herman Dailey, *Beyond Growth* (Washington, DC, Beacon Press, 1996).
[19] Tim Jackson, *Wohlstand ohne Wachstum* (Munique, Oekom, 2011), p. 80.
[20] David Harvey, *Marx' Kapital lesen* (Hamburgo, VSA, 2011), p. 366 e seg.
[21] Luc Boltanski e Ève Chiapello, *Der neue Geist des Kapitalismus* (Konstanz, UVK, 2003), p. 46.
[22] Ver Hannah Arendt, *Elemente und Ursprünge totalitärer Herrschaft. Antisemitismus, Imperialismus, totale Herrschaft* (11. ed., Munique, Piper, 2006 [1951]), p. 326.

relações de propriedade privada capitalistas. Dessa perspectiva, o expansionismo ideológico atua como um sistema de orientação para atores capitalistas dominantes. De fato, o projeto do Estado de bem-estar social, tal como implementado nos centros capitalistas após 1945, foi e é baseado na expansão de *expropriações internas* ideologicamente legitimadas. O mesmo se aplica à vã tentativa do stalinismo em alcançar e ultrapassar capitalismos desenvolvidos.

A dinâmica expansiva é conduzida por atores dominantes. Nos níveis meso e macro, são empresas capitalistas, bem como o Estado ou seus representantes estratégicos. No entanto, regimes de expropriação capitalista nunca são praticados apenas por elites sociais; eles são filtrados pelos sistemas institucionais, transformados por atritos e disfuncionalidades nos diferentes campos sociais e influenciados pela resistência das classes mais baixas. As consequentes lutas sociais sugerem que os regimes de expropriação capitalista estão sempre associados ao abandono do espaço. Em todas as fases do desenvolvimento capitalista, emerge um *modus operandi* característico, completamente desprovido de planejamento e resultado de uma variedade incontrolável de atividades microssociais, gerando uma interação empiricamente identificável de expropriação e abandono do espaço. Nos pontos de inflexão dos ciclos históricos dos regimes de expropriação capitalista, o Estado e a ação política moldam cada um deles o nascimento de um novo *modus operandi*. Ao fazê-lo, os Estados podem atuar como agentes de políticas de abertura de mercado, mas também como pioneiros em processos de desmercantilização.

O regime de expropriação fordista foi marcado principalmente por políticas que limitaram o mercado. O intervencionismo de Estado guiado pelo consumo, o modelo norte-americano do New Deal com produção e consumo em massa, o modo de vida individualista e o consenso das elites acerca da participação de trabalhadores nos ganhos de produtividade (em consequência da concorrência de sistemas) permitiu que os centros capitalistas neutralizassem a chamada *lei dos salários*, que limitava a renda dos trabalhadores[23]. Ao mesmo tempo, esse processo absorveu o setor artesanal tradicional, que havia suprido grande parte das necessidades essenciais dos trabalhadores assalariados. Na medida em que as funções desse *exterior* não foram delegadas à indústria e ao mercado capitalista, elas foram assumidas pelo Estado e por um setor público expandido. Entre 1950 e 1970, os salários reais triplicaram, levando a uma melhoria quantitativa e qualitativa nos padrões de vida dos assalariados e de suas famílias, o que tornou obsoleta a discussão sobre a oscilação dos salários em torno de um mínimo existencial[24].

Isso só pôde ser alcançado porque as inerentes barreiras de crescimento que haviam levado à crise do período entre guerras foram superadas pela expansão do

---

[23] Ver Burkart Lutz, *Der kurze Traum immerwährender Prosperität*, cit., p. 210.
[24] Ver Wolfgang König, *Kleine Geschichte der Konsumgesellschaft* (Stuttgart, Franz Steiner Verlag, 2008), p. 43.

Estado de bem-estar social e por duas inovações institucionais. Em primeiro lugar, a transição para a produção e o consumo em massa foi acompanhada por uma revalorização social do papel do consumidor. Um consumidor com necessidades aparentemente ilimitadas, alimentado pelo setor publicitário e influenciado por desejos artificiais, se converteu em consumidor de produtos posicionais. O consumo passou a influenciar estilos de vida, tornando-se um meio de distinção simbólica e competição. Isso abriu uma série de mercados aos produtos de consumo, cuja utilidade dependia principalmente de sua importância simbólica, do seu *status*. Em segundo lugar – e não menos importante –, matérias-primas, fontes de energia e outros recursos naturais puderam ser amplamente explorados porque eram considerados bens ilimitados tanto na teoria quanto na prática econômica, na medida em que os direitos de propriedade e os custos externos da produção industrial podiam ser terceirizados.

Portanto, a fórmula de integração do capitalismo fordista baseou-se na noção de um crescimento irrestrito, uma segurança social garantida e uma prosperidade que aumentaria gradual e constantemente. Essas noções moldaram o *espírito* do capitalismo organizado e lhe concederam uma aura hegemônica. O impulso de expansão capitalista certamente foi dirigido para dentro e domesticado por uma institucionalização da dependência salarial. No entanto, a pacificação do Estado de bem-estar, tal como promovida pelo seu regime de expropriação, também se baseou em recursos finitos. Isso levou tanto a uma "destruição das estruturas, dos padrões de produção, das formas de vida e das orientações comportamentais constitutivas para o setor artesanal"[25], como ao uso progressivo da natureza e à intensificação dos contrastes Norte-Sul.

2. Diagnóstico temporal: o regime de expropriação do capital financeiro no setor social

Em resposta ao dinamismo lento do capitalismo fordista, um contramovimento emergiu na metade da década de 1970. Fora dos centros capitalistas, esse contramovimento de expropriação tripla está associado (i) à imposição e expansão do capitalismo, especialmente na Europa oriental e nos chamados Brics (Brasil, Rússia, Índia, China, África do Sul). Dentro dos centros, essa penetração de espaços e territórios anteriormente não capitalistas (ii) é usada para romper a rigidez espaçotemporal do capital na era do capitalismo social-burocrático. A expansão fora das regiões centrais capitalistas corresponde em parte ao padrão de acumulação primitiva ou se baseia em uma adaptação das práticas *fordistas*, enquanto a reestruturação dentro dos próprios centros capitalistas (iii) ocorre através da constituição e aplicação de uma regra básica – o princípio orientador do empreendedor inovador e da destruição criativa em todos os campos sociais importantes. Uma vez que o

---

[25] Burkart Lutz, *Der kurze Traum immerwährender Prosperität*, cit., p. 213.

diagnóstico temporal dessa expropriação tripla já foi discutido à exaustão, basta aqui refinar o argumento teórico, especialmente as múltiplas versões da *expropriação interna* do capital financeiro no Norte global.

2.1. Causas socioeconômicas: capital fictício e endividamento

A princípio, o regime de expropriação financeira foi motivado pela busca por novos fundos de investimento que escoassem o capital excedente dos principais mercados financeiros mundiais. No entanto, nem a exportação de capital por meio do investimento estrangeiro direto (IED), nem o investimento em novas indústrias de alta tecnologia foram suficientes para aliviar permanentemente o problema da sobreacumulação. O capital excedente agora é gerado não só nas indústrias pioneiras do capitalismo fordista (como o setor automotivo, que gera um terço desse capital), como também em novas indústrias de rápido crescimento (TI, telecomunicações). A problemática do capital excedente favoreceu a mudança espacial-temporal do capital para a esfera financeira. Nas regiões centrais, gerou um crescimento econômico mais lento. O aumento dos lucros foi acompanhado por uma diminuição das taxas de investimento e a esfera financeira ficou cada vez mais atraente para os bancos e os investidores institucionais. Desde a década de 1970, o dinamismo capitalista nos centros tem sido cada vez mais determinado pela expansão de segmentos de mercado financeiro que, por sua vez, são marcados por uma crescente interdependência internacional, pela tecnologia da informação, pela aceleração das operações e por um aumento na importância das atividades especulativas. Além da falta de oportunidades de investimento na chamada economia real[26], a expansão dos mercados financeiros agora é alimentada por duas fontes adicionais: (a) a crescente desigualdade de renda, que concentra o capital excedente entre os ricos, diminuindo o consumo; e (b) a privatização progressiva dos regimes de aposentadoria, levando investidores institucionais – como fundos de pensões ou grandes bancos de investimento – a buscar oportunidades apropriadas para investir os ativos financeiros acumulados[27].

A excessiva liquidez nos mercados financeiros foi e é o húmus no qual prospera a transformação do capital financeiro (síntese do capital material e monetário) em capital fictício (isto é, capital com base apenas em créditos certificados por credores). Dinheiro (D), expresso em notas ou títulos, passou de meio de pagamento e crédito a um objeto puramente especulativo, com o objetivo de realizar mais dinheiro (D'). Isto ocorreu claramente por meio da eliminação de processos de trabalho complexos e de fontes finitas de riqueza natural. A fonte de todas as

---

[26] Seria mais apropriado falar de uma economia de produção sem um setor financeiro, mas é preciso ter em mente que as grandes empresas de produção geralmente também são atores do mercado financeiro.
[27] Ver Jörg Huffschmid, *Politische Ökonomie der Finanzmärkte* (Hamburgo, VSA-Verlag, 2002).

bolhas especulativas é a noção fetichista de que o capital monetário se multiplicaria por si mesmo, sob a forma de títulos e derivativos. Porém, o crucial para o nosso interesse é que a revalorização do capital fictício moldou e continua a moldar o modo operatório de expropriações capitalistas nas regiões centrais. A dívida, o crédito e a renda de juros se tornaram o verdadeiro motor de uma dinâmica que busca superar os limites da acumulação capitalista começando precisamente onde a expropriação fordista estava ligada ao abandono do espaço, ou seja, à desmercantilização. No atual processo de *tomada do espaço*, instituições do mercado usam a tecnologia para converter crises ambientais em um sistema lucrativo de investimento, de tal modo que praticamente todas as funções sociais estão sujeitas ao princípio da destruição criativa.

A vulnerabilidade particular do regime de expropriação neoliberal resulta do domínio de mercados em que o capital fictício é negociado. Em mercados de ações ou instrumentos financeiros derivados, as incertezas associadas aos processos de produção reais podem ser transformadas em riscos apenas hipoteticamente[28], já que são mecanismos de coordenação de *segunda ordem*; digo *segunda ordem* porque, com base em informações incompletas e *derivadas*, eles realmente constroem um futuro ao qual as sociedades devem se adaptar. Os jogadores nesses mercados (investidores institucionais, bancos, analistas, agências de *rating*) observam promessas de pagamento e, portanto, expectativas. Eles devem avaliar diferentes riscos – por exemplo, o desenvolvimento não só de lucros, mas também de taxas de juros – e assim reduzir sua complexidade para torná-los calculáveis. No entanto, um problema central na previsão de retornos futuros é que a redução de complexidade não funciona da mesma maneira nos mercados de primeira ordem. Em última análise, as expectativas de lucros e rendimentos revelam a complexidade dos processos de produção, já que elas avaliam cenários futuros usando conhecimento passado. Para superar o resultante dilema de complexidade ambiental e transformar incertezas em riscos calculáveis, é necessário empregar valores de uso substitutos (títulos mobiliários, derivativos). Porém, essa transformação é *incompleta*, porque a informação a ser avaliada é heterogênea; ela é incorporada na expectativa dos atores e motiva constantemente um comportamento que concretiza os eventos projetados. Paul Windolf descreve de maneira apropriada os mercados financeiros como máquinas – de limitada eficiência – para processamento de informações. No entanto, essa máquina nunca pode eliminar completamente a complexidade dos valores de uso. Afinal, o mecanismo de coordenação financeiro-capitalista baseia-se em abstrações não analisáveis, que podem estar muito distantes da economia de produção[29].

---

[28] Riscos são incertezas calculáveis e, portanto, seguráveis – ao menos em princípio.
[29] Ver Paul Windolf, "Was ist Finanzmarkt-Kapitalismus?", *Kölner Zeitschrift für Soziologie und Sozialpsychologie*, ed. esp., n.45, 2005, p. 20 e seg.

Post-hoc, no entanto, os mercados financeiros e seus atores continuam conectados a atividades reais – através de balanços patrimoniais, por exemplo. O mecanismo de coordenação do capitalismo financeiro permanece interligado com o mundo dos *atores econômicos reais* através de vários mecanismos de transferência. Eles incluem, entre outros, o mercado de controle de empresas, as fusões, aquisições, o controle de valor para as empresas, os objetivos de lucro ou retorno como alavanca para a financeirização interna ou a competição fabricada entre empresas e subsidiárias. Por meio de uma série de operações moleculares nos setores exportadores, consolidou-se um princípio de racionalidade que sujeita as operações econômicas a um cálculo do capitalismo financeiro (priorização de rendimento e lucro estáveis, intensificação da concorrência nos mercados abandonados e dentro das empresas). A incerteza inerente a mercados voláteis não só é reforçada pela adoção de uma racionalidade capitalista-financeira como também se converte em um desafio central para a reorganização de empresas.

Novos proprietários – como bancos de investimento ou fundos de pensões –, eles mesmos em acirrada competição, motivam o gerenciamento estratégico de empresas orientadas para o mercado mundial para atender às expectativas de lucros a curto prazo. Mas isso é apenas parte do problema. O mercado de controle empresarial, que surgiu na Alemanha graças à regulamentação financeira durante o governo Schröder, representa uma possibilidade usada por executivos das grandes corporações internacionais para converter incerteza em poder de controle e negociação. Muitas vezes, a ameaça de adquirir um concorrente já basta para reforçar as estratégias de negociação. O objetivo de gerar um alto retorno patrimonial é justificado com referência aos interesses dos proprietários, mas também é usado para perseguir os interesses particulares de gestores empresariais. Dessa maneira, surgiu no setor exportador uma economia em que o lucro já não aparece primariamente como resultado do desempenho econômico, mas assumido como um parâmetro de planejamento ao qual as atividades descentralizadas de gerenciamento, jornada e condições de trabalho precisam ser adaptadas. Esse sistema de planejamento, que só pode funcionar em combinação e em concorrência com outras preferências de controle, exerce pressão sobre as fábricas e unidades operacionais que, embora em si lucrativas, não podem sustentar a concorrência por altos retornos de capital. Tais unidades são vendidas, fechadas ou ao menos submetidas a programas radicais de redução de custos.

Há tentativas de relativizar a tese da financeirização. Mesmo nos capitalismos anglo-saxões, por exemplo, o movimento do valor-acionista só tem sido bem-sucedido em parte das empresas. Nos capitalismos coordenados – particularmente na Alemanha, onde a participação acionária tem um papel coadjuvante –, a orientação do mercado de capitais seria enquadrada pelos direitos dos acionistas. Diferentes métodos de produção limitariam o escopo de decisões desses sujeitos. Finalmente, as demandas contraditórias gerariam estruturas decisórias, no limite das quais os atores autossuficientes perseguiriam diferentes opções estratégicas, de modo que o capitalismo financeiro não estaria conectado a processos microssociais. Todos esses argumentos, por mais precisos que sejam, ignoram um ponto decisivo. Onde a expansão do endividamento se torna o principal motor do regime de expropriação, os atores do mercado financeiro usam juros e liquidações de dívida para repassar a empresas, Estados ou residências particulares certas demandas que são difíceis ou impossíveis de cumprir através do desempenho econômico real[30].

Por esse motivo, as expropriações do capitalismo financeiro seguem uma lógica peculiar de aceleração. As reivindicações feitas através de empréstimos e juros exercem pressão sobre os lucros. Se um grande banco busca alcançar um retorno de 25% sobre o patrimônio líquido, essa meta tem um grande impacto sobre as cadeias de valor agregado – principalmente quando tal meta não é alcançada, como é frequentemente o caso. Em última análise, são as empresas que devem atender a esses retornos[31]. Considerando que um aumento médio de produtividade em 2% a 3% ao ano é uma conquista extraordinária para tais empresas, fica claro por que as demandas por rendimento, mesmo que apenas relacionadas ao patrimônio líquido, não serão satisfeitas pela maior produtividade. Portanto, a acumulação e a reprodução do capitalismo financeiro só podem ser fundamentalmente estabilizadas se novos ativos e fontes de riqueza – tais como recursos naturais, propriedade pública e força de trabalho antes não utilizada – forem constantemente integrados no ciclo de capital. Privatizações, medidas de desregulamentação, cortes sociais ou até mesmo as estratégias de precarização são bons meios para alcançar tal objetivo.

Estratégias corporativas envolvendo a precarização do trabalho servem para a produção ativa de um *outro* – neste caso, um outro subcapitalista[32]. Aumentou-se a importância de formas de emprego flexíveis, sobretudo instrumentos de flexibilização externa (como contratos temporários), permitindo que empresas se adaptem ao ciclo econômico. Uma vez que tais vantagens competitivas são fáceis de copiar, o *motor* desse tipo de expropriação precisa ser sustentado por novas concorrências desleais, empresas derivadas, terceirização, *dumping* salarial ou medidas repressivas. Assim, a planejada estabilização dos rendimentos e lucros mínimos leva a uma crescente incerteza das condições de trabalho. Nos países do Norte global, o ressurgimento do mecanismo de exército industrial de reserva criou um *outro*, excluído do processo de acumulação por meio do desemprego, do subemprego,

---

[30] Ver Neil Fligstein, *The Architecture of Markets. An Economic Sociology of Twenty First Century Capitalist Societies* (Princeton, Princeton University Press, 2001).
[31] No entanto, as empresas orientadas para o mercado mundial são frequentemente atores do mercado financeiro, de modo que seria incorreto tratar a economia produtiva e a economia financeira como distintas.
[32] Por exemplo, um mecânico empregado, quando forçado por sua própria empresa a seguir trabalhando como autônomo, é legalmente descartado do processo de produção para ser reintegrado, em termos reais, em outras condições.

da desindustrialização e da destruição socioespacial, e que posteriormente pode ser reincorporado por um preço mais baixo e com condições precárias de trabalho e de vida.

2.2. Causas político-ideológicas: simbiose do poder

Como pode esse *modus operandi* do capitalismo financeiro se sustentar há quase quatro décadas, apesar das muitas crises? Uma resposta – certamente não a única – deve ser buscada entre os atores dominantes. Em princípio, trata-se de empresas que controlam o mercado. Em nítido contraste com suas legitimações ideológicas, o capitalismo financeiro é tudo, menos uma economia de mercado pura. Falhas estratégicas estão ocorrendo em mercados dominados pelos *gigantes do poder*[33]. Essas empresas podem estabelecer altas barreiras de acesso ao mercado, explorar vantagens informativas contra a concorrência, controlar redes empresariais e captar os produtos do trabalho criativo de pequenos e médios setores (como invenções e patentes). Acima de tudo, porém, esses gigantes dominam a arte de se converter em poder político.

Em si, as empresas dominantes não correspondem necessariamente aos mais de 43 mil grupos de atuação internacional identificados por uma análise de rede, partindo de uma amostra total de 37 milhões de empresas[34]. Entre as empresas de atuação internacional, 1.318 possuem participação em uma média de 20 outras corporações. Por sua vez, as empresas com poder de controle acima da média representam apenas 147 – menos de 0,5% – das corporações de atuação internacional, mas dominam cerca de 40% do negócio global. Entre as 50 empresas mais influentes, estão quase sempre bancos, fundos de cobertura e seguradoras. No total, três quartos das 147 superempresas pertencem ao setor financeiro[35]. Em 2007, o Deutsche Bank ocupava o 12º lugar nessa lista[36]. Claro que essas redes não são mais do que modelos matemáticos, que não nos dizem nada sobre o poder de controle real. No entanto, elas confirmam os estreitos vínculos entre as principais corporações transnacionais.

Ainda não se sabe bem como as empresas dominantes exercem poder, já que elas não influenciam necessariamente o conteúdo político de suas subsidiárias. A participação nas redes de controle global tampouco deve ser equiparada à abolição completa da concorrência. Pelo contrário, há evidência de que a volatilidade nos mercados periféricos aumentou com a penetração da tecnologia da informação.

---

[33] Ver Colin Crouch, *Das befremdliche Überleben des Neoliberalismus* (Berlin, Suhrkamp, 2011), p. 79 e seg.
[34] Stefania Vitali, James B. Glattfelder e Stefano Battiston, "The Network of Global Corporate Control", *PLoS ONE*, v. 6, n. 10, 2011.
[35] Ver idem.
[36] Ibidem, p. 33.

De acordo com Robert Reich, essa competição também se reflete no fato de que a taxa de rotatividade de CEOs nas 2.500 maiores empresas do mundo aumentou de 9% para 15,3% em 10 anos, de 1995 a 2005. Em 2005, o número de demissões de executivos nos Estados Unidos, Japão e Europa atingiu níveis recordes[37]. No entanto, as descobertas empíricas – até agora esparsas – apontam para o fato de que os nós e as dependências nas redes empresariais permanecem relativamente estáveis. As empresas da superestrutura parecem ter um poder de decisão significativo no que diz respeito à relevância sistêmica dos grupos. Porém, isto não é sempre suficiente para proteger os gigantes do mercado. Como mostra o caso do Lehman Brothers – que ocupava o 34º lugar no *ranking* de 2007 –, os choques desencadeados por uma falência podem assumir proporções globais.

Por essa razão, deve-se atribuir às empresas dominantes no capitalismo financeiro um papel semelhante ao exercido em outras eras. Além disso, os Estados parecem fazer o possível para estimular a concorrência entre grupos internacionais. Esta é a razão pela qual o princípio schumpeteriano de destruição criativa também é aplicado a esferas sociais fora da economia de exportação, ao menos como uma forma reduzida de racionalidade competitiva. Em termos de crédito e de procedimentos contábeis, a racionalidade financeira depende do setor de pequeno e médio porte[38]. Na competição por subsídios estatais, as microrregiões atuam como empreendedores coletivos uns contra os outros, a fim de alcançar condições favoráveis que amorteçam as mudanças estruturais econômicas[39]. Empresas e funcionários se convertem em gerentes de sua própria saúde, a fim de aliviar os custos corporativos[40]. Os serviços de emprego transformam desempregados de longa duração em *clientes*, que por sua vez são forçados a desenvolver uma relação empresarial com a própria capacidade de trabalho. Nem mesmo as universidades são poupadas da orientação competitiva. O princípio orientador da universidade empreendedora, pautado por objetivos claros e medido de acordo com a eficiência produtiva, tem sido uma medida vinculativa para as reformas da universidade. Dessa forma, o *capitalismo acadêmico* também foi introduzido na Alemanha, levando a uma mudança drástica na composição da força de trabalho universitária[41].

---

[37] Robert Reich, *Superkapitalismus* (Frankfurt a. M./Nova York, Campus, 2008), p. 103.
[38] Karina Becker, Katharina Bluhm e Bernd Martens, "Unternehmensführung in Zeiten des Shareholders Value", em Rainer Benthin e Ulrich Brinkmann (orgs.), *Unternehmenskultur und Mitbestimmung* (Frankfurt a. M./Nova York, Campus, 2008), p. 213 e seg.
[39] Klaus Dörre e Bernd Röttger, *Im Schatten der Globalisierung. Strukturpolitik, Netzwerke und Gewerkschaften in altindustriellen Regionen* (Wiesbaden, VS-Verlag, 2006).
[40] Ver Ulrich Brinkmann, Karina Becker e Thomas Engel, "Die Haut auf dem Markte. Betrieblicher Gesundheitsschutz im Marktkapitalismus", *Prokla*, n. 148, 2007, p. 383-401.
[41] Klaus Dörre e Matthias Neis, *Das Dilemma der unternehmerischen Universität* (Berlim, Sigma, 2010).

Para o espírito hegemônico do capitalismo financeiro, a sociedade serve apenas para generalizar a atividade empreendedora. No entanto, a visão onipresente do empresário criativo está em uma estranha simbiose ideológica com a figura fictícia – e não menos influente – de um consumidor que exige do mercado as melhores ofertas. Os programas de destruição criativa são baseados nesse personagem fictício. Os processos de produção são planejados a *partir do cliente*; os programas empresariais de redução de custos recompensam compradores com produtos mais baratos. Como compensação pela queda dos salários – principalmente nos capitalismos centrados no mercado – e com apoio do governo, surge um potencial proprietário em busca de hipotecas baratas e créditos imobiliários para adquirir mais bens e aumentar sua pequena renda. As correspondentes legitimações ideológicas, muitas vezes chamadas de neoliberais, estimulam um projeto expansivo. Considera-se que os choques de mercado são incentivo suficiente para um empreendedor assertivo, cujo poder de inovação termina por recompensar tanto consumidores como proprietários exigentes. Nas legitimações ideológicas desse projeto de expansão, o trabalho e a natureza aparecem, na melhor das hipóteses, como custos e fatores disruptivos.

É evidente que tal projeto, que busca generalizar a ação empresarial na sociedade, beira os limites do possível. Uma sociedade que busca totalizar a destruição criativa e a competição acaba por destruir a si mesma. A expansão do capitalismo financeiro se converte cada vez mais em uma expropriação do social e, assim, inevitavelmente mobiliza uma oposição que busca se proteger da concorrência do mercado. Embora o *espírito empreendedor do capitalismo* nunca consiga se impor por completo, as múltiplas tentativas de realização microssocial transformam os limites entre o *dentro* e o *fora* da acumulação capitalista financeira. A viabilidade do *modus operandi* do capitalismo financeiro se baseia quase em uma simultaneidade dos não simultâneos, em uma ocupação de instituições, formas de produção, sistemas de trabalho, padrões de ação e pensamento originários em parte de períodos históricos anteriores, do capitalismo social, ou, como na Alemanha Oriental, do stalinismo. Tais componentes de formações sociais antigas não desaparecem da noite para o dia. Pelo contrário, eles devem ser entendidos como "estruturas de longa duração"[42] que, combinados com o regime de competição do capitalismo financeiro, são remodelados e transformados de modo a assumir um estado diferente de agregação, apesar da sua existência contínua.

3. Limites da dinâmica capitalista

Quais são as implicações desse processo para as forças motrizes e os limites da dinâmica capitalista? Quero finalizar a discussão com duas considerações.

---

[42] Fernand Braudel, *Sozialgeschichte des 15.-18. Jahrhunderts*, v. 3 (Munique, Kindler, 1985-1986), p. 695.

3.1. Inovações, exploração primária e secundária

Levando em conta a abordagem aqui apresentada, pode-se interpretar a crise global de 2008 e 2009 como uma tentativa – a princípio bem-sucedida – de superar as barreiras de uma expansão capitalista que, porém, agora produz seus próprios limites. Do ponto de vista dos atores dominantes, o regime de expropriação financeira foi, de fato, um programa altamente exitoso. Tal como nos períodos anteriores, o setor financeiro teve um papel central na desintegração do modo de produção tradicional. O ciclo de expropriações do capitalismo financeiro levou à criação e à disseminação de novas tecnologias. Ele permitiu romper com o crescente poder institucional e organizacional dos movimentos trabalhistas e sindicais que haviam reduzido os lucros no final do ciclo fordista[43], impondo programas de distribuição em favor dos capitalistas nas regiões centrais. Dentro do ramo institucional existente, isso promoveu – mesmo na Alemanha – o surgimento de um modo de produção flexível baseado em uma forte polarização do mercado de trabalho e no uso estratégico da ocupação precária. Uma das características desse novo modo de produção é a redefinição de distúrbios ecológicos como uma fonte de investimento rentável a ser explorada com suporte estatal e instrumentos do mercado (comércio de emissões, investimento em energias renováveis etc.). Mesmo entre os *gigantes do mercado*, as regras vinculativas são muitas vezes substituídas por códigos de conduta e compromissos voluntários que devem garantir a sustentabilidade.

De fato, essas medidas também melhoraram consideravelmente a eficiência e efetividade dos recursos na Europa, especialmente na Alemanha. Nesse aspecto, o regime de expropriação do capitalismo financeiro pode ser interpretado como um programa bem-sucedido de destruição criativa. A dinâmica capitalista se baseou e ainda se baseia essencialmente na implementação bem-sucedida de tais programas[44]. Porém, as expropriações nunca levam a equilíbrios harmoniosos, ao contrário do que sugeriam as teorias clássicas da localização geográfica. Em vez disso, a destruição criativa tende à condensação do espaço e do tempo, como bem identificou David Harvey. As expropriações seguem um impulso para minimizar as barreiras espaciais e acelerar a rotatividade de capital, ou seja, para reduzir os custos e o tempo necessários para movimentar o capital[45]. No entanto, a dinâmica capitalista (financeira) não se esgota na evolução impulsionada pela inovação. A exemplo de qualquer regime anterior de expropriações, o capitalismo financeiro representa uma *ordem* específica *de exploração*. Como critério mínimo para a relevância das relações de exploração, observa-se que "o sucesso e a força são, pelo menos em parte,

---

[43] Ver Sebastian Dullien, Hansjörg Herr e Christian Kellermann, *Der gute Kapitalismus und was sich nach der Krise ändern müsste* (Bielefeld, Transcript, 2009).
[44] Ver Christoph Deutschmann, "Kapitalistische Landnehmen: eine kritische Auseinandersetzung", em palestra do Kolleg-Forchergruppe Jena, 20 out. 2011, não publ.
[45] Ver David Harvey, *Der neue Imperialismus*, cit., p. 100.

atribuíveis a outros atores, que não são nem reconhecidos nem apreciados. Trata-se de provar um 'princípio de ligação' que constrói uma ponte entre as fortunas dos fortes (aqueles de alto valor) e a necessidade dos fracos (aqueles de baixo valor)"[46].

Diferentemente do conceito marxiano de exploração, é preciso diferenciar sistematicamente entre as *formas de exploração primárias e secundárias*, algo que David Harvey não faz. As relações de exploração primárias são incorporadas em relações contratuais destinadas a garantir a troca de equivalentes (mão de obra e uma remuneração adequada) – um princípio que só pode prevalecer sobre conceitos complexos de justiça e conflitos distributivos. As formas secundárias de exploração, por sua vez, criam relações de equivalência de um tipo diferente. *Secundário*, nesse contexto, não sugere de forma alguma algo menos doloroso, menos brutal ou menos importante. Não se trata de um termo para contradições coadjuvantes. A peculiaridade das relações de exploração secundárias é que a racionalidade da troca de equivalentes não se aplica ou se aplica apenas com restrições. A funcionalização do trabalho reprodutivo feminino não remunerado e a instalação de um *status* transitório para migrantes são casos clássicos de mecanismos de exploração secundária. No primeiro caso, os mecanismos simbólicos habituais e político-institucionais são usados para hierarquizar atividades por meio de construções específicas de gênero. A desvalorização do trabalho reprodutivo e a relativa exclusão do emprego remunerado existencial têm aqui sua origem histórica. No segundo caso, o *status* transitório, marcado pela privação de direitos e pelo desenraizamento de migrantes consolida uma diferença interna-externa específica que se destina a fornecer mão de obra barata para os segmentos pouco atraentes do mercado de trabalho, com empregos estressantes, pouco qualificados e mal remunerados.

Portanto, pode-se falar em exploração secundária sempre que as formas simbólicas e a coerção estatal forem usadas para conservar diferenças internas--externas com o objetivo de preservar a força de trabalho de certos grupos sociais abaixo do seu valor, ou seja, bem abaixo do nível salarial geral. Porém, também pode-se utilizar o conceito na medida em que certos grupos sociais, mediados pela hierarquia do sistema internacional, adotam um modo de vida hegemônico e usam recursos naturais não renováveis em detrimento da qualidade de vida de outros grupos e populações. Entidades sociais que usam recursos não renováveis em excesso e emitem poluentes que restringem a reprodução e as condições de vida de outras entidades operam um mecanismo específico de exploração secundária. Por exemplo: a pegada ecológica mede a área necessária para sustentar o estilo de vida de uma pessoa. Embora a capacidade global seja de cerca de 1,8 hectare por pessoa, ela varia entre 1,6 hectare na China, uma média de 4,7 hectares na Europa e 9,6 hectares nos Estados Unidos. Ou seja, os pioneiros da industrialização já vivem

---

[46] Luc Boltanski e Ève Chiapello, *Der neue Geist des Kapitalismus*, cit., p. 398, ênfase no original.

à custa do resto do mundo em termos de consumo natural[47]. Atualmente, um quarto da população mundial – predominantemente no Norte global – consome três quartos dos recursos e produz três quartos dos resíduos e emissões[48]. O regime de expropriação capitalista financeira exacerbou essa forma de exploração, na qual se utilizam recursos não renováveis à custa dos outros, porque nem os direitos e regulamentos de propriedade, nem os preços das matérias-primas e dos recursos naturais refletem adequadamente suas limitações e sua distribuição desigual.

Nesse contexto, faz sentido uma outra distinção. David Harvey aponta corretamente que a *acumulação por despossessão* não deve se limitar à história inicial do capitalismo. No entanto, ele usa essa expressão para se referir a uma ampla gama de abordagens, desde a valorização de áreas rurais em mercados emergentes até a expropriação de proprietários incapazes de pagar seus empréstimos. Seria analiticamente mais preciso distinguir entre expropriações capitalistas de primeira e de segunda ordem: as primeiras seguem o padrão de acumulação primitiva, mercantilização por meio de disciplina e expropriação vigorosa, tal como esboçado por Marx e Luxemburgo; enquanto isso, as segundas ocupam territórios, instituições, meios e grupos sociais que já eram objeto ou resultado da expropriação primitiva e agora são usados para a produção ativa de um outro não capitalista. O regime de expropriação capitalista financeira segue esse padrão porque decompõe o poder assalariado e expropria os cidadãos sociais. No entanto, em escala global, as expropriações de primeira e segunda ordem interagem em uma variedade de relações.

3.2. A dupla crise econômico-ecológica

Isso é justamente o que mostra a crise de 2008 e 2009. No contexto do teorema do regime de expropriação capitalista, a crise econômica global pode ser interpretada como uma condensação espaçotemporal dos limites autoimpostos de acumulação e reprodução do capitalismo financeiro. Essa crise resulta da expansão mais ou menos consistente da ideia de que mercados seriam capazes de regular a si mesmos nos âmbitos do dinheiro, do trabalho e do espaço. A consequente vulnerabilidade a crises deu impulso a governos e grandes empresas, que protegeram os centros capitalistas das mais de cem pequenas crises financeiras registradas desde os anos 1970. Acima de tudo, essa simbiose da acumulação do poder econômico e político-estatal produziu recursos que garantiram a manutenção do *modus operandi* desse regime de expropriação capitalista. Isto só foi possível porque a expropriação do capitalismo financeiro se baseia em uma configuração de poder que permite aos atores dominantes manter vivo o processo expropriatório – apesar das disfuncionalidades

---

[47] Dieter Rulff, "Das unausweichliche Scheitern der Klimapolitik", *Vorgänge*, v. 192, cad. 4, dez. 2010, p. 104.
[48] Wolfgang König, *Kleine Geschichte der Konsumgesellschaft*, cit., p. 277.

manifestas e das graves crises – por meio da intensificação de formas primárias e secundárias de exploração.

O mecanismo público de gerenciamento de crises, praticado há décadas, é parcialmente responsável pelo risco moral que incentivou importantes atores do mercado financeiro a assumirem riscos incalculáveis. Quando os anos dourados do crédito se esgotaram, a crise alcançou os capitalismos anglo-saxões que queriam usar a dívida privada como motor da dinâmica capitalista. Numa economia globalizada, porém, os capitalismos coordenados da zona do euro não poderiam permanecer impunes. Por meio da queda nas exportações, mas também devido ao risco dos negócios de bancos estatais, economias fortes – como a alemã – também foram engolidas pela crise. A breve melhora na conjuntura e a transferência dos desempregados para um setor precarizado (no qual não se trocam equivalentes, e sim *repressão* por *medo*) foram incapazes de conter a crise estrutural que agora se espalha do setor privado para os aparelhos estatais e seus sistemas fiscais e monetários.

Críticos poderiam dizer que o problema não é o crescimento econômico, e sim a distribuição injusta. No entanto, tais argumentos ignoram os limites ecológicos de crescimento. Em 2009, por exemplo, a emissão de gases do efeito estufa diminuiu não por causa de energias renováveis ou recursos mais eficientes, e sim devido ao crescimento econômico reduzido. Quando a economia se recuperou em 2010, as emissões de gás carbônico também se recuperaram, alcançando um nível recorde: 31,5 milhões de toneladas. As emissões globais de gás carbônico já superam até mesmo os prognósticos mais pessimistas do conselho climático da ONU. O mais recente estudo do Clube de Roma prevê que as emissões alcançarão seu ápice em 2030; em 2040, a população global somará 8,1 bilhões; e 40% das fontes de energia serão renováveis em 2052. Nesse contexto, o estudo calcula que a temperatura global aumentará em quatro a cinco graus até o fim do século[49]. Este ainda é um cenário otimista se comparado ao relatório ambiental da OCDE, segundo o qual a economia global quadruplicará, a população mundial aumentará para 9 bilhões de pessoas, apenas 15% das fontes de energia serão renováveis, a demanda por energia crescerá em 80% e as emissões de gás carbônico aumentarão 70% até 2050.

Contudo, a emissão de gases do efeito estufa e as mudanças climáticas representam apenas uma parte dos problemas ecológicos. Não menos grave é o uso de combustíveis fósseis e outros recursos naturais não renováveis. Medindo pelos recursos não renováveis, o mundo já consome mais do que produz desde o final da década de 1970. A referida pegada ecológica, que mede o consumo de recursos em relação à capacidade ecológica do planeta, é um importante indicador. Mesmo antes da virada do século, o consumo humano já estava 20% acima da capacidade

---

[49] Jorgen Randers, *2052*, cit.

ecológica. Aqui, também, nota-se um paralelo com as emissões. Nos anos de crise, de 1980 e 1983, o consumo chegou a se aproximar da produção. Desde então, o consumo aumentou de maneira a se aproximar dos *limites do possível* crescimento econômico a longo prazo (Braudel), pelo menos nos países desenvolvidos[50]. Essa tendência é ainda mais explosiva por aumentar o apoio a tecnologias de alto risco – como as usinas nucleares – entre elites econômicas e políticas.

O aumento recíproco das crises econômico-sociais e ecológicas evidencia um problema fundamental na autoestabilização expansionista das sociedades capitalistas desenvolvidas. Desde a revolução industrial, o crescimento de bens e serviços é considerado o caminho real para a superação temporária das disfuncionalidades capitalistas. Porém, na medida em que se baseia na exploração de recursos naturais, no uso de combustíveis fósseis não renováveis e na emissão de poluentes, tal caminho só pode ser seguido à custa do surgimento e do aprofundamento de crises ecológicas. Por outro lado, se o crescimento econômico estagnar ou até mesmo diminuir, aumentará o desemprego, a pobreza, a precariedade e a desigualdade em países emergentes. É o que mostrou a crise na Europa, mas também na China[51].

Quando diferenciamos entre expropriações de primeira e de segunda ordem, fica evidente que a crise dupla representa uma coincidência de diferentes complexos causais. Em parte, a atual emissão de gases de efeito estufa ainda é produto do capitalismo industrial fordista. No presente e no futuro, as emissões devem ser causadas principalmente por expropriações de primeira ordem, o que permitirá que as economias emergentes se recuperem. Por outro lado, a precarização e o aumento da desigualdade social mostram que a sustentabilidade ambiental também deixa a desejar no Norte global. Quanto maior a desigualdade entre classes, a insegurança social e a competição por bens posicionais e *status* social, mais difícil é desenvolver preferências ecológicas populares e exequíveis. Por outro lado, objetivos de sustentabilidade ambiental estão mais bem ancorados em uma sociedade "baseada em maior igualdade" e "na qual hierarquia não é tão importante ou ao menos demonstrada de maneira distinta"[52] da concorrência e do consumo gerado pelo *status*. Isto vale tanto em escala nacional quanto internacional.

No entanto, a gestão europeia da crise financeira, monetária e fiscal sugere uma guinada na direção oposta. Mesmo depois de 2009, alguns países sofreram quedas dramáticas no crescimento – o que, ironicamente, se deve a uma política europeia que busca estabilizar o *modus operandi* do regime de expropriação do capitalismo financeiro, impondo programas de austeridade que desestabilizam a economia dos países em crise. Uma verdade incômoda é que as elites políticas

---

[50] Donella Meadows, Jorgen Randers e Dennis Meadows, *Grenzen des Wachstums*, cit.
[51] Ver Joseph Stiglitz, *Im freien Fall. Vom Versagen der Märkte zur neuen Weltordnung* (Munique, Siedler, 2010), p. 9.
[52] Tim Jackson, *Wohlstand ohne Wachstum*, cit., p. 70.

parecem gastar sua energia nesse tipo de gerenciamento de crise, deixando pouco espaço para o meio ambiente.

4. Perspectivas de transformação social

Atualmente, não está claro se os centros capitalistas serão capazes de retomar o crescimento econômico a curto prazo. Mesmo se tal curso for possível, teremos que confrontar o aumento de crises ambientais, o esgotamento dos recursos naturais e uma mudança climática antropogênica desenfreada. Diante dessas circunstâncias, a sociologia não pode evitar abandonar sua contenção autoimposta às grandes narrativas. Renunciar à capacidade de diagnóstico seria renunciar ao seu significado. No entanto, a capacidade de diagnóstico significa muito mais do que falar em capitalismos – no plural – ou tratar a divergência institucional como tema de pesquisa. Não resta dúvida de que diferentes instituições e modos de regulação também são importantes para enfrentar a crise econômico-ambiental. Porém, reconhecer esse fato não deve obscurecer a visão de que as *variedades do capitalismo*[53], especialmente na Europa, não expandiram as possibilidades políticas, e sim impediram políticas coordenadas anticrise.

Por isso, as sociedades do Norte global (junto com outras sociedades) enfrentam transformações que afetam instituições básicas: o trabalho remunerado, a constituição econômica, o Estado de bem-estar e a democracia. Não importa qual a direção da mudança, a sociedade não permanecerá intacta. Qualquer transformação social, mesmo não capitalista, se movimentará no campo social, ambiental e democrático. Os compromissos sociais empregados para lidar com as tensões serão decisivos.

O Norte global deverá não só investigar os rumos de uma sociedade pós--crescimento como também acompanhar e intervir nessa sociedade de maneira crítica. Afinal, só a renúncia ao expansionismo é capaz de criar oportunidades para o desenvolvimento do Sul global. Atualmente, falta coragem para promover tais intervenções críticas. A crise global tornou evidente as contradições internas do regime de expropriação do capitalismo financeiro. Enquanto não surgirem alternativas políticas, a crise vai – na melhor das hipóteses – modificar ou mesmo radicalizar o *modus operandi* do capitalismo financeiro, mas não o substituirá. Por outro lado, uma sociologia crítica no auge de seu tempo deve desenvolver, redescobrir ou redefinir conceitos e categorias que possibilitem uma grande transformação social, preservando, expandindo e ampliando a democracia. Tal sociologia também deve lidar com os potenciais portadores de tal transformação, porque a "noção de uma

---

[53] Peter Hall e David Soskice (orgs.), *Varieties of Capitalism. The Institutional Foundations of Comparative Advantage* (Oxford, Oxford University Press, 2001).

teoria crítica que não se baseie na experiência de um coletivo, que não exista para ninguém, é infundada"[54].

4.1. Saídas para a crise

Isso nos traz de volta ao ponto de partida destas reflexões. É importante não interpretar a situação aqui esboçada como uma profecia apocalíptica. Todas as previsões conhecidas sobre mudanças climáticas e limites do crescimento são fundadas em simulações computacionais altamente complexas, cujos resultados dependem, em grande medida, das premissas. Tais simulações são baseadas em informações deficitárias e, portanto, não são deterministas. Se seguíssemos Rudolf Bahro e convertêssemos os cenários pessimistas em uma utopia apocalíptica, faríamos um favor aos fetichistas do crescimento. Não importa quão limitado o progresso climático e a eficiência dos recursos, o salmão do Reno, os telhados com painéis solares ou os eventuais céus azuis sobre o Ruhr são exemplos práticos que contradizem os cenários apocalípticos[55]. Contra as visões apocalípticas, o conceito de dupla crise econômico-ambiental enfatiza a influência política não só da economia, mas também das relações sociais da natureza. Justamente os tremores do sistema mundial capitalista, desencadeados pelas perturbações econômicas e ambientais, criam espaço para mudanças radicais. Mas *como* devemos intervir? Embora não orientem a ação política, os vários conceitos de um *New Deal Verde* aparecem como opção alternativa. De diferentes maneiras, tais conceitos prometem matar dois coelhos com uma cajadada só. Investimentos renováveis representam um potencial acumulador que permitirá o crescimento a longo prazo, a descarbonização e a desmaterialização.

Em contraste com a crítica conservadora de Meinhard Miegel (que recomenda o fim dos programas universais de bem-estar social diante das contínuas desigualdades), esses conceitos refletem a centralidade da sustentabilidade social. Em sociedades com pronunciadas desigualdades e diferenças de classe, a luta pelos bens de posição também é particularmente amarga. Portanto, a intensificação das desigualdades verticais estimula o consumo de *status*. É mais fácil alcançar uma sustentabilidade ambiental em sociedades igualitárias. É certo que os conceitos de um *New Deal Verde* poderiam aumentar temporariamente a margem de manobra para políticas de redistribuição igualitárias, ao mesmo tempo que melhorariam a eficiência dos recursos. No entanto, tais conceitos não oferecem uma saída para o dilema do crescimento. Mais cedo ou mais tarde, as repercussões geradas pelo aumento na produção e no consumo questionarão o sucesso dessas estratégias, e o

---

[54] Luc Boltanski, *Soziologie und Sozialkritik. Frankfurter Adorno-Vorlesungen 2008* (Berlim, Suhrkamp, 2010), p. 21.
[55] Ver Josef Grün e Detlev Wiener, *Global denken, vor Ort handeln. Weltmodelle von Global 2000 bis Herman Kahn* (Freiburg i.B., Dreisam, 1984), p. 228.

crescimento qualitativo permanecerá, em última instância, "tão pouco sustentável quanto antes"[56].

4.2. Transformação democrática – uma perspectiva?

Portanto, os programas de investimento e inovação social-ecológica – como o Plano Marshall exigido por sindicatos para países em crise no sul da Europa – não são falsos. Pelo contrário, uma vez realizados, eles também economizariam tempo em termos ambientais[57]. Porém, tais programas não são suficientes para realizar a revolução sustentável necessária. Claramente deve haver uma transformação social de longo alcance que questione o crescimento moderno como um fim econômico em si mesmo. O desenvolvimento social, que é indispensável, deve ser desvinculado do crescimento material contínuo e forçado, ao menos nas sociedades industrializadas. Portanto, as análises que buscam chegar à raiz do problema precisam abordar as pressões de crescimento sistêmico inerentes a todas as variantes conhecidas das sociedades capitalistas e stalinistas. Essas restrições, bem como seus efeitos destrutivos, não podem ser superadas por soluções puramente técnicas para melhorar a eficiência dos recursos ou através do investimento ambiental, embora tais medidas sejam importantes para uma transformação sustentável. Independentemente da necessidade de tais investimentos, vale o seguinte: "um sistema falido não pode se sustentar com reparos de curto prazo. Precisamos de algo completamente diferente"[58].

Atualmente, uma transição para as sociedades pós-crescimento parece utópica, já que isto afetaria a essência da socialização capitalista. Mesmo assim, existem pontos de partida para tal transformação nas sociedades contemporâneas. Agora mesmo a economia capitalista já não pode mais existir em forma pura. Ela continua dependente de setores que não funcionam de acordo com os imperativos de crescimento nem obedecem ao motivo do lucro. Por exemplo, a valorização de uma produção flexível depende de um volume cada vez maior de atividades alimentares, educativas, formativas e cuidadoras. Tais atividades, muitas vezes desempenhadas por mulheres, são na sua maioria mal remuneradas ou até mesmo gratuitas. Elas são a esfera da exploração excessiva e da discriminação. Para os setores em questão, um crescimento que implique a desmobilização do trabalho humano inevitavelmente sacrifica a qualidade do serviço. Portanto, tais setores são relativamente resistentes à racionalização.

---

[56] Tim Jackson, *Wohlstand ohne Wachstum*, cit., p. 129.
[57] No entanto, a expressão "Plano Marshall" é problemática por ser associada à hegemonia americana, principalmente no sul da Europa. Tal conceito só pode servir como ponto de referência construtivo no debate sobre alternativas se os líderes da crise definirem seus próprios projetos de desenvolvimento.
[58] Ibidem, p. 54.

De todo modo, são esses os setores que podem crescer no capitalismo avançado, ainda que lentamente. Valorização e melhor remuneração para algumas dessas atividades, financiamento por meio de impostos e políticas redistributivas, novas formas de propriedade de serviços cooperativos, convergências inovadoras do público com o privado, democratização de serviços através da participação de produtores e clientes, redução nas horas de trabalho de acordo com o gênero e oportunidade para melhorar a qualidade democrática são algumas palavras-chave importantes para uma perspectiva de transformação que volte a colocar no centro a possibilidade de um trabalho sensato. Tal transformação não pode acontecer sem o controle público de setores sociais chaves (energia, finanças). Estes teriam que converter as grandes empresas dominantes naquilo que elas já são implicitamente: instituições públicas cujas atividades estão ligadas a uma vontade coletiva democrática. Como discute Erik Olin Wright, essa perspectiva fortaleceria o poder social perante o poder estatal e econômico, levando a uma expansão democrática[59]. Figuras políticas, sindicatos e até mesmo partidos de esquerda arriscariam sua viabilidade futura se se recusassem a discutir uma transformação social tão radical. Mas discutir o improvável – a superação do capitalismo expansionista – é sempre melhor do que se refugiar em ilusões ingênuas ou vitimizações cínicas.

---

[59] Erik Olin Wright, "Transformation des Kapitalismus", em Klaus Dörre, Dieter Sauer e Volker Wittke (org.), *Kapitalismustheorie und Arbeit. Neue Ansätze soziologischer Kritik* (Frankfurt a. M./ Nova York, Campus, 2012).

Parte II

Expropriação capitalista e classes sociais

3
Precariedade: a nova questão social do século XXI?[1]

Uma vez que as consequências demográficas já se fazem perceptíveis hoje – no leste alemão e para determinadas qualificações – as empresas acolhem os talentos do amanhã, por mais que isso não seja compensador em termos de negócios. Muitas empresas são cientes da sua responsabilidade pelo seu pessoal. Por tal razão, emana do debate duradouro acerca da alegada "ocupação precária" uma ameaça à reputação da Alemanha como um local de negócios[2].

A afirmação formulada durante a campanha eleitoral alemã de 2013 de que um "debate duradouro" acerca da precarização teria efeitos danosos é digna de nota. Ela ilustra, contudo, que o tema da precariedade não apenas pertence "aos grandes temas de análise e diagnóstico da atualidade das ciências sociais"[3], mas define também o discurso político. Tanto nas ciências sociais como no discurso político, a precariedade se tornou fundamental para as questões sociais do século XXI. O sucesso discursivo do conceito, todavia, corresponde à sua falta de clareza analítica. Se não está claro qual fenômeno se designa com o termo "precariedade", a indefinição passa a ser um problema científico. Nas páginas seguintes tentar-se-á (1) formular um balanço intermediário dos novos debates sociológicos sobre o tema. A seguir, (2) serão expostas as diferentes formas de aplicação do conceito de precariedade, bem como (3) os resultados de pesquisas mais importantes e (4) as controvérsias e questões abertas. Por fim, (5) as distintas correntes da discussão serão sintetizadas num conceito integrador-analítico, pelo qual a precariedade é

---

[1] Revisão feita por Enrico Roberto.
[2] Sven Astheimer, *Frankfurter Allgemeine Zeitung*, 6 set. 2013, p. 13.
[3] Brigitte Aulenbacher, "Die soziale Frage neu gestellt – Gesellschaftsanalysen der Prekarisierungs- und Geschlechterforschung", em Robert Castel e Klaus Dörre (orgs.), *Prekarität, Abstieg, Ausgrenzung. Die soziale Frage am Beginn des 21. Jahrhunderts* (Frankfurt a. M./Nova York, Campus, 2009), p. 65.

definida como a imposição de um sistema de constantes provas de força*, (6) fornecendo-se pontos de partida para pesquisas futuras.

1. A nova discussão sociológica em torno da precarização

De acordo com o Dicionário Duden, *precário* significa, em termos literais, "revogável", "inseguro" ou "delicado". A raiz da palavra remonta à expressão latina *precarium***. O termo designa o empréstimo de uma coisa que pode ser revogável pelo cedente a qualquer tempo. Nesse sentido, a expressão "precariedade" denota uma relação instável, insegura e passível de revogação, na qual o receptor se faz dependente de um bem do cedente. O conceito oposto consiste numa relação estável, segura e constituída através de igualdade jurídica. Na discussão sociológica, a precariedade diz respeito a condições de vida e ocupação inseguras e instáveis. Enquanto fenômeno social, ela é tudo menos novidade. A história das formas precárias de trabalho e vida pode ser retraçada, no mínimo, a partir do século XIV[4]. Para as novas discussões sobre precarização no Norte global, foi originalmente constitutivo o surgimento de relações de trabalho mal remuneradas, temporárias e desprotegidas, dentre as quais se encontram, com frequência cada vez maior, forças de trabalho academicamente qualificadas.

Esses grupos foram chamados de *precariato*[5] na Itália. Na França, a instituição de um auxílio de reintegração (Revenue minimum d'insertion[6]) que atingiu cerca de 2,5 milhões de pessoas, transformou o *precarité* em objeto de debate público. Foram sobretudo os sociólogos franceses que utilizaram o termo "precariedade" como um termo guarda-chuva que abrange os mais distintos fenômenos sociais. André Gorz cunhou o conceito de forma a lhe atribuir um sentido que abrange os "trabalhadores marginais" e as forças de trabalho externas[7], bem como as

---

* O termo alemão é *Bewährungsproben*. No original *Le Nouvel esprit du capitalisme* (1999), Luc Boltanski e Eve Chiapello utilizam o termo "épreuves de force", traduzidos para o inglês (2005) como "tests of strengh". Na tradução para o português (2009) optou-se pelo termo "provas de força", mantido no presente livro. (N. T.)

** No direito romano, o *precarium* consistia na figura de um empréstimo revogável a qualquer tempo, concedido por mera liberalidade. No texto original, o autor emprega também o termo "Bittleihe", também chamado de "contrato precário" em alguns países de língua alemã e muito próximo de institutos como o comodato e o mútuo. (N. T.)

4 Robert Castel, *Die Metamorphosen der sozialen Frage. Eine Chronik der Lohnarbeit* (Konstanz, Universitätsverlag Konstanz, 2000); Franz Schultheis e Stefan Herold, "Précarité und Prekarität: Zur Thematisierung der sozialen Frage des 21. Jahrhunderts im deutsch-französischen Vergleich", em Michael Busch, Jan Jeskow e Rüdiger Stutz (orgs.), *Zwischen Prekarisierung und Protest. Die Lebenslagen und Generationsbilder von Jugendlichen in Ost und West* (Bielefeld, Transcript, 2010).
5 Bologna (1977), citado em Karl-Heinz Roth, *Die globale Krise. Globale Krise – Globale Proletarisierung – Gegenperspektiven* (Hamburgo, VSA, 2010), p. 155.
6 Franz Schultheis e Stefan Herold, "Précarité und Prekarität", cit., p. 244.
7 André Gorz, *Kritik der ökonomischen Vernunft* (Berlim, Rotbuch, 1989), p. 100-2.

novas atividades de prestação de serviços[8] decorrentes do processo de flexibilização da ocupação e do trabalho. Nos trabalhos do grupo em torno de Pierre Bourdieu, o conceito tematizou, dentre outras coisas, a descoletivização da força de trabalho industrial e a exclusão social nos subúrbios franceses. Nesse uso, o conceito de precariedade tornou-se, ao mesmo tempo, uma categoria que continha uma crítica fundamental a concepções políticas neoliberais.

Em seu conhecido discurso para os trabalhadores grevistas franceses, no qual defendeu que "a precariedade está em todo lugar", Bourdieu resumiu a essência dessa crítica nos seguintes termos:

> Em quase todos os lugares [a precariedade, KD] mostrou efeitos idênticos aos que vem à tona, no caso extremo e de forma clara, especialmente para os desempregados: a desestruturação, dentre outras coisas, da sua existência, desprovida de estruturas temporais e a destruição de qualquer relação com o mundo social, com o tempo e com o espaço. Entre os afetados por essa situação, a precariedade tem impactos profundos. Ao tornar o futuro incerto em primeiro lugar, ela nega aos afetados, de forma simultânea, qualquer antecipação racional do futuro e, acima de tudo, o mínimo de esperança e fé no futuro, necessários a qualquer revolta coletiva contra um presente ainda tão insuportável. [...] Além dessas consequências da precariedade para as pessoas diretamente afetadas, avizinham-se os impactos relativos àqueles aparentemente poupados. Contudo, ela não se permite ser esquecida. Está presente a todo momento na cabeça de todos. [...] Nem a consciência ou o inconsciente terão paz. A existência de um considerável exército de reserva, que devido à superprodução de diplomas não mais se limita a níveis de baixa qualificação, dá ao trabalhador a sensação de que ele não é insubstituível e de que seu trabalho, seu emprego, é de certa forma um privilégio, embora frágil e ameaçado [...].[9]

Na Alemanha, esse tipo de crítica social recebeu, por muito tempo, objeções no âmbito do discurso científico. No que diz respeito à pesquisa quantitativa convencional sobre o mercado de trabalho, a discussão da precarização foi tratada como um discurso marginal. Se havia qualquer tipo de conversa sobre fenômenos de precarização, eles eram rubricados com conceitos como ocupação atípica ou pobreza. Isso mudou apenas no passado recente. *Precariedade, precarização* e *precariado* são agora termos na Alemanha cada vez mais recorrentes; não só na sociologia, mas também na linguagem cotidiana. Uma hipótese de trabalho de Robert Castel, segundo a qual as sociedades de trabalho pós-fordistas do norte do globo teriam – com a possível exceção da Escandinávia – se separado em zonas de diferentes níveis de segurança, influenciou fortemente a sociologia alemã.

---

[8] Ibidem, p. 200.
[9] Pierre Bourdieu, "Prekarität ist überall", em *Gegenfeuer. Wortmeldungen im Dienste des Widerstands gegen die neoliberale Invasion* (Konstanz, UVK Universitätsverlag, 1998), p. 97.

De acordo com Castel[10], a maioria dos trabalhadores dos capitalismos avançados se encontraria ainda numa zona de integração com a ocupação integral protegida e redes sociais parcialmente intactas. Abaixo delas, entretanto, haveria a expansão de uma "zona de precariedade", que se caracterizaria tanto pela ocupação insegura como pela erosão de redes sociais. Na base dessa hierarquia surge uma zona de desacoplamento, na qual se encontrariam aqueles grupos sem chances reais de se integrar no mercado de trabalho primário. No âmbito desses supostos "irremuneráveis"[11] da sociedade de trabalho, a exclusão do emprego remunerado regular e a desconexão de chances institucionalizadas de participação estão associadas ao relativo isolamento social.

A hipótese de Castel já revela um tipo historicamente novo de precariedade, o qual emergiu principalmente nos capitalismos regulados pelo Estado de bem-estar do Norte global. Uma característica específica desse tipo reside no retorno da insegurança social nas ainda ricas e historicamente extremamente seguras sociedades dessa parte do globo. Com essa caracterização, Castel se distancia tanto de cenários catastróficos que afirmam um retorno ao pauperismo do industrialismo primitivo como de conceitos de exclusão compreendidos em sentido estrito[12], os quais reduzem a questão social do início do século XXI ao fenômeno da desconexão do trabalho remunerado regular. Com base nas reflexões de Serge Paugam e em nossos próprios estudos, o surgimento das condições de vida e trabalho inseguras nos Estados de bem-estar desenvolvidos pode ser caracterizado como uma passagem da precariedade *marginal* para sua versão *discriminatória*[13]. Uma característica dessa forma de precariedade pós-Estado de bem-estar é que ela também afeta sucessivamente aqueles grupos que anteriormente constavam entre os socialmente segurados.

O modelo de zonas concebido por Castel serviu de instrumento heurístico para as pesquisas empíricas de diversos autores. A relevância dessa estrutura analítica para a Alemanha e outras sociedades europeias vem sendo comprovada através de pesquisas empíricas diferenciadas[14]. No entanto, elas se destacam através de um

---

[10] Robert Castel, *Die Metamorphosen der sozialen Frage*, cit., p. 360 e seg.
[11] Karl Marx, "Das Kapital", v. I: Der Produktionsprozeß des Kapitals [1867], em Karl Marx e Friedrich Engels, *Werke* (Berlim, 1973), p. 660 [MEW 23].
[12] Crítica de Martin Kronauer, "'Exklusion' als Kategorie einer kritischen Gesellschaftsanalyse. Vorschläge für eine anstehende Debatte", em Heinz Bude e Andreas Willisch (org.), *Das Problem der Exklusion. Ausgegrenzte, Entbehrliche, Überflüssige* (Hamburgo, Hamburger, 2006), p. 27-45.
[13] Serge Paugam, *Die elementaren Formen der Armut* (Hamburgo, Hamburger, 2008); Klaus Dörre, "Prekarität im Finanzmarkt-Kapitalismus", em Robert Castel e Klaus Dörre (orgs.), *Prekarität, Abstieg, Ausgrenzung*, cit., p. 35-64.
[14] Martin Baethge et al., *Berichterstattung zur sozioökonomischen Entwicklung in Deutschland. Arbeit und Lebensweisen. Erster Bericht* (Wiesbaden, VS Verlag für Sozialwissenschaften, 2005); Ulrich Brinkmann et al., *Prekäre Arbeit. Ursachen, Ausmaß, soziale Folgen und subjektive Verarbeitungsformen unsicherer Beschäftigungsverhältnisse* (Bonn, Friedrich-Ebert-Stiftung, 2006); Heinz Bude e Andreas Willisch (orgs.), *Das Problem der Exklusion. Ausgegrenzte, Entbehrliche, Überflüssige*

amplo espectro de definições conceituais e operacionalizações empíricas. Em função dessa variedade, atualmente é difícil determinar um consenso fundamental na pesquisa sociológica sobre a precarização. Todavia, algumas importantes reflexões conceituais podem ser expostas de forma sucinta.

2. Conceitos: precariedade, precarização, precariado

Em primeiro lugar, há de se distinguir duas formas de aplicação do conceito de precariedade. Enquanto *conceito diagnóstico de uma época*, a precariedade tematiza transformações na interface do trabalho remunerado, do Estado de bem-estar e da democracia. Nesse caso, a *precariedade* designa "uma convulsão geral da sociedade"[15] e visa delinear correlações entre fenômenos individuais[16]. Essas aplicações mais contemporâneas e de usos socioanalíticos se colocam à parte de categorizações compreendidas de modo estrito e orientadas empiricamente que definem a precariedade como uma forma específica de ocupação atípica[17], uma posição social situada entre a pobreza e a normalidade[18], uma externalização no mercado de trabalho[19] ou uma vulnerabilidade social que emerge do centro da sociedade de trabalho e deve ser delimitada em relação a fenômenos como a pobreza, o desemprego e a exclusão[20]. Tão logo se trate de pesquisas empíricas, tanto

---

(Hamburgo, Hamburger, 2006); Michael Busch, Jan Jeskow e Rüdiger Stutz (orgs.), *Zwischen Prekarisierung und Protest. Die Lebenslagen und Generationsbilder von Jugendlichen in Ost und West* (Bielefeld, Transcript, 2010); Robert Castel e Klaus Dörre, *Prekarität, Abstieg, Ausgrenzung*, cit.; Franz Schultheis e Kristina Schulz (orgs.), *Gesellschaft mit begrenzter Haftung. Zumutungen und Leiden im deutschen Alltag* (Konstanz, UVK Universitätsverlag, 2005); Hajo Holst, Oliver Nachtwey e Klaus Dörre, *Funktionswandel von Leiharbeit – Neue Nutzungsstrategien und ihre arbeits- und mitbestimmungspolitischen Folgen* (Frankfurt a. M., Otto-Brenner-Stiftung, 2009); Alessandro Pelizzari, *Dynamiken der Prekarisierung. Atypische Erwerbsverhältnisse und milieuspezifische Unsicherheitsbewältigung* (Konstanz, UVK, 2009); Alexandra Manske e Katharina Puhl (orgs.), *Prekarisierung zwischen Anomie und Normalisierung. Geschlechtertheoretische Bestimmungen* (Münster, Westfälisches Dampfboot, 2010); Karin Scherschel e Melanie Booth, "Aktivierung in die Prekarität. Folgen der Arbeitsmarktpolitik in Deutschland", em Karin Scherschel, Peter Streckeisen e Manfred Krenn, *Neue Prekarität: Die Folgen aktivierender Arbeitsmarktpolitik – europäische Länder im Vergleich* (Frankfurt a. M./Nova York, Campus, 2012), p. 17-46; Nadine Sander, *Das akademische Prekariat. Leben zwischen Frist und Plan* (Konstanz, UVK, 2012).

[15] Alain Ehrenberg, *Das Unbehagen an der Gesellschaft* (Berlim, Suhrkamp, 2011), p. 366.
[16] Klaus Dörre, "Prekarität im Finanzmarkt-Kapitalismus", cit.
[17] Berndt Keller e Hartmut Seifert (orgs.), *Atypische Beschäftigung. Flexibilisierung und soziale Risiken* (Berlim, Sigma, 2007).
[18] Klaus Kraemer, "Prekarisierung – jenseits von Stand und Klasse?", em Robert Castel e Klaus Dörre (orgs.), *Prekarität, Abstieg, Ausgrenzung*, cit., p. 241-54.
[19] Peter Bartelheimer, "Unsichere Erwerbsbeteiligung und Prekarität", *WSI-Mitteilungen*, v. 8, 2011, p. 386-93; Alexandra Krause e Christoph Köhler, *Arbeit als Ware. Zur Theorie flexibler Arbeitsmärkte* (Bielefeld, Transcript, 2012).
[20] Berthold Vogel, *Wohlstandskonflikte. Soziale Fragen, die aus der Mitte kommen* (Hamburgo, Hamburger, 2009).

a operacionalidade como a delimitação conceitual são rigorosamente necessárias, ambas devendo respeitar o imperativo da neutralidade. Fundamental para uma definição conceitual empiricamente operacionalizável é a distinção entre a precariedade da *ocupação* e a do *trabalho*[21].

O modelo de zonas de Castel foi originalmente direcionado à dimensão reprodutiva das demandas de trabalho e, em especial, à estabilidade de uma relação de ocupação. Contudo, além da segurança no emprego, o nível dos salários, por exemplo, assume um relevante papel na mensuração dos riscos reprodutivos da precariedade. Uma relação de ocupação formalmente sem prazo e tarifada, com baixa remuneração (menos do que dois terços do salário mediano, um salário dentro da média ponderada), pode ser considerada precária. O salário de pobreza compreende aquelas remunerações abaixo de 50% da mediana[22]. Também a dimensão qualitativa do trabalho remunerado pode ser entendida, na definição de precariedade, como fonte independente de desestabilização. Um exemplo é quando a exigência de realizar a própria atividade laboral da melhor forma e com o máximo de profissionalismo resulta em sobre-exploração e adoecimento mental.

A dimensão qualitativa das demandas de trabalho levanta ainda critérios para uma diferenciação dentro da "zona de integração"[23]. Em termos puramente lógicos, isto significa que é possível pensar nas mais distintas formas de precariedade. Uma ocupação precária pode ser vinculada a um trabalho criativo, e a recíproca é igualmente verdadeira: um trabalho seguro pode ser combinado com formas extremamente precárias de atividade. O entrelaçamento e o reforço mútuo dessas duas dimensões de precariedade são igualmente possíveis. Mais abrangente ainda é a distinção entre *trabalho* (remunerado) precário (*labour*) e *atividade* (de vida) precária (*work*)[24]. Assim, desempregados também são frequente e extraordinariamente ativos. Em parte, eles realizam trabalhos substitutivos fomentados socialmente (empregos de um euro*, estágio etc.) ou um engajamento cívico ou

---

[21] Serge Paugam, "Die Herausforderung der organischen Solidarität durch die Prekarisierung von Arbeit und Beschäftigung", em Robert Castel e Klaus Dörre (orgs.), *Prekarität, Abstieg, Ausgrenzung*, cit., p. 175-96.
[22] Gerhard Bosch e Thorsten Kalina, "Niedriglöhne in Deutschland – Zahlen, Fakten, Ursachen", em Gerhard Bosch e Claudia Weinkopf (orgs.), *Arbeiten für wenig Geld. Niedriglohnbeschäftigung in Deutschland* (Frankfurt a. M./Nova York, Campus, 2007), p. 20-105.
[23] Martin Kronauer, *Die Gefährdung des Sozialen im hoch entwickelten Kapitalismus* (Frankfurt a. M./Nova York, Campus, 2002), p. 210.
[24] Guy Standing, *The Precariat. The New Dangerous Class* (Londres, Bloomsbury, 2011), p. 13.
* *Ein-Euro-Job* é uma política do mercado de trabalho concebida para os beneficiários do Subsídio do Desemprego II. Os empregos de um euro devem ser oferecidos por municípios e organizações sem fins lucrativos e podem incluir apenas empregos que não seriam possíveis sem a mão de obra barata, impedindo a eliminação de trabalhos regulares. Note-se que os empregos de um euro sem seguro social não criam relações de emprego; também, os beneficiários não são considerados desempregados. (N. T.)

político, como se se tratasse de um trabalho remunerado regular. A mesma situação se verifica em trabalhos próprios ou reprodutivos. Nesses casos, as atividades alheias ao trabalho remunerado permanecem precárias, porque incorporadas em contextos de vida instáveis. Assim, uma função compensatória limitada é atribuída às atividades além do trabalho remunerado regular. No longo prazo, porém, o fundamento social dessas atividades está em risco permanente, devendo ser constantemente restabelecido por meio da adaptação do estilo de vida e da habituação à insegurança social[25].

Nessas diferenciações tem-se a impressão de que, ao lado dos critérios estruturais, as formas subjetivas de processamento da ocupação insegura e do trabalho precário podem ser incluídas no conceito[26]. Uma atividade remunerada estruturalmente definida como precária não precisa necessariamente ser subjetivamente classificada dessa forma. Se incluirmos a autopercepção e a percepção externa, então a *precariedade* não é idêntica à exclusão completa do sistema de emprego e à pobreza absoluta, nem ao isolamento social total e à apatia política imposta, embora o termo possa incluir tais fenômenos como seus pontos de referência mais baixos. Pelo contrário, trata-se de uma categoria relacional, cuja capacidade afirmativa depende, essencialmente, da definição dos padrões sociais de normalidade. Quando o trabalho inseguro se torna uma condição permanente e o desempenho de tais atividades constitui situações sociais para grupos sociais, pode-se falar na formação de uma "*zona de vulnerabilidade*", nos termos de Castel[27]. O termo *precarização* se refere aos processos sociais de erosão dos padrões de normalidade que afetam grupos ainda situados, sob uma consideração superficial, em condições seguras. O conceito de *precariado* consiste, por outro lado, num neologismo formado pela aglutinação entre *precariedade* e *proletariado*. Originalmente, ele deriva da sociologia política e da pesquisa eleitoral. Nesse caso, refere-se aos ambientes sociomorais nos quais características socioestruturais se amalgamam com preferências políticas e culturais específicas, como a afinidade com movimentos populistas[28].

---

[25] Klaus Dörre et al., *Bewährungsproben für die Unterschicht? Soziale Folgen aktivierender Arbeitsmarktpolitik* (Frankfurt a. M./Nova York, Campus, 2013), p. 123-208.
[26] Klaus Dörre e Ulrich Brinkmann, "Finanzmarktkapitalismus – Triebkraft eines flexiblen Produktionsmodells?", *Kölner Zeitschrift für Soziologie und Sozialpsychologie*, ed. esp. Finanzmarktkapitalismus. Analysen zum Wandel von Produktionsregimen, 2005, p. 85-116; Klaus Dörre, "Prekäre Arbeit und gesellschaftliche Integration – Empirische Befunde und integrationstheoretische Schlussfolgerungen", em Wilhelm Heitmeyer e Peter Imbusch (org.), *Desintegrationsdynamiken. Integrationsmechanismen auf dem Prüfstand* (Wiesbaden, Springer, 2012); Nadine Sander, *Das akademische Prekariat*, cit.
[27] Robert Castel, *Die Metamorphosen der sozialen Frage*, cit., p. 15.
[28] Gero Neugebauer, *Politische Milieus in Deutschland. Die Studie der Friedrich-Ebert-Stiftung* (Bonn, J. H. W. Dietz, 2007).

3. Resultados selecionados da pesquisa

Independentemente das diferentes definições e controvérsias de conteúdo, as ainda recentes pesquisas sobre precarização podem apresentar uma série de resultados empiricamente comprovados, que serão apresentados a seguir, particularmente à luz do exemplo das transformações da sociedade de trabalho alemã. A ocupação precária vem se expandindo na maioria dos Estados europeus. Durante muito tempo, os países escandinavos constituíram uma certa exceção[29]. Ainda assim, o incremento da pobreza e do desemprego entre jovens, bem como as revoltas suecas de 2013, reforçam que nessas regiões também se verifica uma disseminação de condições precárias de vida e trabalho, as quais emergem apesar de garantias de bem-estar ainda robustas, em relação a e em nítido contraste com o cenário europeu. Na realidade, o crescimento dos índices de emprego dos Estados da União Europeia nas últimas décadas se baseou, em grande medida, num aumento de relações de trabalho flexíveis, predominantemente precárias, mal remuneradas e pouco reconhecidas.

Na Alemanha, o desemprego e a subocupação diminuem nos registros oficiais, ao mesmo tempo que se realiza a transição para uma *sociedade precária de pleno emprego*[30]. Enquanto a participação na força de trabalho atinge níveis recordes, o volume de horas trabalhadas segue claramente atrasado em relação a essa tendência; em relação aos trabalhadores individuais, está até diminuindo. A criação de empregos verificada inclusive após a crise de 2008-2009 resultou, em grande medida, de trabalhos inseguros, mal remunerados e pouco reconhecidos, dos quais uma parte desproporcional é detida por mulheres da área de prestação de serviços pessoais. A depender da base de avaliação, ao menos 20% ou mais de 23% dos empregados trabalham no setor de baixa remuneração. Em 2008, 1,15 milhão (3,6% de todos os ocupados no mercado de trabalho) ganhavam menos do que cinco euros brutos por hora, enquanto 4,97 milhões (15,7% desse total) recebiam menos de oito euros por hora[31]. A diferença salarial nivelada por baixo do setor de baixa remuneração é reforçada pelo fato de 1,3 a 1,4 milhão dos empregados precisarem recorrer a um auxílio desemprego para suplementar seus vencimentos. Apesar de todas as afirmações oficiais em sentido contrário, não subsiste qualquer dúvida de que a ocupação precária suplanta cada vez mais as relações de trabalho protegidas socialmente. Esse efeito é comprovado empiricamente para os 7,4 milhões de *minijobs** criados, dos quais cerca de 4,9 milhões foram exercidos como

---

[29] Serge Paugam, "Die Herausforderung der organischen Solidarität durch die Prekarisierung von Arbeit und Beschäftigung", cit.
[30] Klaus Dörre et al., *Bewährungsproben für die Unterschicht? Soziale Folgen aktivierender Arbeitsmarktpolitik*, cit., p. 33.
[31] Claudia Weinkopf, "Warum Deutschland einen gesetzlichen Mindestlohn braucht", *Vorgänge*, v. 191, n. 49, cad. 3, 2010, p. 44.
* O termo "minijob" diz respeito a empregos de curta duração, com remuneração inferior a 450 euros. (N. T.)

ocupação principal. O mesmo vale para o caso do trabalho temporário, na medida em que metade das vagas criadas nessa modalidade foram perdidas em outros setores[32].

A promessa da política do mercado de trabalho de uma mobilidade ascendente também provou ser, para grande parte dos precários na Alemanha, uma mera ficção. O chamado efeito adesivo (consistente na transição do trabalho temporário para um efetivo) afeta, em média, 9% dos trabalhadores temporários. Em vez de uma ascensão social, grupos relevantes vivenciam uma *mobilidade circular*. Das pessoas capazes de trabalhar que puderam deixar de receber benefícios durante o ano, um quarto estava novamente dependente do auxílio desemprego dentro de três meses. Além disso, o grupo de beneficiários de longo prazo, compreendidos naqueles que precisaram de auxílio de seguridade social por ao menos 21 meses num período de dois anos, sofreu uma lenta redução de 3,27 milhões em 2009 para 3,03 milhões em agosto de 2012[33]. Isso mostra uma perpetuação das situações da vida em que a mobilidade social se limita ao movimento individual entre desemprego, trabalho substituto socialmente fomentado e empregos precários. Ao lado da *exclusão duradoura do emprego remunerado regular* e da *necessidade institucionalizada de auxílio* (assistência) como ponto de referência mais baixo de um conceito relacional de precariedade[34], assim como *a expansão do trabalho e da ocupação desprovidos de segurança*, os *medos coletivos* dos empregados regulares representam uma importante manifestação da precariedade.

Essa situação afeta principalmente os grandes grupos de trabalhadores de colarinho branco e de colarinho azul. Se o capitalismo social-burocrático foi acompanhado pela ascensão coletiva dos trabalhadores industriais, a expansão do mercado mundial de locais de produção, a mudança socioestrutural e a erosão do *status* de cidadão social agora levaram a um declínio coletivo desses grandes grupos. Efeitos de racionalização e riscos do mercado de trabalho também afetam cada vez mais os trabalhadores de colarinho branco e azul qualificados, os quais, por muito tempo, consideraram a si próprios e sua contribuição para a produtividade das suas firmas como indispensáveis. A crença de que sua situação, bem como a da próxima geração, estaria melhorando de forma lenta, mas consistente, e de que prosperidade e segurança estariam aumentando de forma constante, resta fundamentalmente abalada[35]. O fato de que a organização de interesses supraindividuais e a ação conjunta podem ser condições para uma ascensão coletiva é uma experiência que se perde mais e mais. Esta é outra razão pela qual a precariedade funciona como um sistema de domínio e controle, que disciplina também grupos formalmente integrados[36].

---

[32] Klaus Dörre et al., *Bewährungsproben für die Unterschicht?*, cit., p. 351, 357.
[33] Ibidem, p. 368-70.
[34] Ibidem, p. 36.
[35] Berthold Vogel, *Wohlstandskonflikte*, cit.
[36] Pierre Bourdieu, "Prekarität ist überall", cit.; Klaus Dörre, "Prekäre Arbeit und gesellschaftliche Integration", cit.; Hajo Holst, Oliver Nachtwey e Klaus Dörre, *Funktionswandel von Leiharbeit*, cit.

Esse mecanismo de disciplinamento também pode fomentar tendências xenófobas e populistas de direita[37], assim como uma tendência de solidariedade exclusiva dos trabalhadores permanentes, deixando de fora os precarizados e desempregados. Todavia, a confrontação com esse modo de controle pode servir de catalisador para novos movimentos de trabalhadores e protestos[38]. É possível que experiências abrangentes de insegurança levem a protestos e movimentos sociais nos quais funcionários precários e permanentes estejam igualmente engajados. Em Portugal, por exemplo, foram dois pequenos grupos de pessoas em situação de vida precária que, no verão de 2012, mobilizaram centenas de milhares de pessoas em protestos contra a política de austeridade do governo[39]. Esses grupos obtiveram sucesso naquilo que os sindicatos e organizações políticas inicialmente haviam tentado conseguir em vão. Isso resultou em protestos massivos contra a política de austeridade europeia, os quais, todavia, não se mantiveram. Sobretudo no sul da Europa, a precariedade, enquanto fenômeno social e político, encontra-se "por todos os lados"[40], isto é, seus efeitos alcançam quase todos os segmentos do mercado de trabalho e da sociedade. Todavia, nem todos são afetados imediatamente, nem ela tem sempre o mesmo efeito.

Também em função do seu efeito disciplinador – isto serve de objeção ao diagnóstico de Bourdieu –, a precariedade não conduz linearmente ao colapso e à desintegração social; ela pode, pelo contrário, contribuir para uma peculiar estabilização de condições sociais instáveis[41]. Nesse âmbito, o efeito de integração social do trabalho remunerado protegido é substituído por mecanismos secundários de integração. Trata-se, fundamentalmente, de formas compensatórias de integração típica dos Estados de bem-estar, as quais se baseiam ou em esperanças de normalização ou numa revalorização de determinados pertencimentos sociais e na utilização de recursos emprestados ou poupados. Na medida em que isso conduz a estratégias de ação individuais voltadas ao asseguramento da sobrevivência em condições precárias, a integração social através de condições precárias de vida e

---

[37] Klaus Dörre, Klaus Kraemer e Frederic Speidel, "Prekäre Beschäftigung und soziale (Des-)Integration. Ursprünge, Konsequenzen und politische Verarbeitungsformen unsicherer Beschäftigung", em Forschungsinstitut Arbeit, Bildung, Partizipation (org.), *Jahrbuch Arbeit, Bildung, Kultur. Von der Statussicherung zur Eigenverantwortung? Das deutsche Sozialmodell im gesellschaftlichen Umbruch*, v. 23-4 (Recklinghausen, Fiab, 2006); Wilhelm Heitmeyer (org.), *Deutsche Zustände*, v. 9 (Berlin, Suhrkamp, 2010); idem, *Deutsche Zustände*, v. 10 (Berlin, Suhrkamp, 2012).

[38] Beverly Silver, *Forces of Labor. Arbeiterbewegungen und Globalisierung seit 1870* (Berlin, Assoziation A, 2005).

[39] Trata-se do movimento dos "precários inflexíveis" e do chamado Fartos d'Estes Recibos Verdes (Ferve). Cf. Catarina Principe, "Portugal: Von der Mobilisierung zum Widerstand. Horizonte des Kampfs gegen die Sparpolitik", em *Theorie 21. Marxismus und Gewerkschaften*, n. 3 (Frankfurt a. M., Aurora, 2013), p. 305-6.

[40] Pierre Bourdieu, "Prekarität ist überall", cit., p. 96 e seg.

[41] Klaus Dörre, "Prekäre Arbeit und gesellschaftliche Integration", cit., p. 36.

trabalho não consiste num "conceito de sucesso"[42], mas no indício do surgimento de um novo modo de controle que sucessivamente substitui a participação social por um disciplinamento mediante provas de força permanentes[43].

4. Questões abertas, controvérsias e necessidades de pesquisa

Nenhum dos resultados de pesquisa expostos aqui a título meramente exemplificativo é incontroverso nos debates políticos e sociológicos. Dentre as controvérsias mais importantes dentro da pesquisa sobre precarização, podem-se mencionar ao menos sete campos de discurso e pesquisa:

(1) *Relações de gênero, vida precária e fases da vida*: a pesquisa feminista e de gênero criticou – em parte com razão – o olhar androcêntrico do novo debate acerca da precarização[44]. Ela faz referência a uma relação estreita entre as condições normais de trabalho e a dominação masculina. Tece objeções no sentido de que a pesquisa sobre precarização passaria ao largo dessa relação, haja vista a sua abordagem tradicionalista a respeito da relação normal de trabalho. Essa crítica também é significativa porque sinaliza sérios deslocamentos nos padrões de integração no mundo do trabalho. Há muito tempo a integração nos capitalismos da Europa continental é igualmente possível através de formas flexíveis de trabalho. Isto vale tanto para a integração convencional através de empregos em tempo integral, razoavelmente bem pagos e permanentes, bem como os direitos trabalhistas disso decorrentes; quanto para a integração não convencional em empregos flexíveis com um alto grau de identificação com o conteúdo das atividades e a forte coesão nas redes sociais no local de trabalho. De qualquer maneira, discute-se de forma controversa se faz sentido expandir a "categoria da precariedade" aos fenômenos de uma vida insegura[45]. Se as pesquisas feministas enxergam nisso uma ampliação indispensável, seus críticos temem que tal ampliação reforce as imprecisões analíticas do conceito a ponto de torná-lo irreconhecível, o que resultaria em uma perda de capacidade de diagnóstico. Todavia, é incontroverso que condições instáveis de vida também afetam grandes grupos sociais que (ainda) não foram integrados ao trabalho remunerado (adolescentes, jovens adultos, refugiados) ou não estão mais nessa situação (aposentados). Tendo em

---

[42] Bernhard Peters, *Die Integration moderner Gesellschaften* (Frankfurt a. M., Suhrkamp, 1993), p. 92.

[43] Luc Boltanski e Ève Chiapello, "Die Rolle der Kritik für die Dynamik des Kapitalismus. Sozialkritik versus Künstlerkritik", em Max Miller (org.), *Welten des Kapitalismus. Institutionelle Alternativen in der globalisierten Ökonomie* (Frankfurt a. M./Nova York, 2005).

[44] Hildegard-Maria Nickel, "Die 'Prekarier' – eine soziologische Kategorie? Anmerkungen aus geschlechtersoziologischer Perspektive", em Robert Castel e Klaus Dörre (orgs.), *Prekarität, Abstieg, Ausgrenzung*, cit.; Brigitte Aulenbacher, "Die soziale Frage neu gestellt", cit.; Karin Scherschel e Melanie Booth, "Aktivierung in die Prekarität", cit.

[45] Kerstin Jürgens, "Prekäres Leben", *WSI-Mitteilungen*, v. 8, 2011, p. 379-85.

vista esses grupos, é imperativo desenvolver conceitos de vida precária que não se limitem ao trabalho remunerado. Para tais fins, faz sentido dinamizar o conceito de precariedade. A instabilidade do emprego e das condições de vida é um fenômeno específico de uma fase da vida que pode se tornar agudo de diferentes formas antes, durante e depois da fase de emprego remunerado, quer para os que estão começando a trabalhar quer para os que estão parando[46].

(2) *Trabalho de cuidado e precariedade*: nesse contexto, as correlações entre os modos de produção flexíveis, por um lado, e as atividades de cuidar, ajudar, educar e outras atividades notoriamente reprodutivas, por outro, dificilmente podem ser ignoradas. Em geral, vale a seguinte regra: quanto mais flexível for um modo de produção e quanto maior a qualificação média do trabalhador considerado no conjunto da sociedade, maior a necessidade de tais atividades. No entanto, uma das peculiaridades dessas atividades reprodutivas e desses serviços é a sua resistência aos esforços de racionalização. Devido a essa resistência, a dependência – não só dos clientes, e sim de todo o setor de produção dos trabalhos de cuidado – deveria crescer. A valorização social desse trabalho aumentaria, e os salários também poderiam subir, no caso de serviços profissionais pagos. Mas não é isto o que se observa empiricamente. Pelo contrário. Em vez de uma valorização do trabalho de cuidado, está surgindo uma desvalorização social e a precarização dessas atividades, o que não se baseia apenas na coerção econômica, mas são causadas, essencialmente, pela disciplina política e pela desvalorização cultural. As atividades reprodutivas são ocupadas, mas apropriadas e exploradas como recursos menos pagos ou gratuitos através do disciplinamento político-cultural[47]. Os mecanismos de ação no âmbito do trabalho de cuidado ainda são, como um todo, pouco pesquisados. Contudo, trata-se de um campo cujo desenvolvimento pode ser ligado ao conceito de "trabalho de subsistência"[48], conforme formulado por feminista pioneira nas pesquisas sobre precarização.

(3) *Precariedade formal e informal*: nesse contexto, faz-se referência a um fenômeno que pode ser descrito como a diferença entre precariedade formal e informal. A precariedade, como no caso alemão do emprego temporário ou desemprego oficialmente registrado, pode prevalecer em configurações formalizadas, fortemente

---

[46] Hans-Jürgen Urban e Klaus Pickshaus, "Gesichter prekärer Arbeit. Plädoyer für eine demografiesensible Arbeits- und Sozialpolitik", em Lothar Schröder e Hans-Jürgen Urban (orgs.), *Anti-Stress-Initiativen: Impulse aus Praxis und Wissenschaft. Gute Arbeit* (Frankfurt a. M., Bund, 2013).

[47] Mascha Madörin, "Neoliberalismus und die Reorganisation der Care-Ökonomie", em Denknetz (org.), *Jahrbuch 2007* (Zürich, Denknetz, 2007); Klaus Dörre e Tine Haubner, "Landnahme durch Bewährungsproben – ein Konzept für die Arbeitssoziologie", em Klaus Dörre, Dieter Sauer e Volker Wittke (orgs.), *Kapitalismustheorie und Arbeit. Neue Ansätze soziologischer Kritik* (Frankfurt a. M./Nova York, Campus, 2012), p. 63-108.

[48] Maria Mies, "Subsistenzproduktion, Hausfrauisierung, Kolonisierung", *Beiträge zur feministischen Theorie und Praxis*, Colônia, Eigenverlag, v. 6, n. 9/10: Zukunft der Frauenarbeit, 1983, p. 115-24.

regularizadas, mas pode também estar ligado à informalidade, à ilegalidade e à baixa densidade regulatória. Um exemplo notável é o dos trabalhadores domésticos, os quais são predominantemente empregados informalmente[49]. Somente na Alemanha, seu número é estimado em 1,2 milhão a 1,4 milhão. A maioria é composta por mulheres migrantes que trabalham temporariamente como trabalhadoras domésticas ou cuidadoras, sendo algumas delas academicamente qualificadas. Com frequência, elas deixam suas famílias e filhos para trás em seus respectivos países de origem. Nessa forma de ocupação informal e precária fica evidente a multidimensionalidade dos fenômenos de precarização. Aspectos específicos de classe (relações de domínio no ambiente doméstico) são ligados de forma peculiar com discriminações específicas de gênero (trabalhos femininos) e de cunho étnico-nacional (migração)[50]. Todavia, a ocupação informal também se encontra nas cadeias de criação de valor, como nos ramos de logística. No exemplo do serviço de entregas, as relações comparativamente protegidas de ocupação formam o topo da pirâmide de ocupações. Na base dela encontram-se os motoristas, os quais se tornaram subempresários com ocupações precárias e parcialmente informais. Nesse contexto, informalidade não significa apenas trabalho ilegal e sem contrato, mas continuamente consiste em atividades praticamente desprovidas de qualquer possibilidade de participação institucional[51].

(4) *Precariedade no Sul global*: o caráter transnacional da problemática, entre outras, dos serviços domésticos, e também as formas transnacionais de resistência e sindicalização encontradas entre os trabalhadores domésticos[52] chamam a atenção para outra constelação de problemas, a qual surge assim que o enquadramento analítico do "contentor nacional" é abandonado. Se a precariedade fosse restrita à sua ocorrência no âmbito dos capitalismos avançados[53] pós-Estado de bem-estar, o fenômeno nem existiria nas sociedades do Sul global. Com isso, desconsiderar-se-ia um debate sociológico que – a exemplo de países emergentes como a África do Sul – não só investiga o trabalho e a ocupação precários, mas que tem em vista a erosão de regras sociais das "sociedades precárias". Isso significa que uma ancoragem

---

[49] O termo "informalidade" é empregado aqui no sentido de um trabalho sem contrato. Os problemas de definição a ele relacionados não podem ser abordados neste espaço. Compare Nicole Mayer-Ahuja, "Arbeit, Unsicherheit, Informalität", em Klaus Dörre, Dieter Sauer e Volker Wittke (orgs.), *Kapitalismustheorie und Arbeit*, cit., p. 289-301.
[50] Cornelia Klinger, "Krise war immer... Lebenssorge und geschlechtliche Arbeitsteilung in sozialphilosophischer und kapitalismuskritischer Perspektive", em Erna Appelt, Brigitte Aulenbacher e Angelika Wetterer (orgs.), *Gesellschaft. Feministische Krisendiagnosen* (Münster, Westfälisches Dampfboot, 2013), p. 82-104.
[51] Hajo Holst e Ingo Singe, *Precariousness and Informality – Work and Employment in the German Parcel and Delivery Industry, Sodiper Research Report* (Jena, FriedrichSchiller-Universität Jena, 2011).
[52] Karin Pape, "Leserbrief an die Mitbestimmung", *Die Mitbestimmung*, ago. 2013.
[53] Tal como na sugestão de Berthold Vogel, *Wohlstandskonflikte*, cit.

das regras democráticas não se faz mais possível em sociedades extremamente desiguais com grupos precarizados e desprovidos de representação. Nessas situações, surge o espaço social para que grupos relevantes considerem legítimo sobrepor-se a regras fixadas juridicamente e o emprego da violência. No exemplo da sociedade sul-africana, que se encontra em transformação, isso gera um "hábito de desafio" [*habitus of defiance*][54], consistente em práticas violentas que se mantêm a despeito da inserção de instituições democráticas. Frequentemente, essas práticas são legitimadas por convicções religiosas ("eu cometo uma injustiça, mas tendo em vista essa situação excepcional, Deus me absolverá!")[55]. Nessa ampla aplicação, o conceito de precariedade dirige-se a regras sociais instáveis e, portanto, essencialmente também a práticas situadas além do emprego remunerado.

(5) *Sociedade precária*: do ponto de vista sociológico, a precariedade em sociedades sem um Estado de bem-estar desenvolvido é de importância elementar, pois ela representa uma perspectiva majoritária para muitos países do Sul global e, mais recentemente, para alguns países em crise da periferia europeia[56]. Por essa razão, uma pesquisa comparativa internacional precisará no futuro distinguir os diferentes tipos de precariedade, os quais não existem em paralelo, mas se integram e conectam entre as cadeias de valor transnacionais e também no interior das sociedades nacionais[57]. Nesse contexto, cumpre observar que, originalmente, Bourdieu analisou os mecanismos elementares da precarização não nos capitalismos avançados, mas a partir do exemplo da sociedade de transição da Argélia dos anos 1960. Somente na fase final de sua obra científica ele revisitou essas reflexões e as reatualizou para o capitalismo europeu continental contemporâneo[58]. No estado atual das pesquisas, contudo, a precariedade no Sul global não é de modo algum idêntica àquelas formas convincentemente descritas por Bourdieu em *As duas faces do trabalho*.

As pesquisas contemporâneas identificam, tendo em vista os países do Sul global, pelo menos três formas de precariedade. Fala-se, em *primeiro lugar*, da ameaça à sobrevivência física que surge, por exemplo, para as massas proletarizadas

---

[54] Instrutivo para isso: Karl von Holdt, "Bodies of Defiance", em Michael Burawoy e Karl von Holdt (orgs.), *Conversations with Bourdieu. The Johannesburg Moment* (Johanesburgo, Wits University Press, 2012), p. 67-73.

[55] Peter Alexander et al., *Marikana. A View from the Mountain and a Case to Answer* (Johanesburgo, Jacana, 2012).

[56] Johannes P. Jütting e Juan R. de Laiglesia, *Is Informal Normal? Towards More and Better Jobs in Developing Countries* (Paris, OECD, 2009); International Labour Organization (ILO), *Global Wage Report 2012-2013* (Washington, Brookings Institution Press, 2012); Organisation for Economic Co-operation and Development (OECD), *OECD Employment Outlook 2012* (OECD Publishing, 2012).

[57] International Center for Joint Labour Research 2012.

[58] Pierre Bourdieu, *Die zwei Gesichter der Arbeit. Interdependenzen von Zeit- und Wirtschaftsstrukturen am Beispiel einer Ethnologie der algerischen Übergangsgesellschaft* (Konstanz, UVK, 2000).

do mundo árabe como resultado do aumento dos preços dos alimentos. As revoltas de fome daí resultantes foram, entre outras coisas, uma força motriz poderosa da Primavera Árabe. No entanto, à população esfomeada associam-se ainda grupos de jovens adultos de alto nível educacional, os quais mal têm chances de conseguir uma posição adequada, apesar de sua qualificação profissional. Em *segundo lugar*, deve-se fazer uma distinção entre a precariedade em que o emprego inseguro é compreendido como parte integrante de uma estratégia econômica orientada para a exportação. O uso do trabalho temporário e a contratação de trabalhadores itinerantes, traços comuns da economia de exportação chinesa, pertencem a essa categoria. Um *terceiro sentido* designa a precariedade como um conceito central de um discurso crítico, cujos protagonistas são ativistas de movimentos sociais e cientistas a eles aliados. Eles utilizam precarização e precariedade como categorias para escandalizar e criticar relações sociais que sempre foram caracterizadas por incerteza e instabilidade[59]. Sem dúvidas, essa lista está longe de estar completa; todavia, ela delineia impressões acerca de processos de precarização em países do Sul, os quais estão conectados das mais diferentes maneiras com Estados do Norte global.

(6) *Precariedade, classe e estrutura social*: é também por esse motivo que as relações entre formas precárias de ocupação, trabalho e vida, por um lado, e a estrutura social, por outro, são ainda pouco claras. Há alguma evidência para uma conexão próxima entre a classe social e a distribuição dos riscos de precariedade. Assim, Pelizzari faz uma distinção sistemática entre precariedade necessária, transitória e vanguardista. A tipologia correspondente é baseada no pertencimento a submercados de trabalho particulares, nas estratégias de ocupação empresarial a eles vinculadas, nas estruturas legais e políticas, bem como em formas de hábitos específicas do ambiente, na capitalização, no ângulo de inclinação do emprego biográfico e nas estratégias de adaptação individual e coletiva dos funcionários[60]. As chances e condições de ação específicas de segmentos podem ser utilizadas e manejadas de formas distintas a depender da origem social e posição no âmbito social em questão[61]. Nesses termos, os três tipos principais de precariedade podem ainda ser classificados em outros subtipos. A precariedade necessária se caracteriza pela precariedade pré-moderna e proletária. Por sua vez, as formas de pequena escala, diferenciadoras e desqualificadoras são atribuídas à precariedade transitória. As vertentes hedonistas e controladas são consideradas variantes de uma precariedade vanguardista.

---

[59] Ching Kwan Lee e Yelizavetta Kofmann, "The Politics of Precarity: Views Beyond the United States", *Work and Occupations*, v. 39, n. 4, 2012, p. 388-406.
[60] Alessandro Pelizzari, *Dynamiken der Prekarisierung*, cit., p. 160, 167 e seg.
[61] "Um repertório relativamente específico de experiências biográficas ocupacionais, opções de promoção e descendência projetadas e oportunidades para o desenvolvimento profissional moldam significativamente a estratégia de enfrentamento dos empregados precariamente e têm um efeito socialmente diferenciador no seu uso real" (ibidem, p. 170).

Essas formas específicas de certos ambientes já ressaltam que o precariado não é uma classe homogênea; ele tampouco é idêntico a uma classe baixa ou subclasse social. Processos de precarização permeiam "a estrutura social em uma frente ampla" e desenvolvem seu impacto "no interior de diferentes grupos sociais"[62]. Todavia, há sinais que, como argumenta Robert Castel numa consideração ponderada de suas reflexões originais, reforçam a existência de uma "institucionalização do precariado"[63]:

> Atualmente, porém, a precariedade se enraíza e se desenvolve. De certa maneira, ela está se tornando uma forma "normal" de organização do trabalho, com suas próprias características e formas de existência. De forma análoga à "situação do trabalhador" (caracterizada pelo *status* de empregado na sociedade de trabalho), deve-se falar da "situação do precário" no sentido de uma forma própria da existência da dependência salarial. De uma insegurança permanente que já não tem nada de excepcional ou transitória. Essa situação, na qual a própria insegurança se torna uma forma de organização do trabalho, pode ser chamada de "precariado".[64]

Num certo contraste em relação a essa abordagem, eu e meu grupo de pesquisa diagnosticamos a construção política de uma nova "subclasse"[65] na Alemanha, a qual, todavia, não é idêntica ao precariado. Outras interpretações colocam em dúvida a formação de posições sociais precárias e enquadram o fenômeno mais no nível de biografias e histórias de emprego instáveis[66]. Enquanto alguns autores enxergam no precariado uma nova "classe de lázaros" tendente à apatia política e à concorrência descendente através da mobilização do ressentimento[67], outros fazem referência ao obstinado potencial de participação da vida insegura[68] ou à sua aptidão à espontaneidade coletiva[69]. Standing considera *The Precariat* como uma

---

[62] Robert Castel, "Die Wiederkehr der sozialen Unsicherheit", em Robert Castel e Klaus Dörre (orgs.), *Prekarität, Abstieg, Ausgrenzung*, cit., p. 30.
[63] Idem, *Die Krise der Arbeit. Neue Unsicherheiten und die Zukunft des Individuums* (Hamburgo, Hamburger, 2011).
[64] Ibidem, p. 136.
[65] Klaus Dörre et al., *Bewährungsproben für die Unterschicht?*, cit., p. 376-87.
[66] Berthold Vogel, "Soziale Verwundbarkeit und prekärer Wohlstand. Für ein verändertes Vokabular sozialer Ungleichheit", em Heinz Bude e Andreas Willisch (orgs.), *Das Problem der Exklusion. Ausgegrenzte, Entbehrliche, Überflüssige* (Hamburgo, Hamburger, 2006), p. 346.
[67] Robert Castel, "Die Metamorphosen der sozialen Frage. Eine Chronik der Lohnarbeit", em *Die Stärkung des Sozialen. Leben im neuen Wohlfahrtsstaat* (Hamburgo, Hamburger, 2005), p. 67-73.
[68] Vanessa Tait, *Poor Workers' Unions: Rebuilding Labor from Below* (Cambridge, South End Press, 2005).
[69] Hae-Lin Choi, *Die Organisierung der Unorganisierbaren. USA, Südkorea, Italien: Gewerkschaftliche Strategien für prekär Beschäftigte* (Hamburgo, VSA-Verlag, 2011); com uma ênfase parcialmente contrária: Isabell Lorey, *Die Regierung der Prekären: Mit einem Vorwort von Judith Butler* (Viena, Turia und Kant, 2012).

manifestação contemporânea das "classes perigosas", as quais se caracterizam pela sua tendência a atividades violadoras de regras, protestos e revoltas, além de perseguirem a obtenção de seus interesses mediante a chamada "barganha por motins" [*bargaining by riots*]. Considerada na melhor das hipóteses enquanto "classe em formação", Standing enumera atributos de identidades sociais independentes para além do trabalho remunerado e de movimentos sociais conduzidos primariamente por grupos precarizados, os quais não se sentem parte de uma comunidade de trabalho solidária e, assim, cunham uma concepção específica de liberdade que de alguma forma procura transformar a insegurança numa força social produtiva[70].

(7) *Precariedade e agência coletiva*: com isso, a questão da agência coletiva de grupos precarizados é significativa e necessária. Muitos autores consideram a nova precarização como um vetor de tendências pós-democráticas, pois ela dificulta "a percepção de si mesmo num grupo social claramente definido"[71], sobretudo para os empregados em condições inseguras. O efeito de erosão da solidariedade foi eloquentemente descrito por Beaud e Pialaux[72], ambos membros do grupo de pesquisa de Bourdieu, com base no exemplo da dissolução de uma cultura de trabalho militante numa fábrica francesa de automóveis. Os trabalhadores de colarinho branco e azul entrevistados perderam de vista não só a ideia de uma ascensão coletiva, se é que tal possibilidade tenha efetivamente existido, mas também a esperança política de uma transformação radical dessas condições. Uma razão essencial disso reside no fato de os trabalhadores permanentes agora se depararem com trabalhadores temporários que pertencem à geração de seus filhos e filhas, os quais enxergam as condições de vida e trabalho dos trabalhadores permanentes e semiqualificados como uma meta pela qual vale a pena lutar. Nessa constelação, a precarização gera uma erosão da solidariedade de classe específica entre trabalhadores. Cada um defende a própria dignidade – no entanto, predominantemente para si e por meios próprios. Essa luta é conduzida de forma igualmente impetuosa, mas aceita-se a ideia de que "a própria dignidade não precisa necessariamente estar em harmonia com a do outro":

> Essa situação deixa as pessoas desamparadas, porque ela as enerva e rói seu ego: seja no respeito a si, na concepção acerca do próprio valor no mundo, na consciência da própria identidade, a qual foi garantida por muito tempo pelos sindicatos.[73]

Tais linhas de conflito pós-Estados de bem-estar entre trabalhadores permanentes e precarizados constituem, ao menos nessa forma, algo novo na Europa

---

[70] Guy Standing, *The Precariat*, cit., p. 12, 167-70.
[71] Colin Crouch, *Postdemokratie* (Frankfurt a. M., Suhrkamp, 2008), p. 71.
[72] Stephan Beaud e Michel Pialoux, *Die verlorene Zukunft der Arbeiter. Die Peugeot-Werke von Sochaux-Montbéliar* (Konstanz, UVK Verlagsgesellschaft, 2004).
[73] Ibidem, p. 284-5.

ocidental. Assim, elas podem ser explicadas pelo fato de o conflito social (de classe) ainda só acontecer em populações cada vez mais reduzidas situadas no interior dos sistemas nacionais de relações trabalhistas organizadas e negociação coletiva. Para além das relações organizadas de trabalho e da erosão de sistemas de seguridade, realiza-se a passagem para conflitos não regulados, agitações trabalhistas [*labour unrest*][74], revoltas espontâneas e violentas etc. Até o momento, nem os sindicatos e tampouco os partidos democráticos encontraram uma resposta adequada aos desafios desse novo tipo de formação de conflitos. A questão em torno das chances e limites de uma auto-organização dos inorganizáveis, portanto, tematiza a autocompreensão democrática das sociedades europeias. Nesse ínterim, ela se refere, entretanto, a algo mais do que possibilidades hipotéticas. A representação política de grupos precarizados pode se constituir tanto a partir de uma organização inclusiva, como no exemplo de sindicatos americanos, italianos e alemães[75], como em movimentos sociais, protestos e insurgências de excluídos[76]. Ter em vista esses conflitos não regulados com um olhar de pesquisador já é algo significativo, porque, caso contrário, os processos de precarização poderiam se apresentar como círculos desesperados de impotência, os quais mal ofereceriam espaço para uma crítica social renovada.

5. Precariedade como prova permanente de força

A fim de poder ter em conta as distintas exigências e expectativas de pesquisa sociologicamente relevante sobre a precarização, será necessário que se desenvolvam, no futuro, conceitos analíticos integrativos. Isso também deverá envolver a vinculação entre as reflexões metateóricas e o diagnóstico do presente com as pesquisas empíricas específicas do campo. Uma perspectiva integrativa pode se basear na sociologia pragmática de Luc Boltanski. Sua ideia fundamental afirma que a aceitação da desigualdade e da insegurança sociais pode ser explicada pela ação obstinada de atores em processos seletivos obrigatórios. A qualificação nessas provas é uma condição necessária para que essas pessoas obtenham acesso a determinadas posições sociais.

A categoria de "provas de força" – que pode ser sinônimo de competição ou processo seletivo – demanda esclarecimento. No contexto da pesquisa sobre precarização, o conceito de competição se presta a esclarecer, a partir da perspectiva do ator individual, a tensa implementação de políticas de mercantilização

---

[74] Beverly Silver, *Forces of Labor*, cit.
[75] Salvo Leonardi, "Union Organisation of Employees in Atypical and Precarious Work in Italy", *International Journal of Action Research*, v. 4, n. 4, 2008, p. 203-24; Hae-Lin Choi, *Die Organisierung der Unorganisierbaren*, cit.
[76] Luc Boltanski, *Soziologie und Sozialkritik. Frankfurter Adorno-Vorlesungen 2008* (Berlim, Suhrkamp, 2010); Guy Standing, *The Precariat*, cit.; David Waddington, Fabien Jobard e Mike King (orgs.), *Rioting in the UK and France. A Comparative Analysis* (Portland, Willan Publishing, 2009).

em diferentes níveis da sociedade. Uma sociedade pode "ser definida através da natureza das provas de força criadas por ela"[77]. Nesse âmbito, as provas abrangem sempre duas coisas: de um lado, o confronto orientado pelo poder (prova de força); do outro, a prova de valoração incluída em concepções de justiça[78]. Indivíduos ou classes de indivíduos devem qualificar-se para tais provas a fim de obterem acesso a determinadas posições sociais. As sociedades confrontam indivíduos (perspectiva micro), mas também classes de indivíduos (perspectiva macro) repetidamente com situações nas quais a mensuração de forças é constante. Enquanto meras provas de força, as competições desembocam numa afirmação e, se necessário, numa fixação de relações sociais de poder. Nesse cenário, juízos morais não exercem qualquer papel; trata-se tão somente de um emprego de recursos de poder, de fatos sem juízos de valor. A situação é diferente na dimensão das ordens sociais, em que a mensuração de forças está sujeita a uma exigência de se justificar. Em provas legítimas, examina-se o valor de pessoas e grupos de pessoas na estrutura social – elas não podem, portanto, passar ao largo de noções de justiça.

A transição das provas de força para provas legítimas contém "esforços de qualificação e identificação social", nos quais os atores sociais divulgam seus recursos e os tornam distinguíveis. Para serem avaliadas do ponto de vista da justiça, as provas de força precisam de um formato claramente determinável. Suas situações devem ser de natureza especial, com o caráter de exame – seja uma corrida, um teste de latim ou a qualificação para uma posição permanente. Apenas os recursos que atendem ao formato da prova de seleção são usados. As instituições são obrigadas a dar "às provas de força uma forma, controlar a sua condução e assim impedir o emprego ilegítimo de recursos externos", a fim de preservar a justiça[79]. Em sociedades onde muitas dessas provas estão sujeitas a uma exigência de justificação, "a força dos fortes é reduzida"[80]. No entanto, mesmo no caso de provas legítimas, as provas de força e exames de avaliação não são mecanismos mutuamente exclusivos. Em processos seletivos, ambas as dimensões se encontram relacionadas entre si.

Como pode essa reflexão abstrata se relacionar com a precariedade e a precarização? A proposta aqui apresentada pretende empregar analiticamente as categorias da competição ou processo seletivo/prova de força, sem acolher integralmente as ponderações de Boltanski. Formas contemporâneas de precariedade resultam essencialmente dos esforços de satisfazer interesses e exigências contraditórias por parte das empresas. Diante das demandas dos mercados voláteis, tais esforços esbarram na quadratura do círculo. Por um lado, existe um interesse por parte das

---

[77] Luc Boltanski e Ève Chiapello, *Der neue Geist des Kapitalismus* (Konstanz, UVK, 2003), p. 74.
[78] Ibidem, p. 526-66; Luc Boltanski, *Soziologie und Sozialkritik*, cit.
[79] Luc Boltanski e Ève Chiapello, *Der neue Geist des Kapitalismus*, cit., p. 73.
[80] Idem.

empresas orientadas para a exportação em reter empregados leais e qualificados; por outro, os retornos devem ser mantidos estáveis, as exigências dos analistas e proprietários cumpridas e, se necessário, os custos de demissão evitados. Desde sempre, os órgãos de direção tentam dominar tais contradições através da formação de grupos especiais. Assim, construções de cunho étnico ou de gênero são instrumentalizadas, para direcionar as mulheres ou os migrantes como trabalhadores de renda complementar ou como trabalhadores com "estatuto de convidado" nos segmentos menos atrativos dos mercados de trabalho das empresas e, ao mesmo tempo, exigir-lhes esforços especiais de flexibilização[81].

O traço característico do regime disciplinar contemporâneo não consiste, todavia, na instrumentalização da etnia e do gênero; pelo contrário, o que é novo é uma quase instrumentalização de provas de força, as quais, em diferentes níveis da hierarquia social, regulam os acessos não só a salário adequado, ocupação razoavelmente protegida e condições aceitáveis de vida, mas também à disponibilização da propriedade social[82] e às redes sociais, obtendo assim um poder de definição das posições de *status* social. O importante nesse contexto é que a distribuição de propriedade social escassa passa a se realizar a partir de formatos de prova, os quais se estabeleceram dentro e ao lado das formas regulares de integração laboral. Os esforços de flexibilização a serem realizados nessas provas de força por trabalhadores precários ou desempregados não recebem em regra qualquer certificação. Em cada campo social, as coalizões de interesses especiais e parcialmente implícitas definem os formatos de exame. Inspirado pela pesquisa empírica, podem-se distinguir três níveis do novo regime de competição da precariedade: (i) os processos seletivos empresariais na interface entre a força de trabalho permanente e os trabalhadores em situação flexível ou precária; (ii) os processos seletivos do regime de currículos na interface entre o emprego remunerado e a atividade reprodutiva; e (iii) os processos seletivos predominantemente públicos na interface entre o sistema de ocupação e o desemprego.

Nesse contexto, não é possível sequer uma exposição esquemática dos formatos de provas de força e exames de avaliação àqueles associados[83]. Entretanto, há um ponto em comum entre as provas de força iniciadas politicamente pelo Estado e aquelas praticadas no mundo da vida: elas agem, pelo menos no caso alemão, como a forma de um regime disciplinar, historicamente novo, de precariedade discriminatória. Essa forma de precariedade corresponde a assimetrias de poder, as quais claramente ultrapassam o que se descreveu, nos anos 1980, como "desequilíbrios

---

[81] Étienne Balibar e Immanuel Wallerstein, *Race, Nation, Classe. Les Identités ambiguës* (Paris, La Découverte, 1988).
[82] "A propriedade social pode ser descrita como a produção de benefícios equivalentes à previdência social, como anteriormente fornecidos apenas pela propriedade privada" (Robert Castel, "Die Metamorphosen der sozialen Frage", op. cit., p. 42 e seg.).
[83] Veja Klaus Dörre e Tine Haubner, "Landnahme durch Bewährungsproben", op. cit.

secundários do poder" no mercado de trabalho[84]. Estes dizem respeito não mais "apenas" aos grupos problemáticos que, pelo menos subjetivamente, mitigam a sua "normalidade quebrada" da condição de trabalhadores por meio do exercício de papéis alternativos e tornando-se assim trabalhadores com paciência e resiliência acima da média[85]. O tipo de precariedade discriminatória engendra um desequilíbrio de poder, o qual, ao mesmo tempo, permeia as relações de reprodução com os vários segmentos da sociedade do trabalho remunerado. Ele contém a construção de um *status* especial na sociedade, o qual é nomeado e processado tanto da perspectiva dos grupos ainda seguros como a partir da autopercepção do precário, como uma problemática de minorias.

Na percepção social característica de formas de precariedade discriminatória posteriores ao Estado de bem-estar, existe uma hierarquia social na qual aqueles que vivem em condições mais difíceis e dispõem, ao mesmo tempo, de recursos de poder mínimos, experimentam a si próprios como membros de grupos minoritários cuja prática da vida cotidiana se desvia dos padrões da "sociedade majoritária". Esse *status* específico também é construído a partir do gênero, da nacionalidade e da etnia; ele representa, no entanto, algo propriamente social. Viver de forma precária significa ser débil no acesso a recursos de poder. No sistema de emprego, o poder coletivo organizacional e institucional de grupos precários se desenvolveu abaixo da média. Na esfera reprodutiva, essa impotência relativa tende a ser reforçada pela falta de soberania temporal e pelo acesso seletivo a redes sociais. Ainda que as posições débeis dos precarizados nos setores de produção e reprodução tenham cada qual suas causas específicas, elas engendram, no entanto, um efeito na mesma direção. Parece sempre que o próximo nível da hierarquia social, que promete um pouco a mais em matéria de "normalidade", pode ser escalado através dos próprios esforços. Para a beneficiária da assistência social que nunca trabalhou de forma remunerada a longo prazo, a fundação de uma família se torna uma última chance de alcançar a "normalidade" social. Para ela, a "medida de baixo patamar" representa o acesso ao até então desconhecido mundo do trabalho remunerado, e o emprego de um euro, que passa a ser visto como uma oportunidade única de vida. Quem, por sua vez, exerce um trabalho de um euro enxerga as medidas de criação de emprego como um "bilhete premiado na loteria". Já para quem é destinatário das medidas de criação de emprego, o trabalho temporário na indústria automobilística representa uma perspectiva atraente; o trabalhador temporário, por seu lado, inveja os funcionários de contrato limitado, na medida em que estes constituem, durante um certo período

---

[84] Claus Offe e Karl Hinrichs, "Sozialökonomie des Arbeitsmarktes: primäres und sekundäres Machtgefälle", em Claus Offe, *"Arbeitsgesellschaft". Strukturprobleme und Zukunftsperspektiven* (Frankfurt a. M./Nova York, Campus, 1984), p. 44-86.
[85] Ibidem, p. 79.

de tempo, a força de trabalho permanente. Ao lado dos recursos materiais, as decisões sobre a disponibilidade de tempo e os contatos sociais no contexto de vida sempre determinam se alguém ainda pode alcançar o próximo degrau na escada que leva para cima.

O que pode ser interpretado como bloqueio de chances de vida a partir da macroperspectiva social aparenta ser, da microperspectiva, uma chance para pequenas melhorias, mas eminentemente significativas em termos subjetivos. Em sua maioria, os precarizados se sentem como parte de minorias que devem fazer de tudo por si mesmas a fim de ganhar uma ligação com a "vida normal". Empregados permanentes, por outro lado, nada mais temem do que o risco de recair a um *status* minoritário na hierarquia. Dessa maneira, as provas de força da precariedade discriminatória engendram um delicado sistema de (des)privilegiamento, que disciplina inclusive quem não se encontra ou ainda não se encontra em condições precárias de vida. A interação entre disciplinamento e autodisciplinamento, a qual permeia o contexto geral de vida, encobre assim o caráter de domínio por trás dos processos de precarização. O regime disciplinar aqui delineado faz parte de um modo de controle que torna invisíveis os seus próprios dominadores. No seu esforço de obter aprovação nas provas de força da precariedade discriminatória, ou de evitá-las, na medida do possível, os próprios "portadores da responsabilidade" pela definição dos formatos de prova são perdidos de vista.

Esse quadro só pode ser alterado se uma crítica social renovada conseguir influenciar sustentavelmente os formatos de prova e os sistemas de avaliação a eles ligados. Em primeiro lugar, ela deve levar em conta que, na maior parte do mundo, a precariedade não representa uma perspectiva de minorias. Edward Webst e Karl von Holdt delinearam as seguintes proporções para a África do Sul. O núcleo [*Core*] do trabalhador social total, que abrange cerca de 20,3 milhões de pessoas, é formado por cerca de 6,6 milhões de trabalhadores sob proteção relativa e em tempo integral. A um anel externo de ocupados precários [*Non Core*] pertencem outros 3,1 milhões, distribuídos entre ocupados em tempo parcial e trabalhadores domésticos. A periferia [*Periphery*] forma algo em torno de 2,2 milhões de ocupados em situação informal, os quais são acompanhados pelo "anel mais externo" de 8,4 milhões de desempregados, em grande parte desprovidos de seguridade social.

Esse exemplo mostra dois aspectos. Em primeiro lugar, fica claro que a precariedade representa, em suas múltiplas facetas, uma experiência majoritária no Estado africano mais desenvolvido. Os ocupados em tempo integral que gozam de proteção relativa [*Core*] representam muito menos de um terço do total social de mão de obra. Por outro lado, é igualmente evidente que os grupos precarizados em sentido estrito [*Non Core*] representam uma minoria, a qual novamente se destaca em relação aos informais e desempregados, os quais formam mais da metade do total social de mão de obra[86]. O emprego informal e precário, como evidencia o exemplo da África do Sul, é uma constante nas sociedades do Sul global, e estrutura as condições de vida das maiorias populacionais. A novidade, entretanto – e isso é tematizado nos debates sobre a precarização relativos ao Sul global – consiste no fato de que as transformações se realizam em todas as zonas e segmentos do mercado de trabalho. Com isso alteram-se, ao mesmo tempo, as relações entre *Core*, *Non Core* e *Periphery* – e de diferentes maneiras em cada país, cujas manifestações concretas só podem ser compreendidas a partir da pesquisa empírica.

Também e especialmente com vistas às sociedades do Sul global, seria uma negligência afirmar que, de fato, todos ali são "precarizados", e isso "por meio de normas que determinam a concepção de cidadãos soberanos"[87]. Tal perspectiva, que equipara a existência precária ("precariedade compartilhada") com a contingência, se vê obrigada a definir a vida em si como precária. Assim, a precariedade é engendrada através da política e do discurso da segurança, o qual é sempre hierarquizante e ligado a relações de poder[88]. Mas, se tudo é precário "de alguma forma", por ser contingente, o termo se torna completamente impreciso analiticamente. O Estado de bem-estar, então, é visto automática e exclusivamente como uma máquina de dominação e precarização, cuja principal função consiste na distribuição – institucionalmente variável – de riscos de precariedade. Diante de uma *precariedade existencial* tão generalizada, a definição de "governo do precário", em que a insegurança e o perigo abrangem "toda a existência, o corpo, os modos de subjetivação", implicando "ameaça e coerção" e "novas possibilidades de vida e trabalho"[89], tornou-se um empreendimento difícil. Todavia, em um ponto o "governo dos precários" afirmado no discurso pós-estruturalista-feminista atingiu um aspecto nevrálgico dos desenvolvimentos sociais atuais. Governar de forma neoliberal significa, na sua acepção mais radical, a formação de um regime da insegurança. Em suas formas mais brutais, esse regime busca administrar o governo como uma maximização da insegurança, ao mesmo tempo que fornece o mínimo de segurança social e regulamentação, o que ainda se faz necessário para impedir ou controlar insurreições e revoltas[90]. Muitos Estados do Sul global fornecem aulas práticas a respeito de se e como isso é possível. No entanto, a política de austeridade europeia garante que experiências semelhantes possam ser coletadas nos países europeus em crise.

Ainda assim, o regime de insegurança, apesar ou mesmo por causa de sua onipresença, é cada vez mais confrontado com resistência e críticas. Em especial

---

[86] Edward Webster e Karl von Holdt, *Beyond the Apartheid Workplace. Studies in Transition* (Pietermaritzburg, University of KwaZulu-Natal, 2005), p. 28.
[87] J. Butler (2005), p. 10.
[88] Isabell Lorey, *Die Regierung der Prekären*, cit., p. 35-6.
[89] Ibidem, p. 13.
[90] Ibidem, p. 14.

três formas de crítica da precarização têm atualmente encontrado ressonância social. A *crítica imanente* capta a perspectiva cotidiana de uma (sobre)vivência em condições precárias e contribui para que se pesquise "acerca do manejo criativo dos sujeitos perante os processos sociais de incerteza"[91]. Por mais que ela revele simultaneamente o caráter de dominação da precariedade discriminatória no setor de reprodução, como se dá no exemplo das novas relações de serviços domésticos, essa crítica esbarra na dificuldade de determinar as transições entre ação individual e coletiva. Ainda que afirme o contrário, ela se preocupa, sobretudo, com uma distribuição justa de recursos que permita um enfrentamento individual efetivo das provas de força do regime de incerteza. Por outro lado, a *crítica pragmática* visa à contenção coletiva da precariedade. Com salários mínimos definidos em lei, regramentos de pagamento igualitário e outras medidas, ela busca tornar legítimas provas de natureza ambígua. Por se encontrar ainda pouco consagrada nos setores de reprodução, bem como em setores como saúde e assistência, ela apela frequentemente aos "fortes", a fim de prestar ajuda aos grupos "fracos" e precarizados. Até o momento, permanece obscuro se essa variante da crítica social pode encontrar uma linguagem que lhe permita ultrapassar a barreira de uma solidariedade competitiva de grupos de trabalhadores ainda razoavelmente protegidos. Uma *crítica social radical*, cujo programa, até agora, só se apresentou como sugestão, difere dessas duas tendências. Assim, Luc Boltanski sugere que os "irresponsáveis" precarizados, seus movimentos e revoltas, que aparentam ser niilistas e teriam assumido "a forma de um descontrole irrefletido"[92], sejam levados a sério como apoiadores de uma crítica social prática e, ao mesmo tempo, renovada. O gesto anti-institucionalista, com o qual essa variante de crítica opera, pode causar estranheza. Contudo, a realização discursiva dessa variante de crítica consiste no ataque ao suposto caráter minoritário dos grupos precarizados e, ao seu lado, ao conservadorismo latente das análises institucionais[93].

Cada variante crítica aqui mencionada possui a sua própria legitimidade. De qualquer maneira, algo característico da atualidade é que, até o momento, não se obteve qualquer sucesso no sentido de reconduzir as diferentes perspectivas críticas, preservando sua independência, a uma síntese produtiva, seja do ponto de vista prático-político ou do ponto de vista científico. Apenas uma consciência realista, atenta em relação à variedade nacional e transnacional das condições inseguras de vida e trabalho e à pluralidade de movimentos de resistência, oferece

---

[91] Alexandra Manske e Katharina Pühl (orgs.), *Prekarisierung zwischen Anomie und Normalisierung*, cit., p. 10.
[92] Luc Boltanski, *Soziologie und Sozialkritik*, cit., p. 226 e seg.
[93] Isto se aplica em particular às análises pós-obreristas e pós-estruturalistas de um "governo do precário" que, exagerando-o positivamente, enfatiza as chances da precariedade e o potencial para formas de resistência entre classes. Veja, por exemplo, Judith Butler, *Gefährdetes Leben. Politische Essays* (Frankfurt a. M., Suhrkamp, 2005); Isabell Lorey, *Die Regierung der Prekären*, cit.

a chance de criticar ou mesmo fundamentalmente questionar, de maneira efetiva, o modo de dominação da precariedade discriminatória. Por essas razões, uma crítica social sociologicamente fundada não pode excluir nenhuma das reflexões das variantes de crítica supranomeadas.

6. A pesquisa sobre precariedade como sociologia pública

Por fim, o potencial desempenho da abordagem integrativa – aqui apenas esboçada e ainda em desenvolvimento – pode ser resumida em cinco pontos: *em primeiro lugar*, tal abordagem é capaz de relacionar a análise empírica das provas de força de campos específicos a um modelo heurístico e metateórico da sociedade e do desenvolvimento social. O "regime de expropriação capitalista-financeira"[94] é um modelo assim. Por um lado, isso pode ajudar na ordenação de fenômenos empíricos díspares; por outro, uma tal concepção metateórica pode ser corrigida por investigações empíricas: ela pode ser modificada ou, em última análise, até descartada e substituída por outro modelo.

Em segundo lugar, essa abordagem permite que os atores sociais da precarização sejam percebidos como agentes autônomos, o que possibilita a análise de suas ações obstinadas em provas de força e de avaliação. Dessa forma, é possível diferenciar, num plano típico-ideal, *as políticas na precariedade das políticas de precarização*. As políticas na precariedade não se limitam ao ambiente de trabalho, abrangendo também as interações, negociações e lutas de atores sociais dentro dos distintos grupos de provas de força. Por sua vez, as políticas de precarização descrevem as ações políticas, as lutas de definição e as institucionalizações que se verificam na estabelecimento do regime competitivo da precariedade. Aqui toma-se uma perspectiva de análise que transcende os campos sociais individualmente considerados e os grupos específicos de provas de força.

Em terceiro lugar, com a crítica cotidiana à precarização por parte dos atores sociais determina-se, ao mesmo tempo, uma caixa de ressonância à qual a crítica social científica pode recorrer, com a distância analítica e independência necessárias, uma vez que ela ficaria abstrata e desprovida de significado sem essa ressonância com as filosofias do homem comum.

Em quarto lugar, o conceito de prova de força pode ser utilizado para traçar a dimensão da transnacionalidade dos processos de precarização, porque transforma em objeto de comparação as condições de agir e as estratégias (sub)políticas dos atores sociais – em vez de, exclusivamente, esclarecer diferentes sistemas institucionais. O trabalho temporário, por exemplo, é um fenômeno que expõe uma faceta essencial dos processos de precarização, seja nos países do Norte ou nas sociedades em desenvolvimento do Sul global. Não é a mera institucionalização dessa forma

---

[94] Klaus Dörre, "Prekäre Arbeit und gesellschaftliche Integration", cit.

de ocupação, mas o evento competitivo concreto que nos informa sobre as especificidades nacionais e similitudes transnacionais da precariedade.

Em quinto lugar, isso significa, para efeitos metodológicos, que uma pesquisa sobre precarização compreendida nesses termos pode ser entendida como uma variante do conceito apropriadamente designado de sociologia pública [*Public Sociology*] por Michael Burawoy[95]. Na contramão da concepção *mainstream* dominante acerca dos efeitos da flexibilização bem-sucedida, uma sociologia pública da precarização pode pôr em vista o que é invisível, ajudando os precarizados a obter uma voz própria no âmbito da opinião pública. E ela pode fortalecer essas vozes, seja num caso ótimo de atuação conjunta com os precarizados ou, ao menos, com seus autênticos representantes, sem se deixar cair no papel dos atores políticos partidários. A verdadeira arte consiste não só em reconhecer as tensões inerentes a uma tal definição funcional, mas também em torná-las cientificamente frutíferas. Dominar essa arte é o que a pesquisa socialmente crítica e ao mesmo tempo analiticamente pertinente sobre precariedade terá que alcançar no futuro.

---

[95] Michael Burawoy (org.), *Precarious Engagements. Tackiling the Dilemmas of Public Sociology* (Londres, Sage, 2014).

4
Expropriação capitalista e classes sociais: sobre a relevância da exploração secundária

> *Minha preocupação é que tensões sociais apareçam em múltiplos países. Por isso é importante encontrar soluções conjuntas que nos tirem da crise. Estamos todos no mesmo barco.*[1]
>
> *[...] Deixe-me dar um exemplo do que anda acontecendo hoje em dia na indústria metalúrgica alemã... As empresas alemãs estão em guerra, pelo menos a empresa em que trabalho, e tenho certeza de que existem muitos casos comparáveis. Eu sou engenheiro e trabalho em X em uma conhecida empresa da indústria metalúrgica alemã... Depois da última falência, um chamado investidor de risco permitiu que a empresa voltasse a funcionar... de resto, tudo continuou como estava. Mesma oficina, mesmo produto, mesmo cliente, mesmo pessoal. No entanto, os funcionários aceitaram um salário mais baixo para apoiar o recomeço e, depois, a semana de trabalho de 35 horas tornou-se uma semana de 40 horas, até onde eu sei, sem mudanças na folha de pagamento... Mais tarde houve algumas aquisições, e aí também se investiu um pouco, mas, no geral, a ideia de reconstruir a empresa solidamente, a longo prazo, era só fingimento. A principal preocupação era o lucro rápido. Treinamento para funcionários? Novas máquinas? Errado! Meu salário por hora corresponde ao de agências de trabalho temporário... Mas o negócio cresceu bem, as encomendas nos últimos anos ultrapassaram todas as expectativas. Há cerca de dois anos, lembro que nosso chefe disse com orgulho que o retorno sobre as vendas era agora bem acima de 30%. O uso da oficina aumentou*

---

[1] Joseph Ackermann, chefe do Deutsche Bank, em entrevista ao jornal *Bild*, 6 abr. 2009.

em 200%. No ano passado, o investidor resgatou seus fundos, no melhor momento da primavera, meus parabéns (isso é o que os senhores chamam de exit strategy*). Quatrocentos e cinquenta empregos protegidos (alguns novos), uma empresa fortemente envolvida na formação profissional de jovens, uma empresa de renome mundial, vendida não por 6 milhões, mas por 350 milhões. Mais ou menos um aumento de valor de 4.000% em cinco anos, o melhor do capitalismo turbinado!!!!!! Nem 1% da receita de vendas foi distribuída entre os funcionários. Ah, como todos nós estávamos felizes... À primeira vista, os funcionários parecem satisfeitos e tentam manter o pensamento positivo. Mas nem pergunte sobre a sua satisfação com o trabalho ou seu salário, aí você vai ver a amargura e a raiva. É uma merda. Muitos colegas estão esgotados, e agora temos que nos preocupar com nossos trabalhos de novo, ótimo! Então, alguma coisa realmente tem que mudar, e eu realmente desejo que isso possa ser feito sem violência, simplesmente porque percebo que as coisas só podem melhorar se trabalharmos juntos...*[2]

Dona H.: *[...] que alguma coisa mude? Acho que não. Nada mudou, nem agora, durante a crise. É como no dia 17 de junho de 1953***.
Entrevistador: *Como assim, por que você diz 1953 e não 1989?*
Dona H.: *1989 foi uma exceção, foi único, foi absolutamente pacífico.*
Entrevistador*: Não dá para mudar mais nada de maneira pacífica?*
Dona H.: *Não, só usando força...*[3]

Por um bom quarto de século, os estudos de desigualdade – ao menos na Alemanha – foram dominados por abordagens que tentavam explicar diferenças sociais usando categorias como individualização e pluralização de estilos de vida. A popularidade dessas explicações vem diminuindo desde então. Como categoria analítica, o conceito de classe vem ganhando força. Ao menos em congressos sociológicos, já

---

[2] De um *e-mail* dirigido ao autor deste livro.
* Em junho de 1953, uma revolta popular na Alemanha Oriental foi duramente reprimida pela União Soviética e acelerou o processo de construção do stalinismo. (N. T.)
[3] Trecho de uma conversa com Dona H., 59 anos, beneficiária do seguro-desemprego, em agosto de 2009.

se pode voltar a falar em classes sociais[4]. No entanto, o antigo "conflito dos estudos de desigualdade" – de um lado, os estruturalistas; do outro, as abordagens voltadas aos recursos, meios de ação e condições de acesso – está "longe de ser decidido"[5]. Consequentemente, a busca por vínculos entre classes e outras manifestações de desigualdade social (como gênero e migração) está se intensificando[6].

As epígrafes deste artigo identificam um motivo para o renovado interesse na análise de classe. De acordo com a mensagem implícita nos textos, a desigualdade social corresponde a uma desigualdade de poder que os conceitos analíticos de individualização são incapazes de explicar. Assim, a ideia de um "estamos todos no mesmo barco" de Josef Ackermann formula um projeto de classe. O chefe do Deutsche Bank apela ao senso comum – uma estratégia popular para dar aos interesses parciais uma conotação hegemônica, sugerindo que "todos nós" deveríamos carregar juntos o fardo da crise financeira e econômica global. Esse apelo corresponde a um mundo do trabalho que o engenheiro citado descreve como "guerra" que está sendo travada em sua empresa. Para uns, lucros recordes; para outros, algumas migalhas ocasionais e um medo constante de perder o emprego. Hoje em dia, porém, não existe um projeto político de classe que venha "de baixo" e organize as experiências generalizadas de incerteza. Falta um "quadro de referência intelectual"[7] que sincronize politicamente as violações do senso de justiça. Nas aparências, tudo está tranquilo. Os funcionários parecem satisfeitos. Na realidade, estão esgotados. O desejo – urgente, mas difuso – de uma mudança "sem violência" floresce, na melhor das hipóteses, em segredo. Injustiça, raiva e indignação não encontram uma expressão política produtiva. A metáfora do barco de Josef Ackermann, que já soa como imposição ao engenheiro, deve soar aos ouvidos de um desempregado como pura zombaria. Mesmo assim, o engenheiro e o beneficiário do seguro-desemprego continuam "no barco", como milhões de outros.

Como explicar esse panorama? Eis a questão que o presente artigo busca responder. O argumento se baseia na tese de que a Alemanha, como outros países desenvolvidos, está passando por uma transição de uma sociedade de classes

---

[4] Karl-Siegbert Rehberg, "Die unsichtbare Klassengesellschaft. Eröffnungsvortrag zum 32. Kongress der Deutschen Gesellschaft für Soziologie. Gekürzte Fassung", em Christoph Henning (org.), *Marxglossar* (Friburgo, Freitag, 2006), p. 155-66.

[5] Anja Weiß e Peter A. Berger, "Logik der Differenzen – Logik des Austausches. Beiträge zur Transnationalsiierung sozialer Ungleichheiten", em idem (orgs.), *Transnationalisierung sozialer Ungleichheit* (Wiesbaden, VS Verlag für Sozialwissenschaften, 2008), p. 11.

[6] Cornelia Klinger, Gudrun Axeli Knapp e Birgit Sauer (orgs.), *Achsen der Ungleichheit. Zum Verhältnis von Klasse, Geschlecht und Ethnizität* (Frankfurt a. M., Campus, 2007); Margaret Andersen e Patricia Hill Collins (orgs.), *Race, Class and Gender. An Anthology* (3. ed., Londres, Wadsworth, 1998); Nancy Fraser, "Feminismus, Kapitalismus und die List der Geschichte", *Blätter für deutsche und internationale Politik*, v. 8, 2009, p. 43-57.

[7] Stephan Beaud e Michel Pialux, *Die verlorene Zukunft der Arbeiter. Die Peugeot-Werke von Sochaux--Montbéliar* (Konstanz, UVK Verlagsgesellschaft, 2004), p. 276.

pacificada pelo fordismo para uma sociedade de classes mais polarizada, ainda que caracterizada por uma peculiar estabilização do instável. A força motriz de tal desenvolvimento está nas expropriações, aquisições de espaços financiadas pelo capitalismo que buscam expandir o princípio competitivo e os fins lucrativos do setor privado para todas as áreas da sociedade. Foi assim que esse conceito se converteu em catalisador de uma reestruturação das relações de classe. Uma característica especial das relações de classe alteradas são mecanismos de exploração secundária, baseadas em diferentes modalidades de propriedade social. O artigo oferece um esboço teórico-conceitual dessa perspectiva. Em primeiro lugar, há que se lançar as bases para uma análise de classe renovada e adaptá-la ao diagnóstico do nosso tempo. Parte-se do pressuposto de que classes não devem ser concebidas como grandes grupos estáticos; pelo contrário, há que se analisar a formação de classes de maneira dinâmica, no contexto específico dos regimes de expropriação. O argumento parte dos elementos básicos da teoria de classe marxista (1) e introduz o conceito de regime de expropriação capitalista, bem como a categoria de exploração secundária (2). Segue um esboço das expropriações do capitalismo financeiro (3) e seus efeitos nas relações classistas (4). Finalmente, formulam-se algumas reflexões sobre a noção de classe (5).

1. O conceito de classe de Marx

A questão de por que é tão difícil abandonar o "barco" nos leva às raízes da teoria de classe marxista. Basicamente, essa teoria – de todo modo já fragmentada – se baseia em quatro premissas. *Primeiro*, busca levar ordem à caótica diversidade de desigualdades sociais ao descrever condições de classe empiricamente observáveis e embasadas na estrutura econômica do capitalismo. *Segundo*, o conceito marxista de classe é relacional. Uma classe só pode ser definida em suas relações com outras classes. A divisão de classes no capitalismo se deve à capacidade de uma classe de monopolizar os meios de produção e de adquirir as horas excedentes não remuneradas de uma outra classe que, por sua vez, vive exclusivamente da venda de sua força de trabalho. *Terceiro*, o conceito de classe de Marx implica um modelo especial de dominação. Embora formalmente baseada na troca de equivalentes, a exploração capitalista também precisa de meios político-estatais de subordinação. *Quarto*, o conceito marxista de classe, em sua concepção original, serve para criticar a dominação social e, se necessário, incentivar uma mobilização para aboli-la.

A crítica acadêmica se baseia sobretudo na relação não esclarecida entre estrutura e ação de classe, bem como na carga histórico-filosófica de tal conceito no marxismo-leninismo. Tais críticas erram ao rotular Marx como o teórico da pauperização. É verdade que, no fim da década de 1840, Marx e Engels esperavam um processo de proletarização que nivelasse as diferenças entre classes e melhorasse as condições para a organização do proletariado. Porém, a força motriz da consciência proletária não era o empobrecimento, nem mesmo o pauperismo. Quando

Marx e Engels falavam sobre as classes trabalhadoras empiricamente reais, eles projetavam uma classe com grupos, facções e interesses muito diferentes. Já em 1845, em *A situação da classe trabalhadora na Inglaterra*[8], Engels retratou aquela que à época era a classe trabalhadora mais desenvolvida como um grande grupo com fortes diferenças internas. Ele distinguiu entre grupos de trabalhadores em diferentes setores, analisou as desigualdades de gênero, considerou tanto a demografia e a urbanização como condições de higiene, poluição da água e do ar e os efeitos da proletarização nas relações familiares. No mais, Engels também abordou o problema da migração no âmbito da "imigração irlandesa".

Mesmo nesse estudo preliminar, não há evidência de que o pauperismo e a miséria absoluta causem o desenvolvimento da consciência de classe. Pelo contrário, tanto Marx quanto Engels consideravam que as camadas empobrecidas e negligenciadas do proletariado eram um obstáculo ao processo de formação classista. Engels falava dos "irlandeses" – erroneamente[9] – com uma mistura de rejeição e desprezo. Ele esperava um impacto negativo nos processos de construção de classe, argumentando que os migrantes irlandeses, com sua natureza incivilizada, levariam a classe trabalhadora inglesa a um "alto nível de degradação"[10]. O *Manifesto* também faz referência ao "lumpemproletariado", à "decadência passiva dos estratos mais baixos da sociedade antiga" que, dada a sua situação, prontamente "se deixou comprar pelas maquinações reacionárias"[11]. Segundo esse ponto de vista – que, por sinal, influencia a identidade social de muitos movimentos trabalhistas organizados no Ocidente até hoje –, a superação do pauperismo é uma condição essencial para o surgimento da consciência de classe. Para Marx e Engels, a pobreza absoluta é um obstáculo notável à formação de tal consciência, um gatilho para a concorrência e a divisão entre os trabalhadores. A esse respeito, somente a luta – repetidamente acompanhada de contratempos e derrotas – é capaz de estabelecer limites à "fome voraz" do capital por mais trabalho, criando as condições de vida que possibilitam estabilizar os movimentos trabalhistas organizados.

* * *

Esse otimismo revolucionário, evidente nos escritos político-programáticos, é relativizado por Marx em sua obra teórica, especialmente em *O capital*. No primeiro

---

[8] Friedrich Engels, "Die Lage der arbeitenden Klassen in England. Nach eigner Anschauung und authentischen Quellen", em Karl Marx e Friedrich Engels, *Werke*, v. 2 (Berlim, Dietz, 1972), p. 225-506 [MEW 2].
[9] Ver crítica implícita de Edward P. Thompson, *Die Entstehung der englischen Arbeiterklasse*, v. 1 (Frankfurt a. M., Suhrkamp, 1987 [1963]).
[10] Friedrich Engels, MEW 2, cit., p. 323.
[11] Karl Marx e Friedrich Engels, "Das Manifest der kommunistischen Partei [1848], em *Werke*, v. 4 (Berlim, Dietz, 1959), p. 472 [MEW 4].

volume, ao falar sobre o fetichismo[12], Marx mostra como a forma-mercadoria "reflete as características humanas do próprio trabalho como características do próprio produto, como propriedades naturais sociais dessas coisas"[13]. Implicitamente, a questão do surgimento da consciência de classe recebe aqui uma virada ideológico-teórica. Pensar nas relações sociais começa "com os resultados finais do processo de desenvolvimento"; as mercadorias "já possuem a firmeza das formas naturais da vida social, antes mesmo que as pessoas procurem saber" o seu conteúdo[14]. Essa tendência à reificação – que também pode ser observada no fetiche salarial, por exemplo (o pagamento pelo produto, não pela força de trabalho) – contribui de modo decisivo para a reprodução da sociedade burguesa e do seu domínio. Portanto, a concepção marxista da consciência de classe leva a um problema epistemológico. Se as ideias dominantes são sempre as ideias da classe dominante, como pode surgir uma consciência alternativa, crítica e até mesmo revolucionária?

A tentativa marxista de responder a essa questão leva à dimensão político-cultural da formação de classes. Sempre que Marx trata dos processos de construção de classe, ele vai analiticamente além dos determinantes socioeconômicos. Considera tal construção no contexto de uma "análise estrutural complexa" em comparação com o *Manifesto* e no contexto da relativa autonomia e especificidade do político[15]. No que se refere a situações históricas particulares, Marx expôs em sua análise do bonapartismo as relações de poder e as alianças entre classes ou frações que moldavam a sociedade francesa da época. Ele abandonou a ideia de que as outras classes eram apenas uma massa reacionária diante do proletariado, adotando uma interpretação mais acurada. A pequena burguesia passou a ser o eixo da disputa entre as duas classes principais. As outras passaram a ser associadas a formas e instituições político-constitucionais no conceito de bloco de classe, isto é, de alianças em constante mudança. No palco político, o exército, a imprensa, os intelectuais e a Igreja agiam como forças que não podiam ser claramente ligadas a um interesse de classe "objetivo". Assim, Marx introduziu o conceito de representação política[16] para se referir a uma esfera de luta política que não poderia ser reduzida à mera execução de interesses socioeconomicamente determinados. Foi essa análise complexa que permitiu a Marx responder à questão de quais forças sociais teriam sido representadas pelo golpe de Napoleão III.

A tese de Marx de que Napoleão representaria os pequenos agricultores conservadores se refere a outra dimensão da formação consciente. Na medida em

---

[12] Karl Marx, "Das Kapital", v. I: Der Produktionsprozeß des Kapitals [1867], em Karl Marx e Friedrich Engels, *Werke* (Berlim, Dietz, 1973), p. 85 e seg. [MEW 23].
[13] Ibidem, p. 86.
[14] Ibidem, p. 90 e seg.
[15] Stuart Hall, *Ausgewählte Schriften. Ideologie, Kultur, Medien, Neue Rechte, Rassismus* (Hamburgo, Argument, 1989), p. 36 e seg.
[16] Ibidem, p. 40.

que um modo específico de produção impossibilita o desenvolvimento de formas abrangentes de transporte e comunicação, a formação deliberada de classes também é impossibilitada. De acordo com Marx, os pequenos agricultores franceses eram "uma massa imensa cujos membros viviam na mesma situação", sem, entretanto, adotar formas recíprocas de comunicação e troca. Seu modo de produção os isolou um do outro. Cada família produzia a maior parte de seu próprio consumo, vivendo mais do seu metabolismo com a natureza do que interagindo com a sociedade. Devido a esse isolamento, intensificado pela pobreza e pelos meios de comunicação limitados, Marx concluiu:

> É assim que a grande massa da nação é formada pela simples adição de nomes semelhantes, como várias batatas enfiadas dentro de um saco, constituindo assim um saco de batatas: na medida em que milhões de famílias vivem em condições econômicas que separam seus estilos de vida, seus interesses e sua educação de outras classes, tais famílias formam uma classe. Na medida em que existe apenas uma conexão local entre pequenos agricultores, a semelhança de seus interesses não produz nenhuma ligação, nenhuma conexão nacional e nenhuma organização política, tais agricultores não constituem uma classe. Eles são, portanto, incapazes de afirmar seus interesses de classe em seu próprio nome...[17]

A massa isolada dos pequenos agricultores franceses só pôde defender seus interesses quando delegou tais interesses a uma outra força politicamente assertiva. Quando se tenta visualizar a arquitetura do conceito de classe aqui esboçado, fica implicitamente claro que as várias críticas[18] reduzem a complexidade e a sofisticação da análise de Marx a ponto de torná-la irreconhecível. O que se pode criticar em Marx não é tanto um conceito de classe supostamente simplista, e sim um entendimento teórico inadequado da simultaneidade do não simultâneo, como se vê na análise dos pequenos agricultores franceses. Em outras palavras: em sua análise do bonapartismo, Marx havia abordado o fato de que as relações capitalistas de classe não existiam em sua forma mais pura. Na França do século XIX, tais relações ainda estavam inseridas em um modo de produção agrário que impediu a construção consciente e organizada de classes por grande parte da população rural.

---

[17] Karl Marx, "Der achtzehnte Brumaire des Louis Bonaparte", em Karl Marx e Friedrich Engels, *Werke*, v. 8 (Berlim, Dietz, 1982) p. 198 [MEW 8].
[18] Por exemplo, Ulrich Beck, *Die Risikogesellschaft. Auf dem Weg in eine andere Moderne* (Frankfurt a. M., Suhrkamp, 1986); idem, "Risikogesellschaft und die Transnationalisierung sozialer Ungleichheiten", em Peter A. Berger e Anja Weiß (orgs.), *Transnationalisierung sozialer Ungleichheit* (Wiesbaden, VS-Verlag, 2008).

2. Expropriações, classes e exploração (secundária)

O próprio Marx considerava a incorporação feudal das relações capitalistas de classe um fenômeno de transição. Juntamente com Engels, ele previu no *Manifesto do Partido Comunista* que a necessidade de uma revolução constante das forças produtivas faria com que "tudo o que existe" evaporasse, razão pela qual as pessoas seriam "finalmente forçadas" a ver suas interações com olhos sóbrios[19]. Justamente essa tendência de nivelamento, hoje frequentemente citada como justificativa para um "pensamento cosmopolita"[20], não ocorreu e também não pode ocorrer de tal maneira. Afinal, o capitalismo depende estruturalmente de forças e comportamentos não capitalistas para perpetuar sua existência. Isso se reflete no conceito de regime de expropriação capitalista.

Uma primeira análise da expropriação capitalista foi apresentada pelo próprio Marx. Em sua análise da "assim chamada acumulação primitiva"[21], ele esboçou o surgimento do capitalismo em um ambiente não capitalista. No centro desse desenvolvimento estavam as relações de propriedade e classe, que historicamente precederam o modo de produção capitalista. Para Marx, a expropriação rural foi um pré-requisito central para a gênese de um novo tipo de produtor, um "trabalhador assalariado duplamente livre" sem vínculos com terras ou guildas. Esse processo, que concentrava os meios de produção nas mãos de um pequeno grupo de proprietários, foi descrito por Marx como um processo extremamente brutal, baseado menos em talentos e virtudes e mais em uma história centenária de lendas camponesas, expropriação forçada de terras comuns, roubo da propriedade da Igreja, opressão colonial e tráfico de escravos. O que Marx apresentou de maneira polêmica a pesquisa contemporânea substituiu por análises historiográficas e quantitativas[22]. Neste momento, porém, o interessante não é tanto a luta entre diferentes abordagens sobre o desenvolvimento do capitalismo, e sim o padrão básico do argumento de Marx, na medida em que tem relevância para a teoria das classes. Destaco aqui quatro considerações.

(1) *Paralelismo histórico de diferentes relações de propriedade e de classe*: regimes de expropriação representam uma expansão – tanto interna quanto externa – do modo de produção capitalista. Desse modo, grande parte da população rural foi separada da terra, constituindo um "mercado interno" e forçada a sobreviver pela venda de sua força de trabalho. Assim, a orientação da demanda pura foi substituída; as matérias-primas e os alimentos se converteram em mercadorias. A subsequente

---

[19] Karl Marx e Friedrich Engels, MEW 4, cit., p. 465.
[20] Anja Weiß e Peter A. Berger, "Logik der Differenzen", cit., p. 11; Ulrich Beck, *Was ist Globalisierung? Irrtümer des Globalismus – Antworten auf Globalisierung* (Frankfurt a. M., Suhrkamp, 1997).
[21] Karl Marx, MEW 23, cit., cap. 24, p. 741 e seg.
[22] Por exemplo, Edward P. Thompson, *Die Entstehung der englischen Arbeiterklasse*, cit., p. 203 e seg.

destruição das indústrias secundárias e o divórcio entre a manufatura e a agricultura resultaram em uma transformação ainda mais radical, que proporcionou ao emergente modo de produção capitalista os recursos humanos necessários. Em última análise, porém, foi a indústria em larga escala que proporcionou uma base constante para a agricultura capitalista; ela completou o divórcio entre a agricultura e o comércio doméstico-rural, dominando "todo o mercado interno do capital industrial"[23]. Se considerarmos que esse processo prosseguiu durante séculos e que as relações de produção capitalistas se difundiram apenas no decurso da Revolução Industrial, fica claro por que é necessário falar da existência paralela de relações de classe capitalistas e não capitalistas em todo esse período.

No entanto, circunstâncias antigas e novas não podem ser estritamente separadas; elas interagem em uma variedade de sínteses nos mundos cotidianos de indivíduos e grupos sociais. Portanto, o trabalhador assalariado duplamente livre representado por Marx é, em certo sentido, uma abstração. Mesmo após a Revolução Industrial, grande parte do proletariado industrial continuou envolvida nas condições rurais e tradicionais de produção e vida. Burkart Lutz[24] analisou o significado social desse "dualismo" do mundo da vida com base no exemplo alemão. De acordo com sua análise, todo impulso de crescimento capitalista é baseado em expropriações específicas dominadas pelo setor capitalista industrial. O setor agrário e pequeno-empresarial é não apenas o objeto de tal expropriação, na medida em que se abre para o setor do mercado capitalista mundial, como também atua como um estabilizador da economia capitalista[25]. Porém, essa dialética interno-externa atinge seus limites no capitalismo fordista, porque o processo de mercantilização da força de trabalho, possibilitado pelo desenvolvimento dos sistemas do Estado de bem-estar, absorveu gradualmente o setor tradicional. No entanto, ou talvez por causa disso, o "capitalismo social"[26] sempre foi uma economia mista com setores baseados em princípios de racionalidade muito diferentes[27]. Mesmo o setor de pequena escala foi constantemente reconstruído e ainda é capaz de desenvolver um dinamismo surpreendente, ainda mais em setores de crescimento e regiões com uma longa tradição industrial[28]. O paralelismo dos setores e modos de pro-

---

[23] Karl Marx, MEW 23, cit., p. 776 e seg.
[24] Burkart Lutz, *Der kurze Traum immerwährender Prosperität. Eine Neuinterpretation der industriell-kapitalistischen Entwicklung im Europa des 20. Jahrhunderts* (Frankfurt a. M./Nova York, Campus, 1984).
[25] Ibidem, p. 58 e seg.
[26] Richard Sennett, *Die Kultur des neuen Kapitalismus* (Berlim, Berlin Verlag, 2007), p. 27.
[27] Luise Gubitzer, "Wirtschaft ist mehr. Sektorenmodell der Gesamtwirtschaft als Grundlage für Geschlechtergerechtigkeit", *Widerspruch Beiträge zur sozialistischen Politik*, v. 50, 2006, p. 17-29.
[28] Klaus Dörre e Bernd Röttger, *Im Schatten der Globalisierung. Strukturpolitik, Netzwerke und Gewerkschaften in altindustriellen Regionen* (Wiesbaden, VS-Verlag, 2006).

dução também cria uma justaposição de relações de classe que sempre faz parte do modo social de regulação e controle político.

(2) *Disciplinamento para o novo modo de produção*: regimes de expropriação capitalista, incluindo a acumulação primitiva de capital analisada por Marx, são sempre processos políticos baseados em intervenção estatal. Nem a mudança das relações de propriedade e a expropriação rural, nem a preparação e o disciplinamento dos trabalhadores livres e disponíveis para o novo modo de produção poderiam ser realizados sem ajuda estatal. Assim, as leis originadas no período feudal foram usadas para estabelecer uma obrigação geral de trabalho e uma regulação política de salários. Em casos extremos, numa forma de precariedade politicamente motivada, leis grotescamente terroristas forçaram "os trabalhadores rurais convertidos em vagabundos" a desenvolverem a disciplina necessária ao sistema de trabalho assalariado[29]. Mesmo durante a Revolução Industrial, tal processo se baseou na exclusão política dos trabalhadores. Assim, um Estado burguês com características repressivas ajudou a selar o modo de produção capitalista e assegurou que a formação do mercado ocorresse em condições de assimetria estrutural de poder. Nesse sentido, a formação do mercado no período de acumulação primitiva foi um processo político, nunca puramente econômico. A mobilização e a disciplina da população livre para o modo de produção capitalista não ocorreram por conta própria, às vezes nem mesmo através de incentivos econômicos, mas essencialmente através de mecanismos coercitivos político-estatais[30].

No entanto, Marx acreditava que o uso de coerção política (incluindo a violência aberta), em sua forma extensiva, continuaria sendo um episódio da história inicial do capitalismo. No processo histórico, segundo Marx, emergiria uma classe trabalhadora que, "por meio da educação, da tradição e dos costumes, reconheceria as exigências desse modo de produção como uma lei natural da natureza". A violência extraeconômica seria usada apenas em casos excepcionais; normalmente, os trabalhadores seriam regidos pelas "leis naturais da produção"[31]. Porém, se alguém imagina o desenvolvimento capitalista como uma sucessão de diferentes formações, modos de produção e relações de classe, então a validade geral dessa premissa marxista deve ser questionada.

(3) *Regime de expropriação capitalista como um modo de desenvolvimento*: foi esse questionamento que Hannah Arendt fez, partindo da heresia marxista de Rosa Luxemburgo. Em seus estudos sobre totalitarismo, Arendt[32] afirma que

---

[29] Karl Marx, MEW 23, cit., p. 765.

[30] Ver também Foucault, que descreveu esses mecanismos coercitivos, dando o exemplo de campos de internação ou casas de trabalho para os pobres, desempregados, vagabundos, enfermos e "loucos" (*Wahnsinn und Gesellschaft* (Frankfurt a. M., Suhrkamp, 1996)).

[31] Karl Marx, MEW 23, cit., p. 765.

[32] Hannah Arendt, *Elemente und Ursprünge totalitärer Herrschaft. Antisemitismus, Imperialismus, totale Herrschaft* (11. ed., Munique, Piper, 2006 [1951]), p. 332 e seg.

a acumulação primitiva parece se repetir sob condições históricas distintas, tomando emprestado um argumento desenvolvido por Rosa Luxemburgo em sua obra principal, na qual tecia críticas ao imperialismo. Segundo tal argumento, o desenvolvimento capitalista tem uma face dupla. De um lado, o desenvolvimento é efetivado por meio da produção de mais-valor nas fábricas, na agricultura capitalizada e nos mercados. Aqui, o capitalismo se reproduz em grande parte a partir de seus próprios alicerces. Do outro lado, o desenvolvimento se divide em relações de troca entre a acumulação de capital e os modos de produção e territórios não capitalistas. A tese de Luxemburgo sustenta que só partes limitadas do produto social total podem ser realizadas no "tráfego interno". Isso força as empresas em expansão a concretizar parcelas do mais-valor no "tráfego externo". Esse problema se agravaria com o crescimento da massa de valor tanto em termos absolutos quanto relativos. Para Luxemburgo, as tensões resultantes explicam o fenômeno contraditório segundo o qual "os antigos países capitalistas representam uns para os outros um mercado cada vez maior, tornando-se cada vez mais indispensáveis uns aos outros e, ao mesmo tempo, cada vez mais ciumentos uns dos outros como concorrentes nas relações com os países não capitalistas"[33].

Acima de tudo, as implicações teóricas luxemburguistas sobre o colapso das expropriações capitalistas são problemáticas. É verdade que tais expropriações são muitas vezes irreversíveis – por exemplo, quando absorvem formas tradicionais de produção ou consomem produtos naturais. A capitalização dos "mercados externos" aparece assim como um processo que precisa terminar em um ponto de fuga distante, porque sem um "exterior" não há capitalismo. Porém, há uma leitura alternativa do teorema da expropriação capitalista. De acordo com essa perspectiva, o capitalismo é capaz de se renovar diante de encruzilhadas. Os regimes de acumulação e a propriedade, os modos de regulação e os modelos de produção podem ser transformados, sempre com o propósito de preservar o capitalismo[34]. Tais transformações ("revoluções passivas") são possíveis porque o capitalismo sempre pode se relacionar com um "exterior" em relações espaçotemporais concretas. Esse "exterior" é – ao menos em parte – produzido pelo próprio capitalismo: "O capitalismo pode usar um 'exterior' já existente (sociedades não capitalistas ou uma área ainda não mercantilizada pelo capitalismo, como a educação) ou pode ativamente criar tal 'exterior'"[35].

A produção ativa de um "exterior" significa que a cadeia de expropriações é fundamentalmente infinita – uma premissa que separa o teorema do regime de

---

[33] Rosa Luxemburgo, "Die Akkumulation des Kapitals. Ein Beitrag zur ökonomischen Erklärung des Imperialismus" [1913], em *Gesammelte Werke*, v. 5 (Berlim, Dietz, 1975), p. 316.
[34] Antonio Gramsci, *Gefängnishefte*, v. 1: Kritische Gesamtausgabe Heft 1 (Hamburgo, Argument-verlag, 1991 [1929]), p. 101 e seg.; idem, *Gefängnishefte*, v. 9: Kritische Gesamtausgabe Hefte 22-29 (Hamburgo, Argumentverlag 1999), p. 2063e seg.
[35] David Harvey, *Der neue Imperialismus* (Hamburgo, VSA, 2005), p. 140.

expropriação capitalista de interpretações que sugeririam um colapso. A "queda do homem", como descreve Hannah Arendt, "a destruição das leis puramente econômicas por meio da ação política"[36], pode e deve ser repetida em uma escala mais ampla. A dinâmica do capitalismo se baseia justamente na capacidade de produzir e destruir espaços. Com investimentos em máquinas, fábricas, trabalho e infraestrutura, o capital estabelece vínculos espaciais e é incapaz de resolvê-los sem custos e desgastes. Nesse contexto, uma função especial cabe a investimentos que promovem o desenvolvimento econômico de espaços – como o financiamento de rotas de transportes, o desenvolvimento de matérias-primas ou os investimentos em educação e treinamento, saúde e segurança ocupacional. Tais investimentos só são amortizados a longo prazo, ou seja, eles são temporariamente retirados do ciclo primário do capital (consumo direto) e redirecionados para o ciclo secundário (capital para os meios de produção e criação de meios de consumo, como moradia) ou terciário (por exemplo, despesas com pesquisa, desenvolvimento, assuntos sociais). Não se sabe ao certo se tais investimentos vão vingar. É por isso que, nesses casos, o Estado frequentemente intervém como um "capitalista ideal".

Os ciclos de investimento a longo prazo em certos espaços e horizontes temporais parecem estar relacionados às "longas ondas"[37] da acumulação capitalista, situadas entre as crises de transformação e que podem eventualmente levar ao surgimento de formações capitalistas mais ou menos coerentes. Tais investimentos nas respectivas áreas constituem ciclos de desenvolvimento econômico que ao menos desarmam o problema da sobreacumulação através de vínculos com o capital. Períodos desse tipo são ideais para proteger o mercado, prevenindo que potenciais campos de investimento sejam explorados e transformando-os em bens públicos por meio da intervenção estatal. Desse modo, as operações moleculares do capital criam um "exterior", uma esfera inacessível à acumulação privada, mas que pode ser usada para melhorar a condutividade econômica. Na medida em que tal cerceamento da socialização de mercado se converte em obstáculo para a utilização do capital, ele gera tentativas de aliviar ou até mesmo eliminar a fixação espaçotemporal do capital antes realizada. Quando a eliminação de tais fixações leva à desindustrialização, ao declínio econômico, ao desemprego em massa e à pobreza (como consequência dos processos de internacionalização, por exemplo), surge uma região "exterior" devastada e abandonada, que pode ser usada em estágios posteriores de desenvolvimento como um espaço para investimentos de reparo a longo prazo. Se isso for levado em conta, o paralelismo espaçotemporal das relações de classe dentro e fora das sociedades nacionais é provavelmente a regra.

---

[36] Hannah Arendt, *Elemente und Ursprünge totalitärer Herrschaft*, cit., p. 335.
[37] Elmar Altvater, "Bruch und Formwandel eines Entwicklungsmodells: Die gegenwärtige Krise ist ein Prozess gesellschaftlicher Transformation", em Jürgen Hoffmann (org.), Überproduktion, Unterkonsumtion, Depression. Analysen und Kontroversen zur Krisentheorie (Hamburgo, VSA, 1983).

(4) *Exército industrial de reserva e exploração secundária:* também é verdade que essa simultaneidade não simultânea possibilita a preservação e a institucionalização de mecanismos de exploração secundária. Secundária, nesse caso, não significa de forma alguma menos dolorosa, menos brutal ou menos importante. O contrário pode ser o caso. Como é sintomático das formas de exploração secundária, a racionalidade da troca de equivalentes que estrutura a exploração capitalista primária não se aplica ou se aplica apenas com restrições. A funcionalização do trabalho reprodutivo das mulheres e o estabelecimento de um *status* transitório para migrantes são casos clássicos de tais mecanismos de exploração secundária. No primeiro caso, mecanismos simbólicos habituais e políticos são usados para hierarquizar atividades por meio de construções específicas de gênero. A desvalorização do trabalho reprodutivo e a relativa exclusão do trabalho em período integral socialmente protegido tem aqui sua origem histórica[38]. No segundo caso, o *status* especial transitório de migrantes, baseado na ausência de raízes e direitos, consolida uma diferença específica interna-externa usada para fornecer mão de obra pouco qualificada e mal remunerada aos setores menos atraentes do mercado de trabalho.

As formas de exploração secundária, tal como associadas ao domínio patriarcal e à "proteção especial do trabalho nacional"[39], podem, em certo sentido, ser chamadas de "gêmeas da acumulação"[40]. A libertação social e cultural nos países em desenvolvimento, a destruição das economias de subsistência e a ruptura dos laços tradicionais criam um potencial de mão de obra que, como um exército de reserva latente, está sempre presente nos centros capitalistas. Imigrantes assumem um estado de relativa desintegração social que é politicamente estabelecido. Assumir uma atividade de trabalho, uma posição social "temporária", na expectativa de um posterior retorno à pátria, acompanha a sugestão de natureza provisória. Essa sugestão promove uma divisão peculiar entre o trabalho e a identidade social. O trabalho aparece como um meio de ganhar dinheiro para uma vida melhor, enquanto a identidade social continua focada no país de origem. Por essa razão, os migrantes da primeira geração, em particular, estão mais dispostos a aceitar trabalhos e condições de trabalho que seriam rejeitados em outras circunstâncias[41]. O *status* do "salário adicional" é semelhante para a força de trabalho feminina.

---

[38] Brigitte Aulenbacher, "Die soziale Frage neu gestellt – Gesellschaftsanalysen der Prekarisierungs- und Geschlechterforschung", em Robert Castel e Klaus Dörre (orgs.), *Prekarität, Abstieg, Ausgrenzung. Die soziale Frage am Beginn des 21. Jahrhunderts* (Frankfurt a. M./Nova York, Campus, 2009), p. 65-80.
[39] Christof Parnreiter, *Migration und Arbeitsteilung. AusländerInnenbeschäftigung in der Weltwirtschaftskrise* (Viena, Promedia, 1994), p. 42.
[40] Ibidem, p. 13.
[41] Michael J. Piore, "Internationale Arbeitskräftemigration und dualer Arbeitsmarkt", em Reinhard Kreckel (org.), *Soziale Ungleichheiten. Soziale Welt Sonderband 2* (Göttingen, Schwartz, 1983), p. 347.

Portanto, pode-se falar em exploração secundária sempre quando as formas simbólicas e a coerção estatal são usadas para conservar uma diferença interna--externa, com o objetivo de pagar a esses grupos valores abaixo da tabela ou excluir tais grupos da relação real de exploração capitalista. A exploração secundária revela uma síntese tensa do universalismo e do particularismo inerentes ao regime de expropriação capitalista. A reivindicação universalista do uso do capital depende funcionalmente de regulamentos particularistas, como o Estado-nação; o sistema econômico global só pode existir dentro de uma rede de relações de poder estatais e interestatais que produzem continuamente relações internas-externas.

Tendo isso em mente, o significado das relações de classe, da exclusão e da precariedade para a racionalidade econômica do capitalismo pode ser descrito de maneira mais precisa. O mecanismo do exército industrial de reserva, que Marx[42] analisa no primeiro volume de *O capital*, é, até certo ponto, a produção ativa de um "fora" oposto à desmercantilização estatal. Em suas diversas formas, ele pode ser usado em tempos de recuperação econômica para mobilizar mão de obra adicional. Especialmente em tempos de crise, os excluídos da produção capitalista exercem uma pressão que pode ser usada para manter os custos trabalhistas tão baixos quanto possível[43]. Portanto, a questão social definida por Marx sempre conhece um "interior" e um "exterior". A exploração e a apropriação privada de um mais--valor criado coletivamente estão no centro do "interior". No "exterior", trata-se de estabelecer salários e condições de vida abaixo dos padrões da classe, incluindo a sobre-exploração e, em casos extremos, o completo abandono da capacidade de trabalho e a exclusão do trabalho remunerado.

3. Regime de expropriação do capitalismo financeiro e erosão da sociedade de classes integrada

Vamos deixar claro: expropriações não são processos lineares; elas também dependem de coincidências e decisões contingentes, geram atrito e contradições, desencadeiam contramovimentos, motivam protesto e resistência. No entanto, cada *modus operandi* de um ciclo de regime de expropriação inclui um aspecto dominante, refletido em longos períodos nos quais o mercado se abre e se fecha. Em princípio, pode-se distinguir entre duas formas básicas de expropriações. A *primeira* se baseia na desmercantilização, na dissociação relativa do trabalho assalariado dos riscos de mercado, por exemplo na era do capitalismo fordista. Porém, à medida que a contenção da socialização do mercado – também baseada na institucionalização do poder dos trabalhadores – aparece como obstáculo para o uso do capital, aumenta o interesse das elites econômico-políticas por uma *segunda*

---

[42] Karl Marx, MEW 23, cit., p. 657 e seg.
[43] David Harvey, *Der neue Imperialismus*, cit., p. 139.

forma básica de expropriação, a remercantilização (produção de mercadorias, conexão com riscos de mercado) ou desmercantilização (exclusão do mercado).

Assim, cada *modus operandi* dos regimes de expropriação capitalista inclui formas muito diferentes de intervenção estatal. A "destruição" das leis econômicas pode ocorrer pela desmercantilização e fixação de capital a longo prazo nos ciclos secundário ou terciário, como foi o caso da expansão dos serviços públicos, da produção de bens coletivos e da expansão dos sistemas de segurança coletiva. No entanto, a intervenção estatal também pode ocorrer para privatizar as instituições públicas e desregulamentar os mercados de trabalho, servindo assim de alavanca para a remercantilização ou desmercantilização do trabalho. Desse modo, o desenvolvimento capitalista não segue os ditames da eficiência econômico-técnica, já que estes se baseiam sempre em intervenção política, mecanismos coercivos, destruição, irracionalidade, especulação, até mesmo "práticas fraudulentas" e violência[44].

Tendo isso em mente, deve-se ser cético quanto à capacidade de aprendizagem coletiva das classes dominantes e, portanto, a capacidade de controlar as economias capitalistas. É verdade que as economias de mercado não podem existir a longo prazo sem disposições regulatórias, isto é, sem instituições e comportamentos que limitem o mercado. No entanto, no caso dos sujeitos econômicos atomizados, há sempre uma tendência de questionar fundamentalmente os limites impostos pelo mercado, incluindo a resultante formação de compromissos sociais e a conversão desses limites em objeto de expropriações capitalistas.

Este é precisamente o impulso da reestruturação capitalista financeira que capturou mais ou menos todos os capitalismos desenvolvidos desde a década de 1980. Para David Harvey, o *modus operandi* do regime de expropriação do capitalismo financeiro – incluindo a financeirização de operações e organizações econômicas (IPOs, fusões, aquisições de empresas etc.), a conversão de empresas estatais e a privatização de instituições públicas – é a "acumulação por despossessão". O efeito particular desse *modus operandi* é que o excedente de capital liberado dos ativos pode ser obtido a baixo custo ou mesmo gratuitamente[45]. Essa acumulação é, por assim dizer, um equivalente funcional aos atos de violência da acumulação primitiva e das expropriações imperialistas, conforme analisado por Marx, Luxemburgo e Arendt.

Para que isso seja compreensível, faz sentido comparar as relações de classe "fordistas" com as neoliberais. Desde 1945, num contexto de prosperidade na Europa continental, surgiram sociedades cuja estrutura social pode ser compreendida por meio das frações da classe média. Por muito tempo, a Alemanha teve uma característica especial. Até recentemente, tratava-se de sociedade com uma força de trabalho com grande coesão social. Noventa por cento da população trabalhadora

---

[44] Ibidem, p. 147.
[45] Ibidem, p. 147 e seg.

era sujeita às condições capitalistas do mercado de trabalho, e grande parte desses trabalhadores poderia ser definida como "classe trabalhadora no papel". No entanto, apesar das contínuas peculiaridades da classe trabalhadora, muitos trabalhadores se pautavam cada vez mais pelas dinâmicas das classes médias. É verdade que o trabalho assalariado vai muito além dos trabalhadores industriais e além dos limites de gênero, mas os elementos típicos de um hábito burguês, como a gratificação, a preocupação com o desempenho e a busca pelo ensino superior, se converteram em natureza social de uma grande proporção de assalariados.

Esse foi o resultado da ascensão coletiva de trabalhadores e funcionários. Embora a ideia de Schelsky de uma "sociedade de classe média nivelada" em dimensões importantes da desigualdade nunca tenha correspondido à realidade[46], a conexão entre a força de trabalho e o centro social foi um evento essencial para a Alemanha Ocidental. Isso ocorreu em parte porque a renda e o estilo de vida dos trabalhadores melhoraram qualitativa e quantitativamente entre 1950 e 1970. Esse "efeito elevador", ou seja, um aumento coletivo diante das desigualdades persistentes, foi acompanhado por uma mudança profunda no *status* dos assalariados. A extensão dos sistemas de segurança social concedeu à maioria dos trabalhadores, incluindo suas famílias, os direitos de disposição sobre uma propriedade social[47], um meio de vida coletivo, que permitiu a integração desses grupos à sociedade burguesa[48]. A transição para um *status* coletivo reconhecido, aliada ao crescimento contínuo dos salários e às consequentes mudanças no estilo de vida, fez toda a diferença. Na força de trabalho, depois de 1945, estavam "quase todos protegidos". O resultado foi uma sociedade "na qual a grande maioria da população conquistou o *status* de cidadania social por meio da consolidação do *status* de emprego"[49].

Robert Castel[50] descreveu – corretamente – essa mudança na estrutura social como a formação de uma "sociedade dos semelhantes". Importantes diferenças entre classes e frações de classe não desapareceram, mas o direito à propriedade social, disponível para aqueles que não tinham propriedade assegurada, transformou a realidade dos assalariados. De certa forma, suas vidas se tornaram previsíveis. As grandes e pequenas empresas com mercados de trabalho internos estáveis, bem como um setor público desenvolvido, garantiram que a proteção coletiva dos assalariados pudesse ser usada para o avanço individual. Em suma, pela primeira

---

[46] Ver Josef Mooser, *Arbeiterleben in Deutschland 1900-1970* (Frankfurt a. M., Suhrkamp, 1984); Michael Vester, Christel Teiwes-Kügler e Andrea Lange-Vester, *Die neuen Arbeitnehmer. Zunehmende Kompetenzen – wachsende Unsicherheit* (Hamburgo, VSA, 2007).

[47] "A propriedade social pode ser descrita como a produção de benefícios de seguridade social que antes só a propriedade privada era capaz de produzir" (Robert Castel, *Die Stärkung des Sozialen. Leben im neuen Wohlfahrtsstaat* (Hamburgo, Hamburger, 2005), p. 42 e seg.).

[48] Idem.

[49] Ibidem, p. 41.

[50] Ibidem, p. 44 e seg.

vez, um capitalismo sem um aparente exército industrial de reserva surgiu por um curto período de tempo[51]. Na Alemanha Ocidental, a relativa exclusão das mulheres do trabalho em período integral, a funcionalização do trabalho reprodutivo como recurso gratuito[52] e a mobilização de "trabalhadores convidados" migrantes apontam para essa eficácia latente. Em outras palavras: esse regime de expropriação específico liberou mão de obra (sobretudo masculina) para o mercado de trabalho e, ao mesmo tempo, limitou o caráter de mercadoria dessa mão de obra por meio de direitos prolongados à propriedade social (incluindo aposentadorias, seguro de saúde, proteção contra demissão, mas também maior incentivo à educação e proteção por meio de negociações coletivas). Consequentemente, surgiu uma sociedade integrada, estruturada em torno das classes médias. Essa sociedade correspondia mais a uma associação com estratos permeáveis[53] do que a uma estrutura social polarizada. A coesão da "sociedade dos semelhantes" foi reforçada pelo fato de que ela competia com um "modelo gêmeo", o stalinismo, que buscava desenvolver a seguridade social à custa das liberdades individuais e coletivas[54].

No entanto, os modelos estratificados tendem a esconder que o *status* social dos assalariados estava ligado a condições socioeconômicas específicas (prosperidade econômica). Esse *status* teve um preço político – o reconhecimento, a incorporação e a estabilização institucional do poder do trabalhador. A ambivalência desse modo de integração se tornou evidente quando a militância operária ressurgiu no fim da década de 1960, surpreendendo o *mainstream* sociológico europeu[55]. O regime de expropriação do capitalismo financeiro também pode ser entendido como resposta à revitalização dessa militância. Daí em diante, foi necessário dinamizar a acumulação de capital, ocupando justamente o "exterior" imposto ao capitalismo fordista pela incorporação do poder do trabalhador e pelas instituições que limitavam o mercado. Nesse contexto, o capitalismo de mercado financeiro se refere ao surgimento de uma determinada formação capitalista. Ela combina uma acumulação de capital – baseada em um domínio relativo do capital financeiro – a modelos de produção e disposições regulatórias (vínculos entre o discurso público e as práticas institucionais) flexíveis, centradas no mercado, que priorizam a responsabilidade individual e a competitividade em detrimento do princípio da solidariedade.

---

[51] Burkart Lutz, *Der kurze Traum immerwährender Prosperität*, cit., p. 186 e seg.
[52] Brigitte Aulenbacher, *Die soziale Frage neu gestellt*, cit.
[53] Rainer Geissler, *Die Sozialstruktur Deutschlands. Zur gesellschaftlichen Entwicklung mit einer Bilanz zur Vereinigung* (4. ed. rev. e atual., Hamburgo, Verlag für Sozialwissenschaften, 2006).
[54] Peter Wagner, *Soziologie der Moderne. Freiheit und Disziplin* (Frankfurt a. M./Nova York, Campus, 1995).
[55] Wolfgang Streeck, "Gewerkschaften in Westeuropa", em Wolfgang Schröder e Bernhard Wessels (orgs.), *Die Gewerkschaften in Politik und Gesellschaft der Bundesrepublik Deutschland (86-99)* (Wiesbaden, VS Verlag für Sozialwissenschaften, 2003).

Assim entendido, o capitalismo de mercado financeiro não é de modo algum uma forma especial de acumulação de capital. Em vez disso, a lógica competitiva do capitalismo financeiro é transferida a todos os setores de uma economia mista, sendo assim generalizada para a sociedade. No centro do regime de expropriação capitalista está a tentativa de ocupar instituições e recursos que limitam o mercado, subordinando todas as áreas da economia mista ao princípio de racionalidade de um setor dominado por capitalistas e orientado ao mercado mundial. O *modus operandi* da expropriação deu início a uma profunda desestruturação e reestruturação das relações de classe – de certa forma, em paralelo à estrutura de classes do capitalismo social-burocrático e por muito tempo interligado a ele. Tal processo pode ser delineado por meio das características gerais dos países capitalistas.

Uma parte importante do regime de expropriação são os mecanismos de transferência (o domínio do capital de investimento, a criação de um mercado para o controle corporativo, a geração de valor para o acionista, a financeirização interna, a permanente competição local), que criam no setor de exportação uma economia planificada a serviço da maximização de lucros. Lucros já não aparecem como resultado de benefícios econômicos, e sim como seu pré-requisito. Consequentemente, as metas são desagregadas em unidades de negócio descentralizadas. Os assalariados são os principais responsáveis por carregar o risco de mercado. Ocorreu uma mudança dramática nas relações de propriedade e no modelo de produção, apesar das lamentações de que o mercado de trabalho alemão seria hiper-regulado – muitas vezes no ramo de normas institucionais desatualizadas, ou seja, apesar da autonomia de negociações coletivas, apesar da codeterminação, da proteção contra demissão e assim por diante. Um modo de produção flexível se desenvolveu por meio da redução da propriedade social, da polarização do mercado de trabalho e da produção de novas divisões sociais.

4. Novas divisões sociais e relações de classe

Olhando para as mudanças como um todo e considerando a estrutura social, parece razoável supor que a financeirização e a precarização tenham, de fato, iniciado a transição de uma sociedade de classes integrada para uma sociedade mais polarizada. A sociedade de classes coesa do capitalismo social-burocrático não desapareceu. Por meio de relações de trabalho regulares (na qual estavam 66% dos trabalhadores na Alemanha em 2008), instituições reguladoras e disposições habituais, a sociedade de classes ainda molda as demandas e estratégias de atores individuais e coletivos. Atualmente, é essa justaposição de estruturas antigas e novas que molda a reestruturação das relações de classe. Apesar de todas as continuidades, está surgindo um novo tipo de realidade social. Isso fica claro quando se consideram as relações entre (frações de) classes e a dinâmica de conflitos aí embutida, como ficou evidente no decorrer do regime de expropriação capitalista.

(1) *Reestruturação e reposicionamento das classes dominantes:* o novo regime de expropriação capitalista é um processo internacional e transnacional. Isso também se reflete na internacionalização – ainda que bastante contraditória – das relações de classe, tal como se nota entre as frações dominantes. De fato, novas análises importantes[56] têm se baseado no surgimento de classes dominantes transnacionais. Outras interpretações questionam esta abordagem. Não há como negar que existem redes de complexos industriais, *think tanks*, escolas de elite e empresas de consultoria que integram interesses capitalistas em âmbito global através de setores diversos, como argumenta Manuel Castells[57]. Porém, ainda não existe uma classe dominante homogênea e verdadeiramente internacional. Como se vê nos Estados Unidos, o topo do capitalismo financeiro pode ser ocupado por uma mistura colorida de estratos históricos, que vão desde o banqueiro tradicional até o gênio *self-made*, passando aí pelo especulador novo-rico. No entanto, o recrutamento das classes dominantes também pode ser desempenhado pelos principais executivos de empresas estatais, como é o caso da França, ou pelos clãs das empresas familiares chinesas, como em outras regiões do mundo. O escopo de ação dessas elites e frações de classe ainda é nacional ou regionalmente limitado. Na melhor das hipóteses, a ideia de uma classe dominante transnacional faz sentido quando se refere a frações que desempenham um papel de liderança na negociação de declarações e compromissos que moldam as relações internacionais, como sugere o conceito de classe da chamada Escola de Amsterdã. Nesse sentido, fala-se – conforme Van der Pijl[58] – não em uma classe transnacional, mas em uma "classe atlântica", cuja base decisiva de poder continua sendo o Estado-nação. Nesse sentido, as transições nacionais para o capitalismo do mercado financeiro podem ser um projeto político justamente dessas frações.

A dependência contínua de recursos de poder nacionais e da formação de compromissos também explica por que a grande burguesia continua a recrutar seus membros nas principais nações do mundo capitalista. Essa afirmação também se aplica à Alemanha, como mostra Michael Hartmann[59]. Evidentemente, um ambiente classista específico garante que a base de recrutamento para os executivos das cem maiores empresas alemãs se torne cada vez mais elitista. No período pós-guerra, ainda havia uma relativa permeabilidade em relação às posições de liderança; hoje quatro em cada cinco executivos provêm da classe média alta. Para ascender

---

[56] Leslie Sklair, "Die transnationale Kapitalistenklasse", em Peter A. Berger e Anja Weiß (orgs.), *Transnationalisierung sozialer Ungleichheit* (Wiesbaden, VS Verlag für Sozialwissenschaften, 2008), p. 213-40.
[57] Manuel Castells, *Das Informationszeitalter. I. Der Aufstieg der Netzwerkgesellschaft. Teil 1 der Trilogie das Informationszeitalter* (Opladen, Leske und Budrich, 2001), p. 533.
[58] Kees van der Pijl, *Transnational Classes and International Relations* (Londres, Routledge, 1998).
[59] Michael Hartmann, "Transnationale Klassenbildung?", em Peter A. Berger e Anja Weiß (orgs.), *Transnationalisierung sozialer Ungleichheit*, cit., p. 241-58.

a posições de liderança, a taxa de sucesso é de 60% a 180% mais alta quando o candidato vem da grande burguesia. É verdade que na Alemanha não existem as escolas de elite e as universidades exclusivas que recrutam os executivos júnior, tal como ocorre na França ou nos Estados Unidos. Porém, os traços de personalidade da grande burguesia e o domínio inquestionável das regras de conduta não escritas, aplicáveis aos "bons círculos" com suas tradições de gênero, são reconhecidos de forma mais precisa pelos recursos humanos das grandes corporações. Para os executivos, o ambiente específico de classe tem uma função dupla. Internamente, ele reforça a existência de uma "química" entre iguais; externamente, ele garante uma credibilidade indispensável para tais posições.

Uma vez estabelecida a continuidade social e cultural da formação de classe, as formas de governança corporativa correspondentes ao projeto de capitalismo de mercado financeiro implicam fracionamentos, conflitos e, portanto, descontinuidade *dentro* das classes dominantes. A gestão orientada para os acionistas deu espaço a uma nova elite executiva que não está comprometida nem com a vontade corporativa, nem com os objetivos de crescimento preestabelecidos. Em vez disso, essa elite trata interesses pessoais e corporativos como sinônimos e considera a maximização do lucro a curto prazo como objetivo central para suas ações. Contrário à reivindicação original, a geração de valor para o acionista não limitou de forma alguma a margem de manobra dessa casta gerente; em muitos aspectos, o efeito foi o inverso[60].

Devido à promessa irredimível de controle, esse modelo é tão instável que não pode ser realizado em sua forma mais pura[61]. Isso não altera o fato de que a base social dos interesses capitalistas financeiros se expandiu consideravelmente. Na Alemanha, as medidas políticas para desregulamentar as relações financeiras contribuíram significativamente para o surgimento de uma "classe de prestadores de serviço ao capitalismo do mercado financeiro"[62], que desenvolve um interesse manifesto na estabilização das estruturas capitalistas financeiras. A racionalidade particular do setor financeiro gerou serviços e funções que prosperam em harmonia com os mecanismos funcionais desse regime. Na verdade, a lógica do capitalismo

---

[60] Acionistas não têm acesso a informações privilegiadas e recorrem a analistas e agências de *rating* para avaliar as estratégias corporativas. Estes últimos, por sua vez, também só têm conhecimento *ex-post* e aplicam tal conhecimento ao futuro para criar uma certeza comportamental. No entanto, uma vez que esses atores do mercado financeiro são pagos diretamente pelas empresas, os grandes executivos podem se aproveitar dessa experiência para negociar com grupos de interesse e sindicatos, de modo que a promessa de controle do gerenciamento corporativo orientado para o mercado de capitais nunca se concretiza. As opções de capital e os bônus ligados aos ganhos de curto prazo e às metas de retorno, bem como o enfraquecimento da negociação coletiva interna, incluindo os interesses do trabalho, ajudaram a aumentar o âmbito da autonomia dos executivos.

[61] Ver Adolf Berle, *The American Economic Republic* (Nova York, Harcourt, 1963), p. 28.

[62] Paul Windolf, "Eigentümer ohne Risiko. Die Dienstleistungsklasse des Finanzmarkt-Kapitalismus", *Zeitschrift für Soziologie*, v. 37, n. 6, 2008, p. 516-35.

do mercado financeiro promete "enriquecer muita gente": executivos cujos rendimentos de opções aumentam desproporcionalmente com os preços das ações, investidores, consultores ou advogados que ganham fortunas em transações potenciais de mercado de capitais[63]. Na Alemanha, os principais executivos já ganham cem vezes mais do que um trabalhador qualificado, mas isso nem se compara aos CEOs americanos, que em 2003 chegavam a receber até quatrocentas vezes mais do que um trabalhador qualificado[64].

Essa é a verdadeira dimensão internacional dos novos processos de formação de classe. A transição para o capitalismo do mercado financeiro envolve projetos de classe com um impulso semelhante, mas que variam dependendo dos sistemas regulatórios nacionais e das relações de poder. O objetivo inicial desses projetos é a redistribuição de baixo para cima, restaurando o poder das frações da classe dominantes[65]. Suas metas de alavancagem, lucro e retorno, que não são realizáveis na economia real, desencadeiam uma compulsão estrutural para a redistribuição de renda e ativos. Assim, não surpreende que, na Alemanha, uma participação salarial estagnada desde a década de 1990 seja acompanhada por uma explosão de lucros no setor privado, que aumentou 25% em onze trimestres de curta recuperação econômica. Uma economia planejada a serviço de lucros máximos, que – como no caso do Deutsche Bank – almeja um retorno sobre o capital próprio de 25%, tende inevitavelmente a impor riscos de mercado sobre a sociedade, notadamente para os assalariados.

A política pública reforçou a pressão da remercantilização, que já emanava da dimensão econômica das expropriações. Assim, o governo Schröder (1998-2005) não só foi pioneiro na desregulamentação dos mercados financeiros (por exemplo, ao renunciar à tributação dos ganhos de capital), como também apoiou essa política com medidas que, em última análise, limitaram e muitas vezes até confiscaram a propriedade social de muitos trabalhadores. Dessa forma, o regime de expropriação do capitalismo financeiro promove um modo de produção flexível, centrado no mercado, cujo funcionamento se baseia essencialmente no ressurgimento do exército industrial de reserva. De fato, os requisitos de flexibilidade das empresas são mais bem atendidos por empregos de alta qualidade, principalmente através de incentivos econômicos (altos salários, emprego seguro) e trabalho de boa qualidade. Abaixo disso, é o mecanismo do exército industrial de reserva (combinado à pressão estatal e à disciplina social) que obriga não só trabalhadores precarizados como também funcionários registrados a adotar formas de produção flexíveis. Assim, a expansão da zona de risco do capitalismo financeiro anda de mãos dadas

---

[63] *Frankfurt Rundschau*, 23 jun. 2006.
[64] Klaus Dörre e Ulrich Brinkmann, "Finanzmarktkapitalismus – Triebkraft eines flexiblen Produktionsmodells?", *Kölner Zeitschrift für Soziologie und Sozialpsychologie*, ed. esp.: Finanzmarktkapitalismus. Analysen zum Wandel von Produktionsregimen, 2005, p. 105.
[65] David Harvey, *Kleine Geschichte des Neoliberalismus* (Zurique, Rotpunktverlag, 2007).

com a precarização do trabalho. O novo regime do mercado de trabalho, com suas regras rígidas, cumpre uma função semelhante àquela desempenhada pelas leis pós--feudais (Marx) e pelas casas de trabalho (Foucault) na transição para o capitalismo inicial. Ao revalorizar a ocupação precária e aumentar a compulsão pelo trabalho, o regime do mercado de trabalho mercantilizado cria uma pressão disciplinar que ativa (potenciais) trabalhadores para o emprego remunerado em um mundo de trabalho flexível e, ao mesmo tempo, fortemente polarizado.

(2) *Declínio coletivo dos trabalhadores e exploração secundária:* em tais desenvolvimentos, há uma *quebra* de continuidade que, em termos de estrutura de classe, é ao menos tão significativa quanto a mudança nas relações de propriedade e classe no topo da hierarquia do capitalismo financeiro. Isso afeta sobretudo os trabalhadores. O capitalismo social-burocrático foi acompanhado pelo avanço coletivo da classe trabalhadora, mas a expansão do mercado mundial dos locais de produção, a mudança social-estrutural e a erosão do *status* social levam agora ao declínio coletivo desse grupo. Os efeitos da racionalização e os riscos do mercado de trabalho afetam cada vez mais os trabalhadores qualificados, bem como os funcionários que, por muito tempo, se consideraram indispensáveis para a produtividade social. Dos 64% da população pertencentes à classe média, cerca de 20% agora vivem em uma "prosperidade precária". Um golpe do destino já basta para levar ao declínio social. No início da década, um quinto da força de trabalho já havia perdido o emprego uma ou duas vezes, com uma tendência ascendente. Nas relações de trabalho desse grupo, observa-se o aumento do estresse e das tensões psicossociais.

Ao mesmo tempo, uma ideologia que privilegia o sucesso acima do desempenho ataca as ideias antes vigentes. A crença de que a própria situação e a da próxima geração estariam melhorando lenta e gradualmente, de que a prosperidade e a segurança estariam aumentando constantemente, foi abalada. Perdeu-se a convicção de que a organização de interesses supraindividuais e a ação coletiva consciente poderiam levar a uma ascensão coletiva. Só uma ascensão individual parece possível. Isso dá origem a orientações sociais que provocam lutas classificatórias *dentro* da classe trabalhadora ao mesmo tempo que desencadeiam o repúdio a partes da sociedade consideradas improdutivas e "parasitárias".

O grande grupo de trabalhadores industriais é uma das principais vítimas desse desenvolvimento. Formalmente, os trabalhadores representam 28% da força de trabalho – uma parcela importante, embora minguante. No entanto, a estrutura interna desse grupo, sua autoimagem social e seus interesses mudaram drasticamente, como sugere a Tabela 1. Entre imigrantes, o percentual de trabalhadores – 46,6% – está acima da média; para efeito de comparação, apenas 24,9% dos não imigrantes são trabalhadores. Obviamente, um "exterior" específico é usado aqui para posicionar imigrantes em posições trabalhadoras pouco atraentes. Como consequência da mudança estrutural e do regime de expropriação do capitalismo financeiro, o *status* do trabalhador tornou-se menos atraente na percepção social.

Por essa razão, imigrantes são cada vez mais mobilizados para segmentos do mercado de trabalho que são menos atraentes, mas ainda podem trazer uma ascensão individual.

Tabela 1 – Ocupação

| | Percentual da força de trabalho | Por origem ||
		Imigrante	Não imigrante
Autônomo	4.131.000 (11,1%)	3.554.000 (11,4%)	578.000 (9,5%)
Agregados autônomos*	382.000 (1,0%)	327.000 (1,0%)	56.000 (0,9%)
Funcionário público	2.224.000 (6,0%)	2.155.000 (6,9%)	69.000 (1,1%)
Empregado	19.993.000 (53,5%)	17.458.000 (55,8%)	2.535.000 (41,8%)
Trabalhador	10.613.000 (28,4%)	7.789.000 (24,9%)	2.824.000 (46,6%)

Fonte: Statistisches Bundesamt, *Datenreport 2008. Fakten & Daten über die Bundesrepublik Deutschland* (Wiesbaden, BPB, 2008), p. 48.

Decisivos, porém, são o ambiente e a dimensão social-psicológica do declínio coletivo. Trabalhadores com contrato fixo, bem como funcionários com posicionamento social similar, tendem a defender a propriedade social que lhes resta. Portanto, as estratégias de reprodução desses funcionários com carteira assinada têm algo de conservador. Compreensivelmente, esses grupos tendem a defender em primeiro lugar sua própria segurança no emprego. Uma atitude conservadora, que muitas vezes também determina as ações do *lobby* corporativo, facilita a consolidação de um mecanismo de exploração secundária baseado em estratégias de precarização econômico-política. Os funcionários com carteira assinada e seus representantes tendem a aceitar estratégias corporativas que aumentem os riscos assumidos pelo grupo heterogêneo de trabalhadores flexíveis e precários. No entanto, a mudança funcional do emprego precário[66] altera os efeitos sociais do corporativismo tradicional. A (relativa) segurança de ocupação é produzida à

---

* No original, *mithelfender Familienangehöriger* – literalmente "membro de família assistente", uma categoria oficial do Instituto de Estatística alemão que representa os ajudantes de um negócio autônomo (geralmente parentes não remunerados). Essa categoria vem caindo em desuso. (N. T.)

[66] Hajo Holst, Oliver Nachtwey e Klaus Dörre, *Funktionswandel von Leiharbeit – Neue Nutzungsstrategien und ihre arbeits- und mitbestimmungspolitischen Folgen* (Frankfurt a. M., Otto-Brenner-Stiftung, 2009).

custa da crescente insegurança de outros grupos de trabalhadores. Assim, uma mera defesa dos benefícios dos trabalhadores com carteira assinada se converte em um esforço para mitigar os efeitos do mecanismo revivido do exército industrial de reserva, restringindo a propriedade social de outros grupos.

(3) *Surgimento de um novo subproletariado:* quanto mais predominantes as políticas defensivas de emprego, mais provável é o retorno da problemática do subproletariado, tal como analisado por Bourdieu no exemplo da sociedade argelina. É verdade que as formas estruturais contemporâneas da precariedade abrangem todas as "zonas de coesão social"[67] e estão presentes em diferentes classes (frações) e estratos[68]. A esse respeito, não há uma subclasse homogênea nem um precariado claramente definível. Em vez disso, há uma grande variedade de precariedades[69]. O emprego precário pode ser associado ao trabalho criativo. Por outro lado, um emprego em período integral pode ser insatisfatório, monótono e extremamente estressante[70]. No entanto, a precariedade do trabalho e a precariedade da ocupação também podem coincidir estruturalmente, sem serem subjetivamente percebidas como tais. Às vezes, a precariedade é um estado temporário, uma passagem de *status* no caminho para uma melhor posição social; às vezes, porém, as condições precárias se estabilizam. Este último caso se aplica inicialmente aos grupos no fundo da hierarquia social, chamados por Marx[71] de "excedentes" da sociedade trabalhadora capitalista. Na Alemanha, estes incluem grande parte dos 2,2 milhões de desempregados a longo prazo (julho de 2009) e suas famílias, bem como os quase 1,1 milhão dos chamados "complementares" – trabalhadores cuja renda é insuficiente e precisa ser complementada pelo seguro-desemprego[72]. No total, são mais de 7 milhões de pessoas.

Parte dos "excedentes" são os verdadeiros "precarizados". Tal expressão se refere a grupos em expansão que dependem, a longo prazo, do exercício de trabalho incerto, mal pago e socialmente negligenciado. Entre 1998 e 2008, as relações de trabalho atípicas (temporárias, meio período, mal pagas) aumentaram 46,2% – um indicador (ainda que pouco confiável) dessa tendência precária. É verdade que nem todas as relações de trabalho atípicas são precárias, mas o emprego não padronizado tende a estar associado a rendimentos mais baixos e maiores riscos de desemprego

---

[67] Robert Castel, *Die Metamorphosen der sozialen Frage. Eine Chronik der Lohnarbeit* (Konstanz, Universitätsverlag Konstanz, 2000).
[68] Idem, "Die Wiederkehr der sozialen Unsicherheit", em Robert Castel e Klaus Dörre (orgs.), *Prekarität, Abstieg, Ausgrenzung*, cit., p. 30-1.
[69] Robert Castel e Klaus Dörre (orgs.), *Prekarität, Abstieg, Ausgrenzung*, cit.
[70] Serge Paugam, "Die Herausforderung der organischen Solidarität durch die Prekarisierung von Arbeit und Beschäftigung", em Robert Castel e Klaus Dörre (orgs.), *Prekarität, Abstieg, Ausgrenzung*, cit., p. 175-96.
[71] Karl Marx, MEW 23, cit., p. 657 e seg.
[72] Bundesagentur, "Amtliche Nachrichten der Bundesagentur für Arbeit: Arbeitsmarkt 2009", v. 58, edição especial 2, 2009.

e pobreza[73]. Em 2008, 7,7 milhões de trabalhadores tinham uma ocupação atípica (comparados a 22,9 milhões com um emprego regular). Além disso, em 2008, havia 2,1 milhões de trabalhadores autônomos[74], e observava-se uma rápida expansão do emprego mal remunerado de meio período (11,1% de todos os funcionários regulares em 2006, ou 1,6 milhão de pessoas). Cerca de 6,5 milhões de pessoas ganhavam menos de dois terços do salário mediano[75], e 42,6% dos trabalhadores com baixa remuneração tinham uma relação de trabalho regular. As cifras mais altas representam mulheres (30,5%) e funcionários pouco qualificados (45,6%). Porém, cerca de três quartos de todos os trabalhadores com baixos salários tinham formação profissional ou até mesmo ensino superior[76]. A reduzida ascensão do setor de baixos salários na Alemanha sinaliza uma estabilização do trabalho precário[77].

Entre assalariados, é bastante significativo que os 25% mais mal pagos tenham registrado perdas salariais reais de 14% entre 1997 e 2007[78]. Enquanto os assalariados em empregos mais ou menos protegidos podem manter seu padrão de vida (ou ao menos limitar suas perdas), o fosso entre a área precária e a "normalidade" social está crescendo. Esse desenvolvimento ilustra a eficácia dos mecanismos secundários de exploração. Tradicionalmente, os mecanismos de proteção coletiva são particularmente eficazes quando os interesses do trabalho organizado são assertivos – no setor público e em grandes empresas com alta proporção de funcionários homens, empregados em período integral. A distribuição em diferentes setores sempre foi importante na construção de gênero, etnia e nacionalidade. Mulheres, em sua maioria, ocupam os setores menos protegidos. Além da discriminação político-institucional, os mecanismos básicos de uma ordem social continuam funcionando, apesar da maior integração das mulheres nos sistemas de educação e emprego, que ainda funcionam "como uma gigantesca máquina simbólica para ratificar o domínio masculino"[79].

Novo, porém, é que as formas tradicionais de precariedade, tais como enfrentadas por mulheres e migrantes, estão cada vez mais misturadas à precarização de grupos antes protegidos. O medo da perda de *status* também aflige funcionários regulares. Tais medos não correspondem necessariamente a ameaças objetivas, mas são mais do que mera paranoia. Mesmo entre os trabalhadores sindicalizados, a

---

[73] Statistisches Bundesamt, *Niedrigeinkommen und Erwerbstätigkeit. Begleitmaterial zum Pressegespräch am 19. August 2009 in Frankfurt a. M.* (Wiesbaden, Destatis, 2009), p. 7.
[74] Idem.
[75] Gerhard Bosch e Claudia Weinkopf (orgs.), *Arbeiten für wenig Geld. Niedriglohnbeschäftigung in Deutschland* (Frankfurt a. M./Nova York, Campus, 2007).
[76] Thorsten Kalina, Achim Vanselow e Claudia Weinkopf, "Niedriglöhne in Deutschland", *Zeitschrift für Sozialistische Politik und Wirtschaft*, v. 164, 2008, p. 20-4.
[77] Gerhard Bosch e Thorsten Kalina, "Niedriglöhne in Deutschland – Zahlen, Fakten, Ursachen", em Gerhard Bosch e Claudia Weinkopf (orgs.), *Arbeiten für wenig Geld*, cit., p. 42 e seg.
[78] Statistisches Bundesamt, *Niedrigeinkommen und Erwerbstätigkeit*, cit.
[79] Pierre Bourdieu, *Die männliche Herrschaft* (Frankfurt a. M., Suhrkamp, 2005), p. 21.

concorrência entre locais, a queda de salários reais e a perda de conquistas coletivas ameaçam sua conexão com as classes médias. Embora existam indícios de que o centro social continua estável, o aumento nas relações de trabalho precárias "justamente às margens do centro social" – junto com as projeções de salários reduzidos e os crescentes riscos no mercado de trabalho – leva a medos existenciais, mesmo no "núcleo da classe média"[80]. Enquanto o medo da perda de *status* leva à defesa do emprego socialmente protegido como um privilégio, a maioria dos trabalhadores precários procura, acima de tudo, uma posição segura. No entanto, os precarizados não têm poder, comunicação ou organização para impor a melhora do *status* coletivo. Em muitos aspectos, sua situação é semelhante à dos pequenos agricultores franceses, como descrita por Marx. Eles representam um conjunto especial de condições existenciais, mas sem a possibilidade de tomar forma como uma classe ou fração.

(4) *Ressurgimento do mecanismo do exército industrial de reserva:* não está claro se já se pode falar em uma divisão de classes – de um lado, os funcionários estabelecidos, lutando pela propriedade social que lhes resta; de outro, um subproletariado heterogêneo, incapaz de organizar uma classe política independente. Certo, porém, é que o ressurgimento de um mecanismo visível de exército industrial de reserva está forçando uma mudança rumo a um novo modo de integração e dominação social. Em vez de uma integração baseada na participação material e democrática, na integração do poder dos trabalhadores, surgem formas de integração com mecanismos disciplinadores baseados no mercado e mediados pela coerção estatal. O disciplinamento pelo mercado e pelo Estado, especialmente em uma sociedade rica, pode funcionar por meio de inúmeras esperanças, medos e tradições. Esse disciplinamento garante não só uma "desestabilização do estável"[81] como também promove uma peculiar estabilização da instabilidade, ao disciplinar alguns e eliminar as condições de resistência de outros. Os excluídos e os precarizados representam um destino do qual os assalariados ainda integrados buscam escapar a todo custo. Não só as condições abstratas do mercado, mas também as vítimas do controle do mercado atuam como uma força disciplinar. Elas são testemunhas do que pode acontecer quando se é parte de um declínio coletivo. A esse respeito, a precarização realmente causa uma incerteza subjetiva geral, que atinge situações da vida até mesmo dos trabalhadores formais. A precarização sustenta um sistema disciplinar e controlador do qual nem mesmo assalariados integrados conseguem escapar.

---

[80] Martin Werding e Marianne Müller, "Globalisierung und gesellschaftliche Mitte. Beobachtungen aus ökonomischer Sicht", em Herbert-Quandt-Stiftung (org.), *Zwischen Erosion und Erneuerung. Die gesellschaftliche Mitte in Deutschland. Ein Lagebericht* (Frankfurt a. M., Societäts-Verlag, 2007), p. 157; DIW, *Wochenbericht 10-2008*, 5 mar. 2008.
[81] Robert Castel, *Die Metamorphosen der sozialen Frage*, cit., p. 357.

5. Conclusões para a análise e a teoria de classes

No geral, podem-se identificar novos contornos nas relações de classes do capitalismo financeiro. As mudanças no topo da hierarquia social são centrais para tal reestruturação. Nas sociedades em que cresce não só a riqueza como também o número de pessoas ricas, o capital excedente busca oportunidades de investimento. Sob condições de sobreacumulação estrutural nos principais setores econômicos mundiais, esta é uma das principais causas da expansão e autonomização relativa do setor financeiro. Ambos formam o húmus para a reestruturação das relações de propriedade e da governança corporativa das empresas. O regime de expropriação do capitalismo financeiro aumenta a autonomia do gerenciamento estratégico, mas também amplia a base social da fração da classe dominante. As áreas agregadas ao setor financeiro empregam grupos de alto rendimento cujos interesses estão organicamente ligados ao projeto do capitalismo financeiro. No entanto, esse projeto só funciona se as promessas de lucro, que não podem ser atendidas na economia real, forem cumpridas de outra forma. Isto é precisamente o que constitui o núcleo desse regime de expropriação. Para manter em funcionamento o motor da acumulação flexível, os ativos ociosos precisam ser integrados ao ciclo de capital. Por essa razão, as instituições que limitam o mercado são "polidas", a propriedade social é reduzida e a exploração secundária é consolidada. As condições de trabalho e de vida dos potenciais empregados são sistematicamente empurradas para abaixo dos padrões da classe; a precarização é só o outro lado da acumulação capitalista financeira.

Além dos mecanismos de disciplina econômicos, mecanismos político-estatais garantem que um modo de produção novo, flexível e baseado em mercados de trabalho fragmentados disponha de mão de obra suficiente. Embora a institucionalização dos mecanismos de exploração secundária seja um projeto "de cima para baixo", funcionários ameaçados por mudanças estruturais e concorrência local tendem a defender sua propriedade social, o "privilégio" de emprego permanente, com unhas e dentes. Por essa razão, em caso de crise, tais trabalhadores aceitam que os riscos de emprego e de renda sejam transferidos para os trabalhadores mais flexíveis e precarizados – muitas vezes com a anuência dos sindicatos. Embora isto possa parecer óbvio e compreensível em vista das limitadas possibilidades de ação no local de trabalho, a consequência é que as linhas de divisão e segmentação se tornam arraigadas, o que pode vir a ser uma forma específica de divisão de classes no futuro. Os grupos precarizados representam um "exterior", uma classe especial de condições existenciais que coexiste com a exploração capitalista primária ao mesmo tempo que tem um impacto duradouro sobre tal exploração.

Para evitar interpretações erradas: trabalhadores com emprego fixo não são exploradores. No entanto, eles recorrem a estratégias corporativas dos tempos do "capitalismo social" que têm um efeito completamente diferente sob as condições financeiras capitalistas. O que é praticado como sobre-exploração e disciplina no interesse das frações de classe dominante aparece na superfície como uma divisão dos interesses dos detentores de empregos permanentes, por um lado, e dos precários ou desempregados, por outro. Aliás, a teodiceia radical do mercado começa com a quase naturalização dessa divisão. Ao deplorar a suposta hiper-regulação do mercado de trabalho e atribuir o desemprego ao poder de cartel dos sindicatos, que supostamente asseguram que os salários estejam acima dos níveis do mercado, essa teodiceia fornece a ideologia de ataque do regime de expropriação do capitalismo financeiro. Na verdade, a mensagem dessa ideologia é inesgotável. Enquanto existirem instituições que limitam o mercado, sempre haverá motivos para criticar as restrições à coordenação que ele poderia exercer[82].

O argumento da ortodoxia econômica não é abalado nem mesmo por crises sistêmicas profundas. Em vez disso, as crises financeiras pertencem organicamente ao *modus operandi* do novo regime de expropriação. Os títulos de ativos são desvalorizados para serem subsequentemente devolvidos ao ciclo do capital a preços mais baixos e com propriedade alterada. Do ponto de vista das elites participantes, esse *modus operandi* das expropriações capitalistas pode ser efetivamente direcionado e racionalizado por muito tempo. Historicamente, crises financeiras causaram "a transferência de propriedade e do poder para aqueles que podem proteger seus ativos", razão pela qual a administração de 108 choques financeiros – pequenos e grandes – foi definida *a posteriori* como a maior "transferência de riqueza nos últimos cinquenta anos"[83].

Entretanto, a relativa estabilidade das relações de poder aponta para uma característica das relações de classe do capitalismo financeiro, algo que Colin Crouch adequadamente descreve como uma tendência pós-democrática. O poder social da "aristocracia financeira"[84], do "*rentier* ativo"[85], de modo algum age como um catalisador para o poder das classes heterodoxas por parte dos governados. Pelo contrário: para "pessoas que não pertencem à classe cada vez mais confiante de acionistas ou altos gerentes", tornou-se mais difícil nas últimas décadas "se

---

[82] Para Hans-Werner Sinn, "o pré-requisito para uma resposta bem-sucedida à globalização é, claramente, que a economia de mercado tenha espaço, ou seja, que todos os preços e salários possam reagir de forma completamente flexível, de modo que a oferta e a demanda possam se compensar em todos os mercados... Só uma abordagem completamente liberal, que confie as reações à livre concorrência, pode realizar os possíveis lucros cambiais". Com essa compreensão do mercado, o autor critica a "nova assistência social", que em sua opinião "ainda seria demasiado alta" e, portanto, incompatível com um mercado de trabalho em funcionamento para os menos qualificados (*Ist Deutschland noch zu retten?* (Berlim, Ullstein, 2005), p. 102 e seg., 150, 533).
[83] David Harvey, *Der neue Imperialismus*, cit., p. 145.
[84] Karl Marx, "Das Kapital", v. III: Der Gesamtprozeß der kapitalistischen Produktion [1894], em Karl Marx e Friedrich Engels, *Werke* (Berlim, Dietz, 1976), p. 454 [MEW 25].
[85] François Chesnais, "Das finanzdominierte Akkumulationsregime: theoretische Begründung und Reichweite", em Christian Zeller (org.), *Die globale Enteignungsökonomie* (Münster, Westfälisches Dampfboot, 2004), p. 224.

perceber como um grupo social claramente definido"[86]. De forma sucinta: por meio da desorganização, da precarização e da exaustão dos sujeitos, o regime de expropriação do capitalismo financeiro reduz as possibilidades de formação de uma oposição efetiva. O que falta é um antagonista capaz de desafiar politicamente as elites governantes.

Uma análise de classes relacionada ao conceito marxista de emancipação deve examinar como – e *se* – esses mecanismos pós-democráticos de estabilização do capitalismo de mercado financeiro podem ser eliminados. Sem saber a resposta exata, porém, já está claro que a relação entre grupos sociais integrados e desintegrados é uma questão-chave de qualquer projeto alternativo "de baixo". Tal projeto só é concebível se a dialética interior-exterior do desenvolvimento capitalista se refletir em um quadro de referência intelectual que reconheça a especificidade de grupos precários e não os integre prematuramente ao conceito de unidade de classe política de Marx. Para poder fazê-lo, é necessário encontrar um uso analítico para a não simultaneidade do simultâneo inerente a cada ciclo dos regimes de expropriação. Para isso, são apresentadas seis considerações finais.

Em primeiro lugar, deve-se notar que o regime de expropriação do capitalismo financeiro também altera profundamente a gramática dos conflitos sociais. O conflito de classe pacificado e institucionalizado do "capitalismo social" se divide. Ao mesmo tempo, a batalha pela propriedade social cria linhas de choque que são claramente distintas do padrão de lutas e negociações na era fordista. O declínio das relações trabalhistas – organizadas em alguns setores e nos países desenvolvidos – é acompanhado pelo surgimento de novos movimentos trabalhistas no Sul global[87]. No entanto, o fator decisivo é que os interesses coletivos, mesmo nos países desenvolvidos, frequentemente já não são articulados em conflitos padronizados. Já se observa o fenômeno da "barganha por motins" [*bargaining by riots*], largamente baseado em ações coletivas espontâneas ou organizadas – apesar da inegável relevância das construções étnicas ou de gênero[88]. As revoltas nos subúrbios franceses ou britânicos são, em grande medida, conflitos específicos de classe. O mesmo deve-se dizer da militância recém-despertada de jovens gregos bem-educados ou de trabalhadores franceses que promovem *bossnapping** contra demissões. Esses exemplos demonstram que as formas tradicionais de mediação de conflitos já não funcionam para grandes grupos sociais em centros capitalistas. Quanto mais pressionadas as formas institucionais do poder dos trabalhadores,

---

[86] Colin Crouch, *Postdemokratie* (Frankfurt a. M., Suhrkamp, 2008), p. 171.
[87] Ulrich Brinkmann et al., *Strategic Unionism. Aus der Krise zur Erneuerung?* (Wiesbaden, VS Verlag für Sozialwissenschaften, 2008), p. 56-63.
[88] Loïc Wacquant, *Bestrafen der Armen. Zur neoliberalen Regierung der sozialen Unsicherheit* (Frankfurt a. M., Barbara Budrich, 2009).
* Algo como "sequestro do chefe", o termo refere-se a uma prática de protesto na qual os empregados detêm os gerentes no local de trabalho, também chamada de *lockin*. (N. T.)

mais forte parece ser a disposição de grupos pouco representados para expressar raiva, decepção e frustração em conflitos não normalizados.

Em segundo lugar, uma análise de classe renovada não pode deixar de abordar essa realidade de conflitos não normalizados. Há que se lidar com as agitações trabalhistas[89], com a indignação espontânea, com as revoltas, em suma: com o lado feio das lutas de classes que existiram em todos os ciclos dos regimes de expropriação e que muitas vezes ocorrem fora do mundo do trabalho organizado. Isso não significa que estamos falando de um discurso de pauperização. Mas uma visão realista, que vai além dos países de capitalismo desenvolvido, mostra rapidamente que os conflitos sociais no Sul global correspondem a uma perspectiva majoritária. Nos centros, também, a atitude dos grupos relativamente seguros – e, acima de tudo, dos trabalhadores em perigo de rebaixamento – em relação aos precários e excluídos se converteu em uma questão política chave. O objetivo da formação de blocos capitalistas financeiros, com foco no centro social, é precisamente defender a prosperidade e a propriedade social, forçando os setores descontentes das classes mais baixas a renunciar ao Estado de bem-estar[90]. Portanto, os projetos alternativos de classe exigem uma estratégia de pesquisa que, com cuidado e a longo prazo, investigue pontos comuns entre grupos integrados e precarizados.

Nesse contexto, *em terceiro lugar*, é importante analisar criticamente a valorização ou desvalorização (justificada pela teoria da modernização) de certos grupos sociais e formas de protesto. Não há dúvida de que a precarização e a exclusão enfraquecem a capacidade de resistência. Falando do subproletariado de *etnia cabila*, Bourdieu[91] argumenta que grupos precários não podem "imaginar a mudança completa na ordem social" que seria necessária para "erradicar as causas da própria miséria" porque "não têm um mínimo necessário de segurança e educação". Até certo ponto, tal afirmação certamente se aplica ao "precariado" moderno. No entanto, os precarizados do capitalismo do mercado financeiro têm pouco ou nada em comum com aquele lumpemproletariado que Marx tinha em mente no início do capitalismo industrial. Sem cair no romantismo social, pode-se ver que grupos precários – como os jovens nos subúrbios franceses – certamente têm sua própria organização de interesses e formas de protesto[92]. Os meios de comunicação eletrônicos oferecem um público e uma oportunidade de se conectar. Em vários países importantes, a ação auto-organizada de grupos precários (nos

---

[89] Beverly J. Silver, *Forces of Labor: Workers' Movements and Globalization since 1870* (Cambridge, Cambridge University Press, 2003).

[90] Por exemplo, Paul Nolte, *Riskante Moderne. Die Deutschen und der Neue Kapitalismus* (Munique, Beck, 2006), p. 100 e seg.

[91] Pierre Bourdieu, *Die zwei Gesichter der Arbeit. Interdependenzen von Zeit- und Wirtschaftsstrukturen am Beispiel einer Ethnologie der algerischen Übergangsge-sellschaft* (Konstanz, UVK, 2000), p. 100.

[92] Mario Candeias, "Von der Anomie zur Organisierung: Die Pariser Banlieue", em Robert Castel e Klaus Dörre (orgs.), *Prekarität, Abstieg, Ausgrenzung*, cit., p. 369-80.

sindicatos, por exemplo) é uma opção real[93]. A esse respeito, a comparação com a situação dos pequenos agricultores franceses só vale de maneira limitada. Afinal, o novo "precariado" é um capital político morto ou um potencial transmissor de novos movimentos de classe? Essa questão analítica precisa ser abordada de forma mais intensa no futuro.

Em quarto lugar, uma revisão crítica da teoria de modernização implica uma reflexão sistemática dos paralelos entre os modos de produção e as relações de classe. Isso também se aplica ao seu processamento ideológico. Evidentemente, o poder de definição sobre formas flexíveis de emprego está, em grande medida, nas mãos de grupos profissionais (jornalistas, trabalhadores da mídia, cientistas), para quem essas relações de trabalho faziam parte da vida cotidiana. Esses grupos estão muito mais próximos dos modelos de integração não convencional do que do ideal de trabalho assalariado protegido. Em termos de discurso político, isso significa que a mensagem de um efeito libertador de relações de trabalho flexíveis vai muito além das classes médias. Qualquer trabalhador autônomo no setor de educação, qualquer *freelancer* na mídia, qualquer pesquisador com perspectivas de carreira incertas fará tudo o que estiver ao seu alcance para extrair benefícios do seu *status* estruturalmente precário e desenvolver formas de vida que compensem quaisquer desvantagens. Não se pode esperar desses uma compreensão das políticas de interesse voltadas exclusivamente para a proteção do emprego convencional em período integral.

Em quinto lugar, quando o discurso público critica uma ocupação supostamente tradicional e exalta o potencial "libertador" do emprego vulnerável, é importante observar que tais definições partem de uma certa posição de classe e refletem a problemática da "precariedade criativa". Essa perspectiva é problemática a partir do momento em que passa a ser entendida como uma perspectiva exclusiva. Partindo de uma simples estrutura binária (emprego normal = masculino, branco; emprego precário = feminino, negro), as necessidades dos funcionários podem ser inconscientemente tratadas como relíquias atávicas dos "anos dourados" do capitalismo fordista. Mas mesmo se isso fosse verdade – mesmo se o sonho de um trabalhador (digamos, um homem branco) se baseasse meramente na internalização de conceitos de segurança fordista –, seria extremamente problemático negar a legitimidade dessa ideia. Pois é justamente essa deslegitimação de um problema real que é praticada quando se defende um conceito supostamente moderno de "contingência", em oposição à proteção tradicional[94]. A construção discursiva de um trabalhador preso ao passado (e dos pesquisadores que a ele se referem) se assemelha então à situação daqueles subproletários argelinos, avaliados de acordo

---

[93] Ulrich Brinkmann et al., *Strategic Unionism*, cit., p. 135-40.
[94] Stephan Lessenich e Silke van Dyk, "Unsichere Zeiten. Die paradoxale 'Wiederkehr' der Unsicherheit", *Mittelweg*, v. 36, n. 17(5), 2008, p. 13-45.

com o ideal de modernidade de um modo de produção do qual eles mesmos não podem participar devido à falta de oportunidades e recursos.

Em sexto lugar, em vez de reproduzir analiticamente as variações da dominação simbólica, é necessário examinar mais de perto os mecanismos de exploração secundária. Suas interações com a exploração em "mercados internos" não parecem ser estáticas. Por exemplo, o novo movimento feminista desenvolveu seu impacto político porque foi capaz de deslegitimar uma forma específica de exploração secundária, mesmo no contexto de um conflito de classe industrial amplamente pacificado. No entanto, na medida em que as demandas feministas se limitam à integração individual em empregos flexíveis, elas ameaçam se transformar em uma justificativa ideológica para a precarização e para o regime de expropriação do capitalismo financeiro[95]. Isso é possível porque a bem-sucedida integração ao mercado profissional também reforçou a diferenciação social das mulheres. Evidentemente, há uma relação específica de classe entre a executiva e a empregada doméstica, e tal relação não é adequadamente capturada pelas categorias de gênero. Por outro lado, a diferença salarial entre os gêneros – na Alemanha, 20% – não pode ser explicada de forma meramente quantitativista. Para entender as frágeis interações entre as diferentes formas de exploração, faz sentido incorporar a teoria interseccional. A longo prazo, poderia surgir um sistema de referência intelectual capaz de fornecer uma combinação inovadora de políticas de classe e antidiscriminação.

Epílogo

Voltemos ao ponto de partida da nossa argumentação. Por que a vontade de abandonar o "barco coletivo" é tão baixa, apesar da insegurança generalizada e das injustiças gritantes? O engenheiro e a beneficiária do seguro-desemprego conhecem a resposta. A precarização destrói, cansa, paralisa e queima. Embora profundamente prejudicados em seu senso de justiça, nenhum dos dois clama por uma revolta popular. Para sobreviver com um mínimo de dignidade, eles participam de "soluções para os problemas" corporativos, que basicamente têm suas origens nos tempos do "capitalismo social". Em vez de revolta, acordos com as empresas, trabalhos por período limitado e aposentadoria precoce. Mas isso não precisa ficar assim, já que uma contradição se destaca: evidentemente, a estabilidade do capitalismo do mercado financeiro não se baseia tanto em uma internalização completa do "eu empreendedor". Pelo contrário, o capitalismo ainda se alimenta das instituições, hábitos e comportamentos que limitam o mercado, naquilo que é rotulado como tradicionalismo. Em suma, a estabilidade do capitalismo do mercado financeiro se baseia no paralelismo, na desigualdade simultânea das relações de classe. A continuação do novo regime de expropriação inevitavelmente implica o agravamento

---

[95] Nancy Fraser, "Feminismus, Kapitalismus und die List der Geschichte", cit.

dessa contradição. Isso não significa que tudo só precisa piorar para que algo mude. Talvez seja o contrário. Mesmo fora do sistema, o engenheiro e a aposentada não esquecerão o desrespeito, o regime de medo que vivenciaram e ainda estão vivenciando. Eles vão se lembrar quando um projeto de classe atraente "de baixo" promete uma chance real de mudança. As reações correspondentes de indivíduos, apoiadas na análise clássica, podem sofrer condensações coletivas. A existência de tal possibilidade aumenta a esperança de que as disputas redistributivas comecem logo após o clímax da crise econômica global.

Parte III

O retorno da sociologia crítica

5
A hora do predador: expropriação capitalista do Estado, subclasses e segurança interna

Nos Estados metropolitanos, o regime de expropriação do capitalismo financeiro levou a uma mudança na questão da segurança social. O que começou como um debate sobre a insegurança nas condições de trabalho e de vida dos setores protegidos das sociedades ricas se transformou em uma discussão sobre proteção contra a violência. Em vez da segurança *social*, a segurança *interna* está se tornando cada vez mais o foco da ação política. O estado de emergência imposto pelo governo francês em resposta aos ataques terroristas do Estado Islâmico (EI) é um impressionante exemplo disso. Atualmente, o serviço secreto francês considera que mais de 10 mil pessoas pertencem à categoria S (Sécurité d'État), ou seja, são suspeitos de simpatizarem com o terror de motivação islâmica[1]. Isso significa que 10 mil pessoas estão sob vigilância estatal. Esta não é apenas uma consequência da militância religiosa. Trata-se, também, de uma reação de um Estado central cada vez mais indefeso – e, portanto, cada vez mais repressivo – diante de uma nova problemática de classe. Eis o argumento deste artigo. A reação estatal combina a participação seletiva de frações de classe ainda relativamente protegidas com uma guerra civil ideológica contra os grupos mais vulneráveis da sociedade[2]. Demarcações políticas levam à formação de classes através da desvalorização coletiva e da estigmatização de grandes grupos sociais. Surgem novas "classes perigosas", cuja mera existência legitima a existência de expropriações do Estado cada vez mais autoritárias.

A seguir, discute-se a mudança nos problemas de segurança social com uma referência crítica à antropologia reflexiva de Pierre Bourdieu[3], sua teoria de classes e diagnóstico de precarização, bem como aos fundamentos de sua teoria sociológica

---

[1] Um dos poucos a traçar paralelos entre os distúrbios de 2005 e os ataques de 2015 é Barbara Peveling, "Frankreich: Die Republik frisst ihre Kinder", *CafeBabelvom*, 18 nov. 2015.
[2] Didier Eribon, *Rückkehr nach Reims* (Berlim, Suhrkamp, 2016), p. 112.
[3] Pierre Bourdieu e Löic Wacquant, *Reflexive Anthropologie* (Frankfurt a. M., Suhrkamp, 1996).

do Estado. Usando o exemplo da França, o primeiro passo (1) é entender a ruptura social dentro das classes subalternas e a consequente transformação do discurso de segurança. Posteriormente, (2) o termo "subclasse" é liberado de suas conotações preconceituosas, e (3) usado para analisar a reestruturação classista gerada pela expropriação estatal e suas políticas de demarcação. Dessa maneira é possível (4) analisar a construção política de novas subclasses com mais precisão. No passo seguinte, discute-se a conexão entre o populismo contemporâneo de direita e a política de segurança do Estado. Finalmente, (5) questiona-se se é possível restringir democraticamente a tendência contemporânea ao capitalismo autoritário.

1. "A HORA DO PREDADOR"

Lembremos do dia 27 de outubro de 2005. No subúrbio parisiense de Clichy-sous--Bois, os jovens Ziad Benna e Bouna Traoré são eletrocutados em uma subestação de energia elétrica na qual haviam se escondido da polícia. Em resposta à sua morte, começam protestos nos subúrbios de Paris que se espalham rapidamente por todo o país. Eles duram três semanas e abrangem trezentos vilarejos e cidades francesas. No auge da revolta, mais de mil carros são incendiados todas as noites. A ira dos manifestantes é dirigida contra símbolos visíveis da autoridade do Estado, contra prefeituras, escolas, serviços sociais, correios e, às vezes, até contra bombeiros e creches, mas principalmente contra a polícia, as forças de segurança e seus representantes políticos.

A revista *Der Spiegel* publicou uma reportagem sobre os protestos com o ambíguo título "A hora do predador" [*Die Stunde des Raubtiers*][4], em referência à ascensão de Nicolas Sarkozy que sucedeu os protestos de Paris. O então ministro do Interior passou a personificar o poder político autoritário. Ao descrever as causas do conflito, Sarkozy falou como um "comunista"[5]. Ele criticou a ruptura social, atacou a distribuição desigual da renda e lamentou que os filhos de trabalhadores e de imigrantes não possam usufruir de nenhuma ascensão social. Mas tudo isso era apenas uma fachada. Para Sarkozy, os jovens manifestantes eram simplesmente uma "escória" e, portanto, acima de tudo, um problema de segurança pública. O político conservador espalhou sua mensagem por todo o país: nada, absolutamente nada, poderia justificar a violência nos subúrbios. Portanto, o Estado deveria responder aos manifestantes com dureza. Só um jato d'água de alta pressão poderia eliminar os "vermes" dos subúrbios[6]. "Vermes" – uma palavra que desumanizava os indivíduos em questão. Ao fazer uso dessa operação semântica, Sarkozy converteu o protesto contra a ruptura social em legitimação da mais severa política de repressão

---

[4] Ulrich Fichtner, "Die Stunde des Raubtiers", *Der Spiegel*, n. 46, 2005, p. 200-2.
[5] Ibidem, p. 201.
[6] Ibidem, p. 200.

e brutal deportação. Sua primeira resposta política ao "levante desorganizado"[7] foi, logicamente, declarar o estado de exceção.

Dez anos depois, o estado de exceção volta a reinar em Paris. No dia 13 de novembro de 2015, terroristas islâmicos cometeram uma série de atentados cujos alvos simbolizavam o estilo de vida ocidental. Entre as vítimas estavam torcedores de futebol, fãs de *heavy metal* e visitantes de um café frequentado pela classe média liberal de esquerda. Mais uma vez chegou a "hora do predador". Dessa vez, o presidente socialista Hollande tentou aproveitar o (des)favor da hora. Sua resposta ao terror brutal foi reduzir direitos fundamentais por meses e bombardear territórios ocupados pelo Estado Islâmico (EI). No entanto, a fim de atingir potenciais assassinos, Hollande poderia também ter ordenado o bombardeio dos subúrbios parisienses. Pelo menos dois dos assassinos, Omar Mostefai e Samy Ammimour, moravam ali. Como cidadãos franceses, eles pertenciam à mesma faixa etária que Sarkozy havia tentado atingir, dez anos antes, com seu jato d'água de alta pressão. O mesmo se aplica aos envolvidos em ataques anteriores. Amedy Coulibaly, sequestrador no Hyper Cacher e aliado dos atiradores do Charlie Hebdo, foi pessoalmente apresentado ao recém-eleito presidente Sarkozy em 2009 como público-alvo de uma política migratória de integração. O encontro não serviu de nada. Coulibaly nunca conseguiu mais do que um contrato temporário – um destino compartilhado com muitos outros jovens dos subúrbios.

Um esclarecimento: nada, absolutamente nada justifica o terror brutal islâmico. Não há sequer um "porém" que seja adicionado a essa afirmação. A única questão é o que as políticas de segurança do Estado podem promover. No que diz respeito às contramedidas, uma primeira resposta sustenta que uma geração perdida não pode ser combatida com bombas[8]. Os assassinos de Paris não são simples criminosos nem meros psicopatas, como interpretações comuns na mídia fazem crer. Marginalizados de fato e simbolicamente desumanizados, os terroristas se comportam de acordo com as qualidades que lhes são atribuídas pelos mais altos representantes do "Estado predador". Eles desprezam a humanidade professada oficialmente que não os protege de serem tratados como alienígenas, como não humanos. Em vez do humanismo meramente fictício e marginalizador, esses jovens adotam um fragmentado sistema de crenças religiosas que lhes permite entender sua própria existência como uma situação excepcional. Tal estado de exceção autoconstruído permite que os jovens marginalizados adotem um sistema alternativo de valores que, ao extremo, condiciona sua própria humanidade ao terror e ao assassinato em massa de pessoas inocentes.

---

[7] É o que diz um relatório do serviço secreto francês datado de 23 de novembro de 2005.
[8] É mais provável que qualquer ataque aéreo na Síria ou no Iraque que cause a morte de pessoas inocentes traga novos simpatizantes ao EI.

É certo que os ataques de Paris não têm uma causa só, e é evidente que a exclusão social e a precariedade não levam automaticamente ao terrorismo religioso. Porém, não se pode subestimar tal conexão. Muitos jovens franceses que abraçaram uma militância supostamente despropositada em 2005 e agora formam o ambiente social do terror islâmico pertenciam às subclasses presentes em todas as sociedades da Europa continental, incluindo os Estados de bem-estar escandinavos e sobretudo os Estados Unidos. Tais classes são produto de uma sociedade rica, com uma dramática concentração de renda e riqueza nas mãos de 1% da população, que exclui grandes setores da população considerados economicamente supérfluos. O minúsculo[9] (embora crescente) grupo de super-ricos pode ser identificado pelo seu acesso ao poder e pela imunidade às regras sociais. Ao mesmo tempo, entre 10% e 15% da população está dentro ou abaixo do limiar da respeitabilidade social[10]. Esses grupos heterogêneos são agregados por meio de uma socialização negativa[11], por meio de classificações negativas, preconceito, racismo e, não menos importante, por meio de políticas de demarcação estatal. Nesse sentido, esses indivíduos integram um grupo social sem identidade de classe positiva que difere claramente de outras classes subalternas em sua composição social, seu estilo de vida e seu *habitus*.

2. Sobre o conceito de subclasse(s)

O uso de "subclasse" [*Unterschicht*] como categoria analítica tem precedentes. Sociólogos questionam se essa categoria tem algum valor científico. Na língua inglesa, a palavra *underclass* geralmente se refere a um grande grupo que recebe serviços sociais e supostamente se acomodou com as esmolas estatais[12]. Na língua alemã, o termo *Unterschicht* cumpre uma função semelhante. A categoria é usada para atribuir características culturais que desacreditam os indivíduos em questão[13]. Segundo esse entendimento, o problema da subclasse não é a pobreza ou a exclusão,

---

[9] Ver Thomas Piketty, *Capital in the Twenty-First Century* (Londres, Belknap Press of Harvard University Press, 2014).

[10] Michael Mann, "Das Ende ist vielleicht nah – aber für wen?", em Immanuel Wallerstein et al. (orgs.), *Stirbt der Kapitalismus? Fünf Szenarien für das 21. Jahrhundert* (Frankfurt a. M./Nova York, Campus, 2014), p. 115.

[11] Wulf D. Hund, *Negative Vergesellschaftung. Dimensionen der Rassismusanalyse* (Münster, Westfälisches Dampfboot, 2014).

[12] Ver: Charles Murray, *The Emerging British Underclass* (Londres, IEA Health & Welfare Unit, 1990). Crítica: Martin Kronauer, *Exklusion. Die Gefährdung des Sozialen im hoch entwickelten Kapitalismus* (Frankfurt a. M./Nova York, Campus, 2002).

[13] Cf. Paul Nolte, *Riskante Moderne. Die Deutschen und der Neue Kapitalismus* (Munique, Beck, 2006), p. 96. Segundo Nolte, uma "grande interseção" com migrantes, "a erosão da ordem tradicional da família", com seus "desastres educacionais", e o surgimento de uma cultura de classe em torno da televisão são as principais causas de uma "cultura cotidiana das classes baixas", que "busca se afirmar através da demarcação externa".

e sim os efeitos supostamente destrutivos da amoralidade, da preguiça, do *fast food*, da televisão[14]. O antigo político social-democrata Thilo Sarrazin encenou a absolutização conservadora da diferença cultural de forma particularmente eficaz. Uma sociedade industrial moderna que abole os privilégios geralmente carrega consigo uma "mistura de afiliações de classe que antes eram estáveis": "Numa meritocracia trabalhista, os esforçados ascendem e deixam a subclasse ou a classe média baixa, enquanto os menos esforçados, menos robustos ou simplesmente mais estúpidos e preguiçosos continuam nas classes baixas"[15]. O princípio da eficiência aparece aqui como um mecanismo de seleção, que favorece um tipo de seleção natural com efeito constitutivo de classe. De acordo com essa lógica, quem está por baixo merece estar por baixo. Quando, porém, as pessoas genética e culturalmente menos inteligentes – como os imigrantes da África, dos Bálcãs e, principalmente, da Turquia – têm mais filhos do que os inteligentes, isso inevitavelmente leva, segundo Sarrazin, a uma perda de eficiência econômica[16]. No âmbito de tal racismo sem noções raciais, as novas subclasses são, acima de tudo, um produto de genes ruins e culturas inferiores. Essa estratégia de desvalorização pode ser eficaz porque atende aos medos ancestrais da classe média. Afinal, a classe média teme ser contaminada pelas subclasses ou classes baixas parasitárias, o que violaria as virtudes burguesas e prejudicaria sua ascensão social.

2.1. A concepção de classe de Bourdieu

Quem rejeita essas estratégias de distinção deve evitar termos carregados, como "classe baixa" ou "subclasse". Mas que outro conceito deveria ser usado? À primeira vista, o conceito de classe de Pierre Bourdieu não oferece saída para tal dilema analítico. Sua vantagem é que ele identifica diferentes frações nas subclasses alta, média e baixa com o conceito expandido de capital (capital econômico, social, cultural), a partir da estrutura e do volume da propriedade do capital. Dessa maneira, é possível explicar os desentendimentos entre frações de classe no plano horizontal, bem como alianças entre classes no polo econômico ou cultural do espaço social. Na análise de classes baixas, porém, o conceito permanece estranhamente pálido. De certa forma, as classes baixas abarcam tudo o que está abaixo da classe média. Em retrospecto, a

---

[14] Idem, "Das große Fressen. Nicht Armut ist das Hauptproblem der Unterschicht. Sondern der massenhafte Konsum von Fast Food und TV", *Die Zeit*, n. 52, 2003.
[15] Thilo Sarrazin, *Deutschland schafft sich ab. Wie wir unser Land aufs Spiel setzen* (Munique, DVA, 2015), p. 79 e seg.
[16] As implicações negativas para o futuro podem ser assim representadas: no ano de 2100, historiadores descobririam que a Alemanha resolveu seus problemas demográficos e multiculturais de maneira exemplar, mas que "o padrão de vida está muito aquém da China", enquanto "alguns muçulmanos esquentados" agora exigem uma bandeira nacional com "fundo preto, crescente vermelho e estrelas douradas": "Isso talvez seja um pouco exagerado. Por outro lado, eles têm esse direito, já que são a maioria democrática" (ibidem, p. 404).

descrição desse pragmático "gosto pela necessidade"[17] que constitui as classes mais baixas corresponde melhor aos trabalhadores e pequenos funcionários da França da década de 1960[18]. Para uma descrição de grupos socialmente excluídos ou mesmo do "lumpemproletariado", essa definição não é adequada. Um olhar mais atento, no entanto, revela que o trabalho de Bourdieu certamente contém pontos de partida para justificar um uso analítico do conceito de subclasse.

Bourdieu e sua equipe estavam entre os cientistas sociais que descreveram a ruptura social nos subúrbios franceses desde o início e com precisão. No magnífico estudo *A miséria do mundo*, que rastreia microscopicamente essa ruptura em retratos individuais, introduz-se a categoria dos "internamente marginalizados"[19]. Essa categoria inclui os filhos de imigrantes, que percebem que as instituições educacionais não só são excludentes, como também não garantem nenhum avanço social, mesmo para alunos estudiosos. Para Bourdieu, os internamente marginalizados representam apenas uma expressão específica dessa precariedade, que está intimamente ligada ao desmantelamento e reestruturação do Estado de bem-estar social. Na análise, o grupo de pesquisa se baseia em categorias que Bourdieu havia originalmente desenvolvido como parte de seus primeiros trabalhos sobre o entendimento da sociedade argelina (pós-)colonial. Em *As duas faces do trabalho*[20], Bourdieu analisa o surgimento de um *habitus* econômico que produz comportamentos calculistas indispensáveis ao funcionamento das economias de mercado capitalistas. Porém, na sociedade de transição da Cabília, as chances de apropriação de disposições economicamente racionais são distribuídas de forma desigual, resultando na distinção de Bourdieu entre a classe trabalhadora e o subproletariado.

Uma das principais conclusões desse estudo é que o subproletariado e a classe trabalhadora diferem entre si, principalmente em sua atitude em relação ao futuro. Nas economias capitalistas de mercado, a ação economicamente racional pressupõe que "todo o estilo de vida se alinha a um ponto de fuga imaginário"[21]. A orientação radical para o futuro, que caracteriza o capitalismo como formação social, deve ser internalizada e se tornar parte orgânica do estilo de vida. Como uma mentalidade econômica internalizada, o capitalismo age como um "poder fatídico", subordinando o estilo de vida dos indivíduos a propósitos racionais

---

[17] Pierre Bourdieu, *Die feinen Unterschiede. Kritik der gesellschaftlichen Urteilskraft* (2. ed., Frankfurt a. M., Suhrkamp, 1988), p. 585-619.
[18] Ibidem, p. 588.
[19] Idem et al., *Das Elend der Welt. Zeugnisse und Diagnosen alltäglichen Leidens an der Gesellschaft* (Konstanz, UVK, 1997), p. 526-647.
[20] Pierre Bourdieu, *Die zwei Gesichter der Arbeit. Interdependenzen von Zeit- und Wirtschaftsstrukturen am Beispiel einer Ethnologie der algerischen Übergangsge-sellschaft* (Konstanz, UVK, 2000).
[21] Ibidem, p. 31.

sóbrios e a cálculos precisos e quantificáveis[22]. Na competição por posições sociais, trabalhadores qualificados têm uma tremenda vantagem, porque dispõem de uma relativa segurança trabalhista e salarial que lhes permite planejar sua vida com base em metas futuras. Para os subproletários, por outro lado, "toda a vida profissional depende do acaso e da arbitrariedade"[23]. Oportunidades desigualmente distribuídas para o planejamento da vida a longo prazo e o diferente poder integrador das redes sociais são características estruturais de uma sociedade em transição com alto desemprego. Nesse contexto, Bourdieu aponta para dois limiares com diferentes níveis de segurança social: "Um emprego permanente e uma renda estável, com todo o conjunto de garantias para o futuro, proporcionaram acesso ao que pode ser chamado de limiar de segurança"[24]. Abaixo desse limiar estão formas instáveis de trabalho e vida; acima desse limiar, o objetivo primordial é melhorar a assistência social. Porém, um pensamento verdadeiramente empreendedor e compatível com o mercado, que alinhe todo o modo de vida ao futuro, só é possível quando se atinge um "limiar de previsibilidade", o qual "depende essencialmente da disposição sobre a renda" e "alivia permanentemente a preocupação com a subsistência"[25].

Esses limiares de segurança e previsibilidade que Bourdieu descobriu na Cabília existem em todas as sociedades capitalistas modernas. Eles mudam com os níveis de riqueza dessas sociedades, são contestados e se movem de acordo com os desenvolvimentos socioeconômicos e as instituições do Estado de bem-estar, mas sempre existem. Eles também estão presentes nos capitalismos regulamentados pelo Estado de bem-estar da Europa continental. É claro que ninguém teria a ideia de equiparar uma sociedade agrária (pós-)colonial na transição para o capitalismo com os capitalismos regulados do Norte global. Hoje, a racionalização da vida está bem adiantada no capitalismo avançado, o *habitus* econômico se espalhou pelas fronteiras de classe e gênero, e dificilmente resta uma esfera de vida fora da racionalidade calculista da troca capitalista de mercadorias. No entanto, como o próprio Pierre Bourdieu observou[26], existem alguns paralelos entre as sociedades operárias da Cabília e as da Europa contemporânea.

2.2. Precarização, exclusão e limiar de respeitabilidade social

Por muitas décadas, a secular tendência à generalização social do trabalho assalariado foi acompanhada pelas restrições do Estado de bem-estar nas relações de emprego

---

[22] Werner Sombart, *Der moderne Kapitalismus*, v. 3 (Munique/Leipzig, Duncker & Humblot, 1928), p. 329.
[23] Pierre Bourdieu, *Die zwei Gesichter der Arbeit*, cit., p. 67.
[24] Ibidem, p. 92.
[25] Idem.
[26] Ibidem, p. 11.

no Norte global. O resultado é aquilo que, em retrospecto, se chamou de relação de emprego normal ou padrão socialmente protegido[27]. Para a grande maioria dos empregados formais (especialmente homens), o trabalho assalariado no Estado de bem-estar protegia a renda e o emprego dos riscos de mercado. Por um breve período histórico, alguns países da Europa continental, incluindo a Alemanha Ocidental, desenvolveram pela primeira vez o capitalismo sem um exército industrial de reserva nacional visível[28]. Os capitalismos fordistas da Europa continental ainda se baseavam em desigualdades específicas de classe e integração assimétrica de gênero no mercado de trabalho. O pleno emprego dos homens seria impensável sem o trabalho de cuidado, que era em sua maioria gratuito e realizado principalmente por mulheres. Empregos pouco atraentes, mal remunerados e não reconhecidos foram em parte desempenhados por migrantes que vinham da periferia do sul da Europa para os estados centrais [*Gastarbeiter*].

No entanto, para a maioria dos trabalhadores, funcionários e suas famílias, a mudança foi uma transição de um contrato salarial para um *status* de cidadão social. Os assalariados agora tinham "propriedade social", uma "segunda renda" garantida pelos sistemas de seguridade social, leis trabalhistas e normas de negociação coletiva, que serviam como proteção contra a precariedade e os riscos de pobreza. A pobreza e a precariedade ainda estavam presentes, mas foram empurradas para as margens das sociedades de emprego pleno da Europa continental, adaptadas ao *status* transitório dos migrantes ("precariedade temporária"), rotuladas como falhas na educação ("pouco qualificados"), invisibilizadas e, portanto, marginalizadas nas famílias ("trabalhadoras adicionais") e nas redes sociais ("forasteiros", "grupos marginalizados").

A discussão da precariedade baseada nas obras de Bourdieu mostra que a conexão entre trabalho assalariado e propriedade social, que moldava o estilo dos Estados assistenciais da Europa continental, foi gradualmente rompida desde os anos 1970. Robert Castel[29] resumiu esse desenvolvimento em uma hipótese de trabalho que atualiza as reflexões de Bourdieu sobre os "limiares" da seguridade social. Os direitos sociais e participativos, que dotavam até mesmo o trabalho assalariado alienado de um poder integrador social, estão gradualmente perdendo sua função protetora, de modo que as sociedades trabalhistas neoliberais agora se dividem em três zonas. Uma zona de integração com relações trabalhistas regulamentadas; uma zona de dissociação que contém grupos permanentemente

---

[27] Ulrich Mückenberger, "Krise des Normalarbeitsverhältnisses: nach 25 Jahren revisited", *Zeitschrift für Sozialreform*, v. 56, n. 4, 2010, p. 403-20.

[28] Burkart Lutz, *Der kurze Traum immerwährender Prosperität. Eine Neuinterpretation der industriell-kapitalistischen Entwicklung im Europa des 20. Jahrhunderts* (Frankfurt a. M./Nova York, Campus, 1984), p. 186.

[29] Robert Castel, *Die Metamorphosen der sozialen Frage. Eine Chronik der Lohnarbeit* (Konstanz, Universitätsverlag Konstanz, 2000).

excluídos do trabalho remunerado regular; e uma zona precária em expansão que compreende um conglomerado heterogêneo de condições de trabalho e vida vulneráveis e instáveis. Os limites entre essas zonas não são idênticos aos limiares de segurança social de Bourdieu. Assim, o "limiar da previsibilidade" atravessa a zona de integração; ele separa o grupo relativamente pequeno de funcionários sem preocupações do grupo de funcionários com problemas de escassez material. O "limiar de segurança", por sua vez, separa este último grupo de uma camada em situação social precária e dissociada.

Mas mesmo os trabalhadores precários e os grupos parcialmente dissociados dos sistemas de seguridade social ainda são separados por um terceiro limiar. Chamamos isso de "limiar da respeitabilidade social". Esse limiar é constituído pelo *status* de assistência. Assistência significa que as pessoas envolvidas são incapazes de garantir sua própria reprodução social ou, quando apropriado, a reprodução social de suas famílias. As subclasses incluem grupos cujas condições e estratégias de reprodução os levam a viver a longo prazo (ou permanentemente) no "limiar da respeitabilidade social" ou abaixo deste. Esses grupos não são de forma alguma idênticos ao *precariado*[30]. Mesmo nas sociedades ricas do Norte global, a precariedade se tornou uma forma de organização "normal" do trabalho e da vida social[31]. Porém, a precariedade tem muitas faces. Aquilo que Guy Standing define como uma identidade coletiva específica do precariado corresponde a uma "precariedade de vanguarda" entre artistas e acadêmicos, e não aos meios sociais da classe baixa[32]. É certamente possível identificar tipos de precariado específicos para cada classe, mas o precariado, entendido como um conjunto de grupos precários, não é de modo algum "a classe-in-the-making", ou uma classe em construção, como ele sugere.

A fórmula de Pierre Bourdieu, segundo a qual a precariedade, apesar de estar presente "em toda parte"[33], não tem os mesmos efeitos na sociedade como um todo, denota uma tendência social de generalizar a insegurança social que não se limita a uma das frações da classe subalterna. O emprego remunerado, regulamentado pelo Estado de bem-estar, se converte em um bem escasso para aqueles que precisam

---

[30] Guy Standing chama "the Precariat" de "class-in-the-making", uma classe em construção. Tal como as "classes perigosas" no passado, os precários tendiam a protestos e revoltas ofensivas. Ao contrário de seus precursores históricos, porém, eles seriam capazes de desenvolver uma identidade de classe específica. Essa identidade é a força motriz subjetiva de movimentos sociais cujos membros não se sentem parte de uma comunidade trabalhista solidária. Justamente a ausência de um emprego regular e reconhecido lhes permite uma compreensão específica da liberdade que transforma a insegurança em uma força produtiva social. Ver *The Precariat. The New Dangerous Class* (Londres, Bloomsbury, 2011), p. 7, 284-5.
[31] Robert Castel, *Die Krise der Arbeit. Neue Unsicherheiten und die Zukunft des Individuums* (Hamburgo, Hamburger, 2011), p. 136.
[32] Alessandro Pelizzari, *Dynamiken der Prekarisierung. Atypische Erwerbsverhältnisse und milieuspezifische Unsicherheitsbewältigung* (Konstanz, UVK, 2009).
[33] Pierre Bourdieu, *Die feinen Unterschiede*, cit., p. 97 e seg.

vender sua força de trabalho. Essa experiência molda a ética do trabalho em todas as zonas da sociedade trabalhista neoliberal e constitui uma dialética de libertação do emprego remunerado e da precariedade. Robert Castel levanta um argumento similar ao falar da "institucionalização do precariado"[34]. O precariado e as subclasses obviamente não são idênticos. Mais realista é a ideia de que lutas simbólicas para pertencer à sociedade de cidadãos reconhecidos no limiar da respeitabilidade social também são conduzidas entre frações de classe subalternas com particular intensidade e violência.

3. Regime de expropriação do capitalismo financeiro e formação de subclasses

Por que faz sentido identificar grupos sociais abaixo do "limiar da respeitabilidade social" como subclasses, apesar das preocupações legítimas? A justificativa mais importante surge do uso crítico do conceito de classe. A categoria da classe refere-se a um "princípio de conexão" que propõe "uma ponte" entre "a fortuna dos fortes" e "a necessidade dos fracos"[35]. A produção contemporânea de subclasses, embora altamente complexa, segue tal causalidade. A fim de reduzir a complexidade com uma estilização deliberada, o mecanismo social contemporâneo de formação da subclasse pode ser descrito como uma expropriação impulsionada pelo mercado financeiro.

3.1. Regime de expropriação capitalista

As teorias da expropriação geralmente buscam analisar e criticar o modo expansivo de desenvolvimento das sociedades capitalistas modernas. É fundamental a suposição de que as sociedades capitalistas não se reproduzem por si próprias. Para garantir ao menos uma estabilidade temporária, tais sociedades dependem da ocupação de novos espaços. O conceito de espaço não deve ser entendido aqui no sentido geográfico-territorial. O que se objetiva destacar são meios não capitalistas, isto é, mercados, formas de trabalho e modos de vida ainda não abertos à troca capitalista de mercadorias. Nesse sentido, o capitalismo não é apenas uma formação social que condiciona a vida de todas as pessoas – inclusive a dos capitalistas – às pressões do mercado; essa formação social também depende de uma constante expansão dos mercados. O produto excedente do período de produção anterior só pode ser realizado através de diferentes formas de consumo se a demanda do mercado também for ampliada, uma vez que a produtividade do trabalho (e, portanto, a produção por unidade de tempo) tende a aumentar. Esse problema de absorção de excedentes[36] é a força motriz macroeconômica que impulsiona sempre

---

[34] Robert Castel, *Die Krise der Arbeit*, cit., p. 136.
[35] Luc Boltanski e Ève Chiapello, *Der neue Geist des Kapitalismus* (Konstanz, UVK, 2003), p. 398.
[36] David Harvey, *Das Rätsel des Kapitals entschlüsseln. Den Kapitalismus und seine Krisen überwinden* (Hamburgo, VSA, 2014), p. 32.

novas expropriações. Nesse sentido, qualquer fase de crescimento ou prosperidade capitalista pode ser descrita como "uma fase de expropriação específica pela parte econômica em expansão do mercado industrial da economia nacional e mundial"[37].

A compulsão de perpetuar expropriações resulta em uma contradição particular da dinâmica capitalista. Para se expandir, os mercados capitalistas precisam de meios não capitalistas que, porém, tendem a ser destruídos como resultado de novas expropriações. Essa contradição não apenas atua estruturalmente, mas, como aponta Pierre Bourdieu, também se manifesta na apropriação de disposições orientadas para o futuro e, portanto, nos próprios sujeitos atuantes[38]. O resultado é que, no nível micro das interações dos indivíduos sociais, sempre existem tensões entre inovação e segurança, entre mobilidade e apego, entre cálculos de rentabilidade econômica e suas condições sociais, que são características da socialização do mercado capitalista. A atuação individual nos mercados capitalistas pressupõe, em certo sentido, o oposto da troca mediada por dinheiro. As ações moleculares de troca desconhecem um horizonte de planejamento de longo prazo. Portanto, esse horizonte de planejamento, que possibilita a ação empreendedora no sentido mais amplo da palavra, depende da eficácia de um outro que não tem a forma do mercado, e é precisamente esse outro que pode se tornar objeto da expropriação capitalista.

As tensões resultantes podem ser observadas em todos os níveis das sociedades diferenciadas. Elas moldam as interações dos atores sociais envolvidos na formação de um *modus operandi* de um regime de expropriação capitalista. Os atores relevantes atuam como representantes de empresas e organizações estatais (nível meso), de classes ou outros grandes grupos sociais (nível macro). Esses atores exercem domínio porque são capazes de usar os direitos de propriedade ou o poder estatal para garantir seu controle sobre terras, matérias-primas, meios de produção, mão de obra e, cada vez mais, conhecimento, patentes, técnicas organizacionais e de gestão, receita tributária e outros recursos. A princípio, existem dois grupos de atores capitalistas dominantes. Proprietários, altos executivos, investidores e elites funcionais econômicas agregadas compõem os grupos de atores econômicos privados; governos e atores estatais, mas também organizações políticas e outras organizações da sociedade civil, compõem sua contrapartida pública.

---

[37] Burkart Lutz, *Der kurze Traum immerwährender Prosperität*, cit., p. 62.
[38] Em *As duas faces do trabalho*, Bourdieu escreve o seguinte: "De fato, eu poderia provar empiricamente que, abaixo de um certo nível de segurança econômica, baseado na segurança do emprego e na provisão de um mínimo de renda regular, indivíduos são incapazes de realizar a maioria das ações que implicam um esforço para aproveitar o futuro, como no caso do gerenciamento calculado de recursos ao longo do tempo, da poupança, do empréstimo ou na área de controle de natalidade. Ou seja, existem condições econômicas e culturais de acesso a um comportamento que poderia, prematuramente, ser considerado normal – ou, pior, natural – para qualquer ser humano" (*Die zwei Gesichter der Arbeit*, cit., p. 20).

Do ponto de vista do ator individual, a dialética interna-externa do regime de expropriação capitalista se apresenta como um espaço de possibilidade que permite às empresas e aos seus principais representantes – proprietários, gerentes, investidores etc. – fixar o capital no tempo e no espaço, considerando os próprios cálculos micropolíticos e estratégicos, de modo a usar as tensões resultantes para beneficiar os protagonistas da expropriação. No entanto, o que parece racional em termos de requisitos macroeconômicos e sociais não necessariamente se mostra relevante para o cálculo microeconômico e social dos atores capitalistas. Uma vez constituído, o *modus operandi* particular decide sobre o "como" das expropriações capitalistas, mas não no sentido de "leis" econômicas atemporais a serem seguidas por todos os atores, sem alteração.

Expropriações são específicas a cada setor e a cada campo. Elas devem ser aplicadas por diferentes grupos de atores em um sistema específico de provas de força. Desse modo, as expropriações nunca são determinadas exclusivamente pelas elites do poder, e sim filtradas por sistemas institucionais volumosos, modificados por atritos e disfuncionalidades em vários campos sociais, além de serem influenciados por atores obstinados e resistentes de baixo. As lutas sociais envolvidas implicam que expropriações capitalistas sempre estão associadas ao abandono de espaços. Em cada fase do desenvolvimento capitalista, como já destacado, emerge um *modus operandi* característico, completamente desprovido de um plano diretor e como resultado de uma multiplicidade incontrolável de atividades microssociais, que gera uma interação empiricamente identificável de expropriação e abandono de espaços.

O Estado e a ação política marcam o nascimento de um novo *modus operandi* nos pontos de transição dos processos históricos de regimes de expropriação. Estados e governos podem preferir atuar como agentes de políticas de abertura de mercado, mas também como pioneiros da desmercantilização. Por exemplo, a mercantilização implica que grupos sociais sejam excluídos dos processos de recuperação por longos períodos. Ao mesmo tempo, os atores capitalistas são confrontados com uma pluralidade limitada de antagonismos sociais e formas de exploração, cujo tratamento sempre traz consigo o potencial de regressão social – por exemplo, a perda de direitos sociais de grupos dominados – como forma de ação. Especialmente em tempos de convulsão social, é possível que a dinâmica destrutiva, oculta como uma tendência coevolucionária por trás da racionalidade da troca de equivalentes, se torne temporariamente não apenas o princípio dominante, mas também um princípio que reproduz a si mesmo. Nessas constelações históricas, "violência, traição, opressão, pilhagem" são expostas, e "é preciso fazer esforço para encontrar as leis rigorosas do processo econômico sob esse turbilhão de violência política e provas de força"[39].

---

[39] Rosa Luxemburgo, "Die Akkumulation des Kapitals. Ein Beitrag zur ökonomischen Erklärung des Imperialismus" [1913], em *Gesammelte Werke*, v. 5 (Berlim, Dietz, 1975), p. 397.

3.2. O MECANISMO CAUSAL DA FORMAÇÃO DE SUBCLASSES

Desde a crise financeira e econômica global de 2008-2009, nós nos encontramos em um ponto de inflexão. Uma das principais razões é o mecanismo social que está por trás do novo regime de expropriação e da formação de classes. Seu *modus operandi* e sua influência na formação de subclasses deveria, na verdade, ser analisado separadamente para cada campo social. Como isso nem sequer é possível aqui, temos de nos contentar em abordar a causalidade entre a sorte dos fortes e a miséria dos fracos em termos muito gerais. O regime de expropriação do capitalismo financeiro que levou à Grande Crise Financeira foi, antes de tudo, a resposta socioeconômica e política a uma crise de contração da margem de lucro que se delineou na maioria dos capitalismos desenvolvidos em meados da década de 1970. Consequentemente, as estratégias de ação dos atores capitalistas dominantes visavam transformar as barreiras de acumulação correspondentes em obstáculos superáveis através da privatização da propriedade pública, bem como a desregulamentação financeira e a flexibilização dos mercados de trabalho. Um – bastante intencional – resultado desse regime de expropriação foi a redistribuição de baixo para cima, tornando novamente pronunciadas as diferenças de classe "grosseiras", verticais.

Nesse meio-tempo, as desigualdades específicas de classe assumiriam proporções tais que teriam um efeito destrutivo sobre os mecanismos de autoestabilização da expansão capitalista do mercado. A crise financeira global, dessa forma, promoveu ainda mais a concentração da riqueza. Atualmente, cerca de 70% da população mundial vive em países onde as diferenças entre ricos e pobres aumentaram nas últimas três décadas[40]. Internamente, muitas dessas sociedades são caracterizadas por uma tendência para a polarização social. No topo da hierarquia social estão pequenos grupos de pessoas, nos quais a renda e especialmente a riqueza estão concentradas. Atualmente, o núcleo social das classes detentoras de propriedade é composto mundialmente de cerca de 10 mil a 20 mil pessoas super-ricas, incluindo cerca de 3 mil bilionários cuja riqueza livremente disponível ultrapassa os 500 milhões de dólares americanos. Esses super-ricos estão rodeados por mais 100 mil pessoas com patrimônio entre 30 milhões e 500 milhões de dólares, e cerca de 10 milhões de pessoas com bens entre 1 milhão e 5 milhões de dólares[41]. O grupo das pessoas mais ricas não só está crescendo em número, como também está se tornando mais rico em relação aos outros grandes grupos sociais[42]. Essa tendência é particularmente pronunciada nos capitalismos

---

[40] Oxfam (org.), "Die wachsende Lücke zwischen Arm und Reich – ein Kernproblem des 21. Jahrhunderts", em *Besser gleich! Schließt die Lücke zwischen Arm und Reich* (Berlim, Oxfam Deutschland, 2015). A Oxfam compilou dados de um grande número de estudos individuais.
[41] Hans Jürgen Krysmanski, *0,1%. Das Imperium der Milliardäre* (Frankfurt a. M., Westend, 2012), p. 45-6.
[42] O número de bilionários duplicou desde 2008, vide Oxfam (org.), "Die wachsende Lücke zwischen Arm und Reich", cit., p. 5. Ver Thomas Piketty, *Capital in the Twenty-First Century*, cit., p. 430 e seg.

anglo-saxões, especialmente nos Estados Unidos. Mas os Estados europeus continentais, e também a Alemanha, estão se aproximando desse desenvolvimento a passos largos. A Alemanha é hoje um dos "países mais desiguais do mundo industrializado"[43]. O milésimo mais alto da população total possui, segundo estimativas conservadoras, 17% do patrimônio total; os 10% mais ricos possuem uma fatia de mais de 64%[44]. Ao mesmo tempo, metade dos trabalhadores ganha hoje menos do que ganhava há quinze anos; os quatro últimos decis de renda perderam acima da média[45].

As frações de classes de proprietários influentes que exigem um "Estado magro", impostos baixos e os custos mais baixos possíveis de mão de obra e reprodução não são o único complexo de causas para a formação e recomposição de subclasses, mas são um complexo importante. Em geral, a concentração de riqueza promove a tendência a transações especulativas e, portanto, aumenta a suscetibilidade da economia a crises. O poder econômico pode ser transformado em poder político, por exemplo através do financiamento do trabalho de *lobby*, e utilizado para promover a mercantilização do mercado de trabalho e das políticas sociais. O resultado é uma restrição da propriedade social e uma liberação seletiva dos assalariados e suas famílias das proteções do Estado de bem-estar.

No entanto, as relações causais entre as expropriações do social e da formação de subclasses só se tornam plenamente claras quando se tem em conta a centralidade do trabalho e os seus mecanismos associados de exploração secundária. O trabalho é central apenas no entrelaçamento entre emprego remunerado e outras habilidades laborais. O domínio economicamente institucionalizado do emprego remunerado cria uma hierarquia contestada de diferentes habilidades laborais (trabalho remunerado para subsistência, atividades sem fins lucrativos para o autodesenvolvimento, trabalho não remunerado de subsistência e de cuidados para a reprodução social, trabalho de controle para a coordenação das habilidades laborais). Ao canalizar as demandas de flexibilidade para o setor reprodutivo, ao tender a desvalorizar o trabalho de cuidado, ao permitir o acesso integral a habilidades laborais não remuneradas e anteriormente não utilizadas e ao exigir cada vez mais tempo e atividade para o trabalho de controle, abre-se a opção para os atores capitalistas dominantes de buscar a apropriação por meio da exploração secundária de habilidades e atividades laborais anteriormente não utilizadas. Diferentemente do modelo de uma exploração primária incorporada na troca de equivalentes, a exploração secundária é baseada na dominância e na troca desigual. Pode ser constituída através de discriminação sexista e racista, mas também pode

---

[43] Marcel Fratzscher, *Verteilungskampf. Warum Deutschland immer ungleicher wird* (Munique, Carl Hanser Verlag, 2016), p. 9, 43 e seg.
[44] Stefan Bach, Andreas Thiemann e Aline Zucco, *The Top Tail of the Wealth Distribution in Germany, France, Spain and Greece* (mimeo., DIW Berlin, 2015).
[45] Marcel Fratzscher, *Verteilungskampf*, cit., p. 64.

ser o resultado da apropriação de recursos naturais ou de conhecimento através de relações de domínio. As subclasses desmercantilizadas são, como será demonstrado, objeto de exploração secundária; ou seja, realizam – muitas vezes de forma não remunerada – atividades que estabilizam a existência da comunidade sem que isso encontre o devido reconhecimento social.

3.3. Desvalorização coletiva e subclasses

No decurso das últimas décadas, as desigualdades de classe específica nos países da OCDE assumiram uma magnitude que agora é disfuncional mesmo para as economias capitalistas, porque têm um efeito inibidor do crescimento[46]. Uma causa essencial é que as forças mais importantes de uma economia política do trabalho – sindicatos, partidos social-democratas, socialistas e (euro)comunistas – foram enfraquecidas ou destruídas a tal ponto, e as instituições do Estado de bem-estar foram podadas de seu efeito limitador do mercado de tal forma, que mesmo as medidas de redistribuição estabilizadoras do sistema não funcionam mais. Apesar da disfuncionalidade macroeconômica, o capital excedente continua a migrar para o setor financeiro, o investimento na chamada economia real continua fraco, e a polarização social se mantém.

Na União Econômica e Monetária Europeia (UEM), essa constelação tem evocado o perigo de estagnação secular. Mesmo a política de taxas de juro baixas do Banco Central Europeu (BCE) não revitalizou a concessão de empréstimos. A crise bancária europeia segue latente, por exemplo, na Itália. Além disso, a fissura entre os poucos Estados credores no Norte rico e os Estados devedores na periferia Sul está crescendo. Obviamente, não é possível investir capital excedente onde ele poderia estimular o crescimento econômico duradouro. Essa tendência estagnada é o húmus socioeconômico no qual as novas subclasses prosperam. No entanto, o seu surgimento e consolidação também se baseiam em formações de blocos produtivistas dentro dos Estados-nação, que envolvem elites e frações "eficientes" de classe média e trabalhadora, negando solidariedade e proteção às classes populares supostamente "improdutivas", "supérfluas". O mesmo é feito essencialmente através de políticas estatais de delimitação de fronteiras que – seja consciente ou implicitamente – equivalem a uma desvalorização coletiva dos grupos mais vulneráveis da sociedade.

Para compreender esse processo, é útil um breve excurso sobre a teoria do Estado de Bourdieu. Para ele, o Estado não é um ator. Distanciando-se das teorias marxistas, Bourdieu argumenta que o Estado é uma "ilusão bem fundamentada",

---

[46] Fratzscher estima que o aumento da desigualdade custou à Alemanha cerca de 6% de crescimento econômico (cerca de 160 bilhões de euros anuais) entre 1990 e 2010 (ibidem, p. 80 e seg., aqui p. 83).

um lugar que "existe essencialmente porque se acredita que existe"[47]. Portanto, todas as proposições que "têm o Estado como sujeito são proposições teológicas"[48]. Para escapar à teologia, Bourdieu propõe substituir "o Estado por atos" que "podem ser chamados atos estatais ou de 'Estado' – com o 'Estado' entre aspas"[49]. Entretanto, o próprio Bourdieu não sustenta plenamente esse giro teórico e sua crítica ao funcionalismo das teorias neomarxistas do Estado é evidentemente baseada numa recepção superficial das abordagens (neo)gramscianas[50]. O fato de o Estado não ser um ator homogêneo e de as atividades dos aparelhos e atores estatais não poderem ser explicadas em termos puramente funcionalistas é, de qualquer forma, um argumento que encontraria portas abertas para teóricos marxistas.

Apesar disso, há um pensamento central na reflexão de Bourdieu que pode ser usado para uma análise da produção política de novas subclasses. Bourdieu define o Estado "como um monopólio da violência simbólica legítima"[51], cujas funções mais gerais incluem "a produção e canonização de classificações sociais"[52]. As instituições e atores estatais têm um efeito classificador, por exemplo, ao deslocar ou solidificar os "limites da respeitabilidade social" nas sociedades nacionais. As subclasses são criadas ao se empurrar permanentemente grandes grupos sociais para baixo do limiar da respeitabilidade social através da escassez de propriedade social e da desvalorização simbólica. Dependendo das diferentes políticas e regimes de Estado de bem-estar, no entanto, a formação de subclasses através do desenho de limites e desvalorização simbólica pode assumir manifestações muito diferentes.

4. A PRODUÇÃO POLÍTICA DE SUBCLASSES

Na França, a fenda social pode ser localizada espacialmente; a demarcação contra a subclasse assume a forma de *isolamento e separação socioespacial*. Aqueles que vivem no *banlieu* ultrapassam o limiar da respeitabilidade e, apesar de uma educação relativamente boa, quase não têm qualquer chance de dar o salto para a sociedade de cidadãs e cidadãos respeitáveis. Os afetados são principalmente, mas não exclusivamente, migrantes que vieram originalmente para a França das antigas colônias, bem como os seus filhos e os filhos dos seus filhos. As demarcações são inicialmente traçadas na sociedade civil e através de lutas de classificação na margem do regime

---

[47] Pierre Bourdieu, *Über den Staat. Vorlesungen am Collège des France 1989-1992* (Berlim, Suhrkamp, 2014), p. 30.
[48] Ibidem, p. 31.
[49] Idem.
[50] Ver Bob Jessop e Ngai-Ling Sum, *Towards Cultural Political Economy: Putting Culture in its Place in Political Economy* (Cheltenham, Edward Elgar, 2013); Antonio Gramsci, *Gefängnishefte*, v. 1-10 (Hamburgo, Argument, 1991-).
[51] Pierre Bourdieu, *Über den Staat*, cit., p. 19.
[52] Ibidem, p. 29.

fronteiriço. Tais lutas foram e são alimentadas por ideologias etnopluralistas que – em parte mais refinadas do que na construção biologizante de Sarrazin, mas ainda comparáveis em sua estratégia de argumentação – colocam a identidade cultural no lugar da pureza racial[53]. Os padrões de interpretação correspondentes combinam características específicas de classe com características culturais, promovendo assim uma etnicização do social, que se baseia na desvalorização coletiva de subclasses supostamente "inúteis", dominadas pelos migrantes.

Enquanto no *banlieu* francês estamos lidando com pessoas internamente excluídas que não abandonam completamente os sistemas de seguridade social, nos Estados Unidos estamos lidando em parte com subclasses que experimentam o Estado, se é que o fazem, apenas como uma autoridade repressiva. Aqui encontramos uma *demarcação por meio da criminalização*. Em quarenta anos, a população prisional quintuplicou; a maioria dessas pessoas são pobres que vivem em comunidades negras. Um em cada nove jovens negros está na prisão; quase 60% dos que não têm diploma do ensino médio estão encarcerados em meados dos seus trinta anos[54]. Nesse caso, a guerra civil ideológica contra as subclasses transformou-se parcialmente num confronto armado. Repetidamente, a polícia atira em jovens negros pelas mais insignificantes razões, pois ela os identifica, com base na cor da pele, como pertencentes a essas classes perigosas das quais se sente ameaçada. Esses conflitos já se agravam há muito tempo. Eles desencadearam revoltas e motins.

4.1. O "milagre do emprego" alemão e as subclasses

No entanto, a formação de classes inferiores também pode ocorrer de forma mais sutil. Por exemplo, como resultado da violência simbólica associada à *propagação* de *trabalho* mal remunerado, mal reconhecido e, portanto, *"indigno"*. Um olhar por trás da fachada do chamado milagre do emprego alemão pode esclarecer o que se quer dizer. Em dez anos, surgiu na República Federal Alemã uma sociedade precária de pleno emprego, que distribui assimetricamente um volume decrescente de horas de trabalho remuneradas entre um número recorde de pessoas empregadas. Para grandes grupos, a integração ao mercado de trabalho se realiza através de empregos remunerados não estandardizados, mal pagos, pouco reconhecidos e com poucas oportunidades de participação. Enquanto o trabalhador assalariado médio trabalhava 1.473 horas por ano em 1991, em 2013 o número era de

---

[53] Pierre André Taguieff, "Die Metamorphosen des Rassismus und die Krisen des Antirassismus", em Ulrich Bielefeld (org.), *Das eigene und das Fremde* (Hamburgo, Junius, 1991), p. 221-68.
[54] Alice Goffman, *On the Run. Die Kriminalisierung der Armen in Amerika* (Munique, Kunstmann, 2015), p. 11 e seg.

1.313 horas[55]. Embora o volume de trabalho tenha aumentado novamente após 2005, o número de pessoas empregadas aumentou muito mais rapidamente. O crescimento do emprego é largamente alcançado, em particular, através da integração das trabalhadoras a empregos precários de prestação de serviços. O milagre do emprego alemão baseia-se essencialmente no fato de fazer desaparecer o desemprego à custa do emprego em tempo integral protegido e através da expansão do trabalho assalariado "indigno".

4.2. A FORMAÇÃO DE SUBCLASSES NO REGIME DE ATIVAÇÃO DO MERCADO DE TRABALHO

Mas por que a mobilização pelo trabalho "indigno" funciona? Uma possível resposta vem do funcionamento orientado à competição do regime de ativação do mercado de trabalho[56]. Nesse regime, o recebimento de Hartz IV (auxílio-desemprego) torna-se uma prova de força permanente em que se decide se o salto para a sociedade de cidadãs e cidadãos respeitados será bem-sucedido. Receber benefícios é encenado como uma competição na qual aqueles que são exitosos estabelecem o padrão para o qual aqueles que ainda não lograram melhores posições devem se orientar. Quanto mais difícil se torna o trabalho para os desempregados, mais as autoridades trabalhistas tendem a colocar a responsabilidade sobre os beneficiários do subsídio. Mesmo guiados por acordos de metas, muitos funcionários públicos focam-se inicialmente naqueles "clientes" que são fáceis de se intermediar. Uma vez que esse grupo tenha um emprego remunerado, apenas os casos mais difíceis permanecem. Ao mesmo tempo, eleva-se a tendência de os funcionários públicos culparem os "clientes" restantes por violações de contrato. Os que permanecem com benefícios por muito tempo estão, aos olhos dos trabalhadores, comportando-se de forma antiemancipatória, porque chegaram a um acordo com um *status* de bem-estar "indigno".

Os beneficiários veem as coisas de forma completamente diferente. A grande maioria deles está trabalhando ativamente para obter benefícios. A imagem da classe baixa passiva que perdeu a aspiração ao avanço não corresponde à realidade.

---

[55] Destatis (org.), *Statistisches Jahrbuch. Deutschland und Internationales* (Wiesbaden, Destatis, 2014), p. 349 e seg.
[56] As explicações que se seguem baseiam-se no nosso próprio estudo. Sua base empírica é a análise de quatro regiões do mercado de trabalho, 95 entrevistas de peritos com empregados da administração pública do trabalho e outros peritos nas regiões administrativas, bem como 188 entrevistas com beneficiários do auxílio-desemprego II (ALG II), que foram entrevistados em três etapas entre 2006 e 2012. A pesquisa centra-se nas orientações subjetivas de ocupação dos beneficiários, nos compromissos individuais entre a orientação normativa e o trabalho real, e na influência de regras estritas de razoabilidade sobre esses compromissos. Ver Klaus Dörre et al., *Bewährungsproben für die Unterschicht? Soziale Folgen aktivierender Arbeitsmarktpolitik* (Frankfurt a. M./Nova York, Campus, 2013).

A grande maioria dos entrevistados se mantém firme no emprego remunerado como orientação normativa, mesmo quando esse objetivo se tornou completamente irrealista. Apesar de todos os esforços, a maioria dos entrevistados não consegue encontrar emprego regular. Em vez disso, torna-se visível uma *mobilidade circular*. Na verdade, as entradas e saídas do recebimento de benefícios sinalizam uma flutuação considerável. No entanto, os dados não falam de uma ascensão social, mas sim da continuação de situações de vida em que a mobilidade se limita ao movimento entre empregos precários, atividade socialmente incentivada e desemprego. Há constantes mudanças de posição, mas a mobilidade permanece circular porque não conduz para fora do setor de situações de vida precárias. Apenas alguns dos que entrevistamos deram o salto, após sete anos, para circunstâncias que os libertam permanentemente de receber benefícios. Os outros por vezes passam por duas, quatro, seis ou mais estações de trabalho. Pulam do desemprego para um emprego de um euro, de lá para trabalhos em tempo parcial como ajudantes, depois para um curso de qualificação e assim por diante, apenas para acabarem de novo com benefícios.

Quanto mais tempo as pessoas permanecem com benefícios, mais forte é a pressão para internalizarem um *habitus* que não aparece na análise de classe de Bourdieu. Os interessados internalizam um *habitus de sobrevivência* que os distingue do resto da sociedade. Aqui, só raramente se trata de sobrevivência física. Mas, com o aumento da duração do recebimento de benefícios, os entrevistados são forçados a aceitar a escassez material, o baixo reconhecimento e o rígido controle burocrático de suas vidas diárias. Quando eles se adaptam, isso os separa do resto da sociedade. Se se separam, os seus planos de vida tornam-se objetos de desvalorização coletiva. Justamente porque as pessoas com benefícios se adaptam a condições adversas, elas se tornam alvo de classificações negativas por parte da "sociedade majoritária eficiente e motivada".

Expostos a classificações negativas, os beneficiários entrevistados se veem como pertencentes a uma *minoria estigmatizada* que tem que fazer tudo o que puder para encontrar uma conexão com a normalidade social. O auxílio-desemprego constitui um *status* que tem um efeito discriminatório sobre os benefeciários, semelhante à cor da pele no caso do racismo ou ao gênero no caso do sexismo. Os desempregados e os empregados precários são desacreditáveis. Uma vez etiquetado, é difícil para as pessoas afetadas se livrarem do estigma do auxílio-desemprego. A lógica de tal auxílio ("Qualquer trabalho é melhor do que nenhum!") requer que abandonem aquelas exigências qualitativas do trabalho e da vida que motivam um compromisso especial para melhorar a sua própria situação em primeiro lugar. Se o desgaste se instala devido à mobilidade circular, por outro lado, uma redução das aspirações se instala – e isso é precisamente o que faz as pessoas adoecerem ou gera resignação e passividade. A esse respeito, o auxílio-desemprego tem, em muitos casos, o efeito oposto do seu objetivo declarado.

4.3. Troca desigual e formação de classes

O princípio da competição, a diferenciação constante entre vencedores e perdedores, a mobilidade circular, a estigmatização e a apropriação de um *habitus* de sobrevivência são mecanismos sociais que contribuem para a formação e recomposição de uma subclasse. No entanto, os membros dessa subclasse, que se avizinham socialmente ao *status* dos beneficiários de assistência social, são tudo menos "supérfluos". Para manterem sua posição, muitas vezes têm de trabalhar arduamente. Contudo, a sua atividade é determinada, em grande medida, pelas autoridades estatais. A ocupação marginal e os estágios exigidos podem, às vezes, somar uma semana de 48 horas. A isto se agregam exigências da vida familiar e da educação dos filhos. Há um forte motivo para todas essas atividades. Parece sempre aos entrevistados que o próximo passo na hierarquia, que promete um pouco mais de normalidade, pode ser conquistado pelos seus próprios esforços.

Apesar da baixa mobilidade ascendente, o sistema de competição encenado pelo Estado cria e fomenta um sistema de autocontrole. No emprego socialmente incentivado, os beneficiários fornecem o seu trabalho a baixo custo para o desempenho de tarefas públicas. Os trabalhadores com baixos salários que complementam os seus rendimentos com o auxílio-desemprego são explorados como mão de obra barata no setor privado. A participação cívica não remunerada, tal como praticada pelos beneficiários de subsídios, contribui para a coesão social sem estar associada a uma melhoria real de *status*. O mesmo vale para as atividades de cuidado, que transmitem um sentido de vida, mas dificilmente contribuem para a normalidade social. O trabalho de autocontrole da maioria dos entrevistados mostra uma diferença significativa em relação aos desempregados do período de Weimar, como descrito no famoso estudo de Marienthal. A grande maioria dos entrevistados não é de modo algum passiva; pelo contrário, numerosas atividades fora do emprego remunerado protegido baseiam-se numa troca desigual que pode certamente ser entendida como uma vantagem para o Estado e para a sociedade através da exploração secundária.

5. Algumas conclusões

Por toda a sua especificidade, os mecanismos delineados do regime de ativação do mercado de trabalho ilustram como a formação de subclasses ocorre nas sociedades ricas, mesmo quando a sua criminalização e segregação socioespacial é menos pronunciada do que nos Estados Unidos ou na França. As classes, mas também as subclasses, são, nos capitalismos desenvolvidos, (1) *classes competitivas*. Elas emergem da competição, são o produto de construções políticas e demarcações simbólicas. Isto acontece mesmo que as subclasses não sejam socioeconomicamente homogêneas. Na Alemanha, essa classe não é de modo algum idêntica à dos desempregados de longa duração. Pouco mais de 6 milhões de beneficiários de seguridade básica vivem em comunidades socialmente heterogêneas e carentes. Apenas 53% dos beneficiários em idade ativa estão desempregados, e 25% são beneficiários de prestações suplementares cujos rendimentos auferidos não são suficientes para financiar as necessidades da vida. Ao menos 50,8% dos beneficiários têm um estágio ou mestrado, 7,2% um diploma universitário (técnico)[57]. Tudo isto não altera o fato de essas pessoas se movimentarem no limiar da respeitabilidade social ou abaixo dele. Os beneficiários, que diferem consideravelmente em origem social, biografia de emprego, nível de educação, idade, formas familiares e redes sociais, são de certa forma "homogeneizados à força" no regime de ativação do mercado de trabalho ao nível da antiga assistência social.

Esse nivelamento politicamente construído cria (2) *tensões e estratégias de distinção*. O mecanismo da competição também funciona dentro da subclasse, razão pela qual a participação nesta não pode ser quantificada com precisão. Nas lutas pela distinção, que muitas vezes se resolvem com base em estereótipos como os "desempregados preguiçosos", o "parasita social", o "refugiado pobre" ou o "imigrante não convidado", há sempre uma dinâmica de deslocamento do limiar da respeitabilidade, pelo menos simbolicamente, para cima ou para baixo. Na opinião dos beneficiários de prestações complementares e dos desempregados, as lutas pela distinção são muitas vezes intensas. Por estarem constantemente em movimento, as fronteiras da subclasse alternam para cima e para baixo. No topo, há sobreposições com um proletariado de serviços cujas atividades profissionais, apesar da insegurança e da baixa remuneração, ainda oferecem possibilidades positivas de identificação, especialmente nos setores social e de cuidados[58]. Abaixo do nível do auxílio-desemprego, estão refugiados necessitados de ajuda, migrantes ilegais, moradores de rua e pedintes, para os quais o recebimento de benefícios tem uma promessa de bem-estar baseada no ressentimento. Embora não haja provas de abuso ou fraude fortemente generalizada entre esses grupos[59], os imigrantes romenos e búlgaros encarnam os tão invocados "sedimentos residuais" da sociedade na hierarquia da desvalorização.

---

[57] Jonas Beste, Arne Bethmann e Stefanie Gundert, "Materielle und soziale Lage der ALG-II-
-Empfänger", em *IAB-Kurzbericht*, v. 24, 2014, disponível em: <http://doku.iab.de/kurzber/2014/kb2414.pdf>, acesso em 25 mar. 2022.
[58] Philipp Staab, *Macht und Herrschaft in der Servicewelt* (Hamburgo, Hamburger, 2014); Friederike Bahl, *Lebensmodelle in der Dienstleistungsgesellschaft* (Hamburgo, Hamburger, 2014).
[59] Herbert Brücker, Andreas Hauptmann e Vallizadeh Ehsan, "Anhaltend hoher Beschäftigungszuwachs", *Zuwanderungsmonitor Bulgarien und Rumänien*, Nürnberg, IAB, abr. 2014, disponível em: <https://doku.iab.de/arbeitsmarktdaten/Zuwanderungsmonitor_1404.pdf>, acesso em: 25 mar. 2022.

Com tais mecanismos de desvalorização em vista, mostra-se que as subclasses (3) existem apenas no *processo e na sua inter-relação com outras classes*. É justamente devido à sua vontade real ou presumida de se adaptarem ativamente às condições mais adversas que tais subclasses se tornam um problema para a "classe média". Aqueles que estão próximos da assistência social ou mesmo se resignam à sua dependência chegam a um estado de extrema alienação aos olhos até mesmo dos trabalhadores de colarinho azul e de colarinho branco sindicalizados. Tais adaptações são recebidas com repugnância pela "classe média". Portanto, não é apenas a acusação de parasitismo social que desencadeia uma necessidade de distinção. A ideia de que a subordinação completa à alienação total é possível de ser vivida também pode ser percebida pelos assalariados relativamente protegidos como uma ameaça ao seu próprio *status*. A percepção dessa subordinação desemboca, assim, na desvalorização coletiva e na estigmatização daqueles que são, na verdade, dependentes da solidariedade. Pessoas e grupos que parecem indefesos numa situação de alienação total tornam-se aos olhos dos trabalhadores de colarinho azul e de colarinho branco sindicalizados uma ameaça latente a qualquer tipo de solidariedade assalariada. Por sua vez, tais grupos possuem um tratamento distinto que não só é demarcado por cima, "pelo 'capital'", "empregador" ou "conselho", mas sobretudo pelos "outros" que estão "abaixo"[60].

Nos desenhos simbólicos dessas fronteiras mostra-se que o mundo dos precários e excluídos já não pode ser mantido fora do mundo do trabalho assalariado ainda parcialmente protegido. Se ele não estiver na própria empresa, encontra-se enquanto realidade ameaçadora na empresa vizinha ou nas residências. Um problema básico da classificação negativa é que, com base nas posições de classes, que essencialmente são um produto das classificações negativas, (4) *nenhuma identidade coletiva positiva pode ser* fundada. Indicações de uma consciência coletiva das subclasses mal podem ser empiricamente encontradas. É impressionante que uma parte considerável dos entrevistados tenha dificuldades para se localizar na sociedade. Os desempregados e aqueles com ocupações precárias queixam-se de discriminação, mas muitos não querem ser chamados de pobres nem querem estar localizados nos escalões inferiores da sociedade. Quando questionados, alguns se colocam nos estratos "médios". Outros, no entanto, não podem acrescentar mais nada à sociedade; seu mundo é o microcosmo de seus próprios contatos e relacionamentos; o que acontece além desse microcosmo é para eles simplesmente irrelevante. O fato de essas pessoas se recusarem a usar termos como pobreza ou subclasse para descrever a sua situação é provavelmente explicado pela conotação negativa desses termos. Eles têm medo de aumentar o peso da sua difícil situação e da desvalorização que experimentam ao usar termos "contaminados".

---

[60] Klaus Dörre, Anja Happ e Ingo Matuschek (orgs.), *Das Gesellschaftsbild der LohnarbeiterInnen* (Hamburgo, VSA, 2013).

Subjetivamente, a política oficial muitas vezes não tem lugar nas subclasses, porque não tem nada a ver com as suas vidas. Na medida em que fazem avaliações políticas ou julgamentos políticos, os pertencentes às subclasses seguem frequentemente uma lógica situacional, afetiva, emotiva. Teorias da conspiração e personalizações são ubíquas. O *ethos* negativo de classe afoga as inconsistências e contradições lógicas nas opiniões políticas no sentido mais amplo. Uma exceção se manifesta, no melhor dos casos, naqueles que estão envolvidos em iniciativas para os desempregados ou outras organizações políticas. Mas mesmo entre eles pode ser observada uma forte carga moral de suas próprias atividades, o que desencadeia uma constante flutuação entre a veemente exigência de atenção especial a suas próprias preocupações e a profunda frustração com o desrespeito real ou percebido. Falta dizer: nem a subclasse, nem a camada baixa, nem o precariado proporcionam atualmente um quadro interpretativo associativo a partir do qual poderia emergir uma identidade positiva dos sobrepujados.

Uma vez formadas as subclasses, esse desenvolvimento (5) não pode ser revertido no curto prazo. As subclasses surgem porque os afetados *carecem de oportunidades de emprego atraentes e de "propriedade social"*. Combater a formação de classes cortando benefícios sociais e reforçando a "pacificação repressiva" através de medidas policiais é uma ilusão. Quando as autoridades estatais tornam os benefícios mais difíceis para os migrantes dos Bálcãs, por exemplo, encorajam a situação de rua, a informalidade ou mesmo a criminalidade, suscitando assim os próprios comportamentos geralmente atribuídos às "classes perigosas". As subclasses, que não têm voz pública e enfrentam uma desvalorização permanente, são forçadas a demitir-se ou a procurar a sua salvação em ocasionais violações de regras, incluindo insurreições, rebeliões e revoltas. No pior dos casos, isto leva a uma militância característica das "sociedades precárias" ou também das subsociedades precárias. Nestas, como o *banlieu*, mas também de uma forma enfraquecida em muitas áreas metropolitanas da Alemanha, existe, medido pelos padrões sociais de normalidade, um estado de exceção permanente. Aquele que quiser escapar procura um enquadramento moral, sistemas de ideias, que lhe permita fugir da constante desvalorização, pelo menos no plano imaginário. As distinções dogmáticas de qualquer religião, como as oferecidas pelos grupos islâmicos, podem formar um quadro moral que convida à radicalização. Embora o uso da violência e o assassinato sejam proibidos, na situação excepcional permanente, as exceções morais aparentam subjetivamente ser um meio legítimo de resistência. A pessoa não se resigna a ser desvalorizada pelos outros, torna-se sujeito dotado de poder e força e provoca medo e terror naqueles que são real ou supostamente responsáveis pela exclusão e pelo bloqueio das oportunidades de vida. A repressão estatal, mesmo o estado de emergência imposto pelo Estado, não pode fazer o mínimo contra tais formas de elaboração do existir da subclasse. Na verdade, ocorre o oposto.

A reação do Estado às revoltas desencadeou uma (6) *escalada* na qual a exclusão e a violência podem levar o terror islâmico e o populismo autoritário de direita a construírem-se mutuamente. A imposição de um estado de emergência contra as revoltas de 2005 não impediu a radicalização islamita e ainda favoreceu a ascensão da Frente Nacional. Anos depois, um estado de emergência ainda mais rígido foi instaurado, e também este não pôde garantir nem a segurança social nem a segurança interna. "Não seria de forma alguma exagero", escreve Didier Eribon, "descrever os *banlieues* das cidades francesas como os locais de uma guerra civil disfarçada. A situação nesses guetos urbanos é o exemplo perfeito de como se tende a lidar com um determinado grupo populacional marginalizado na vida social e política, na pobreza, na precariedade e na falta de perspectivas"[61]. Contra esses grupos – a esta altura, em todos os centros capitalistas – é dirigida uma política que utiliza o ressentimento para manter seu *status*. A mobilização populista de direita é bem-sucedida porque as desigualdades específicas de classe são reinterpretadas como uma luta de distribuição pela "riqueza nacional", que não é combatida nem entre camadas superiores e inferiores, nem entre ricos e pobres, mas alegadamente entre as camadas interiores e exteriores, entre as populações nativas e os "invasores migrantes"[62]. Em blogs e publicações relevantes, os pensadores da nova direita reclamam de uma "expropriação por povos estrangeiros"; os migrantes refugiados são atacados como invasores porque são considerados cúmplices da classe política no "repovoamento" e apropriação da "riqueza nacional". Dessa forma, constrói-se um estado de emergência em reação aos movimentos de refugiados e imigração, mas, em termos da estrutura da argumentação, estamos diante de algo bastante semelhante ao terror legitimado pelo islamismo, que permite o uso da violência porque o Estado é supostamente incapaz de agir ou está protegendo as pessoas erradas. Também "Vigilantes"[63] que ateiam fogo aos abrigos de refugiados insistem em um estado de exceção que lhes permita realizar a suposta vontade do povo por meio da violência, inclusive do assassinato. Pelo menos nisto eles estão mais próximos do seu inimigo, os terroristas islâmicos, do que gostariam de admitir.

As ideologias populistas de direita (7) estão atualmente penetrando profundamente – também na Alemanha – *no núcleo dos assalariados sindicalizados*. A filiação sindical e envolvimento sindical não são aparentemente suficientes para estruturar a visão política subjetiva do mundo dos trabalhadores de colarinho azul e de colarinho branco. Há, porém, que se ir além apenas do ceticismo ou da lamentação desse estado de coisas. Claramente, os sindicatos estão entre as poucas organizações

---

[61] Didier Eribon, *Rückkehr nach Reims*, cit., p. 112.
[62] Helmut Kellershohn, "Vorbürgerkrieg", em Bente Gießelmann et al. (orgs.), *Handwörterbuch rechtsextremer Kampfbegriffe* (Schwalbach/Ts., Wochenschau, 2016), p. 326-39.
[63] Matthias Quent, *Rassismus, Radikalisierung, Rechtsterrorismus* (Weinheim, Beltz, 2015).

da sociedade civil democrática que ainda alcançam os ambientes frustrados da classe trabalhadora. Isto os distingue da jovem inteligência acadêmica e dos seus multiplicadores midiáticos, que perderam quase por completo o contato com esses grupos. "A esquerda", segundo um pesquisador oficial do partido de Angela Merkel, "acaba de se cosmopolitizar e [...] mudou seu foco político para um plano cultural [...] Essa perda de comunicação entre as classes [...] é enorme e um problema de justiça social [...] Assim, à sombra da crescente sensibilidade cultural da esquerda, surgiu uma nova sociedade de classes. E essa sociedade de classes não é, pelo menos até agora, o tema do discurso intelectual atual"[64]. A falta de diálogo entre as classes deve ser superada para que a solidariedade inclusiva e democrática tenha alguma chance de sucesso no futuro. A reconquista científica, teórica e, sobretudo, política de um discurso de classe crítico à dominação seria um passo importante para isso, para o qual ainda se podem aproveitar lições fundamentais de Pierre Bourdieu e da sua "antropologia reflexiva".

A menos que se possa desenvolver uma consciência classista inclusiva, sindical ou política, as formações de classe sem consciência baseiam-se, como Pierre Bourdieu demonstrou de forma impressionante, em demarcações simbólicas, em classificações negativas e desvalorização coletiva. O Estado "predatório" expropriador radicaliza essa tendência porque combate os sintomas (violência) mas não as verdadeiras causas da formação de "classes perigosas". Para mudar isto, é necessário compreender que o terror em civilizações vulneráveis não pode ser vencido com aparatos de segurança cada vez mais violentos, polícia militarmente reforçada, estados de emergência, escudos contra refugiados nas fronteiras externas da UE e ataques com drones contra islamitas. Em vez disso, é necessário combater eficazmente as causas da exclusão e da precariedade, a fim de oferecer aos membros das classes mais desfavorecidas a perspectiva de melhorar as suas vidas. O racismo e a exclusão sempre existiram nas classes mais baixas. No entanto, sindicatos e partidos social-democratas, socialistas ou (euro)comunistas, atuaram como uma correção moral que, pelo menos, refreou estratégias de distinção. Essa correção desapareceu em grande parte desde os anos 1980. Portanto, o fundamentalismo religioso ou ético – cujas formas mais extremas são o terrorismo ou o vigilantismo – consegue tornar-se eficaz nas massas como movimentos contra a modernidade capitalista[65]. Esse efeito de massa só pode ser combatido se existirem alternativas críveis ao "Estado predatório" e ao regime de expropriação do capitalismo financeiro. Isto exige conceitos e noções de (sub)classes mobilizadas

---

[64] Robert Pausch, "Junge Linke haben den Bezug zur Unterschicht verloren", *Zeit-online*, entrevista 22 jun. 2016, disponível em: <http://www.zeit.de/CampusVerlag/2016-06/politisches-engagement-junge-linke-studenten-parteizugehoerigkeit/komplettansicht>, acesso em: 29 jun. 2016.

[65] Lucio Magri, *Der Schneider von Ulm. Eine mögliche Geschichte der KPI* (Berlim, Argument/InkriT, 2015), p. 18.

que, se não se sobrepõem, pelo menos domesticam o mecanismo bourdieuiano de formação de classes por meio da distinção. Instigar nova vida à ideia de Walter Korpi de uma "luta de classes democrática", internacionalizando-a e relacionando-a com as novas subclasses, é um passo político-discursivo há muito esperado que uma sociologia crítica ainda tem de dar.

6
Teoria crítica e crise: a expropriação capitalista nas fronteiras da dinâmica capitalista

A ideia de que crises são objeto de observação da teoria crítica não constitui nenhuma obviedade. Karl Marx e Friedrich Engels não formularam uma teoria completa das crises, limitando-se a apresentar fragmentos, os quais foram interpretados das mais diversas formas pelas gerações posteriores de intelectuais marxistas. Isso fez com que o debate oscilasse entre teorias cíclicas da crise e teorias que enfatizam suas rupturas estruturais. Mais recentemente, a perspectiva crítica vem abandonando ainda mais esse legado. Na medida em que a corrente dominante dessa perspectiva se afastou da crítica marxiana da economia política, ela também perdeu o sensor para a instabilidade estrutural do capitalismo.

O preço a se pagar por isso se manifesta num período em que crises produtivas e financeiras globais conduziram, possivelmente, a uma era de estagnação econômica secular. Consecutivamente, defendo que se traga novamente à vista uma abordagem esquecida da análise das crises, a qual é ligada ao conceito de regime de expropriação capitalista. Para fins de fundamentação aponta-se (1) que a corrente predominante da teoria crítica mais recente se apropria de uma interpretação do capitalismo que se encontra na tradição de paradigmas neo-harmônicos. A isso se segue (2) uma recusa das interpretações político-econômicas das crises e seus fundamentos mediante uma teoria dos regimes de expropriação capitalistas, cuja aplicação (3) será ilustrada pelo exemplo do capitalismo alemão. Por fim, (4) realizar-se-ão reflexões acerca das crises econômico-ecológicas e dos novos desafios que uma teoria crítica das crises capitalistas precisa enfrentar.

1. A CONTROVÉRSIA EM TORNO DA REPRODUÇÃO DA RELAÇÃO DO CAPITAL

Uma das controvérsias mais frutíferas acerca da dinâmica marcada por crises das sociedades capitalistas se fundamenta, ironicamente, numa interpretação lógica equivocada da obra de Marx. No início do século XX, os teóricos marxistas situados nos centros industriais viam-se confrontados com profundas mudanças estruturais do capitalismo. Fenômenos como a concentração e a centralização do capital, a construção de cartéis, a política colonial, o desenvolvimento desigual e o imperialismo precisavam ser repensados. O estudo dessas transformações e suas consequências político-estratégicas gerou um debate inflamado sobre os esquemas de reprodução do capital. Marx desenvolveu esses esquemas no segundo livro de *O capital*, ao discutir com o *Tableau économique* de Quesnay[1]. O objetivo era expor as condições ideais de equilíbrio de uma economia capitalista. A fim de obter uma visão geral, ele se serviria de um modelo fortemente simplificado de capitalismo, o qual se fundamentava em dois setores de acumulação (produção de bens de consumo e de produção) e duas classes fundamentais (proprietários de meios de produção e proprietários de força de trabalho), numa economia fechada. No mais, abstraía tanto as formas de produção e modos de vida não capitalistas quanto os progressos técnicos e o colonialismo.

Aquilo que Marx considerava ser o modelo da reprodução efetiva do capital foi concebido pelos principais intelectuais marxistas do começo do século XX como pedra fundamental de uma teoria do desenvolvimento capitalista. Uma linha importante de interpretação, rejeitada pelos seus críticos por ser neo-harmônica[2], foi proposta pelos marxistas russos legalistas, notadamente o economista Michail Iwanowitsch Tugan-Baranowski. Para ele e seus apoiadores, os esquemas de reprodução do capital de Marx comprovavam a possibilidade de acumulação ilimitada e crescimento permanente num capitalismo que se estabilizaria de forma dinâmica.

Essa interpretação gerou sérias controvérsias. Vladímir Lênin e Rosa Luxemburgo, além dos *narodnikis**, acabaram por rechaçá-la. O núcleo marxista da social-democracia alemã recepcionou tal debate apenas de forma seletiva e atrasada. Afinal, Rudolf Hilferding, um dos principais teóricos dessa corrente, havia adotado a interpretação do valor de Tugan-Baranowski, fundindo-a com sua teoria do capitalismo organizado.

Nas análises de Hilferding acerca do capital financeiro, a interpretação neo-harmônica é posta como um discurso secundário. O autor desenvolve a agressiva tendência de expansão imperial com precisão analítica. Isto emergiria nas metrópoles capitalistas enquanto ideal político "para que a própria nação garanta o domínio sobre o mundo". Essa aspiração seria "tão ilimitada quanto a busca pelo lucro do capital do qual ela se origina". Desse modo, o capital se tornaria "conquistador do mundo" e conquistaria "novas fronteiras a serem ultrapassadas".

---

[1] Cf. Karl Marx, "Das Kapital. Kritik der politischen Ökonomie", v. II: Der Zirkulations- prozeß des Kapitals [1893], em Karl Marx e Friedrich Engels, *Werke* (Berlim, Dietz, 1977) [MEW 24].
[2] Cf. Rosa Luxemburgo, "Stillstand und Fortschritt im Marxismus" [1903], em *Gesammelte Werke*, v. 1-2 (Berlim, Dietz, 1974), p. 363-8.
* O termo se refere às chamadas "organizações populistas" russas, membros da elite urbana adeptos do socialismo agrário. (N. T.)

Após ser alçada à condição de necessidade econômica, a expansão capitalista seria ainda legitimada ideologicamente mediante o nacionalismo agressivo e a ideologia racial – os quais providenciariam consagrações aparentemente científicas à busca do capital pelo poder[3].

Todavia, esse expansionismo agressivo se movimenta em constante contradição com a socialização real das forças produtivas. Hilferding invoca a noção – cunhada por Karl Kautsky – de desenvolvimento gradativo de um "cartel geral"[4] e sustenta que a concentração e centralização do capital alcançaria, cedo ou tarde, um ponto em que "a produção capitalista como um todo" seria conscientemente regida por uma instância, a qual determinaria "a medida da produção em todas as esferas"[5].

No capital financeiro, compreendido como capital industrial à disposição dos bancos, "extingue-se" o caráter específico do capital[6]. É essa tendência de socialização das forças produtivas que Otto Bauer, Renner, Kautsky e Braunthal exageraram "harmoniosamente". Para Otto Bauer, por exemplo, crises são eventos temporários que – à semelhança dos neoclássicos tardios – cedo ou tarde resultariam no equilíbrio de mercados.

A superestimação da tendência à racionalidade e à regularidade no capitalismo leva à problemática concepção de que bastaria a superação gradual das relações capitalistas de propriedade para modelar, a partir do poder político e econômico do alto comando, a transição para uma sociedade que ultrapasse a anarquia dos mercados capitalistas pela propriedade coletiva dos meios de produção.

1.1. Rosa Luxemburgo e o problema da reprodução

Tais concepções foram contestadas por marxistas revolucionários como Lênin e Luxemburgo. Para o primeiro, o imperialismo da época era não apenas o "mais alto estágio do capitalismo"[7], mas, ao mesmo tempo, um indício de sua constituição parasitária, corruptiva, a qual "não exclui o crescimento do capitalismo"[8], de sorte que este cresceria "de forma significantemente mais rápida do que antes". Tal crescimento seria "cada vez mais desigual" e se expressaria, conforme Lênin, "em especial na corrupção dos países com mais força de capital"[9]. Um problema fundamental dessa análise se enraíza na absolutização dos elementos estruturais do capitalismo, que historicamente se mostraram reversíveis e alteráveis. Se essa

---

[3] Cf. Rudolf Hilferding, *Das Finanzkapital* (Colônia, EVA, 1974 [1909]), p. 457-8.
[4] Cf. ibidem, p. 322.
[5] Ibidem, p. 321-2.
[6] Cf. ibidem, p. 323.
[7] Vladímir Lênin, "Der Imperialismus als höchstn Stadium des Kapitalismus. Gemein- verständ- licher Abriß" [1916], em *Werke*, v. 22 (Berlim, Dietz, 1977).
[8] Ibidem, p. 305.
[9] Ibidem, p. 306.

tese estivesse correta, o capitalismo fordista do Estado de bem-estar construído nas metrópoles capitalistas após 1945 jamais teria existido.

Observando as crises da atualidade, parece promissor associar-se a uma abordagem heterodoxa da teoria marxista que se relacione de forma crítica com as interpretações neo-harmônicas da dinâmica capitalista, sem aderir às análises de Lênin sobre o imperialismo. Tal abordagem foi originalmente formulada por Rosa Luxemburgo. Ela não só nega as interpretações neo-harmônicas de Marx, mas também situa seus equívocos fundamentais nas premissas do modelo marxiano do valor. Marx teria suposto a existência de um capitalismo puro, que jamais poderia existir, razão pela qual os esquemas de reprodução não seriam aptos para analisar a realidade. Para fundamentar a sua posição, Rosa Luxemburgo acolheu na sua teoria da acumulação o que Marx teria excluído. Essa abordagem possibilitou que ela atribuísse o imperialismo a uma insuficiência sistêmica de demanda das sociedades capitalistas.

Da pressão da lei coativa da concorrência resulta o impulso do capital individual à reprodução ampliada e, com isso, à produção contínua e à recapitalização do mais-valor adicional, que não poderia ser absorvido pela demanda solvente do consumidor final. Para ultrapassar essas barreiras, o excedente do mais-valor haveria de se realizar em "meios não capitalistas"[10].

De acordo com essa concepção, o problema estrutural da reprodução do capital consistiria no fato de que ele não pode fornecer demanda dotada de liquidez – no âmbito de mercados capitalistas internos – ao mais-valor produzido adicionalmente e ao menos parcialmente capitalizado nos períodos de produção anteriores. É esse desequilíbrio estrutural que força sua expansão. Àquele tempo, a acumulação do capital permaneceria "ligada a círculos não capitalistas"[11]. Assim, o capitalismo seria o primeiro modelo econômico com a tendência de "se alastrar pelo globo e eliminar os demais"[12], além de não poder existir "sem outras formas de produção que lhe servissem como ambiente e solo fértil". Quanto maior o sucesso dessa expansão, mais próximo o momento em que tal modelo se romperá ante a sua incapacidade interna de se tornar a única "forma mundial de produção"[13].

1.2. O cancelamento do econômico na teoria crítica

Como sabemos, a argumentação de Rosa Luxemburgo também se fundamenta num equívoco lógico. Assim como os neo-harmônicos, ela interpreta os esquemas de Marx como se eles contivessem uma teoria do crescimento capitalista.

---

[10] Rosa Luxemburgo, "Die Akkumulation des Kapitals. Ein Beitrag zur ökonomischen Erklärung des Imperialismus" [1913], em *Gesammelte Werke*, v. 5 (Berlim, Dietz, 1975), p. 314.
[11] Ibidem, p. 306.
[12] Ibidem, p. 411.
[13] Idem.

Injustamente desqualificada pelos seus contemporâneos como teórica do colapso, Luxemburgo e seu legado científico foram cada vez mais tratados pela corrente principal da teoria crítica como dispensáveis. Na classificação de Habermas acerca do marxismo ocidental, Luxemburgo, ao contrário de Antonio Gramsci, não aparece de forma alguma.

Essa renúncia simboliza uma atitude de rejeição geral da Escola de Frankfurt em relação aos fundamentos da crítica marxiana da economia política. As análises de Pollock acerca do capitalismo de Estado, que concebem o nazismo como uma nova ordem social, subestimam a gestação imanente das crises nas economias capitalistas. Com a expansão e estabilização do Estado de bem-estar, o mecanismo econômico da crise passou a ser tido como definitivamente limitado e a contradição capital-trabalho como pacificada. Desde que houvesse crescimento econômico, as lutas por distribuição seriam mitigadas.

As dinâmicas das crises se deslocavam do terreno do Estado capitalista em direção das contradições entre sistema e mundo da vida. Uma vez que os capitalismos avançados concentravam sua capacidade de regulação para efetivamente conter a contradição capital-trabalho, teriam surgido – segundo Habermas – novas linhas de conflito além da divisão industrial de classes, as quais foram provocadas pela "colonização"[14] do mundo da vida. Ainda que os subsistemas diferenciados da economia e do Estado desembocassem em desequilíbrios e crises de regulação, essas crises seriam empurradas para a "zona de contato entre sistema e mundo da vida", antes que isso pudesse ameaçar âmbitos nucleares da integração social[15]. Quando, todavia, ocorressem "crises de regulação, no sentido de irritações percebidas na reprodução material e absorvidas mediante busca por recursos do mundo da vida", surgiriam as "patologias deste último"[16].

Tal diagnóstico se fundamenta, em essência, numa assunção silenciosa das premissas mais importantes das teorias neo-harmônicas da acumulação. Situar o crescimento econômico como pressuposto para estabilidade institucional não é problematizado, mas tomado como dado. "O Estado Social", diz Habermas, "não deve gerir as exigências de estabilidade do crescimento capitalista [...] uma vez que intervenções de correção no modelo de distribuição de reparações sociais em geral só deixarão de gerar reações por parte dos grupos privilegiados caso elas sejam disputadas a partir do crescimento do produto social e não afetem as classes proprietárias; do contrário, elas não poderão cumprir a função de restringir e acalmar o conflito de classe"[17].

---

[14] Jürgen Habermas, *Theorie des kommunikativen Handelns*, v. 2 (Frankfurt a. M., Suhrkamp, 1987), p. 293.
[15] Ibidem, p. 566, 581.
[16] Ibidem, p. 566.
[17] Ibidem, p. 511.

A crise financeira e econômica global e sua perpetuação na miséria europeia mostram que essas premissas não são mais sustentáveis. Habermas ainda vinculou sua tese acerca das energias utópicas evanescentes frente ao Estado de bem-estar à ideia de que "para os países em desenvolvimento" não haveria motivo plausível para se desviar do caminho criado por tal regime estatal. Todavia, nos países europeus em crise, o que se põe em marcha é a transformação de um Estado de bem-estar tradicionalmente fraco num Estado mínimo – ao menos no que se refere às garantias do trabalho. Sociedades com prestações estatais reduzidas quanto à integração social, que exprimem a amarga realidade tanto dos países da Europa setentrional como daqueles ao leste do continente, como Bulgária e Romênia, ainda dispõem de ramos institucionais razoavelmente democráticos – bem como de arranjos mínimos de bem-estar – e podem, como comprova o caso irlandês, minorar as piores consequências da crise[18]. Todavia, a possibilidade de seguir esse caminho foi largamente retirada. Mesmo num cenário de crescimento médio de 3% ao ano, a Grécia precisaria, segundo as estimativas mais sérias, de vinte anos, no mínimo, para alcançar os níveis econômicos pré-crise – uma perspectiva desoladora que surrupia qualquer esperança da maioria da população no sentido de melhorar a sua situação precária num tempo próximo.

A mistura peculiar entre a debilidade do crescimento, a persistente instabilidade econômica, os graves conflitos interestatais que incluem até mesmo a guerra, a alegada continuidade do fundamentalismo de mercado, assim como os desenvolvimentos autoritários nos próprios Estados capitalistas centrais estão carentes de explicação. Para tanto, é forçoso um retorno às raízes da teoria crítica, a uma economia social capaz de tematizar simultaneamente os mecanismos expansivos e os limites da dinâmica capitalista. Tal teoria, que de acordo com a tese aqui defendida pode ser enriquecida pelo conceito de regimes de expropriação capitalistas, encontra-se, na melhor das hipóteses, desenvolvida em seus contornos. A exposição a seguir se limita a delinear alguns componentes fundamentais.

2. Sobre a economia política da crise financeira e econômica mundial

Ao contrário do esperado por teorias neo-harmônicas, a crise econômico-financeira mundial de 2008-2009 se mostrou um rompimento histórico, um prelúdio para uma mudança de tempos. David Harvey descreve o desenvolvimento dessa crise em cascata: ela se movimenta a partir do seu epicentro no setor financeiro desregulado "de uma esfera para outra e de uma localização geográfica para outra, com toda sorte de rebotes e respostas que pareciam quase impossíveis de colocar sob

---

[18] Cf. James Wickham, "Das irische Beschäftigungsmodell, die Krise und das eigenartige Überleben des Sozialstaats", em Klaus Dörre, Kerstin Jürgens e Ingo Matuschek (orgs.), *Arbeit in Europa. Marktfundamentalismus als Zerreißprobe* (Frankfurt a. M./Nova York, Campus, 2014).

controle, muito menos parar e levar para trás"[19]. Com isso já se revela que não é uma crise convencional. A princípio, as crises econômicas funcionam como "os racionalizadores irracionais de um capitalismo sempre instável"[20].

Nesse sentido, elas se afiguram indispensáveis para o estímulo ao crescimento, na medida em que providenciam a depreciação do capital e estimulam inovações. Isso vale também para as numerosas crises financeiras menores e maiores decorrentes da recessão global de 2008-2009. Essas crises funcionaram como eficientes mecanismos de redistribuição de baixo para cima. Isso levou a uma gestão da crise que, em forte contraste com a prevalência ideológica do mercado, recorreu a massivas intervenções estatais. Era sempre o Estado que surgia para salvar os fundos e institutos de crédito da bancarrota, privatizando lucros e socializando prejuízos.

Essa "racionalização irracional" provocou um "risco moral sistêmico" nos acionistas importantes do mercado financeiro[21], o que contribuiu, de forma decisiva, para a concretização do potencial de crise no setor financeiro. Para investidores, banqueiros e gestores de fundos de cobertura, membros no interior da nova "classe de serviços do capitalismo financeiro"[22], surgiu a impressão de que poderiam agir sem qualquer risco, o que foi promovido ainda mais pela inclinação a empreendimentos de especulação de alto risco.

Da perspectiva dos bancos de investimento e seus especialistas era plenamente racional, tendo em vista a perspectiva de altos lucros, assumir praticamente qualquer risco, uma vez que os custos de um eventual fracasso seriam bancados por terceiros. As medidas estatais de resgate, por outro lado, evitaram o ajustamento do mercado, tornando inócuas as inovações institucionais e bloqueando a função purificadora do mecanismo de crise. Assim, o potencial do colapso cresceu até causar uma "explosão no setor financeiro"[23].

---

[19] David Harvey, *Das Rätsel des Kapitals entschlüsseln. Den Kapitalismus und seine Krisen überwinden* (Hamburgo, VSA, 2014), p. 44.
[20] Ibidem, p. 74.
[21] David Harvey, *Das Rätsel des Kapitals entschlüsseln*, cit., p. 18. Outras causas independentes incluem a falta de transparência dos produtos e riscos do mercado financeiro, bem como os desequilíbrios globais exacerbados pela política monetária. Além disso, contribuem para o sistema de bancos-sombra (*Shadow banking*) e seus entrelaçamentos transnacionais; concorrentes internos ao banco, que resultam em filiais que recebem uma sobretaxa por transações, com uma regulamentação particularmente solta; o suporte de transações que são matematicamente intransparentes para os conselhos bancários; uma "contabilidade criativa" que obscurece os riscos; incertezas da avaliação contábil de ativos em mercados voláteis; a ação de jovens altamente qualificados com talento excepcional, que são difíceis de controlar externamente e a aceleração tecnológica dos processos de negociação de alta frequência assistida por computador. Tudo isso causa uma perda de controle no setor financeiro, o que encoraja a acumulação de riscos cada vez maiores.
[22] Paul Windolf, "Eigentümer ohne Risiko. Die Dienstleistungsklasse des Finanzmarkt-Kapitalismus", *Zeitschrift für Soziologie*, v. 37, n. 6, 2008, p. 515-36.
[23] Lucas Zeise, *Ende der Party. Die Explosion im Finanzsektor und die Krise der Weltwirtschaft* (Colônia, PappyRossa, 2008), p. 8.

No entanto, a compreensão da crise exige que nos libertemos da fixação com o setor financeiro e mencionemos a história prévia geral do *crash* global. Para esse fim, diversos intérpretes retornam a um cenário presente em Polanyi. Sem dúvidas, a "expropriação através do mercado"[24], que se iniciou com a crise de 1973-1974, se assemelha àquele movimento dúplice descrito em *A grande transformação*, o qual se pôs em marcha com as tentativas de instituir economias puras de mercado e terminou com a crise econômica mundial de 1929-1932, o fascismo e a Segunda Guerra Mundial. Apesar das dificuldades inerentes à analogia histórica[25], uma pergunta central relativa à referência de Polanyi ainda não foi esclarecida. O que torna a expansão do mercado no capitalismo uma necessidade invencível, e como a compulsão expansiva se relaciona com as crises econômicas? Sem encerrar o assunto em torno de Polanyi, é possível ensaiar uma tentativa de resposta a partir de uma linha heterodoxa da interpretação de Marx, a qual compreende a dinâmica capitalista como a sucessão de regimes de expropriação[26].

2.1. A IDEIA FUNDAMENTAL DO CONCEITO DE REGIME DE EXPROPRIAÇÃO CAPITALISTA

O conceito de regime de expropriação capitalista é central para teorias que analisam e criticam o capitalismo industrial como sistema expansivo[27]. Tais concepções, apesar da sua heterogeneidade, compartilham a ideia de que as sociedades capitalistas não se reproduzem exclusivamente a partir de si mesmas. O desenvolvimento capitalista se realiza como um movimento complexo dentro-fora. Ele sempre contém a internalização dos externos, a ocupação de um outro não (ou não totalmente) mercantilizado. Um capitalismo puro como o modelo abstrato concebido por Marx nos seus esquemas de reprodução do Livro II de *O capital* não é capaz de

---

[24] Wolfgang Streeck, *Gekaufte Zeit. Die vertagte Krise des demokratischen Kapitalismus* (Berlim, Suhrkamp, 2013), p. 16; também Michael Burawoy, "Marxism after Polanyi", em Michelle Williams e Vishwas Satgar (orgs.), *Marxisms in the 21ª Century. Crisis, Critique & Struggle* (Johanesburgo, Wits University Press, 2013), p. 34-52; e Nancy Fraser, "Marketization, Social Protection, Emancipation toward a Neo-Polanyian Conception of Capitalist Crisis", em Craig Jackson Calhoun e Georgi Derluguian (orgs.), *The Roots of the Global Financial Meltdown* (Nova York, Possible Futures, 2011), p. 137-59.

[25] Cf. Jürgen Kocka, *Geschichte des Kapitalismus* (Munique, C. H. Beck, 2013). De acordo com o autor, o diagnóstico de Polanyi não corresponde ao estado histórico da pesquisa porque exagera a influência dos mercados.

[26] Metodologicamente, há uma proximidade com o programa teórico do "marxismo democrático", que está aberto a diferentes análises do capitalismo e entende a democracia como ponto de partida para alternativas ao capitalismo (cf. Michelle Williams e Vishwas Satgar, *Marxisms in the 21ª Century*, cit., p. 3).

[27] Cf. Reinhart Kößler, "Prozesse der Trennung. Gewalt im Ursprung und fortgesetztes Prozessieren des Kapitalismus", em Maria Backhouse et al. (orgs.), *Die globale Einhegung. Krise, ursprüngliche Akkumulation und Landnahmen im Kapitalismus* (Münster, Westfälisches Dampfboot, 2013), p. 20-39.

se sustentar. Aliás, ele jamais existiu em nenhum lugar. Na realidade, a dinâmica capitalista demanda constante troca, a qual associa setores já mercantilizados da sociedade a outros que ainda não possuem tal condição (ou não totalmente)[28]. Essa troca se efetua nos termos do paradigma de uma acumulação primitiva constante, ou seja, a separação do produtor em relação aos meios de produção e, principalmente, o disciplinamento extraeconômico das forças de trabalho para novas formas de trabalho.

A ideia segundo a qual a acumulação de capital permanece "dependente, enquanto processo histórico e em todas as suas relações, de todas as classes e formas sociais não capitalistas"[29] surge, como já mencionado, em Rosa Luxemburgo. A socialista revolucionária a relaciona, primariamente, à expansão imperialista para além da Europa, tematizando ainda – conforme Marx – "a constante proletarização das classes médias rurais e urbanas"[30] nos centros capitalistas. Após décadas, Burkart Lutz ampliou essa reflexão para o âmbito da sociologia do trabalho, propondo um conceito de expropriação interna para esclarecer a dinâmica decadente de crescimento do capitalismo fordista. Lutz aplica o conceito de expropriação ao desmonte do Estado de bem-estar e à absorção de um setor rural-artesanal, o que ele concebe, em função do efeito destrutivo para estruturas, modos de produção e formas de vida tradicionais, como "analogia da expropriação externa do imperialismo"[31]. Por outro lado, novas concepções acerca das expropriações relacionadas aos centros capitalistas tematizam a liberação seletiva dos assalariados e suas famílias das proteções do Estado de bem-estar, a mutilação da propriedade social e o disciplinamento nos e para os métodos de produção e reprodução flexíveis de mercado[32].

Os conceitos de expropriação, em contraste com as argumentações teórico-modernizadoras, ressaltam a não linearidade do desenvolvimento capitalista, já que a mercantilização de meios não capitalistas só se impõe de forma incompleta. Relações de mercado estão sempre ligadas a formas de troca e interações sociais que não se submetem à rede de troca de bens capitalistas mediada pelo preço. Por esse motivo, toda expropriação vem acompanhada do abandono de espaços, o que se torna perceptível com o desacoplamento dos assalariados e suas famílias dos riscos de mercado, no caso da expansão fordista (desmercantilização), ou com o ressurgimento do mecanismo do exército industrial de reserva, subutilização da força de

---

[28] Pode-se falar em uma formação social capitalista quando os "princípios capitalistas têm um certo domínio", se eles tendem a "ir além da economia para outras áreas" e também influenciar relações não capitalistas (Jürgen Kocka, *Geschichte des Kapitalismus*, cit., p. 12).
[29] Rosa Luxemburgo, "Die Akkumulation des Kapitals", cit., p. 315.
[30] Ibidem, p. 311.
[31] Burkart Lutz, *Der kurze Traum immerwährender Prosperität* (Frankfurt a. M./Nova York, Campus, 1989), p. 213.
[32] Cf. Silvia Federici, *Revolution at Point Zero. Housework, Reproduction, and Feminist Struggle* (São Francisco, PM Press, 2012).

trabalho e exclusão do mercado de trabalho, no caso dos países europeus em crise. As formas sociais informais que emergiram, por exemplo, na sociedade grega em recessão, são um bom exemplo de abandono de espaços por desmercantilização.

2.2. O problema de absorção do excedente de capital

Como as expropriações capitalistas se relacionam com as crises econômicas? Sob condições capitalistas, o dinheiro precisa ser constantemente investido a fim de dar retorno ao investidor. Nesse sentido, o capitalismo não é nada se "não estiver em movimento"[33]. Todavia, o fluxo de capital esbarra frequentemente em limites autoconstruídos, de tal forma que as sociedades capitalistas extraem sua dinâmica da capacidade de transformar limites absolutos à acumulação em barreiras transponíveis, onde "todo limite pode ser dissolvido por outro"[34]. Assim, crises podem surgir em qualquer fase em que o capital movimenta a sua reprodução (produção, circulação, consumo). Um capital inicial insuficiente para inovações capital-intensivas, escassez de força de trabalho, desproporcionalidades entre setores da economia, falta de recursos naturais ou outros problemas ecológicos, desequilíbrios econômicos decorrentes de mudanças tecnológicas abruptas, resistência de trabalhadores nos processos de produção, subconsumo e desequilíbrios oriundos dos sistemas financeiro e monetário são causas potenciais nesse sentido. Toda crise é única e deve ser investigada empiricamente no que diz respeito às suas causas e ao seu desenvolvimento, não podendo ser extrapolada, nem a partir de uma lógica abstrata do capital, nem a partir de um imperativo universal de acumulação das sociedades modernas.

De toda sorte, existe uma problemática fundamental da acumulação capitalista, a qual se manifesta de uma forma ou outra em toda crise. Ela é discutida por Rosa Luxemburgo, em ressonância com Marx, no acoplamento da acumulação de capital com a reprodução social. Reprodução, literalmente produção contínua, é uma pré-condição para a existência cultural, constantemente ameaçada num estágio primitivo da evolução humana. Assim, a reprodução social já implica "um certo grau de domínio da natureza exterior pela sociedade"[35]. Enquanto relação do homem com a natureza e relação entre homens, ela é duplamente definida.

No capitalismo, todavia, todos os meios de reprodução estão presentes, o que leva a interrupções caracterizadas como crises, já que a reprodução da sociedade está vinculada à reprodução do capital. A produção e a circulação de mercadorias e capital representam um processo complexo cujo desenvolvimento se depara frequentemente com problemas de informação, uma vez que os participantes do mercado precisam se relacionar entre si através da observação de preços. Nesse

---

[33] David Harvey, *Marx' Kapital lesen* (Hamburgo, VSA, 2011), p. 23.
[34] Ibidem, p. 373.
[35] Rosa Luxemburgo, "Die Akkumulation des Kapitals", cit., p. 9-10.

processo complexo, a possibilidade de uma perturbação típica de crises se encontra sempre presente. Assim, a reprodução do capital se movimenta permanentemente num ciclo entre abundância e escassez[36].

Contudo, o ciclo conjuntural não exprime o problema com o qual Luxemburgo pretende ocupar-se. Ela realiza uma distinção entre a teoria da conjuntura e a teoria do crescimento a longo prazo. Para conhecer o problema da reprodução propriamente dito, faz-se necessário abstrair do ciclo conjuntural. A mudança periódica tem o efeito de fazer com que "a reprodução capitalista oscile enquanto regra entre as necessidades totais solventes da sociedade, ora afastando-se acima delas, ora abaixo, até sua quase completa interrupção"[37]. Assim, uma equalização só seria possível a longo prazo – não, todavia, através de alternâncias conjunturais.

De acordo com tal exposição, deve-se esclarecer como a reprodução social surge de bilhões de operações microeconômicas independentes. Luxemburgo coloca o motor principal dessa dinâmica no crescimento compulsório mediado pelo mercado e pela concorrência. Em uma sociedade capitalista, é a "produção de mais-valor" que torna "a reprodução das necessidades de vida em sua totalidade um móvel perpétuo"[38]. Uma vez que a determinação da amplitude da reprodução cabe ao capitalista individual que age em concorrência com outros indivíduos, surge um motivo efetivo para a constante melhora da produtividade do trabalho e a concomitante reprodução do capital. E, tendo em vista que o capitalista não pode ter certeza de que o processo de transformação do capital adiantado efetivamente terá sucesso, ele precisa constantemente tomar medidas que ultrapassem a reprodução ampliada, isto é, a criação de mais-valor novo e adicional, somada ao crescimento econômico. Esse crescimento compulsório sistêmico torna visível a dependência do capitalista individual em relação à sociedade, já que ele não pode criar um mercado ampliado sozinho; ele permanece "impotente" diante dessa necessidade[39]. Mais do que isso, o modo de produção capitalista transforma "essa ampliação pura e simplesmente numa lei compulsória, numa condição econômica de existência para o capitalista individual"[40].

Luxemburgo conclui: "numa observação mais aproximada, o esquema da reprodução ampliada aponta em todas as suas relações para condições que se encontram além da reprodução e da acumulação capitalista"[41]. Esse argumento conduz diretamente à sua teoria da realização externa do mais-valor. A argumentação da autora passa pela ideia fundamental de uma acumulação primitiva do capital que

---

[36] Ibidem, p. 13.
[37] Ibidem, p. 14.
[38] Ibidem, p. 17.
[39] Ibidem, p. 23.
[40] Ibidem, p. 18.
[41] Ibidem, p. 300.

se repete periodicamente, da mesma forma que Marx descrevera o desenvolvimento violento do modo de produção capitalista.

No entanto, diferentemente de Marx, o qual reputava a coerção extraeconômica como fenômeno passageiro, Rosa Luxemburgo parte de uma acumulação primitiva permanente, o que a diferencia sobretudo em relação aos seus precursores "ingênuos"[42]. Luxemburgo não fala em expropriações, mas em "colonizações"[43], no sentido de apontar que a liberação das forças de trabalho, a introdução de uma economia de mercadorias e a formação constantemente violenta da propriedade capitalista são implicações contínuas da acumulação.

Assim, a dinâmica de acumulação e crescimento capitalista assume uma forma dúplice. Ela se efetiva como um "metabolismo" permanente[44] entre mercados internos e externos. A distinção entre o interno e o externo não é, todavia – o que passa despercebido a muitos críticos da autora –, parte de uma "geografia política", mas de uma "economia social". "Do ponto de vista da produção capitalista, o mercado interno é um mercado capitalista; ele consiste nessa produção consumidora dos seus próprios produtos e fonte de oferta dos seus próprios elementos de produção. O mercado externo é o ambiente social não capitalista que absorve os seus produtos e lhe fornece elementos de produção e forças de trabalho"[45]. Assim, a formação da propriedade e a liberação de forças de trabalho não se realizam apenas "para fora"[46], em colônias e sociedades pré-capitalistas. Elas também ocorrem no interior das sociedades industriais capitalistas, na proletarização das classes médias rurais e urbanas, artesões e pequenos produtores.

Como consequência, o modo de produção capitalista se expande das mais diferentes formas até mercados estruturados. Há um movimento que prevalece nos centros de produção de mais-valor, nas fábricas, na agricultura capitalizada e nos mercados de *commodities*. Aqui o capitalismo se reproduz em grande medida a partir de suas próprias bases. As transações se movimentam nos limites da "troca de equivalentes"; "paz, propriedade e igualdade" reinam enquanto "forma"[47]. Os mercados capitalistas internos, contudo, permanecem dependentes de mercados externos, seja dentro ou fora das sociedades nacionais.

Nesses mercados externos, a coerção extraeconômica, o disciplinamento e a troca desigual estruturam as interações. Eles pressupõem relações de dominação, isto é, nem sequer estão sob a forma de relações entre livres e iguais: "aqui a política colonial, o sistema de empréstimos, a política das esferas de interesse e as guerras predominam enquanto método. A violência, a fraude, a opressão e a pilhagem

---

[42] Ibidem, p. 205.
[43] Idem.
[44] Ibidem, p. 315.
[45] Idem.
[46] Idem.
[47] Ibidem, p. 397.

pertencem aberta e despudoradamente aos acontecimentos cotidianos, exigindo esforço para encontrar as estritas leis do processo econômico sob esse deserto de atos políticos de violência e embates de força"[48].

A teoria da realização externa do mais-valor se deparou, frequentemente, com a ríspida rejeição de marxistas contemporâneos[49]. Luxemburgo teria, segundo uma pertinente objeção, deixado de atentar ao nível de abstração dos esquemas de reprodução. Enquanto Marx abstrai uma série de fatores influentes – modos de produção não capitalistas, mudanças na produtividade de trabalho, composição orgânica do capital, mercado mundial, função do crédito, movimentação dos índices de lucro –, Luxemburgo insere esses elementos concretos de forma explícita no decorrer da sua argumentação. Nesse aspecto, a crítica errava o seu objeto: com a aceitação de variáveis adicionais, Luxemburgo mostra, de forma correta, que a acumulação do capital não tende ao equilíbrio, mas leva a irritações e crises a longo prazo, de sorte que seu modelo, "a despeito de todos os erros e conclusões equivocadas", pode ser visto como "frutífero em termos teóricos"[50].

Isso vale especialmente para o que Harvey posteriormente descreveu como problema da absorção do excedente de capital[51]. Falando de forma simplificada, uma economia que cresce durante um período de produção precisa criar mercados capazes de absorver os produtos adicionais no período posterior, o que não é possível sem investimentos que expandam mercados. Assim, pode-se formular uma diretriz geral: um crescimento de 3% demanda 3% de investimentos adicionais[52]. No entanto, quanto mais ricas forem as sociedades e maior for o crescimento econômico, mais difícil será a abertura de novos mercados. Esse problema de absorção é o principal motor econômico por trás dos regimes de expropriação capitalistas. Isso explica por qual motivo o processo de acumulação do capital demanda "a possibilidade de disposição soberana" de "todas as forças produtivas do mundo", na medida em que estas possam ser mobilizadas nos limites da produção de mais-valor[53].

---

[48] Idem.
[49] Cf. Otto Bauer, "Die Akkumulation des Kapitals", *Die Neue Zeit*, v. 31, 1913, p. 833-8, 863-74; Joan Robinson, "Rosa Luxemburg's, Accumulation of Capital", em *Collected Papers*, v. 2 (Oxford, Blackwell, 1964); Mandred Turban, *Marx'sche Reproduktionsschemata und Wirtschaftstheorie* (Berlim, Duncker und Humblot, 1980), p. 132-96.
[50] Roman Rosdolsky, "Der Streit um die Marx'schen Reproduktionsschemata", em Karl Marx (org.), *Das Kapital. Kritik der Politischen Ökonomie*. v. II: Der Zirkulationsprozeß des Kapitals (Berlim, Ullstein, 1970), p. 585; cf. Riccardo Bellofiore (org.), "General Introduction. Rosa Luxemburg on Capitalist Dynamics, Distribution and Effective Demand Crises", em *Rosa Luxemburg and the Critique of Political Economy* (Londres, Routledge, 2009), p. 1-23.
[51] Cf. David Harvey, *Das Rätsel des Kapitals entschlüsseln*, cit., p. 32.
[52] Ibidem, p. 33.
[53] Rosa Luxemburgo, "Die Akkumulation des Kapitals", cit., p. 312.

A constante e frequentemente compulsória liberação de trabalhadores para modos de produção capitalistas em transformação, o alinhamento de formas de produção pré-capitalistas à economia monetária e o metabolismo entre mercados internos capitalistas e mercados externos não capitalistas são considerados por Luxemburgo, acertadamente, como uma característica da acumulação. Diferentemente e sobretudo de forma mais precisa do que muitos de seus críticos, ela justifica por que a mercantilização leva à "corrosão" e "assimilação" de ambientes não capitalistas a longo prazo[54].

É como se ela já soubesse o que se quer dizer com recombinação, amalgamação, condições híbridas, reinterpretações e sobreposições como formas de mudança institucional[55]. Luxemburgo enxerga na "desintegração constante" de formas de vida e produção não capitalistas as "mais peculiares formas mistas entre o sistema salarial moderno e as relações primitivas de dominação"[56].

2.3. Crédito e inovação como autoestabilizadores

A clarividência com a qual Luxemburgo descreve o amálgama do trabalho não livre, precário e apenas parcialmente mercantilizado nas suas ligações híbridas com o trabalho assalariado capitalista em nada altera o fato de que a sua teoria ignora importantes mecanismos de autoestabilização da acumulação capitalista. A eles pertencem sobretudo as funções do crédito, assim como o significado das inovações de produção e processo. Inexistindo outras possibilidades de solução numa economia capitalista, o dinheiro passa a ser empregado na sua função de meio de pagamento, a fim de superar o hiato de tempo entre o produto excessivo de ontem e os reinvestimentos de amanhã. Se proprietários de capital seguram dinheiro em vez de reinvesti-lo, a produção de dinheiro através dos bancos e do financiamento do déficit público são os meios mais importantes para contornar o problema da insuficiência de demandas solventes. Ao mesmo tempo, o crédito estimula a inovação e contribui para formação e expansão do mercado no caso de um lançamento exitoso de novidades.

Essas duas formas de desenvolvimento da problemática da absorção do excedente de capital são tão centrais para a perpetuação da dinâmica capitalista que são arranjadas em redes de relações e instituições. Harvey menciona duas configurações institucionais: o nexo Estado-mundo financeiro e o nexo Estado-empresas[57]. As redes entre o Estado e o mundo financeiro processam problemas de financiamento, reunindo capital para, por exemplo, projetos caros de infraestrutura que empresas

---

[54] Ibidem, p. 364.
[55] Cf. Jürgen Beyer, *Vom Zukunftszum Auslaufmodell? Die deutsche Wirtschaftsordnung im Wandel* (Frankfurt a. M., Westdeutscher, 2003), p. 21.
[56] Rosa Luxemburgo, "Die Akkumulation des Kapitals", cit., p. 312.
[57] Cf. David Harvey, *Das Rätsel des Kapitals entschlüsseln*, cit., p. 53, 94.

privadas não podem custear. Nessa rede entre atores e instituições, soluções autônomas para o problema da absorção do excedente podem ser encontradas. Inovações no sistema financeiro (por exemplo, os derivativos) que oferecem proteção e controle de riscos, além de abrir possibilidades de investimento através da constante inovação e difusão do produto, são uma tentativa de solução desse tipo. Contrariamente, no nexo Estado-empresa são editadas restrições à concorrência, que resulta das formações de monopólios, através de criação de leis antitruste mais rígidas (Estados Unidos) ou de uma autoridade antitruste [*Kartellbehörde*] (Alemanha)*.

O estímulo de inovações para a economia produtiva através de conexões entre institutos de pesquisa estatais e departamentos de inovações de grandes empresas exerce um papel central nesse mecanismo. Assim, os nexos Estado-mundo financeiro e Estado-empresas garantem o financiamento de inovações que, através da destruição criativa, dão origem a um outro não capitalista dentro das sociedades capitalistas. Aos atores capitalistas dominantes – Estado e grandes empresas – possibilita-se novamente a criação do externo no interior da economia nacional de forma ativa e autônoma. A produção de espaço através da urbanização é um caminho viável para cumprir a expansão compulsória do mercado através da destruição criativa de áreas e da fixação espacial de longo prazo do capital.

2.4. Tipos de crise

A enumeração de autoestabilizadores ficaria, todavia, incompleta se os dois sistemas nervosos centrais da acumulação de capital delineados por Harvey não tivessem sido ampliados para o nexo Estado-reprodução do trabalho. Nessa rede de instituições, as relações de trabalho são reguladas e a capacidade de trabalho é desenvolvida, qualificada, cultivada e cuidada na sua inteireza, de forma que a reprodução social da sociedade seja garantida. Munidos da forma e da maneira com as quais estes três nexos (Estado-mundo financeiro, Estado-empresas e Estado-reprodução do trabalho) se institucionalizam, é possível diferenciar variações do capitalismo, assim como diferentes tipos de crise[58].

Numa consideração dinâmica, como a sugerida por Harvey, não faz sentido tratar crises de lucratividade, de sobreacumulação e de subconsumo como explicações excludentes entre si, como era o caso nas discussões dos anos 1980. Por serem insuficientes enquanto tipologia, faz-se necessário testar qual das abordagens citadas tem valor explicativo no respectivo desenvolvimento concreto[59]. A esse respeito,

---

* Trata-se de autoridade de defesa da concorrência. Na Alemanha, o *Bundeskartellamt* constitui ministério ligado ao governo federal e exerce função similar ao Conselho Administrativo de Defesa Econômica (Cade). (N. T.)

[58] Cf. Bruno Amable, *The Diversity of Modern Capitalism* (Oxford, Oxford University Press, 2003); Colin Crouch, *Capitalist Diversity and Change* (Oxford, Oxford University Press, 2005).

[59] Cf. Paul M. Sweezy, *Theorie der kapitalistischen Entwicklung. Eine analytische Studie über die Prinzipien der Marx'schen Sozialökonomie* (Frankfurt a. M., Surhkamp, 1976).

pode-se deixar de lado a antiga disputa dogmática marxista sobre qual seria a única análise "verdadeira". Nesse sentido, tentativas mais recentes de atrelar os estudos sobre crises à teoria crítica ressaltam seu caráter social processual. Certamente, uma abordagem dinâmica, que concebe as crises como um mecanismo funcional para a superação de limites de acumulação, e que inevitavelmente gera novas barreiras nesse processo, não poderia deixar de distinguir diferentes tipos analíticos.

Crises econômicas menores que surgem no ciclo das conjunturas a cada sete ou oito anos devem – tal como outras irritações do fluxo de capital – ser diferenciadas sistematicamente daquele tipo de crise que afeta o conjunto geral das regulações sociais. Todavia, há uma conexão interna entre crises grandes e conjunturais de acumulação. Cada irritação conjuntural do fluxo de capital fomenta uma concentração e centralização do mesmo, isto é, ela fortalece a tendência a uma economia de mercado que nega a si mesma e enfraquece a função purificadora de crises conjunturais cíclicas. Isto pode levar, como se demonstrou no exemplo das medidas estatais de socorro em favor de grandes bancos, ao agravamento de crises estruturais que se descarregam, posteriormente, em grandes crises. Na história do desenvolvimento do capitalismo social de cunho alemão, a Grande Depressão (1873-1895), a Grande Crise Econômica (1929-1932), assim como a Nova Depressão (1973-1974) são exemplos dessas grandes crises[60].

Tais crises, como a Grande Depressão, podem durar muito tempo porque as redes de atores-instituições supramencionadas não cumprem mais sua função reguladora sem que novas configurações institucionais tomem seu lugar. De qualquer maneira, as grandes crises, tal como referido pelos trabalhos da teoria da regulação, são resultado da crescente incompatibilidade entre o regime de acumulação e modos de regulação. Assim, elas sempre são crises de modelos de produção, do Estado de bem-estar, de regras sociais e instituições democráticas – enquanto estas existirem. Tais crises se prestam, por fim, a substituir e renovar antigos *modus operandi* das expropriações capitalistas, a fim de gerar prosperidade.

Em uma parte da literatura econômica, os períodos entre as "Grandes Crises" são descritos, com referência a Schumpeter, como longas ondas da acumulação capitalista. Em todo caso, tais períodos podem ser reconstruídos a partir de uma perspectiva *ex post*. De acordo com o que sabemos hoje, não há um mecanismo endógeno que possa produzir longas ondas de forma "legal"[61]. Contudo, decisões políticas são realizadas em contextos condicionados por crises, os quais constituem caminhos de desenvolvimento marcantemente distintos. Nesse sentido, a Grande

---

[60] Cf. Jürgen Kocka, *Geschichte des Kapitalismus*, cit., p. 83; Jan Priewe, "Die drei großen Krisen des deutschen Kapitalismus: Ein wirtschaftsgeschichtlicher und -theoretischer Vergleich", em Institut für Marxistische Studien und Forschungen (org.), *Große Krisen des Kapitalismus – Lange Wellen der Konjunktur? Beiträge zur aktuellen Krisenanalyse und Monopoltheorie* (Frankfurt a. M., IMSF, 1985).

[61] Cf. David Harvey, *Das Rätsel des Kapitals entschlüsseln*, cit., p. 99.

Crise Econômica de 1929-1933 encerrou uma era de liberalismo de mercado e, a partir dela, possibilitou a emergência do New Deal nos Estados Unidos, da democracia industrial na Suécia e do fascismo na Europa central.

As respectivas tomadas de decisão dependem, também, das avaliações que atribuem o respectivo *modus operandi* das expropriações capitalistas na mencionada rede entre atores e instituições. Num sentido geral, as sociedades capitalistas se movimentam entre o paradigma schumpeteriano da destruição criativa e o paradigma da incorporação social de mercados concebido por Polanyi. No centro da teoria de Schumpeter encontra-se o empreendedor enquanto criador do novo, o qual impõe "o seu produto ao mercado"[62]. Seu meio social é o das classes médias emergentes, ainda que o desenvolvimento de uma personalidade empreendedora não esteja ligado a uma posição social específica. No estágio de declínio de um determinado ciclo de produto, os inovadores agarram sua oportunidade; eles assumem riscos empresariais a fim de tornar essas descobertas viáveis mercadologicamente. Em caso de sucesso, eles podem ascender às classes altas e prover mudança estrutural e troca de elites de forma permanente. Como resultado dos ciclos de inovação chega-se, num caso ideal, a uma variedade de produtos cada vez maior, distinções de produto mais refinadas e uma qualidade de produto cada vez melhor.

Por outro lado, a descoberta mais importante de Polanyi consiste no caráter específico do trabalho, da terra e do dinheiro, os quais ele caracteriza como mercadorias fictícias[63]. Se para Schumpeter o estímulo à concorrência é um impulso decisivo para o agir criativo, Polanyi chama a atenção ao fato de que a destruição criativa pode ultrapassar um certo limite, corroendo assim o seu próprio fundamento social. Consequentemente, para Polanyi, sociedades puras de mercado são uma distopia. Nenhuma forma social poderia, mesmo que por um curto espaço de tempo, suportar os efeitos de um sistema caracterizado por ficções grosseiras quando a sua "substância humana e natural, bem como a sua estrutura econômica, não houver sido protegida contra a destruição desse mecanismo diabólico"[64].

3. A EXPROPRIAÇÃO CAPITALISTA DO SOCIAL

Schumpeter e Polanyi descrevem, a partir de perspectivas parcialmente opostas, uma relação de tensão que marcou a dinâmica de acumulação e crescimento do capitalismo desde o início. Sociedades capitalistas precisam do crescimento econômico e da expansão de mercado de forma permanente. Ao mesmo tempo, elas

---

[62] Joseph A. Schumpeter, *Theorie der wirtschaftlichen Entwicklung* (Berlim, Duncker und Humblot, 2006), p. 133.
[63] Cf. Karl Polanyi, *The Great Transformation. Politische und ökonomische Ursprünge von Gesellschaften und Wirtschaftssystemen* (Frankfurt a. M., Suhrkamp, 1995 [1944]).
[64] Ibidem, p. 109.

devem oferecer um mínimo de segurança que possibilite um comportamento compatível com o mercado. A socialização capitalista é, portanto, um processo de fracasso produtivo, o qual necessita tanto do *rulebreaker* empreendedor como das forças sociais que impõem regras aos mercados. Na melhor das hipóteses, essa relação de tensão entre destruição criativa e contenção só pode ser pacificada sob condições capitalistas por um tempo.

Ao contrário da suposição de Polanyi, a incorporação social dos mercados é, portanto, reversível. O problema estrutural da absorção do excedente de capital leva forçosamente à expansão do mercado e fomenta a tendência, entre atores capitalistas dominantes, de colocar regras cogentes em xeque, de miná-las e invalidá-las. As relações de tensão entre pressões de expansão de mercado e a necessária incorporação social da troca de mercadorias capitalista substituem, da perspectiva do século XXI, a antiga contradição entre forças produtivas e relações de produção entendida como motor do desenvolvimento capitalista[65]. Tensões entre mercado e concorrência, de um lado, e regras de limitação do mercado, cooperação e interação solidária, do outro, se fazem perceptíveis em todos os âmbitos da ação social. Elas não retiram a agudez dos conflitos capital-trabalho, mas os relativizam, porque eles constituem uma pluralidade limitada de crises e antagonismos sociais, os quais podem ser conceituados mediante mercadorias fictícias como trabalho, terra e dinheiro.

Munidos de uma heurística que se oriente pelo paradoxo incorporação--expansão de mercado, podemos determinar de forma mais precisa no que consiste o caráter específico da moderna crise socioeconômica. A Nova Depressão (1973--1974) foi definida, da perspectiva dos atores capitalistas dominantes, enquanto uma crise de lucratividade. O poder dos assalariados, da maneira pela qual ele foi institucionalizado nos Estados de bem-estar, surgiu como principal impeditivo de acumulação e expansão do mercado. Através da desregulamentação dos mercados de trabalho, desigualdade salarial, redução de impostos para empresas e pessoas de alta renda, privatização de setores estatais e desapropriação da propriedade social ou, resumidamente, através de um regime de expropriação do social, foi possível transformar esses limites absolutos em barreiras transponíveis. Assim, o nexo Estado-mundo financeiro toma as rédeas das mudanças nas redes do Estado--reprodução do trabalho. Para as elites, essa operação foi um sucesso estrondoso. Não só movimentos organizados de trabalhadores, mas também instituições limitadoras do mercado foram enfraquecidos para que os frutos do crescimento movido pelo crédito pudessem ser colhidos por grupos já privilegiados.

A erosão do poder sindical, das representações políticas dos assalariados e das instituições do Estado de bem-estar social ainda produziu, com uma demanda de solvência estruturalmente deficitária, uma nova limitação à acumulação. O dinheiro

---

[65] Nisso, concordo com Michael Burawoy (cf. "Marxism after Polanyi", cit.).

que não pudesse ser investido de modo lucrativo na economia produtiva restou utilizado em investimentos de risco no setor financeiro. Adicionalmente, a alocação de créditos imobiliários deveria compensar os salários de grupos de baixa renda, que se encontravam estagnados. A conexão do sistema de crédito com os membros de classes assalariadas resultou diretamente na catástrofe de 2008-2009.

A crise teve o seu estopim no setor financeiro, o qual influenciou o setor de construção civil tanto na oferta (via concessão de créditos para empresas do ramo) como na demanda (via financiamento da construção de casa própria), o que levou, forçosamente, à perda de controle. Contudo, o problema fundamental consiste até hoje no "poder excessivo do capital contra os trabalhadores e trabalhadoras"[66] e, acrescente-se, na desvalorização das atividades reprodutivas, bem como no enfraquecimento geral de regras sociais e instituições que são pressupostos indispensáveis para o funcionamento dos mercados. Com isso, a problemática fundamental do início da década de 1970 se inverteu. O novo regime de expropriação, causado por uma crise de lucratividade, produziu falta de demanda estrutural, o que evocou o risco de deflação (queda de preços como motor de uma recessão) na zona do euro. Sob a subordinação do nexo Estado-reprodução do trabalho às redes Estado-mundo financeiro oculta-se uma moldagem específica da coação sistemática de expansão de mercados. Nesse contexto, afigura-se manifestamente fracassada a pretensão de levar a produtividade crescente e a necessária expansão de mercado a um estado de equilíbrio. No âmbito dessa problemática macroeconômica fundamental, pode-se exemplificar, de forma precisa, a interação entre expropriação e crise em quatro reflexões acerca da metamorfose do capitalismo social alemão.

Comecemos por (1) precisar uma *diferenciação* no interior da *teoria da ação*. Irritações do fluxo de capital influenciam campos sociais extraeconômicos, instituições e estratégias de ação, sem determiná-la. Para esses efeitos, Harvey diferencia sete esferas de atividade, as quais se desenvolvem e se influenciam coevolutivamente, sem uma se sobrepor à outra. Essas esferas são a tecnologia e a organização, relações (micro)sociais (família, redes pessoais), estruturas institucionais e administrativas, produção e organização de processos de trabalho, relações sociais com a natureza, a reprodução da vida cotidiana e da espécie humana, bem como as representações acerca do mundo[67]. A enumeração de Harvey é certamente pouco seletiva, e a sua relação com as já mencionadas redes atores-instituições é pouco clara. De qualquer forma, a tênue ligação entre o fluxo de capital e os âmbitos extraeconômicos de ação faz sentido, pois ela torna compreensível o motivo pelo qual, por exemplo, fenômenos sociais ou ecológicos de crise podem ter uma origem extraeconômica, mas, ainda assim, gerar irritações no fluxo do capital, como nos casos de um tsunami que tenha resultado num acidente nuclear (Fukushima), ou das patologias

---

[66] David Harvey, *Das Rätsel des Kapitals entschlüsseln*, cit., p. 118.
[67] Cf. ibidem, p. 123 e 127.

de um modo de vida individualista urbano e com altos custos sociais para a coletividade. Paradoxos que geram a constante ativação coativa num "Estado de crescimento" burocrático, conforme análise de Lessenich[68], correlacionam-se, sem dificuldade, com arranjos institucionais, reprodução social e sistemas ideológicos de orientação. Algo semelhante vale também para a pressão social por aceleração, a qual, segundo Hartmut Rosa, não pode ser atribuída exclusivamente à circulação acelerada de capital e à compressão tempo-espaço a ela ligada. A ativação e a aceleração possuem causas culturais e sociais independentes, as quais têm como efeito a dessincronização de exigências em diferentes âmbitos da vida, o que pode gerar crises cotidianas específicas[69].

A minha proposta para tematizar, analiticamente, a autonomia dos campos sociais e das esferas da vida em processos de expropriação está organizada de forma um tanto distinta. Inspirado em Boltanski e Chiapello, sustento que tais processos, impõem-se por meio de "provas de força" sociais. Eles são específicos e disputados, nos quais a relação de tensão entre expansão de mercado e incorporação social é confrontada com a dependência de recursos de poder e representações hegemônicas de justiça. A categoria de provas de força – sinônimo de competição ou exame de seleção – demanda esclarecimento. No contexto do teorema do regime de expropriação capitalista, esse conceito se presta, notadamente, a descrever, à luz da teoria da ação, a imposição de políticas de mercantilização em diferentes níveis sociais. Mercantilização significa que os atores dominantes criam novas provas de força específicas ou, ao menos, alteram o formato de sistemas de competição já institucionalizados. Provas de força, por sua vez, abrangem as duas coisas, em diferentes pesos: a disputa guiada pelo poder (prova de força), de um lado, e a prova legítima incorporada em representações de justiça, do outro[70]. A fim de adquirir acesso a determinadas posições sociais, indivíduos e classes de indivíduos devem se qualificar para tais provas. Nesse sentido, elas funcionam como meio das expropriações capitalistas. Novas provas de força – ou ao menos formatadas de maneira nova – executam macro e microintercessões complexas, possibilitam transições e interações entre campos sociais heterogêneos e funcionam como mecanismos de transferência nos quais as regras básicas dos processos de expropriação historicamente singulares são constituídas e transportadas. Um exemplo da institucionalização dessas provas é dado pela regulação do valor acionário de empresas, a qual conecta procedimentos organizacionais e formas de trabalho à volatilidade de mercados globais

---

[68] Stephan Lessenich, "Ein Rückblick auf den Wachstumsstaat", em Le Monde Diplomatique e Kolleg Postwachstumsgesellschaften (orgs.), *Atlas der Globalisierung. Weniger wird mehr. Exklusive Vorschau* (Berlim, TAZ-Verlags-&-Vertriebsgesellschaft, 2014), p. 4-5.
[69] Cf. Hartmut Rosa, *Weltbeziehungen im Zeitalter der Beschleunigung. Umrisse einer neuen Gesellschaftskritik* (Berlim, Suhrkamp, 2012), p.185-223.
[70] Cf. Luc Boltanski e Ève Chiapello, *Der neue Geist des Kapitalismus* (Konstanz, UVK, 2003), p. 526-66.

(e financeiros) e, então, produz novas regras de jogo, exames de qualificação e relações de forças – tanto para a administração quanto para os trabalhadores.

O conceito de prova de força se mostra apto (e isso marca uma diferença teórica em relação a Boltanski e Chiapello) a analisar, de forma empírico-concreta, o disputado caráter competitivo da sociedade em diferentes campos sociais e âmbitos de ação[71]. Com o auxílio desse conceito é possível apontar como transformações na sociedade civil se traduzem em novos formatos de provas e de que modo elas são utilizadas para reforçar esse aspecto competitivo. Assim, o conceito de igualdade de *status* entre grandes grupos sociais, outrora central para o capitalismo fordista, perdeu progressivamente o seu fundamento na sociedade civil, haja vista fatores como imigração, globalização econômica e internacionalização do Estado. Nas novas formações de provas de força isso é substituído por variantes mais fracas da igualdade de oportunidades ou, melhor dizendo, justiça de oportunidades, a qual se limita a invocar acessos potencialmente iguais a posições de comando, à aquisição de oportunidades educacionais ou à acumulação de riqueza[72].

O conceito de justiça de oportunidades se baseia "na ficção estatística de que as pessoas de cada geração se distribuem por todas as camadas da estrutura social da mesma forma e independente da sua origem ou das suas condições iniciais"; a "hierarquia das posições sociais de *status* não é questionada"[73]. O novo espírito hegemônico do regime de expropriação do capitalismo financeiro, movido pela concorrência, traz as suas próprias medidas de justiça. Empresas financeirizadas que maximizam o valor de seus proprietários (acionistas) agem justificadas pelas normas por elas perseguidas e, assim, produzem efeitos *trickle-down*. No mercado de trabalho, o que gera ocupação há de ser tido como justo. Na política tributária, a justiça consistiria em não onerar excessivamente prestadores de serviço. Por fim, a desigualdade crescente de riquezas e renda é tida como justa enquanto isso significar uma promessa de incentivo para a atuação empreendedora, bem como um maior bem-estar para todos.

O novo espírito hegemônico, cuja essência consiste na generalização social da concorrência, influencia as provas de força e de qualificação em distintos âmbitos de ação. Como apontado no exemplo da ocupação precária[74] ou por meio da polí-

---

[71] Cf. Klaus Dörre e Tine Haubner, "Landnahme durch Bewährungsproben – ein Konzept für die Arbeitssoziologie", em Klaus Dörre, Dieter Sauer e Volker Wittke (orgs.), *Kapitalismustheorie und Arbeit. Neue Ansätze soziologischer Kritik* (Frankfurt a. M./Nova York, Campus, 2012), p. 80-91.
[72] Cf. François Dubet, "Wandlungen des Kapitalismus und Konzeptionen sozialer Gerechtigkeit", em Klaus Dörre, Kerstin Jürgens e Ingo Matuschek (orgs.), *Arbeiten in Europa* (Frankfurt a. M./Nova York, Campus, 2014).
[73] Ibidem, p. 60.
[74] Para mais detalhes ver Klaus Dörre, "Prekarität und Macht. Disziplinierung im System der Auswahlprüfungen", *WSI-Mitteilungen*, v. 64, n. 8, 2011, p. 394-401.

tica ativa de mercado de trabalho[75], o maior efeito do princípio da concorrência consistiu na produção permanente de vencedores e perdedores. Os mais fortes sempre definem a norma pela qual a conduta dos perdedores é medida. Nas provas legítimas, a norma de concorrência se aplica obstinadamente às representações de justiça e aos recursos de poder de pessoas e coletivos, os quais frequentemente se atêm aos elementos de igualdade de *status* a fim de resistir às imposições da ideia de competitividade.

Isto posto, é possível (2) esclarecer e atualizar o diagnóstico contido no conceito de expropriação do social. Na discussão transnacional das elites, o modelo alemão de capitalismo é mais uma vez tido como especialmente eficiente e resistente a crises. Para tal avaliação, o enfrentamento da crise de 2008-2009 através da política de empregos atribuída às reformas do mercado de trabalho da coalizão entre verdes e vermelhos* foram decisivos. Na verdade, o regime de expropriação movido pela concorrência não se limitou a substituir o capitalismo social por outro modelo. A destruição criativa de regras que limitam o mercado e instituições se impôs – à semelhança do "despedaçamento" de ambientes não capitalistas observado por Rosa Luxemburgo – enquanto amálgama entre o novo e o antigo. Com ajuda política, forças de trabalho são liberadas dos segmentos relativamente protegidos do mercado de trabalho. Nesse contexto, provas de força reformuladas nas interfaces do pessoal permanente e precarizado fornecem um metabolismo permanente entre mercados internos relativamente segurados e mercados externos desprotegidos, produzindo novos imbricamentos de funcionários com e sem *status* de cidadão social.

Observando-se por trás da fachada do "espetáculo alemão do emprego", encontram-se os contornos de uma sociedade precária de pleno emprego na qual um volume decrescente de horas trabalhadas se espalha num número recorde de empregados. Se um assalariado médio trabalhava, em 1991, 1.473 horas anuais, esse número chegava a cair para 1.313 horas em 2013[76]. Na verdade, o volume de trabalho aumentou novamente após 2005. Todavia, o número de empregados ampliou drasticamente até 2013. O volume de trabalho existente foi então distribuído entre cada vez mais empregados e de forma sobretudo assimétrica. Assim, a criação de empregos deve-se, em grande medida, à integração das forças femininas de trabalho em empregos precários no setor de serviços. A parcela de relações de trabalho não estandardizadas no âmbito geral de empregos cresceu a

---

[75] Cf. Klaus Dörre et al., *Bewährungsproben für die Unterschicht? Soziale Folgen aktivierender Arbeitsmarktpolitik* (Frankfurt a. M./Nova York, Campus, 2013).

* Na política alemã, o termo *Rot-Grün* costuma ser empregado para designar a coalizão parlamentar entre o Partido Social-Democrata Alemão (SPD) e o Partido Verde (Bündnis 90/die Grünen). (N. T.)

[76] Cf. Klaus Dörre, "Wandlungen des Kapitalismus und Konzeptionen sozialer Gerechtigkeit", cit., p. 42. A informação é baseada em dados da Agência Federal de Estatísticas e do IAB.

38% a leste e 39% a oeste[77], ao passo que o setor de menor remuneração abrange continuamente entre 22% e 24% das relações de trabalho. E, enquanto o trabalho de meio período (+ 2,23 milhões), a ocupação informal (+ 770 mil) e autônoma (+ 550 mil) alargaram entre a virada do século e o ano de 2012, o número de desempregados registrados (– 990 mil), bem como o de trabalhos de período completo (– 1,44 milhão) caíram vertiginosamente[78]. Isso significa que as reformas do programa Hartz IV não criaram mais empregos. O "espetáculo alemão do trabalho" consiste essencialmente na substituição da ocupação em tempo integral por trabalhos assalariados "indignos"[79], porquanto inseguros, de baixa remuneração e menos reconhecidos.

O principal efeito das reformas do mercado de trabalho – e do Hartz-IV em especial – consiste, sobretudo, em aumentar a pressão sobre empregados e desempregados para que estes atuem em "trabalhos indignos". O Hartz-IV tornou-se a cifra de um *status* abaixo da linha da respeitabilidade social. Na ativação do regime de mercado de trabalho, o desemprego é encenado como uma competição na qual todo aquele que consiga saltar para uma ocupação regular produz, inconscientemente, a norma que mensura aqueles que obtiveram menos sucesso. Estes últimos não conseguem se desvencilhar do benefício assistencial, a despeito de seu esforço e da sua frequente troca de posições profissionais. Por tal razão, eles são obrigados a adotar um hábito de sobrevivência, o que promove estigmatizações por parte da maioria da sociedade. E mais: o estigma do Hartz-IV dificulta a reintegração no trabalho remunerado. Ele contribui para a consolidação de uma subclasse cuja vida diária é marcada pela proximidade social com o *status* de assistência. Esse *status*, note-se, intimida. Nada assusta mais um assalariado, seja ele protegido ou precarizado, do que uma derrocada ao Hartz-IV. Vislumbrar um destino como esse pode fazer com que até mesmo uma relação de trabalho precária surja como uma âncora de salvação que sirva contra o declínio a uma posição completamente dependente da assistência social. O "espetáculo alemão do emprego" se baseia em grande parte no medo da queda do padrão de vida, e quem paga a maior parte desse preço são os desempregados e os precarizados[80].

---

[77] Cf. Institut für Arbeitsmarkt- und Berufsforschung (IAB), *Betriebspanel Länderbericht Thüringen, Ergebnisse der 18. Welle 2013* (Berlim, IAB, 2013), p. 24.
[78] Cf. Klaus Dörre, *The German Job Miracle. A model for Europe?* (Bruxelas, Rosa Luxemburg Stiftung, 2014), p. 42; Hajo Holst e Klaus Dörre, "Revival of the 'German Model'? Destandardization and the New Labour Market Regime", em Max Koch e Martin Fritz (orgs.), *Non-Standard-Employment in Europe. Paradigms, Prevalence and Policy Responses* (Basingstoke, Palgrave McMillan, 2013), p. 132-49.
[79] Robert Castel, *Die Krise der Arbeit. Neue Unsicherheiten und die Zukunft des Individuums* (Hamburgo, Hamburger, 2011), p. 63.
[80] Cf. Klaus Dörre et al., *Bewährungsproben für die Unterschicht?*, cit.

Essa constatação empírica possibilita (3) um esclarecimento do postulado teórico a respeito da simultaneidade dos não simultâneos, do amálgama entre a nova competição e o velho capitalismo social. Em condições de crise, aparentemente é possível que os resíduos do velho capitalismo social, depositados em instituições e mentalidades, voltem a se tornar influentes. Na Alemanha, instituições de bem-estar e principalmente os sindicatos continuam suficientemente fortes para absorver a crise de 2008-2009 e traduzir isso em termos de políticas de emprego. O "corporativismo de crise"[81], nascido de uma necessidade, obteve relativo sucesso, uma vez que ele pôde se ligar à outrora combatida tradição social-capitalista. Assim, a proteção do emprego se fundamenta na revitalização de instrumentos conhecidos de longa data, tais como o trabalho de curta duração recorrente.

Os acordos de trabalho, que frequentemente só se tornam uma prática sob a pressão dos sindicatos e grupos de interesses, implicavam, todavia, renúncia de salários, intensificação de atividades e transferência de riscos do trabalho para empregados precários. Além disso, o mencionado "corporativismo de crise" não foi efetivo em todos os lugares nem da mesma forma. A proteção do emprego funcionou sobretudo nos trabalhos permanentes dos setores de exportação. Em ramos menos organizados e de ampla participação feminina do setor de serviços, nada semelhante se impôs. Por esse motivo, a administração de crises não pôde corrigir as assimetrias de poder no mercado de trabalho favorecendo "interesses frágeis", mas demonstrou que – pelo contrário – formas precárias de emprego são utilizadas, em caso de crise e sem qualquer conflito, como amortecedores da flexibilização. Independente disso, a recuperação econômica é tributária de um modelo de divisão internacional do trabalho que permite que o setor de exportação alemão lucre graças à demanda rapidamente restabelecida de grandes países emergentes. Produtos de empresas alemãs são necessários ao processo de recuperação e demandados por uma classe média que cresce rapidamente, especialmente na China. Por essa razão, conseguiu-se "aumentar a criação de valor industrial na Alemanha", ainda que o setor de exportação "continue a ser um lugar de altos salários"[82].

Nesse contexto, é importante um (4) esclarecimento teórico-institucional que aborde o ponto fraco do antigo capitalismo social com a engrenagem entre os regimes de assistência e produção. Na Alemanha, o fomento ao setor industrial de exportação é tradicionalmente ligado ao desprezo e à desvalorização de serviços humanos e atividades reprodutivas. Em face dos ramos fortes em exportação e com elevada proporção de mão de obra qualificada do setor de alta tecnologia, encontra-se um crescente setor com atividades de serviços mal remuneradas, instáveis e frequentemente menos

---

[81] Hans-Jürgen Urban, *Der Tiger und seine Dompteure. Wohlfahrtsstaat und Gewerkschaften im Gegenwartskapitalismus* (Hamburgo, VSA, 2013).
[82] Deutsche Bank, *Re-Industrialisierung Europas: Anspruch und Wirklichkeit* (Frankfurt a. M., EU Monitor Europäische Integration, 2013), p. 7.

reconhecidas, cuja produtividade laboral, segundo medidas usuais, fica muito atrás do setor industrial. Ao mesmo tempo, o peso entre os setores, medido em termos de emprego, se desloca. Apenas na expansiva economia reprodutiva, cuja proporção no emprego total aumentou de 4,5% para 6,2% em uma década (2001-2011), trabalham cerca de 1,7 milhão de empregados ligados ao serviço social. Há tantas pessoas ativas no cuidado de idosos e no auxílio de crianças, jovens e pessoas com deficiência quanto na construção de máquinas e carros, parte central da economia alemã. Isso mostra que, em relação aos setores altamente produtivos de exportação, aumenta o peso do setor – supostamente menos produtivo, mas de atividade mais intensa – de trabalhos remunerados de assistência social (entendidos como toda atividade que ofereça a "produção da força de trabalho").

Da perspectiva econômico-individual e da exportação, isso se apresenta como algo problemático em termos de custos, pois as atividades profissionais de reprodução são, em grande parte, financiadas pelo Estado. Com o objetivo de estimular a economia de exportação, a política estatal concebeu a troca entre o setor industrial e os trabalhos de assistência como um metabolismo entre mercados internos (capitalistas) valorizados e mercados externos (não capitalistas) desvalorizados. Uma política tributária orientada pela concorrência não permite transferências generosas em benefício de serviços humanos e trabalhos de assistência remunerados. Assim, uma vez que investimentos públicos são "derretidos" e distritos e municípios têm problemas de arrecadação, a maior demanda por serviços de assistência social se depara com dificuldades de financiamento estatal. Para além disso, a disponibilização de serviços de assistência enquanto bem público permanece sob pressão, pois carece de demanda solvente financiada estatalmente, isto é, de um consumo produtivo do Estado. A política reage a esse estado de coisas com a encenação de quase mercados, nos quais fornecedores públicos e privados arcam com os custos dos salários. A maior exigência de desempenho, a precarização das relações de trabalho, a falta de mão de obra qualificada e a realocação dos serviços de assistência em orçamentos privados são resultados dessa política[83]. Aquilo que representa uma desvalorização da atividade laboral dos trabalhadores e uma precarização do trabalho oferece, pela perspectiva da economia de exportação e do Estado provedor, oportunidades favoráveis de utilizar serviços humanos e atividades de assistência de forma comparativamente mais barata ou até mesmo gratuita, como no caso do trabalho doméstico não remunerado. Resumidamente: a capacidade de desempenho do setor de exportação também se fundamenta na desvalorização política das atividades de reprodução e assistência, a qual é forçada e imposta através da realização de provas de força orientadas pela concorrência em quase mercados. Tudo isso contribui para uma crise da reprodução

---

[83] Cf. Klaus Dörre, Martin Ehrlich e Tine Haubner, "Landnahmen im Feld der Sorgearbeit", em Brigitte Aulenbacher, Birgit Riegraf e Hildegard Theobald (orgs.), *Sorge: Arbeit, Verhältnisse, Regime = Soziale Welt, Sonderband 20* (Baden-Baden, Nomos, 2014), p. 107-34.

social que se desenvolve atualmente no capitalismo concorrencial alemão de forma relativamente independente dos fluxos de capital.

4. Da expropriação interna à dupla crise econômico-ecológica

O exemplo do capitalismo social alemão mostrou, de forma ilustrativa, como uma expropriação interna do social, a qual se utiliza de setores de bem-estar outrora alheios ao mercado enquanto um outro não capitalista, transforma o modelo de seguridade do trabalho irreversivelmente. Essa expropriação funciona mediante a construção de estruturas normativas e cognitivas. Paradoxalmente, a resiliência da transformada variante alemã do capitalismo em relação à recessão global de 2008--2009 deve-se à gradativa e ainda não completa ruína desse outro não capitalista. De forma indireta, isto se refere a uma característica daquela década, a qual conecta a crise do *subprime* e seus resultados à ascensão de Donald Trump.

A expropriação do social danificou os mecanismos de autoestabilização da acumulação capitalista a ponto de tornar notáveis os limites sistêmicos à acumulação e reprodução ampliada do capital, ao menos nos antigos centros. A análise de Rosa Luxemburgo acerca da gestão da crise, na qual a reprodução de recursos natural e socialmente finitos é ligada ao imperativo da acumulação infinita e à constante expansão de mercado, traz consigo uma nova atualidade, guardados os distintos sinais históricos. Para a elaboração de uma teoria complexa das crises capitalistas, três campos de pesquisa têm, da perspectiva do teorema dos regimes de expropriação, um lugar prioritário – no qual a ligação entre abalos econômicos e ecológicos são tematizados.

(1) *Estagnação secular e capitalismo pós-crescimento*: a relativa robustez do capitalismo alemão diante de crises não é capaz de alterar o fato de que as economias dos antigos centros capitalistas em geral não conseguem mais do que uma lenta recuperação após o *crash* global. Para economistas como James Galbraith, os centros capitalistas "deixaram definitivamente para trás o tempo do crescimento rápido"[84]. Entre as causas estariam os preços instáveis e mutáveis da energia; a situação global cada vez mais insegura; uma nova etapa da digitalização com efeitos poupadores de trabalho e, sobretudo, um sistema financeiro internacional cujas contínuas irritações operacionais expõem um ponto crítico, o qual pode causar erupções a qualquer momento e nas mais diversas regiões. Já num futuro próximo seria provável que fronteiras naturais à acumulação[85] se apresentassem como freio do crescimento. Se essa descoberta de uma estagnação secular se provar verdadeira num futuro previsível, nós teríamos que lidar com os capitalismos pós-crescimento, ao menos nas sociedades ricas do Norte global. Nesse contexto, *de que forma*

---

[84] James Kenneth Galbraith, *Wachstum neu denken. Was die Wirtschaft aus den Krisen lernen muss* (Zurique, Rotpunktverlag, 2016), p. 17.

[85] As mudanças climáticas ainda não têm "nenhum grande impacto econômico", mas, mais cedo ou mais tarde, elas inevitavelmente se concretizarão (ibidem, p. 9).

índices de crescimento permanentemente baixos afetam a estabilidade institucional da democracia e do Estado de bem-estar social ainda é uma questão aberta. Todavia, é provável que uma estagnação que dure por muito tempo também se mostre perceptível enquanto desestabilização das instituições democráticas. Poderia abalar o conjunto geral das regulações sociais. As tematizações de uma crise múltipla, ainda que difusas[86], possuem o seu real núcleo neste ponto.

(2) *Expropriações internas e externas*: é significativo que a citada "desvalorização interna" e, sobretudo, a administração cooperativa de crises, a florescente economia de exportação e uma alteração de posições na divisão internacional de trabalho (mormente na expansão do mercado chinês) tenham possibilitado a ascensão da Alemanha à condição de poder europeu economicamente condutor. Na sua condição de poder central, ao lado da França, no *Imperium* da UE, a Alemanha utiliza sua posição semi-hegemônica para impor uma política de austeridade aos outros Estados, o que acabou se mostrando um fator agravante. Apesar de a crise ter sido gerada no setor privado, os Estados e populações tiveram que arcar com os custos dela. Assim, o resgate de bancos, primariamente favoráveis a institutos de crédito franceses e alemães, geraram custos que impuseram aos Estados devedores do sul da Europa uma espécie de nova forma de escravidão por dívida. O endividamento, em conjunto com o novo intervencionismo nas políticas salariais, constitui o *modus operandi* de um novo regime de expropriação, o qual radicalizou ainda mais a expropriação da propriedade social nos Estados endividados. Salários mínimos são reduzidos, direitos sociais cortados, contratos tarifários liquidados ou violados, proteção do emprego anulada, sindicatos enfraquecidos, empresas públicas privatizadas, propriedade pública liquidada e populações inteiras são lançadas à pobreza. Resumidamente, o remédio alemão de uma expropriação interna é aplicada – numa rigidez desigual e enquanto projeto transnacional de elites – a países europeus com pressupostos econômicos, culturais e políticos completamente distintos.

Mark Blyth compreendeu, de forma precisa, o efeito agravador de crises dessa política. Ditames de austeridade não são todos iguais. Classes de baixa renda e populações de países pobres têm mais a perder do que grupos ricos e populações de países credores. Se os pobres não têm condições de pagar a conta que lhes é apresentada, a política de austeridade fracassa completamente. Fosse a prática de austeridade uma regra sem exceção em todas as economias, seria absolutamente impossível retornar a um caminho de crescimento. O paradoxo keynesiano da austeridade é, portanto, válido. As economias só poderiam obter os benefícios concorrenciais de baixos salários e padrões sociais reduzidos se existirem consumidores

---

[86] Cf. Alex Demirović et al., *Vielfachkrise im finanzmarktdo-minierten Kapitalismus* (Hamburgo, VSA, 2011); e Ulrich Brand, *Die Multiple Krise – Dynamik und Zusammenhang der Krisendimensionen, Anforderungen an politische Institutionen und Chancen progressiver Politik* (Berlim, Heinrich Böll Stiftung, 2009).

de outro lugar para pagar pelos produtos mais baratos. Por esse motivo, problemas parciais – tais como a dívida grega – não podem ser restritos à UE como um todo, ou mesmo à economia global. Se todos poupam simultaneamente, faltam motivos para investir, o que faz com que a economia "afunde mais"[87]. Isso é só um mecanismo causal que reforça a necessidade de investigação mais exata acerca da interação entre expropriações internas e externas. A expropriação interna do social, no caso alemão, encontra-se abertamente ligada, de forma complexa, com um *modus operandi* da expropriação externa, o qual é conduzido pelos interesses dos credores e se apresenta como freio ao crescimento econômico ao reforçar tanto as assimetrias como os desenvolvimentos desiguais.

(3) *A crise dupla (bifurcada) econômico-ecológica*: o panorama das crises ficaria incompleto se a sua dimensão ecológica não fosse examinada. A grande crise de 2008-2009 também sinaliza que a interação entre crescimento econômico e destruição ecológica atingiu um ponto histórico de transição. Enquanto o crescimento econômico ainda puder ser gerado, as forças de destruição ecológica consumirão mais e mais esse ganho em termos de bem-estar, o qual é distribuído desigualmente. Aos países pioneiros da industrialização restarão duas opções futuras: "uma é tornar o crescimento sustentável; a outra é tornar o decrescimento estável"[88]. Independente do caminho que seja escolhido, é certo que ambos vão além de uma grande transformação social. A crise se tornou uma crise dupla, uma vez que o meio mais importante para superação da estagnação econômica, consistente na produção de crescimento, conduz, nessas condições, ao fortalecimento da destruição ambiental. Ou, traduzindo-se para o cenário de Luxemburgo: a reprodução ampliada sem fim do capital acaba por atingir os limites da capacidade de regeneração dos sistemas naturais, os quais já se encontram ultrapassados em situações como a do aquecimento global ou da biodiversidade. Por muito tempo, a renúncia a essa tendência só pareceu possível através de um *decrescimento pelo desastre*. Assim, o uso de recursos durante os anos da crise de 1980-1983 se aproximou dos limites citados, sendo que a emissão foi reduzida de forma significativa pela última vez em 2009. Contudo, o declínio da emissão de gases nocivos ao clima não resultou em maior eficiência dos recursos ou mudança acelerada em prol de energias renováveis, mas sim do crescimento econômico mínimo de então. Quando a conjuntura de 2010 emergiu, o nível recorde das emissões de 2008 (31,5 milhões de toneladas de CO_2) foi rápida e novamente alcançado. Na Europa, a única exceção é a retração da sociedade grega: lá, o crescimento econômico negativo permanece ao mesmo tempo que as emissões danosas ao clima são reduzidas.

---

[87] Mark Blyth, *Wie Europa sich kaputtspart. Die gescheiterte Idee der Austeritätspolitik* (Bonn, J. H. W. Dietz, 2013), p. 32.
[88] Tim Jackson, *Prosperity without Growth? Steps to a Sustainable Economy* (Londres, Earthscan, 2009), p. 128.

De qualquer forma, devemos considerar o seguinte: há uma interminável incerteza nas previsões a respeito das complexas interações entre o homem e a natureza. Valores normativos, limites do desgaste ecológico e pontos de inflexão são, conforme já apontado por Ulrich Beck, dependentes de conhecimento e definições. Com isso não se quer dizer que limites de desgaste são inexistentes. Mas os efeitos dos riscos ecológicos, como no caso da liberação de radioatividade, raramente podem ser atribuídos de forma clara e inequívoca. Eles frequentemente fogem à percepção dos sentidos, não são visíveis, não são sensíveis e só são acessíveis em sua extensão total através do conhecimento, isto é, na construção de relações causais fundadas cientificamente. Algo semelhante também vale para o efeito estufa ou possíveis alterações climáticas. Riscos globais econômicos são, por isso, dependentes de definição, sendo objeto de disputas e sistemas científicos na sociedade. Tais disputas devem ser incluídas numa teoria crítica das crises capitalistas. Uma tal teoria haveria de ser aplicada onde termina a *expertise* das ciências naturais: "Se [...] uma 'economia social de mercado' ou um 'socialismo democrático' são os melhores modelos de sociedade para um futuro de médio prazo, ou se um modelo de sociedade é, afinal, necessário, não é algo que eu pretenda avaliar", escreveu o pesquisador do clima Hans-Joachim Schellnhuber em seu livro *Selbstverbrennung* [*Autoimolação*][89].

A sociedade crítica e a teoria da crise não podem aceitar esse estado de coisas. A dupla (bifurcada) crise econômico-ecológica tem um caráter sistêmico, pois, "num planeta finito, tensões sociais não podem ser resolvidas em longo prazo através da expansão material"[90]. Com isso não se pretende afirmar, de forma alguma, que o modo de produção capitalista está necessariamente condenado, como afirmado por alguns de seus críticos[91]. Isto significaria repetir equívocos das antigas discussões sobre o capitalismo e aceitar, de forma acrítica, teses de crises finais ou cenários de pós-capitalismo. Muito pelo contrário: a pergunta acerca da sobrevivência do capitalismo à dupla crise econômico-ecológica deve ser respondida de forma claramente positiva. A dominação das elites capitalistas tem plenas condições de sobreviver às piores crises. Ela é plenamente capaz de realizar novos regimes de expropriação capitalista, seja na biosfera ou no conhecimento. As únicas questões a se saber são qual o preço disso, e se queremos pagá-lo[92].

---

[89] Cf. Hans-Joachim Schellnhuber, *Selbstverbrennung. Die fatale Dreiecksbeziehung zwischen Klima, Mensch und Kohlenstoff* (Munique, C. Bertelsmann, 2015), p. 703.
[90] Idem.
[91] Cf. Immanuel Wallerstein, "Die strukturelle Krise oder Warum der Kapitalismus sich nicht mehr rentieren könnte", em Immanuel Wallerstein et al. (orgs.), *Stirbt der Kapitalismus? Fünf Szenarien für das 21. Jahrhundert* (Frankfurt a. M./Nova York, Campus, 2014), p. 18; Wolfgang Streeck, "How Capitalism will End?", *New Left Review*, v. 87, 2014, p. 35-64; Paul Mason, *Postkapitalismus. Grundrisse einer kommenden Ökonomie* (Berlim, Suhrkamp, 2015).
[92] Cf. David Harvey, *Das Rätsel des Kapitals entschlüsseln*, cit., p. 209.

Referências bibliográficas

AGLIETTA, Michel. *Ein neues Akkumulationsregime*. Hamburgo, VSA, 2000.

_____. *A Theory of Capitalist Regulation*: The US Experience. Londres/Nova York, Verso, 2015 [1979].

_____; ORLÉAN, André. *A violência da moeda*. São Paulo, Brasiliense, 1990 [1982].

ALEXANDER, Peter et al. *Marikana*: A View from the Mountain and a Case to Answer. Johanesburgo: Jacana, 2012.

ALTVATER, Elmar. Bruch und Formwandel eines Entwicklungsmodells: Die gegenwärtige Krise ist ein Prozess gesellschaftlicher Transformation. In: HOFFMANN, Jürgen (org.). *Überproduktion, Unterkonsumtion, Depression*: Analysen und Kontroversen zur Krisentheorie. Hamburgo, VSA, 1983, p. 217-52.

_____; MAHNKOPF, Birgit. *Grenzen der Globalisierung*: Ökonomie, Ökologie und Politik in der Weltgesellschaft. Münster, Westfälisches Dampfboot, 1996.

AMABLE, Bruno. *The Diversity of Modern Capitalism*. Oxford, Oxford University Press, 2003.

ANDERSEN, Margaret L.; COLLINS, Patricia Hill (orgs.). *Race, Class and Gender*: An Anthology. 3. ed., Londres, Wadsworth, 1998.

ARENDT, Hannah. *Elemente und Ursprünge totalitärer Herrschaft*: Antisemitismus, Imperialismus, totale Herrschaft. 11. ed., Munique, Piper, 2006 [1951]. [Ed. bras.: *As origens do totalitarismo*: antisemitismo, imperialismo, totalitarismo. São Paulo, Companhia das Letras, 1990.]

ASTHEIMER, Sven. *Frankfurter Allgemeine Zeitung*, 6 set. 2013.

AULENBACHER, Brigitte. Die soziale Frage neu gestellt: Gesellschaftsanalysen der Prekarisierungs- und Geschlechterforschung. In: CASTEL, Robert; DÖRRE, Klaus (orgs.). *Prekarität, Abstieg, Ausgrenzung*: die soziale Frage am Beginn des 21. Jahrhunderts. Frankfurt a. M./Nova York, Campus, 2009, p. 65-80.

BACH, Stefan; THIEMANN, Andreas; ZUCCO, Aline. *The Top Tail of the Wealth Distribution in Germany, France, Spain and Greece*. Berlim, DIW Berlin, 2015, mimeo. Disponível em: <https://www.diw.de/documents/publikationen/73/diw_01.c.513261.de/dp1502.pdf>, acesso em: 29 mar. 2022.

BAETHGE, Martin et al. *Berichterstattung zur sozioökonomischen Entwicklung in Deutschland*: Arbeit und Lebensweisen. Erster Bericht. Wiesbaden, VS Verlag für Sozialwissenschaften, 2005.

BAHL, Friederike. *Lebensmodelle in der Dienstleistungsgesellschaft*. Hamburgo, Hamburger, 2014.

BAHRO, Rudolf. *Logik der Rettung*: Wer kann die Apokalypse aufhalten? Stuttgart, Weitbrecht, 1987.

BALIBAR, Étienne; WALLERSTEIN, Immanuel. *Race, Nation, Classe*: Les Identités ambiguës. Paris, La Découverte, 1988.

BARBIER, Jean-Claude. La Précarité, une catégorie française à l'épreuve de la comparaison international. *Revue Française de Sociologie*, v. 46, n. 2, 2005, p. 351-71.

BARTELHEIMER, Peter. Unsichere Erwerbsbeteiligung und Prekarität. *WSI-Mitteilungen*, v. 8, 2011, p. 386-93.

BAUER, Otto. Die Akkumulation des Kapitals. *Die Neue Zeit*, v. 31, 1913, p. 831-8, 862-74.

BEAUD, Stephan; PIALOUX, Michel. *Die verlorene Zukunft der Arbeiter*: Die Peugeot-Werke von Sochaux-Montbéliar. Konstanz, UVK Verlagsgesellschaft, 2004.

BECK, Ulrich. *Die Risikogesellschaft*: Auf dem Weg in eine andere Moderne. Frankfurt a. M., Suhrkamp, 1986, [Ed. bras.: *Sociedade de risco*: rumo a uma outra modernidade. 2 ed. São Paulo, Editora 34, 2011.]

_____. *Was ist Globalisierung?* Irrtümer des Globalismus: Antworten auf Globalisierung. Frankfurt a. M., Suhrkamp, 1997.

_____. Risikogesellschaft und die Transnationalisierung sozialer Ungleichheiten. In: BERGER, Peter A.; WEIß, Anja (orgs.). *Transnationalisierung sozialer Ungleichheit*. Wiesbaden, VS Verlag, 2008, p. 19-40.

BECKER, Karina; BLUHM, Katharina; MARTENS, Bernd. Unternehmensführung in Zeiten des Shareholders Value. In: BENTHIN, Rainer; BRINKMANN, Ulrich (orgs.). *Unternehmenskultur und Mitbestimmung*. Frankfurt a. M./Nova York, Campus, 2008, p. 213-42.

BELLOFIORE, Riccardo (org.). General Introduction. Rosa Luxemburg on Capitalist Dynamics, Distribution and Effective Demand Crises. In: *Rosa Luxemburg and the Critique of Political Economy*. Londres, Routledge, 2009, p. 1-23.

BERGER, Michael. *Karl Marx*: Das Kapital. Munique, Fink, 2004.

BERGER, Peter A.; WEIß, Anja (orgs.). *Transnationalisierung sozialer Ungleichheit*. Wiesbaden, VS, 2008.

BERLE, Adolf. *The American Economic Republic*. Nova York, Harcourt, 1963.

BESCHERER, Peter. *Vom Lumpenproletariat zur Unterschicht*: Produktivistische Theorie und politische Praxis. Frankfurt a. M., Campus, 2012.

_____; RÖBENACK, Silke; SCHIERHORN, Karen. Nach Hartz IV: Erwerbsorientierungen von Arbeitslosen. *Aus Politik und Zeitgeschichte*, v. 58, n. 33-34, 2008, p. 19-24.

BESTE, Jonas; BETHMANN, Arne; GUNDERT, Stefanie. Materielle und soziale Lage der ALG-II-Empfänger. *IAB-Kurzbericht*, v. 24, 2014. Disponível em: <http://doku.iab.de/kurzber/2014/kb2414.pdf>, acesso em: 25 mar. 2022.

BEYER, Jürgen (org.). *Vom Zukunftszum Auslaufmodell?* Die deutsche Wirtschaftsordnung im Wandel. Frankfurt a. M., Westdeutscher Verlag, 2003.

BINSWANGER, Christoph. *Die Wachstumsspirale*: Geld, Energie und Imagination in der Dynamik des Marktprozesses. Marburgo, Metropolis, 2009.

BLOSS, Michael et al. *Von der Subprime-Krise zur Finanzkrise*: Immobilienblase. Ursachen, Auswirkungen, Handlungsempfehlungen. Munique, Oldenbourg, 2009.

BLYTH, Mark. *Wie Europa sich kaputtspart*: Die gescheiterte Idee der Austeritätspolitik. Bonn, J. H. W. Dietz, 2013.

BOJADŽIJEV, Manuela. *Die windige Internationale*: Rassismus und Kämpfe der Migration. Münster, Westfälisches Dampfboot, 2008.

BOLTANSKI, Luc. *Soziologie und Sozialkritik*: Frankfurter Adorno-Vorlesungen 2008. Berlim, Suhrkamp, 2010.

_____; CHIAPELLO, Ève. *Le Nouvel esprit du capitalisme*. Paris, Gallimard, 1999. [Ed. bras.: *O novo espírito do capitalismo*. São Paulo, WMF Martins Fontes, 2009.]

_____; _____. *Der neue Geist des Kapitalismus*. Konstanz, UVK, 2003. [Ed. bras.: *O novo espírito do capitalismo*. São Paulo, WMF Martins Fontes, 2009.]

_____; _____. Die Rolle der Kritik für die Dynamik des Kapitalismus. Sozialkritik versus Künstlerkritik. In: MILLER, Max (org.). *Welten des Kapitalismus*: Institutionelle Alternativen in der globalisierten Ökonomie. Frankfurt a. M./Nova York, Campus, 2005, p. 285--322.

_____; _____. *The New Spirit of Capitalism*. Londres, Verso, 2005. [Ed. bras.: *O novo espírito do capitalismo*. São Paulo, WMF Martins Fontes, 2009.]

BOOTH, Melanie; SCHERSCHEL, Karin; SCHIERHORN, Karen. *Aktivierende Arbeitsmarkt- politik in Deutschland*: zentrale Entwicklungslinien und empirische Befunde. Diskussionspapier des B9-Projekts im SFB 580 vom 1. Jena, abr. 2010.

BOSCH, Gerhard; KALINA, Thorsten. Niedriglöhne in Deutschland – Zahlen, Fakten, Ursachen. In: BOSCH, Gerhard; WEINKOPF, Claudia (orgs.). *Arbeiten für wenig Geld*: Niedriglohnbeschäftigung in Deutschland. Frankfurt a. M./Nova York, Campus, 2007, p. 20--105.

_____; WEINKOPF, Claudia (orgs.). *Arbeiten für wenig Geld*: Niedriglohnbeschäftigung in Deutschland. Frankfurt a. M./Nova York, Campus, 2007.

BOURDIEU, Pierre. *Die feinen Unterschiede*: Kritik der gesellschaftlichen Urteilskraft. 2. ed., Frankfurt a. M., Suhrkamp, 1988. [Ed. bras.: *A distinção*: crítica social do julgamento. São Paulo, Edusp/Zouk, 2007.]

_____. Prekarität ist überall. In: *Gegenfeuer*: Wortmeldungen im Dienste des Widerstands gegen die neoliberale Invasion. Konstanz, UVK Universitätsverlag, 1998, p. 96-102.

_____. *Gegenfeuer*: Wortmeldungen im Dienste des Widerstands gegen die neoliberale Invasion. Konstanz, UVK Universitätsverlag, 1998.

_____. *Die zwei Gesichter der Arbeit*: Interdependenzen von Zeit- und Wirtschaftsstrukturen am Beispiel einer Ethnologie der algerischen Übergangsgesellschaft. Konstanz, UVK, 2000.

_____. *Die männliche Herrschaft*. Frankfurt a. M., Suhrkamp, 2005. [Ed. bras.: *A dominação masculina*. Trad. Maria Helena Kühner, 19. ed., Rio de Janeiro, Bertrand Brasil, 2019.]

_____. Über den Staat: Vorlesungen am Collège des France 1989-1992. Berlim, Suhrkamp, 2014. [Ed. bras.: *Sobre o Estado*. São Paulo, Companhia das Letras, 2014.]

BOURDIEU, Pierre et al. (orgs.). *Das Elend der Welt*: Zeugnisse und Diagnosen alltäglichen Leidens an der Gesellschaft. Konstanz, UVK, 1997. [Ed. bras.: *A miséria do mundo*. 9. ed. Petrópolis, Vozes, 2011.]

_____; WACQUANT, Loïc. *Reflexive Anthropologie*. Frankfurt a. M., Suhrkamp, 1996.

BOYER, Richard. *A teoria da regulação*: uma análise crítica. São Paulo, Nobel, 1990.

BOYER, Robert; DURAND, Jean-Paul. *After Fordism*. Londres, Macmillan, 1997.

BRAND, Ulrich. *Die Multiple Krise*: Dynamik und Zusammenhang der Krisendimensionen, Anforderungen an politische Institutionen und Chancen progressiver Politik. Berlim, Heinrich Böll Stiftung, 2009.

BRAUDEL, Fernand. *Sozialgeschichte des 15.-18. Jahrhunderts*. Munique, Kindler, 1985-1986, 3 v. [Ed. bras.: *Civilização material, economia e capitalismo*. São Paulo, WMF Martins Fontes, 1995.]

_____. *Sozialgeschichte des 15. bis 18. Jahrhunderts*. v. 3: *Ausbruch zur Weilwirtschaft*. Munique, Kindler, 2006. [Ed. bras.: *Civilização material, economia e capitalismo*. v. 3: *O tempo do mundo*. São Paulo, WMF Martins Fontes, 1995.]

BRENKE, Karl. Einkommensverteilung, Sparen, Konsum und Wirtschaftsleistung – ein Rückblick auf die letzten zehn Jahre. In: MACHNIG, Matthias (org.). *Welchen Fortschritt wollen wir?* Neue Wege zu Wachstum und Sozialem Wohlstand. Frankfurt a. M., Campus, 2012, p. 84-102.

BRENNER, Robert. *Boom & Bubble*: Die USA in der Weltwirtschaft. Hamburgo, VSA, 2003.

BRINKMANN, Ulrich; BECKER, Karina; ENGEL, Thomas. Die Haut auf dem Markte. Betrieblicher Gesundheitsschutz im Marktkapitalismus. *Prokla*, n. 148, 2007, p. 383-401.

_____ et al. *Prekäre Arbeit*: Ursachen, Ausmaß, soziale Folgen und subjektive Verarbeitungsformen unsicherer Beschäftigungsverhältnisse. Bonn, Friedrich-Ebert-Stiftung, 2006.

_____ et al. *Strategic Unionism*: Aus der Krise zur Erneuerung? Wiesbaden, VS Verlag für Sozialwissenschaften, 2008.

BRÖCKLING, Ulrich. *Das unternehmerische Selbst*: Soziologie einer Subjektivierungsform. Frankfurt a. M., Suhrkamp, 2007.

BRÜCKER, Herbert; HAUPTMANN, Andreas; EHSAN, Vallizadeh. Anhaltend hoher Beschäftigungszuwachs. *Zuwanderungsmonitor Bulgarien und Rumänien*, Nürnberg, IAB, abr. 2014. Disponível em: <https://doku.iab.de/arbeitsmarktdaten/Zuwanderungsmonitor_1404.pdf>, acesso em: 25 mar. 2022.

BUDE, Heinz; WILLISCH, Andreas (org.). *Das Problem der Exklusion*: Ausgegrenzte, Entbehrliche, Überflüssige. Hamburgo, Hamburger, 2006.

BUNDESAGENTUR. Amtliche Nachrichten der Bundesagentur für Arbeit: Arbeitsmarkt 2009, 58 Jahrgang, Sondernummer 2.

BURAWOY, Michael. Marxism after Polanyi. In: WILLIAMS, Michelle; SATGAR, Vishwas (orgs.). *Marxisms in the 21ˢᵗ Century*: Crisis, Critique & Struggle. Johanesburgo, Wits University Press, 2013, p. 34-52.

_____ (org.). *Precarious Engagements*: Tackling the Dilemmas of Public Sociology. Londres, Sage, 2014.

BUSCH, Michael; JESKOW, Jan; STUTZ, Rüdiger (orgs.). *Zwischen Prekarisierung und Protest*: Die Lebenslagen und Generationsbilder von Jugendlichen in Ost und West. Bielefeld, Transcript, 2010.

BUTLER, Judith. *Gefährdetes Leben*: Politische Essays. Frankfurt a. M., Suhrkamp, 2005.

CAMPBELL, John L.; PEDERSEN, Ove K. *The Rise of Neoliberalism and Institutional Analysis*. Princeton, Princeton University Press, 2001.

CANDEIAS, Mario. Von der Anomie zur Organisierung: Die Pariser Banlieue. In: CASTEL, Robert; DÖRRE, Klaus (orgs.). *Prekarität, Abstieg, Ausgrenzung*: Die soziale Frage am Beginn des 21. Jahrhunderts. Frankfurt a. M./Nova York, Campus, 2009, p. 369-80.

CASTEL, Robert. *Die Metamorphosen der sozialen Frage*: Eine Chronik der Lohnarbeit. Konstanz, Universitätsverlag Konstanz, 2000. [Ed. bras.: *Metamorfoses da questão social*. 12. ed. Petrópolis, Vozes, 2010.]

_____. *L'Insécurité sociale*: Qu'est-ce qu'être protégé? Paris, Seuil, 2003.

_____. *Die Stärkung des Sozialen*: Leben im neuen Wohlfahrtsstaat. Hamburgo, Hamburger, 2005.

_____. Die Wiederkehr der sozialen Unsicherheit. In: CASTEL, Robert; DÖRRE, Klaus (orgs.). *Prekarität, Abstieg, Ausgrenzung*: Die soziale Frage am Beginn des 21. Jahrhunderts. Frankfurt a. M./Nova York, Campus, 2009, p. 21-34.

_____. *Die Krise der Arbeit*: Neue Unsicherheiten und die Zukunft des Individuums. Hamburgo, Hamburger, 2011.

_____; DÖRRE, Klaus (orgs.). *Prekarität, Abstieg, Ausgrenzung*: Die soziale Frage am Beginn des 21. Jahrhunderts. Frankfurt a. M./Nova York, Campus, 2009.

CASTELLS, Manuel. *Das Informationszeitalter*, v. I: *Der Aufstieg der Netzwerkgesellschaft*, parte 1 da trilogia: *Das Informationszeitalter*. Opladen, Leske und Budrich, 2001. [Ed. bras.: *A era da informação*. v. 1: *A sociedade em rede*. 23. ed. Rio de Janeiro, Paz e Terra, 2013.]

CEVASCO, Maria Elisa; OHATA, Milton. *Um crítico na periferia do capitalismo*: reflexões sobre a obra de Roberto Schwarz. São Paulo, Companhia das Letras, 2007.

CHESNAIS, François. Das finanzdominierte Akkumulationsregime: theoretische Begründung und Reichweite. In: ZELLER, Christian (org.). *Die globale Enteignungsökonomie*. Münster, Westfälisches Dampfboot, 2004, p. 217-54.

CHOI, Hae Lin. *Die Organisierung der Unorganisierbaren*. USA, Südkorea, Italien: Gewerkschaftliche Strategien für prekär Beschäftigte. Hamburgo, VSA, 2011.

CROUCH, Colin. *Industrial Relations and European State Traditions*. Oxford, Clarendon, 1996.

_____. *Capitalist Diversity and Change*. Oxford, Oxford University Press, 2005.

_____. *Postdemokratie*. Frankfurt a. M., Suhrkamp, 2008.

_____. *Das befremdliche Überleben des Neoliberalismus*. Berlim, Suhrkamp, 2011.

_____; PIZZORNO, Alessandro (orgs.). *The Resurgence of Class Conflict in Western Europe since 1968*. Londres, Macmillan Press, 1978, 2 v.

D'ALESSIO, Nestor. In Argentinien ist etwas schief gegangen. *SOFI-Mitteilungen*, v. 30, 2002, p. 47-53.

DAHRENDORF, Ralf. *Society and Democracy in Germany*. Nova York, Doubleday & Co., 1967.

DAILEY, Herman. *Beyond Growth*. Washington-DC, Beacon Press, 1996.

DEMIROVIĆ, Alex et al. (orgs.). *Vielfachkrise im finanzmarktdo-minierten Kapitalismus*. Hamburgo, VSA, 2011.

DEPPE, Frank. *Politisches Denken im 20. Jahrhundert*. Hamburgo, VSA, 1999-2008, 4 v.

DESTATIS (org.). *Statistisches Jahrbuch*: Deutschland und Internationales. Wiesbaden, Destatis, 2014.

DEUTSCHE BANK. *Re-Industrialisierung Europas*: Anspruch und Wirklichkeit. Frankfurt a. M., EU Monitor Europäische Integration, 2013.

DEUTSCHMANN, Christoph. *Postindustrielle Industriesoziologie*. Weinheim, Juventa, 2002.

_____. Finanzmarkt-Kapitalismus und Wachstumskrise. In: WINDOLF, Paul (org.). *Finanzmarkt-Kapitalismus*: Analysen zum Wandel von Produktionsregimen. Wiesbaden, VS-Verlag, 2005, p. 58-84.

_____. Capitalist Dynamics: A Sociological Analysis. In: *Annual Conference of the "Ausschuss für Evolutorische Ökonomik in Verein für Sozialpolitik"*. Linz/Áustria, jul. 2010, versão trad. e rev. 2011.

_____. *Kapitalistische Landnhamen*: eine kritische Auseinandersetzung. Palestra do Kolleg--Forchergruppe Jena, 20 out. 2011, não publ.

DICKEN, Peter. *Global Shift*: Mapping the Changing Contours of the World Economy, Londres, Sage, 2007.

DIW. *Wochenbericht 10-2008*, 5 mar. 2008.

DÖRRE, Klaus. Prekarität. Eine arbeitspolitische Herausforderung. *WSI-Mitteilungen*, v. 58, n. 5, 2005, p. 250-8.

_____. Prekarität im Finanzmarkt-Kapitalismus. In: CASTEL, Robert; DÖRRE, Klaus (orgs.). *Prekarität, Abstieg, Ausgrenzung*: Die soziale Frage am Beginn des 21. Jahrhunderts. Frankfurt a. M./Nova York, Campus, 2009, p. 35-64.

_____. Prekarität und Macht. Disziplinierung im System der Auswahlprüfungen. *WSI-Mitteilungen*, v. 64, n. 8, 2011, p. 394-401.

_____. Prekäre Arbeit und gesellschaftliche Integration: Empirische Befunde und integrationstheoretische Schlussfolgerungen. In: HEITMEYER, Wilhelm; IMBUSCH, Peter (orgs.). *Desintegrationsdynamiken*: Integrationsmechanismen auf dem Prüfstand. Wiesbaden, Springer, 2012, p. 29-56.

_____. *The German Job Miracle*: A Model for Europe? Bruxelas, Rosa Luxemburg Stiftung, 2014.

_____. A nova *Landnahme*: dinâmicas e limites do capitalismo financeiro. *Revista Direito & Práxis*, v. 6, n. 12, 2015, p. 536-603.

_____. Capitalismo, *Landnahme* y regímenes sociales de tiempo: un panorama general. *Pléyade*, v. 18, jul.-dez. 2016, p. 25-54.

_____. *Landnahme*: un concepto para el análisis de la dinâmica capitalista, o superando a Polanyi com Polanyi. *Política, Revista de Ciencia Política*, v. 54, n. 2, 2016, p. 13-48.

_____. Capitalismo de risco. *Landnahme*, crise bifurcada, pandemia: chance para uma revolução sustentável? *Revista Sociedade e Estado*, v. 35, n. 3, set.-dez. 2020, p. VII-LII.

DÖRRE, Klaus; BRINKMANN, Ulrich. Finanzmarktkapitalismus: Triebkraft eines flexiblen Produktionsmodells? *Kölner Zeitschrift für Soziologie und Sozialpsychologie*, ed. esp.: *Finanzmarktkapitalismus*: Analysen zum Wandel von Produktionsregimen, 2005, p. 85-116.

_____; EHRLICH, Martin; HAUBNER, Tine. Landnahmen im Feld der Sorgearbeit. In: AULENBACHER, Brigitte; RIEGRAF, Birgit; THEOBALD, Hildegard (orgs.). *Sorge*: Arbeit, Verhältnisse, Regime = Soziale Welt, Sonderband 20. Baden-Baden, Nomos, 2014, p. 107-34.

_____ et al. *Bewährungsproben für die Unterschicht?* Soziale Folgen aktivierender Arbeitsmarktpolitik. Frankfurt a. M./Nova York, Campus, 2013.

_____ et al. *Capitalism and Labour*: Towards Critical Perspectives. Frankfurt a. M./Nova York, Campus, 2019.

_____ et al. Guter Betrieb, schlechte Gesellschaft? Arbeits- und Gesellschaftsbewusstsein im Prozess kapitalistischer Landnahme. In: KOPPETSCH, Cornelia (org.). *Nachrichten aus den Innenwelten des Kapitalismus*. Wiesbaden, VS Verlag für Sozialwissenschaften, 2011, p. 21-50.

_____; HAPP, Anja; MATUSCHEK, Ingo (orgs.). *Das Gesellschaftsbild der LohnarbeiterInnen*. Hamburgo, VSA, 2013.

_____; HAUBNER, Tine. Landnahme durch Bewährungsproben – ein Konzept für die Arbeitssoziologie. In: DÖRRE, Klaus; SAUER, Dieter; WITTKE, Volker (orgs.). *Kapitalismustheorie und Arbeit*: Neue Ansätze soziologischer Kritik. Frankfurt a. M./Nova York, Campus, 2012, p. 63-108.

_____; HOLST, Hajo; NACHTWEY, Oliver. Organizing: A Strategic Option for Trade Union Renewal? *International Journal of Action Research*, v. 5, n. 1, 2009, p. 1-35.

_____; KRAEMER, Klaus; SPEIDEL, Frederic. Prekäre Beschäftigung und soziale (Des-)Integration. Ursprünge, Konsequenzen und politische Verarbeitungsformen unsicherer Beschäftigung. In: FORSCHUNGSINSTITUT ARBEIT, BILDUNG, PARTIZIPATION (org.). *Jahrbuch Arbeit, Bildung, Kultur*: Von der Statussicherung zur Eigenverantwortung? Das deutsche Sozialmodell im gesellschaftlichen Umbruch. v. 23-24. Recklinghausen, Fiab, 2006, p. 9-40.

_____; LESSENICH, Stephan; ROSA, Hartmut. *Soziologie. Kapitalismus. Kritik*: Eine Debatte. Frankfurt a. M., Suhrkamp, 2009.

_____; _____; _____. *Sociology, Capitalism, Critique*. Londres, Verso Books, 2015.

_____; NEIS, Matthias. *Das Dilemma der unternehmerischen Universität*. Berlin, Sigma, 2010.

_____; RÖTTGER, Bernd. *Im Schatten der Globalisierung*: Strukturpolitik, Netzwerke und Gewerkschaften in altindustriellen Regionen. Wiesbaden, VS-Verlag, 2006.

DUBET, François. Wandlungen des Kapitalismus und Konzeptionen sozialer Gerechtigkeit. In: DÖRRE, Klaus; JÜRGENS; Kerstin; MATUSCHEK, Ingo (orgs.). *Arbeiten in Europa*. Frankfurt a. M./Nova York, Campus, 2014, p. 51-70.

DULLIEN, Sebastian; HERR, Hansjörg; KELLERMANN, Christian. *Der gute Kapitalismus und was sich nach der Krise ändern müsste*. Bielefeld, Transcript, 2009.

DUNNING, John H. *Multinational Enterprises and the Global Economy*. Wokingham, Addison-Wesley, 1992.

EHRENBERG, Alain. *Das Unbehagen an der Gesellschaft*. Berlim, Suhrkamp, 2011.

EICHENGREEN, Barry. *Globalizing Capital*: A History of the International Monetary System. Princeton, Princeton University Press, 1996.

ENGELS, Friedrich. Die Lage der arbeitenden Klassen in England. Nach eigner Anschauung und authentischen Quellen. In: MARX, Karl; ENGELS, Friedrich. *Werke*, v. 2. Berlin, Dietz, 1972, p. 225-506. [MEW 2]. [Ed. bras.: *A situação da classe trabalhadora na Inglaterra*. Trad. B. A. Schumann, São Paulo, Boitempo, 2008.]

ERIBON, Didier. *Rückkehr nach Reims*. Berlin, Suhrkamp, 2016. [Ed. bras.: *Regresso a Reims*. Porto Alegre: Dom Quixote, 2019.]

ESPING-ANDERSEN, Gøsta. *The Three Worlds of Welfare Capitalism*. Cambridge, Polity, 1996.

FANON, Frantz. *Os condenados da terra*. Lisboa, Ulisseia, 1965.

FEDERICI, Silvia. *Revolution at Point Zero*: Housework, Reproduction, and Feminist Struggle. São Francisco, PM Press, 2012.

FICHTNER, Ullrich. Die Stunde des Raubtiers. *Der Spiegel*, n. 46, 2005, p. 200-2.

FLIGSTEIN, Neil. *The Architecture of Markets*: An Economic Sociology of Twenty First Century Capitalist Societies. Princeton, Princeton University Press, 2001.

_____; CHOO, Jennifer. Recht und Corporate Governance. In: BRINKMANN, Ulrich; KRENN, Karoline; SCHIEF, Sebastian (orgs.). *Endspiel des kooperativen Kapitalismus*: Institutioneller Wandel unter den Bedingungen des marktzentrierten Paradigmas. Wiesbaden, VS Verlag für Sozialwissenschaften, 2006, p. 98-120.

FONTES, Virgínia. *O Brasil e o capital-imperialismo*: teoria e história. Rio de Janeiro, Editora da UFRJ, 2010.

FOUCAULT, Michel. *Wahnsinn und Gesellschaft*. Frankfurt a. M., Suhrkamp, 1996. [Ed. bras.: *História da loucura*. 11. ed., São Paulo, Perspectiva, 2019.]

FRASER, Nancy. *Die halbierte Gerechtigkeit*. Frankfurt a. M., Suhrkamp, 2001.

_____. Feminismus, Kapitalismus und die List der Geschichte. *Blätter für Deutsche und Internationale Politik*, v. 8, 2009, p. 43-57.

_____. Marketization, Social Protection, Emancipation Toward a Neo-Polanyian Conception of Capitalist Crisis. In: CALHOUN, Craig Jackson; DERLUGUIAN, Georgi (orgs.). *Business as Usual*: The Roots of the Global Financial Meltdown. Nova York, Possible Futures, 2011, p. 137-59.

FRATZSCHER, Marcel. *Verteilungskampf*: Warum Deutschland immer ungleicher wird. Munique, Carl Hanser Verlag, 2016.

FRIEBE, Holm; LOBO, Sascha. *Wir nennen es Arbeit*: Die digitale Bohéme oder Intelligentes Leben jenseits der Festanstellung. Munique, Heyne, 2007.

FRIEDMAN, Milton. *Kapitalismus und Freiheit*. Frankfurt a. M., Ullstein, 1984. [Ed. bras.: *Capitalismo e liberdade*. São Paulo, LTC, 2014.]

FULCHER, James. *Kapitalismus*. Stuttgart, Reclam, 2007.

GALBRAITH, James Kenneth. Die Weltfinanzkrise – und was der neue US-Präsident tun sollte. *Blätter für Deutsche und Internationale Politik*, v. 11, 2008, p. 41-57.

_____. *Wachstum neu denken*: Was die Wirtschaft aus den Krisen lernen muss. Zurique, Rotpunktverlag, 2016.

GALBRAITH, John Kenneth. *Der große Crash 1929*: Ursachen, Verlauf, Folgen. Frankfurt a. M., FinanzBuch, 2008. [Ed. bras.: *1929*: a grande crise. São Paulo, Lafonte, 2010.]

GEISELBERGER, Heinrich (org.). *Und jetzt?* Politik, Protest und Propaganda. Frankfurt a. M., Suhrkamp, 2007.

GEISSLER, Rainer. *Die Sozialstruktur Deutschlands*: Zur gesellschaftlichen Entwicklung mit einer Bilanz zur Vereinigung. 4. ed. rev. e atual., Hamburgo, Verlag für Sozialwissenschaften, 2006.

GERTENBACH, Lars. *Die Kultivierung des Marktes*: Foucault und die Gouvernementalität des Neoliberalismus. Berlim, Parodos, 2008.

GIDDENS, Anthony. *Die Konstitution der Gesellschaft*: Grundzüge einer Theorie der Strukturierung. Frankfurt a. M./Nova York, Campus, 1992. [Ed. bras.: *A constituição da sociedade*. 3. ed. São Paulo, WMF Martins Fontes, 2009.]

_____. *The Third Way*: The Renewal of Social Democracy. Cambridge, Polity, 1998. [Ed. bras.: *A terceira via*. Rio de Janeiro, Record, 1999.]

GOFFMAN, Alice. *On the Run*: Die Kriminalisierung der Armen in Amerika. Munique, Kunstmann, 2015.

GONÇALVES, Guilherme Leite; COSTA, Sérgio. *Um porto no capitalismo global*. São Paulo, Boitempo, 2020.

GORZ, André. *Kritik der ökonomischen Vernunft*. Berlim, Rotbuch, 1989.

GRAMSCI, Antonio. *Gefängnishefte*, v. 1: *Kritische Gesamtausgabe Heft 1*. Hamburgo, Argumentverlag, 1991 [1929].

_____. *Gefängnishefte*, v. 1-10. Hamburgo, Argument, 1991-. [Ed. bras.: *Cadernos do cárcere*. 6 v., Rio de Janeiro, Civilização Brasileira, 1999-2002.]

_____. *Gefängnishefte*, v. 9: *Kritische Gesamtausgabe Hefte 22-29*. Hamburgo, Argumentverlag, 1999 [1934].

GRÜN, Josef; WIENER, Detlev. *Global denken, vor Ort handeln*: Weltmodelle von Global 2000 bis Herman Kahn. Freiburg i.B., Dreisam, 1984.

GUBITZER, Luise. Wirtschaft ist mehr. Sektorenmodell der Gesamtwirtschaft als Grundlage für Geschlechtergerechtigkeit. *Widerspruch Beiträge zur sozialistischen Politik*, v. 50, 2006, p. 17-29.

HABERMAS, Jürgen. *Theorie des kommunikativen Handelns*, v. 2. Frankfurt a. M., Suhrkamp, 1987. [Ed. bras.: *Teoria do agir comunicativo*. Trad. Paulo Astor Soethe; Flávio Beno Siebeneicher, São Paulo, WMF Martins Fontes, 2016.]]

HADDAD, Fernando. *O sistema soviético*: relato de uma polêmica. São Paulo, Scritta, 1992.

HALL, Peter A.; SOSKICE, David (orgs.). *Varieties of Capitalism*: The Institutional Foundations of Comparative Advantage. Oxford, Oxford University Press, 2001.

HALL, Stuart. *Ausgewählte Schriften*: Ideologie, Kultur, Medien, Neue Rechte, Rassismus. Hamburgo, Argument, 1989.

HARTMANN, Michael. Transnationale Klassenbildung? In: BERGER, Peter A.; WEIß, Anja (orgs.). *Transnationalisierung sozialer Ungleichheit*. Wiesbaden, VS-Verlag, 2008, p. 241-58.

HARVEY, David. *A Brief History of Neoliberalism*. Oxford, Oxford University Press, 2005.

HARVEY, David. *Der neue Imperialismus*. Hamburgo, VSA, 2005. [Ed. bras.: *O novo imperialismo*. Trad. Adail Sobral e Maria Stela Gonçalves, 8. ed., São Paulo: Edições Loyola, 2014.]

_____. *Limits to Capital*. Londres, Verso, 2006. [Ed. bras.: *Os limites do capital*. Trad. Magda Lopes, 1. ed., São Paulo, Boitempo, 2013.]

_____. *Spaces of Global Capitalism*. Londres/Nova York, Verso, 2006.

_____. *Kleine Geschichte des Neoliberalismus*. Zurique, Rotpunktverlag, 2007.

_____. *Marx' Kapital lesen*. Hamburgo, VSA, 2011.

_____. *Das Rätsel des Kapitals entschlüsseln*: Den Kapitalismus und seine Krisen überwinden. Hamburgo, VSA, 2014. [Ed. bras.: *O enigma do capital e as crises do capitalismo*. Trad. João Alexandre Peschanski, São Paulo, Boitempo, 2011.]

HAUG, Frigga. *Rosa Luxemburg und die Kunst der Politik*. Hamburgo, Argument, 2007.

HAYEK, Friedrich August von. *Individualismus und wirtschaftliche Ordnung*. Zurique, Eugen Rentsch Verlag, 1952.

HEINRICH, Michael. *Kritik der politischen Ökonomie*. Stuttgart, Schmetterling, 2004.

HEITMEYER, Wilhelm (org.). *Deutsche Zustände*, v. 9. Berlin, Suhrkamp, 2010.

_____. *Deutsche Zustände*, v. 10. Berlin, Suhrkamp, 2012.

HENWOOD, Doug. *Wall Street*: How it Works and for Whom. Londres/Nova York, Verso, 1997.

HILFERDING, Rudolf. *Das Finanzkapital*. Colônia, EVA, 1974 [1909]. [Ed. bras.: *Capital financeiro*. Trad. Reinaldo Estrinel, São Paulo, Nova Cultural, 1985.]

HIRSCH, Joachim; ROTH, Roland. *Das neue Gesicht des Kapitalismus*: vom Fordismus zum Post-Fordismus. Hamburgo, VSA-Verlag, 1986.

HOBSBAWM, Eric. *Das Zeitalter der Extreme*: Weltgeschichte des 20. Jahrhunderts. Frankfurt a. M., WBG Theiss, 1994. [Ed. bras.: *Era dos extremos*: o breve século XX, 1914-1991. São Paulo, Companhia das Letras, 1995.]

HOFFMANN, Jürgen (org.). Überproduktion, Unterkonsumption. Depression: Analysen und Kontroversen zur Krisentheorie. Hamburgo, VSA, 1983.

HOLST, Hajo; DÖRRE, Klaus. Revival of the "German Model"? Destandardization and the New Labour Market Regime. In: KOCH, Max; FRITZ, Martin (orgs.). *Non-Standard--Employment in Europe*: Paradigms, Prevalence and Policy Responses. Basingstoke, Palgrave McMillan, 2013, p. 132-49.

_____; NACHTWEY, Oliver; DÖRRE, Klaus. *Funktionswandel von Leiharbeit*: Neue Nutzungsstrategien und ihre arbeits- und mitbestimmungspolitischen Folgen. Frankfurt a. M., Otto-Brenner-Stiftung, 2009.

_____; SINGE, Ingo. *Precariousness and Informality*: Work and Employment in the German Parcel and Delivery Industry, Sodiper Research Report. Jena, Friedrich Schiller-Universität Jena, 2011.

HÖPNER, Martin. *Wer beherrscht die Unternehmen?* Frankfurt a. M./Nova York, Campus, 2003.

HUFFSCHMID, Jörg. *Politische Ökonomie der Finanzmärkte*. Hamburgo, VSA-Verlag, 2002.

HUND, Wulf D. *Negative Vergesellschaftung*: Dimensionen der Rassismusanalyse. Münster, Westfälisches Dampfboot, 2014.

INSTITUT FÜR ARBEITSMARKT- UND BERUFSFORSCHUNG (IAB). *Betriebspanel Länderbericht Thüringen*. Ergebnisse der 18. Welle 2013. Berlim, IAB, 2013.

INTERNATIONAL LABOUR ORGANIZATION (ILO). *Global Wage Report 2012-2013*. Washington, Brookings Institution Press, 2012.

JACKSON, Tim. *Prosperity without Growth?* Steps to a Sustainable Economy. Londres, Earthscan, 2009.

_____. Wohlstand ohne Wachstum. Munique, Oekom, 2011.

JESSOP, Bob; SUM, Ngai-Ling. *Towards Cultural Political Economy*: Putting Culture in its Place in Political Economy.Cheltenham, Edward Elgar, 2013.

JÜRGENS, Kerstin. Prekäres Leben. *WSI-Mitteilungen*, v. 8, 2011, p. 379-85.

JÜTTING, Johannes P.; LAIGLESIA, Juan R. de. *Is Informal Normal?* Towards More and Better Jobs in Developing Countries. Paris, OECD, 2009.

KALINA, Thorsten; VANSELOW, Achim; WEINKOPF, Claudia. Niedriglöhne in Deutschland. *Zeitschrift für Sozialistische Politik und Wirtschaft*, v. 164, 2008, p. 20-4.

_____; WEINKOPF, Claudia. Niedriglohnbeschäftigung 2010: Fast jeder/r Vierte arbeitet für Niedriglohn. *IAQ-Report 2012/01*. Duisburg: Inst. Arbeit und Qualifikation (IAQ), 2012.

KELLER, Berndt; SEIFERT, Hartmut (orgs.). *Atypische Beschäftigung*: Flexibilisierung und soziale Risiken. Berlim, Sigma, 2007.

KELLERSHOHN, Helmut. Vorbürgerkrieg. In: GIEßELMANN, Bente et al. (orgs.). *Handwörterbuch rechtsextremer Kampfbegriffe*. Schwalbach-Ts.,Wochenschau, 2016, p. 326-39.

KLEIN, Naomi. *Die Schock-Strategie*. Frankfurt a. M./Nova York, Fischer, 2007.

KLEINKNECHT, Alfred. Innovation, Akkumulation und Krise. Überlegungen zu den "langen Wellen" der Konjunktur vor dem Hintergrund neuer Ergebnisse der historischen Innovationsforschung. *Prokla: Zeitschrift für Kritische Sozialwissenschaft*, v. 9, n. 35, 1979, p. 85--104.

KLINGER, Cornelia. Krise war immer... Lebenssorge und geschlechtliche Arbeitsteilung in sozialphilosophischer und kapitalismuskritischer Perspektive. In: APPELT, Erna; AULENBACHER, Brigitte; WETTERER, Angelika (orgs.). *Gesellschaft*: Feministische Krisendiagnosen. Münster, Westfälisches Dampfboot, 2013, p. 82-104.

_____; KNAPP, Gudrun Axeli; SAUER, Birgit (orgs.). *Achsen der Ungleichheit*: Zum Verhältnis von Klasse, Geschlecht und Ethnizität. Frankfurt a. M., Campus, 2007.

KOCKA, Jürgen. *Geschichte des Kapitalismus*. Munique, C. H. Beck, 2013.

KÖNIG, Wolfgang. *Kleine Geschichte der Konsumgesellschaft*. Stuttgart, Franz Steiner Verlag, 2008.

KORPI, Walter. *The Democratic Class-Struggle*. Londres, Routledge, 1983.

KÖßLER, Reinhart. Prozesse der Trennung. Gewalt im Ursprung und fortgesetztes Prozessieren des Kapitalismus. In: BACKHOUSE, Maria et al. (orgs.). *Die globale Einhegung*: Krise, ursprüngliche Akkumulation und Landnahmen im Kapitalismus. Münster, Westfälisches Dampfboot, 2013, p. 20-39.

KOWARICK, Lúcio. *Espoliação urbana*. Rio de Janeiro, Paz e Terra, 1979.

KOWARICK, Lúcio. *Capitalismo e marginalidade na América Latina*. Rio de Janeiro, Paz e Terra, 1985 [1975].

KRAEMER, Klaus. Prekarisierung – jenseits von Stand und Klasse? In: CASTEL, Robert; DÖRRE, Klaus (org.). *Prekarität, Abstieg, Ausgrenzung*: Die soziale Frage am Beginn des 21. Jahrhunderts. Frankfurt a. M./Nova York, Campus, 2009, p. 241-54.

KRAUSE, Alexandra; KÖHLER, Christoph. *Arbeit als Ware*: Zur Theorie flexibler Arbeitsmärkte. Bielefeld, Transcript, 2012.

KRONAUER, Martin. *Exklusion*: Die Gefährdung des Sozialen im hoch entwickelten Kapitalismus. Frankfurt a. M./Nova York, Campus, 2002.

_____. "Exklusion" als Kategorie einer kritischen Gesellschaftsanalyse. Vorschläge für eine anstehende Debatte. In: BUDE, Heinz; WILLISCH, Andreas (orgs.). *Das Problem der Exklusion*: Ausgegrenzte, Entbehrliche, Überflüssige. Hamburgo, Hamburger, 2006, p. 27-45.

KRUGMAN, Paul. *Die große Rezession*. Frankfurt a. M./Nova York, Campus, 1999.

KRYSMANSKI, Hans Jürgen. *0,1%*: Das Imperium der Milliardäre. Frankfurt a. M., Westend, 2012.

LAZONICK, William. The Theory of Market Economy and the Social Foundations of Innovative Enterprise. *Economic and Industrial Democracy*, v. 24, 2003, p. 9-44.

LE MONDE DIPLOMATIQUE (org.). *Atlas der Globalisierung*. Berlim, Le Monde Diplomatique, 2003.

Lebenslagen in Deutschland. Entwurf des 4. Armuts- und Reichtumsberichts der Bundesregierung, 17 set. 2012, 17h, p. IX.

LEE, Ching Kwan; KOFMANN, Yelizavetta. The Politics of Precarity: Views Beyond the United States. *Work and Occupations*, v. 39, n. 4, 2012, p. 388-406.

LÊNIN, Vladímir I. Der Imperialismus als höchsten Stadium des Kapitalismus. Gemeinverständlicher Abriß (1916). In: *Werke*, v. 22. Berlim, Dietz, 1977.

LEONARDI, Salvo. Union Organisation of Employees in Atypical and Precarious Work in Italy. *International Journal of Action Research*, v. 4, n. 4, 2008, p. 203-24.

LESSENICH, Stephan. *Die Neuerfindung des Sozialen*. Bielefeld, Transcript, 2008.

_____. Ein Rückblick auf den Wachstumsstaat. In: LE MONDE DIPLOMATIQUE; KOLLEG POSTWACHSTUMSGESELLSCHAFTEN (orgs.). *Atlas der Globalisierung*: Weniger wird mehr. Exklusive Vorschau. Berlim, TAZ-Verlags-&-Vertriebsgesellschaft, 2014.

_____; VAN DYK, Silke. Unsichere Zeiten. Die paradoxale "Wiederkehr" der Unsicherheit. *Mittelweg*, v. 36, n. 17(5), 2008, p. 13-45.

LORDON, Frédéric. La "Création de valeur" comme rhetórique et comme practice. Généalogie et sociologie de la "valeur actionnariale". *L'Année de la Régulation*, v. 4, 2000, p. 117-65.

_____. *"Aktionärsdemokratie" als soziale Utopie?* Hamburgo, VSA-Verlag, 2003.

LOREY, Isabell. *Die Regierung der Prekären*: Mit einem Vorwort von Judith Butler. Viena, Turia und Kant, 2012.

LUTZ, Burkart. *Der kurze Traum immerwährender Prosperität*: Eine Neuinterpretation der industriell-kapitalistischen Entwicklung im Europa des 20. Jahrhunderts. Frankfurt a. M./Nova York, Campus, 1984.

LUTZ, Burkart. *Der kurze Traum immerwährender Prosperität*. Frankfurt a. M./Nova York, Campus, 1989.

LUXEMBURGO, Rosa. Stillstand und Fortschritt im Marxismus (1903). In: *Gesammelte Werke*, v. 1/2. Berlim, Dietz, 1974.

_____. Die Akkumulation des Kapitals. Ein Beitrag zur ökonomischen Erklärung des Imperialismus (1913). In: *Gesammelte Werke*, v. 5. Berlim, Dietz, 1975. [Ed. bras.: *A acumulação do capital*. Trad. Luiz Alberto Moniz Bandeira, São Paulo, Civilização Brasileira, 2021.]

_____. Einführung in die Nationalökonomie. In: *Gesammelte Werke*, v. 5. Berlim, Dietz, 1975, p. 524-778.

MAASEN, Sabine; WEINGART, Peter. Unternehmerische Universität und neue Wissenschaftskultur. In: MATTHIES, Hildegard; SIMON, Dagmar (orgs.). *Wissenschaft unter Beobachtung*: Effekte und Defekte von Evaluationen. Wiesbaden, VS-Verlag, 2008.

MACHNIG, Matthias. Der Staat als Pionier im 21. Jahrhundert. *Zeitschrift für Sozialistische Politik und Wirtschaft*, v. 158, 2007, p. 14-8.

MADÖRIN, Mascha. Neoliberalismus und die Reorganisation der Care-Ökonomie. In: DENKNETZ (org.). *Jahrbuch 2007*. Zurique, Denknetz, 2007, p. 141-62.

MAGRI, Lucio. *Der Schneider von Ulm*: Eine mögliche Geschichte der KPI. Berlim, Argument/InkriT, 2015.

MANDEL, Ernest. *Long Waves of Capitalist Development*. Cambridge, Cambridge University Press, 1980.

MANN, Michael. *Geschichte der Macht*, v. 1: *Von den Anfägen bis zur griechischen Antike (Theorie und Gesellschaft)*. Frankfurt a. M., Campus, 1994.

_____. *Geschichte der Macht*, v. 2: *Vom Römischen Reich bis zum Vorabend der Industrialisierung*. Frankfurt a. M./Nova York, Mansilla/H. C. F., 1994.

_____. Das Ende ist vielleicht nah – aber für wen? In: WALLERSTEIN, Immanuel et al. (orgs.). *Stirbt der Kapitalismus?* Fünf Szenarien für das 21. Jahrhundert. Frankfurt a. M./Nova York, Campus, 2014, p. 89-122.

MANSKE, Alexandra; PÜHL, Katharina (orgs.). *Prekarisierung zwischen Anomie und Normalisierung*: Geschlechtertheoretische Bestimmungen. Münster, Westfälisches Dampfboot, 2010.

MARCUSE, Herbert. Versuch über die Befreiung (1978). *Schriften*, v. 8, Springe, Zu Klampen, 2004, p. 237-317. [Ed. port.: *Um ensaio sobre a libertação*. Lisboa, Bertrand, 1977.]

MARINI, Ruy Mauro. Sobre a dialética da dependência. In: TRASPADINI, R.; STEDILE, J. P. O. (orgs.). *Ruy Mauro Marini*: vida e obra. São Paulo, Expressão Popular, 2005 [1973].

MARTINS, José de Souza. *Fronteira*: a degradação do outro nos confins do humano. São Paulo, Hucitec, 1997.

_____. *O cativeiro da terra*. São Paulo, Contexto, 2013 [1979].

MARX, Karl. Lohn, Preis und Profit (1865). In: MARX, Karl; ENGELS, Friedrich. *Werke*, v. 16. Berlim, Dietz, 1962, p. 103-52. [MEW 16]. [Ed. bras.: *Salário, preço e lucro*. 2. ed., São Paulo, Edipro, 2020.]

_____. Das Kapital: Kritik der politischen Ökonomie, v. I: Der Produktionsprozeß des Kapitals (1867). In: MARX, Karl; ENGELS, Friedrich. *Werke*, v. 23. Berlim, Dietz, 1977 [1973], p. 660. [MEW 23]. [Ed. bras.: *O capital*: crítica da economia política, Livro I:

O processo de produção do capital. Trad. Rubens Enderle, 2. ed., São Paulo, Boitempo, 2011, coleção Marx & Engels.]

_____. Das Kapital: Kritik der politischen Ökonomie, v. III: Der Gesamtprozeß der kapitalistischen Produktion (1894). In: MARX, Karl; ENGELS, Friedrich. *Werke*, v. 25. Berlim, Dietz, 1976. [MEW 25]. [Ed. bras.: *O capital*: crítica da economia política, Livro III: *O processo global da produção capitalista*. Trad. Rubens Enderle, São Paulo, Boitempo, 2017, coleção Marx & Engels.]

_____. Das Kapital: Kritik der politischen Ökonomie. v. II: Der Zirkulationsprozeß des Kapitals (1893). In: MARX, Karl; ENGELS, Friedrich. *Werke*, v. 24. Berlim, Dietz, 1977. [MEW 24]. [Ed. bras.: *O capital*: crítica da economia política, Livro II: *O processo de circulação do capital*. Trad. Rubens Enderle, São Paulo, Boitempo, 2014, coleção Marx & Engels.]

_____. Der achtzehnte Brumaire des Louis Bonaparte. In: MARX, Karl; ENGELS, Friedrich. *Werke*, v. 8. Berlim, Dietz, 1982, p. 11-207. [MEW 8]. [Ed. bras.: *O 18 de brumário de Luís Bonaparte*. Trad. Nélio Schneider, São Paulo, Boitempo, 2011.]

_____. Zur Kritik der Hegelschen Rechtsphilosophie. Einleitung (1844). In: MARX, Karl; ENGELS, Friedrich. *Werke*, v. 1. Berlim, Dietz, 2006, p. 378-91. [MEW 1]. [Ed. bras.: *Crítica da filosofia do direito de Hegel*. Trad. Rubens Enderle, 3. ed., São Paulo, Boitempo, 2013, coleção Marx & Engels.]

_____; ENGELS, Friedrich. *Werke*, v. 34. Berlim, Dietz, 1966. [MEW 34].

_____; _____. Das Manifest der kommunistischen Partei (1848). In: *Werke*, v. 4. Berlim, Dietz, 1977 [1959], p. 459-93. [MEW 4]. [Ed. bras.: *Manifesto comunista*. Trad. Álvaro Pina e Ivana Jinkings, São Paulo, Boitempo, 1998, coleção Marx & Engels.]

MASON, Paul. *Postkapitalismus*: Grundrisse einer kommenden Ökonomie. Berlim, Suhrkamp, 2015. [Ed. bras.: *Pós-capitalismo*: um guia para o nosso futuro. São Paulo, Companhia das Letras, 2017.]

MASSA-WIRTH, Heiko. *Zugeständnisse für Arbeitsplätze?* Berlim, Sigma, 2007.

MAYER-AHUJA, Nicole. Arbeit, Unsicherheit, Informalität. In: DÖRRE, Klaus; SAUER, Dieter; WITTKE, Volker (orgs.). *Kapitalismustheorie und Arbeit*: Neue Ansätze soziologischer Kritik. Frankfurt a. M./Nova York, Campus, 2012, p. 289-301.

MEADOWS, Donella; RANDERS, Jorgen; MEADOWS, Dennis. *Grenzen des Wachstums*: Das 30-Jahre-Update. Signal zum Kurswechsel. Stuttgart, S. Hirzel, 2012.

MIES, Maria. Subsistenzproduktion, Hausfrauisierung, Kolonisierung. *Beiträge zur feministischen Theorie und Praxis*, Colônia, Eigenverlag, v. 6, n. 9/10: Zukunft der Frauenarbeit, 1983, p. 115-24.

MOOSER, Josef. *Arbeiterleben in Deutschland 1900-1970*. Frankfurt a. M., Suhrkamp, 1984.

MÜCKENBERGER, Ulrich. Krise des Normalarbeitsverhältnisses: nach 25 Jahren revisited. *Zeitschrift für Sozialreform*, v. 56, n. 4, 2010, p. 403-20.

MURRAY, Charles. *The Emerging British Underclass*. Londres, IEA Health & Welfare Unit., 1990.

NEIS, Matthias; DÖRRE, Klaus. *"Visible Scientists" und "unsichtbare Entrepreneurs"*. Universitäten in regionalen Innovationsprozessen. Zwischenbericht des Projekts "Wirtschaftsfaktor Wissenschaftsförderung". Jena, 2008, não publ.

NEUGEBAUER, Gero. *Politische Milieus in Deutschland*: Die Studie der Friedrich-Ebert--Stiftung. Bonn, J. H. W. Dietz, 2007.

NICKEL, Hildegard Maria. Die "Prekarier": eine soziologische Kategorie? Anmerkungen aus geschlechtersoziologischer Perspektive. In: CASTEL, Robert; DÖRRE, Klaus (orgs.). *Prekarität, Abstieg, Ausgrenzung*: Die soziale Frage am Beginn des 21. Jahrhunderts. Frankfurt a. M./Nova York, Campus, 2009, p. 209-18.

NOLTE, Paul. Das große Fressen. Nicht Armut ist das Hauptproblem der Unterschicht. Sondern der massenhafte Konsum von Fast Food und TV. *Die Zeit, on-line*, n. 52, 17 dez. 2003.

_____. *Riskante Moderne*: Die Deutschen und der Neue Kapitalismus. Munique, Beck, 2006.

OFFE, Claus. *"Arbeitsgesellschaft"*: Strukturprobleme und Zukunftsperspektiven. Frankfurt a. M./Nova York, Campus, 1984.

_____; HINRICHS, Karl. Sozialökonomie des Arbeitsmarktes: primäres und sekundäres Machtgefälle. In: OFFE, Claus. *"Arbeitsgesellschaft"*: Strukturprobleme und Zukunftsperspektiven. Frankfurt a. M./Nova York, Campus, 1984, p. 44-86.

ORGANISATION FOR ECONOMIC CO-OPERATION AND DEVELOPMENT (OECD). *Employment Outlook 2012. on-line*, OECD Publishing 2012.

ORLÉAN, André. *Le Pouvoir de la finance*. Paris, Odile Jacob, 1999.

OSTERHAMMEL, Jürgen; PETERSSON, Niels P. *Geschichte der Globalisierung*: Dimensionen, Prozesse, Epochen. 4. ed., Munique, C. H. Beck, 2007.

OXFORD COMMITTEE FOR FAMINE RELIEF (Oxfam) (org.). Die wachsende Lücke zwischen Arm und Reich – ein Kernproblem des 21. Jahrhunderts. In: *Besser gleich!* Schließt die Lücke zwischen Arm und Reich. Berlim, Oxfam Deutschland, 2015, p. 4-8.

PAPE, Karin. Leserbrief an die Mitbestimmung. *Die Mitbestimmung*, ago. 2013.

PARNREITER, Christof. *Migration und Arbeitsteilung*: AusländerInnenbeschäftigung in der Weltwirtschaftskrise. Viena, Promedia, 1994.

PAUGAM, Serge. *Die elementaren Formen der Armut*. Hamburgo, Hamburger, 2008.

_____. Die Herausforderung der organischen Solidarität durch die Prekarisierung von Arbeit und Beschäftigung. In: CASTEL, Robert; DÖRRE, Klaus (orgs.). *Prekarität, Abstieg, Ausgrenzung*: Die soziale Frage am Beginn des 21. Jahrhunderts. Frankfurt a. M./Nova York, Campus, 2009, p. 175-96.

PAUSCH, Robert. Junge Linke haben den Bezug zur Unterschicht verloren. *Zeit-online*, 22 jun. 2016. Disponível em: <http://www.zeit.de/CampusVerlag/2016-06/politisches-engagement-junge-linke-studenten-parteizugehoerigkeit/komplettansicht>, acesso em: 29 jun. 2016.

PELIZZARI, Alessandro. *Dynamiken der Prekarisierung*: Atypische Erwerbsverhältnisse und milieuspezifische Unsicherheitsbewältigung. Konstanz, UVK, 2009.

PERROW, Charles. *Normale Katastrophen*: die unvermeidbaren Risiken der Grosstechnik. Frankfurt a. M./Nova York, Campus, 1987.

PETERS, Bernhard. *Die Integration moderner Gesellschaften*. Frankfurt a. M., Suhrkamp, 1993.

PEVELING, Barbara Frankreich. Die Republik frisst ihre Kinder. *CafeBabelvom*, 18 nov. 2015.

PIKETTY, Thomas. *Capital in the Twenty-First Century*. Londres, Belknap Press of Harvard University Press, 2014. [Ed. bras.: *O capital no século XXI*. Trad. Monica Baumgarten de Bolle, Rio de Janeiro, Intrínseca, 2014.]

PIORE, Michael J. Internationale Arbeitskräftemigration und dualer Arbeitsmarkt. In: KRECKEL, Reinhard (org.). *Soziale Ungleichheiten*: Soziale Welt Sonderband 2. Göttingen, Schwartz, 1983, p. 347-67.

POLANYI, Karl. *The Great Transformation*: Politische und ökonomische Ursprünge von Gesellschaften und Wirtschaftssystemen. Frankfurt a. M., Suhrkamp, 1995 [1944]. [Ed. bras.: *A grande transformação*: as origens de nossa época. Trad. Fanny Wrabel, 2. ed., Rio de Janeiro, Campus, 2000.]

PRIEWE, Jan. Die drei großen Krisen des deutschen Kapitalismus: Ein wirtschaftsgeschichtlicher und -theoretischer Vergleich. In: INSTITUT FÜR MARXISTISCHE STUDIEN UND FORSCHUNGEN (org.). *Große Krisen des Kapitalismus – Lange Wellen der Konjunktur?* Beiträge zur aktuellen Krisenanalyse und Monopoltheorie. Frankfurt a. M., IMSF, 1985.

_____. *Krisenzyklen und Stagnationstendenzen in der Bundesrepublik*. Colônia, Pahl-Rugenstein, 1988.

PRINCIPE, Catarina. Portugal: Von der Mobilisierung zum Widerstand. Horizonte des Kampfs gegen die Sparpolitik. In: *Theorie 21*: Marxismus und Gewerkschaften. n. 3, Frankfurt a. M., Aurora, 2013, p. 303-18.

QUENT, Matthias. *Rassismus, Radikalisierung, Rechtsterrorismus*. Weinheim, Beltz, 2015.

RANDERS, Jorgen. *2052*: Eine globale Prognose für die nächsten 40 Jahre. Der neue Bericht an den Club of Rome. Munique, Oekom, 2012.

RAPPAPORT, Alfred. *Creating Shareholder Value*: The New Standard for Business Performance. Nova York, Simon and Schuster, 1986.

REHBERG, Karl-Siegbert. Die unsichtbare Klassengesellschaft. Eröffnungsvortrag zum 32. Kongress der Deutschen Gesellschaft für Soziologie. Gekürzte Fassung. In: HENNING, Christoph (org.). *Marxglossar*. Friburgo, Freitag, 2006, p. 155-66.

REICH, Robert. *Die neue Weltwirtschaft*: Das Ende der nationalen Ökonomie. Frankfurt a. M., Fischer-Taschenbuch, 1996.

_____. *Superkapitalismus*. Frankfurt a. M./Nova York, Campus, 2008.

ROBINSON, Joan. Rosa Luxemburg's *Accumulation of Capital*. In: *Collected Papers*, v. 2. Oxford, Blackwell, 1964.

ROSA, Hartmut. *Beschleunigung*: Die Veränderung der Zeitstrukturen in der Moderne. Buch (Suhrkamp Taschenbuch Wissenschaft). Frankfurt a. M., Suhrkamp, 2005. [Ed. bras.: *Aceleração*. Trad. Rafael H. Silveira e João Lucas Tziminadis, São Paulo, Editora Unesp, 2019.]

_____. *Weltbeziehungen im Zeitalter der Beschleunigung*: Umrisse einer neuen Gesellschaftskritik. Berlim, Suhrkamp, 2012.

_____; DÖRRE, Klaus; LESSENICH, Stephan. Appropriation, Activation and Acceleration: The Escalatory Logics of Capitalist Modernity and the Crises of Dynamic Stabilization. *Theory, Culture and Society*, on-line, jul. 2016, p. 1-21.

ROSDOLSKY, Roman. Der Streit um die Marx'schen Reproduktionsschemata. In: MARX, Karl. *Das Kapital*: Kritik der Politischen Ökonomie, v. II: *Der Zirkulationsprozeß des Kapitals*. Berlim, Ullstein, 1970, p. 521-85.

ROSE, Nikolas. Tod des Sozialen? Eine Neubestimmung der Grenzendes Regierens. In: BRÖCKLING, Ulrich; KRASMANN, Susanne; LEMKE, Thomas (orgs.). *Gouvernementalität der Gegenwart*. Frankfurt a. M., Suhrkamp, 2000, p. 72-109.

ROTH, Karl-Heinz. *Die globale Krise*: Globale Krise – Globale Proletarisierung – Gegenperspektiven. Hamburgo, VSA, 2010.

RULFF, Dieter. Das unausweichliche Scheitern der Klimapolitik. *Vorgänge*, v. 192, n. 4, dez. 2010, p. 103-12.

SANDER, Nadine. *Das akademische Prekariat*: Leben zwischen Frist und Plan. Konstanz, UVK, 2012.

SARRAZIN, Thilo. *Deutschland schafft sich ab*: Wie wir unser Land aufs Spiel setzen. Munique, DVA, 2015.

SAUER, Dieter. Arbeit unter (Markt-)Druck: Ist noch Raum für innovative Arbeitspolitik? *WSI-Mitteilungen*, v. 58, n. 4, 2005, p. 179-85.

SCHELLNHUBER, Hans-Joachim. *Selbstverbrennung*: Die fatale Dreiecksbeziehung zwischen Klima, Mensch und Kohlenstoff. Munique, C. Bertelsmann, 2015.

SCHERSCHEL, Karin; BOOTH, Melanie. Aktivierung in die Prekarität. Folgen der Arbeitsmarktpolitik in Deutschland. In: SCHERSCHEL, Karin; STRECKEISEN, Peter; KRENN, Manfred. *Neue Prekarität*: Die Folgen aktivierender Arbeitsmarktpolitik – europäische Länder im Vergleich. Frankfurt a. M./Nova York, Campus, 2012, p. 17-46.

_____; SCHERSCHEL, Karin; STRECKEISEN, Peter; KRENN, Manfred. *Neue Prekarität*: Die Folgen aktivierender Arbeitsmarktpolitik – europäische Länder im Vergleich. Frankfurt a. M./Nova York, Campus, 2012.

SCHOLZ, Roswitha. Cristóvão Colombo forever? Para a crítica das atuais teorias da colonização no contexto do "Colapso da modernização". *Exit! Crise e Crítica da Sociedade da Mercadoria*, n. 13, 2016. Disponível em: <http://www.obeco-online.org/roswitha_scholz24.htm>, acesso em: 31 mar. 2022.

_____. Cristóvão Colombo forever? Para a crítica das atuais teorias da colonização no contexto do "Colapso da modernização". *Geografares*, jan.-jun. 2019, p. 116-69.

SCHULTHEIS, Franz; HEROLD, Stefan. Précarité und Prekarität: Zur Thematisierung der sozialen Frage des 21. Jahrhunderts im deutsch-französischen Vergleich. In: BUSCH, Michael; JESKOW, Jam; STUTZ, Rüdiger (orgs.). *Zwischen Prekarisierung und Protest*: Die Lebenslagen und Generationsbilder von Jugendlichen in Ost und West. Bielefeld, Transcript, 2010, p. 243-74.

_____; SCHULZ, Kristina (orgs.). *Gesellschaft mit begrenzter Haftung*: Zumutungen und Leiden im deutschen Alltag. Konstanz, UVK Universitätsverlag, 2005.

SCHUMANN, Michael. Kampf um Rationalisierung: Suche nach neuer Übersichtlichkeit. *WSI Mitteilungen*, v. 61, n. 7, 2008, p. 379-86.

SCHUMPETER, Joseph A. *Theorie der wirtschaftlichen Entwicklung*. Berlim, Duncker und Humblot, 2006 [1997]. [Ed. bras.: *Teoria do desenvolvimento econômico*. Trad. Laura Schlaepfer, São Paulo, Nova Cultural, 1982.]

SENNETT, Richard. *Die Kultur des neuen Kapitalismus*. Berlim, Berlin Verlag, 2007. [Ed. bras.: *A cultura do novo capitalismo*. Trad. Clóvis Marques, Rio de Janeiro, Record, 2006.]

SILVER, Beverly J. *Forces of Labor*: Workers' Movements and Globalization since 1870. Cambridge, Cambridge University Press, 2003.

_____. *Forces of Labor*: Arbeiterbewegungen und Globalisierung seit 1870. Berlin, Assoziation A, 2005.

SIMMEL, Georg. Der Arme. In: *Soziologie*: Untersuchungen über die Formen der Vergesellschaftung. Gessamtausgabe, v. 2. Frankfurt a. M., Suhrkamp, 1992.

SINN, Hans-Werner. *Ist Deutschland noch zu retten?* Berlim, Ullstein, 2005.

_____. 1929 traf es die Juden – heute die Manager. *Der Tagesspiegel*, 27 out. 2008.

SKLAIR, Leslie. Die transnationale Kapitalistenklasse. In: BERGER, Peter A.; WEIß, Anja (orgs.). *Transnationalisierung sozialer Ungleichheit*. Wiesbaden, VS Verlag für Sozialwissenschaften, 2008, p. 213-40.

SOMBART, Werner. *Der moderne Kapitalismus*, v. 2. Munique/Leipzig, Duncker und Humblot, 1924.

_____. *Der moderne Kapitalismus*, v.3. Munique/Leipzig, Duncker und Humblot, 1928.

SORGE, Arndt. Mitbestimmung, Arbeitsorganisation und Technikanwendung. In: STREECK, Wolfgang; KLUGE, Norbert (orgs.). *Mitbestimmung in Deutschland*: Tradition und Effizienz. Frankfurt a. M./Nova York, Campus, 1999.

SOROS, George. *Die Krise des globalen Kapitalismus*. Berlim, Alexander Fest, 1998. [Ed. bras.: *A crise do capitalismo global*: as ameaças aos valores democráticos. Rio de Janeiro, Campus, 1999.]

_____. *Das Ende der Finanzmärkte*: und deren Zukunft. Munique, Finanzbuch, 2008.

SRAFFA, Piero. *Warenproduktion mittels Waren*. Frankfurt a. M., Suhrkamp, 1963.

STAAB, Philipp. *Macht und Herrschaft in der Servicewelt*. Hamburgo, Hamburger, 2014.

STANDING, Guy. *The Precariat*: The New Dangerous Class. Londres, Bloomsbury, 2011. [Ed. bras.: *O precariado*: a nova classe perigosa. São Paulo, Autêntica, 2013.]

STATISTISCHES BUNDESAMT. *Datenreport 2008*: Fakten & Daten über die Bundesrepublik Deutschland. Wiesbaden, BPB, 2008.

_____. *Niedrigeinkommen und Erwerbstätigkeit*: Begleitmaterial zum Pressegespräch am 19. August 2009 in Frankfurt a. M. Wiesbaden, Destatis, 2009, p. 7.

STIGLITZ, Joseph. *Im freien Fall*: Vom Versagen der Märkte zur neuen Weltordnung. Munique, Siedler, 2010. [Ed. bras.: *O mundo em queda livre*. Trad. José Viegas Filho, São Paulo, Companhia das Letras, 2010.]

STREECK, Wolfgang. German Capitalism: Does It Exist? Can It Survive? In: CROUCH, Colin; STREECK, Wolfgang (orgs.). *Political Economy of Modern Capitalism*. Londres, Sage, 1997.

_____. Gewerkschaften in Westeuropa. In: SCHRÖDER, Wolfgang; WESSELS, Bernhard (orgs.). *Die Gewerkschaften in Politik und Gesellschaft der Bundesrepublik Deutschland*. Wiesbaden, VS Verlag für Sozialwissenschaften, 2003, p. 86-99.

STREECK, Wolfgang. *Gekaufte Zeit*: Die vertagte Krise des demokratischen Kapitalismus. Berlim, Suhrkamp, 2013. [Ed. bras.: *Tempo comprado*: a crise adiada do capitalismo democrático. São Paulo, Boitempo, 2018.]

_____. How Capitalism will End? *New Left Review*, v. 87, 2014, p. 35-64.

STRULIK, Torsten. *Nichtwissen und Vertrauen in der Wissensökonomie*. Frankfurt a. M., Campus, 2004.

SWEEZY, Paul M. *Theorie der kapitalistischen Entwicklung*: Eine analytische Studie über die Prinzipien der Marx'schen Sozialökonomie. Frankfurt a. M., Surhkamp, 1976. [Ed. bras.: *Teoria do desenvolvimento capitalista*. Tras. Helga Hoffmann, São Paulo, Nova Cultural, 1986.]

TAGUIEFF, Pierre-André. Die Metamorphosen des Rassismus und die Krisen des Antirassismus. In: BIELEFELD, Ulrich (org.). *Das Eigene und das Fremde*. Hamburgo, Junius, 1991, p. 221-68.

TAIT, Vanessa. *Poor Workers' Unions*: Rebuilding Labor From Below. Cambridge, South End Press, 2005.

THOMPSON, Edward P. *Die Entstehung der englischen Arbeiterklasse*, v. 1. Frankfurt a. M., Suhrkamp, 1987 [1963]. [Ed. bras.: *A formação da classe operária inglesa*, v. 1. Trad. Denise Bottmann, 12 ed., Rio de Janeiro, Paz e Terra, 2012.]

THUROW, Lester. *Die Zukunft des Kapitalismus*. Düsseldorf/Munique, Metropolitan, 1996. [Ed. bras.: *O futuro do capitalismo*. Rio de Janeiro, Rocco, 1996.]

TIGGES, Clauss. Amerikas neue Geisterstädte. In: BRAUNBERGER, Gerald; FEHR, Benedikt (orgs.). *Crash*: Finanzkrisen gestern und heute. Frankfurt a. M., FAZ-Institut, 2008.

TURBAN, Manfred. *Marx'sche Reproduktionsschemata und Wirtschaftstheorie*. Berlin, Duncker und Humblot, 1980.

URBAN, Hans-Jürgen. *Der Tiger und seine Dompteure*: Wohlfahrtsstaat und Gewerkschaften im Gegenwartskapitalismus. Hamburgo, VSA, 2013.

_____; PICKSHAUS, Klaus. Gesichter prekärer Arbeit. Plädoyer für eine demografiesensible Arbeits- und Sozialpolitik. In: SCHRÖDER, Lothar; URBAN, Hans-Jürgen (orgs.). *Anti-Stress-Initiativen*: Impulse aus Praxis und Wissenschaft. Gute Arbeit. Frankfurt a. M., Bund, 2013, p. 34-47.

VAN DER PIJL, Kees. *Transnational Classes and International Relations*. Londres, Routledge, 1998.

VESTER, Michael; TEIWES-KÜGLER, Christel; LANGE-VESTER, Andrea. *Die neuen Arbeitnehmer*: Zunehmende Kompetenzen – wachsende Unsicherheit. Hamburgo, VSA, 2007.

VITALI, Stefania; GLATTFELDER, James B.; BATTISTON, Stefano. The Network of Global Corporate Control. *PLoS ONE*, v. 6, n. 10, 2011.

VOGEL, Berthold. Soziale Verwundbarkeit und prekärer Wohlstand. Für ein verändertes Vokabular sozialer Ungleichheit. In: BUDE, Heinz; WILLISCH, Andreas (orgs.). *Das Problem der Exklusion*: Ausgegrenzte, Entbehrliche, Überflüssige. Hamburgo, Hamburger, 2006, p. 342-55.

_____. *Wohlstandskonflikte*: Soziale Fragen, die aus der Mitte kommen. Hamburgo, 2009.

VOGL, Joseph. *Das Gespenst des Kapitals*. Zurique, Diaphanes, 2010.

VON HOLDT, Karl. Bodies of Defiance. In: BURAWOY, Michael; VON HOLDT, Karl (orgs.). *Conversations with Bourdieu*: The Johannesburg Moment. Johanesburgo, Wits University Press, 2012, p. 67-73.

WACQUANT, Loïc. *Bestrafen der Armen*: Zur neoliberalen Regierung der sozialen Unsicherheit. Frankfurt a.M., Barbara Budrich, 2009.

WADDINGTON, David; JOBARD, Fabien; KING, Mike (orgs.). *Rioting in the UK and France*: A Comparative Analysis. Portland, Willan Publishing, 2009.

WADE, Robert; VENEROSO, Frank. The Asian Crisis: The High Debt Model versus the Wall Street-Treasury-IMF Complex. *New Left Review*, v. 1, n. 228, mar.-abr. 1998, p. 3-23.

WAGNER, Peter. *Soziologie der Moderne*: Freiheit und Disziplin. Frankfurt a. M./Nova York, Campus, 1995.

WALLERSTEIN, Immanuel. Die große Depression. *Blätter für deutsche und internationale Politik*, v. 11, 2008, p. 4-7.

_____. Die strukturelle Krise oder Warum der Kapitalismus sich nicht mehr rentieren könnte. In: WALLERSTEIN, Immanuel et al. (orgs.). *Stirbt der Kapitalismus?* Fünf Szenarien für das 21. Jahrhundert. Frankfurt a. M./Nova York, Campus, 2014, p. 17-47.

WALZER, Michael. *Zweifel und Einmischung*: Gesellschaftskritik im 20. Jahrhundert. Frankfurt a. M., S. Fischer, 1991.

WEBER, Max. *Wirtschaft und Gesellschaft*: Grundriß der verstehenden Soziologie. Tübingen, Mohr Siebeck, 1980. [Ed. bras.: *Economia e sociedade*. Brasília, Editora da UnB, 2012.]

_____. Die protestantische Ethik und der Geist des Kapitalismus [1904-1905]. In: *Gesammelte Aufsätze zur Religionsoziologie*. Tübingen, J. C. B. Mohr, 1988. [Ed. bras.: *A ética protestante e o "espírito" do capitalismo*. Trad. José Marcos Mariani de Macedo. São Paulo, Companhia das Letras, 2004.]

WEBSTER, Edward; VON HOLDT, Karl (orgs.). *Beyond the Apartheid Workplace*: Studies in Transition. Pietermaritzburg, University of KwaZulu-Natal, 2005.

WEINKOPF, Claudia. Warum Deutschland einen gesetzlichen Mindestlohn braucht. *Vorgänge*, v. 191, n. 49, cad. 3, 2010, p. 38-49.

WEIß, Anja; BERGER, Peter A. Logik der Differenzen – Logik des Austausches. Beiträge zur Transnationalsiierung sozialer Ungleichheiten. In: _____ (orgs.). *Transnationalisierung sozialer Ungleichheit*. Wiesbaden, VS Verlag für Sozialwissenschaften, 2008, p. 7-18.

WERDING, Martin; MÜLLER, Marianne. Globalisierung und gesellschaftliche Mitte. Beobachtungen aus ökonomischer Sicht. In: QUANDT-STIFTUNG, Herbert (org.). *Zwischen Erosion und Erneuerung*: Die gesellschaftliche Mitte in Deutschland. Ein Lagebericht. Frankfurt a. M., Societäts-Verlag, 2007, p. 103-61.

WERLHOF, Claudia von; MIES, Maria; BENNHOLDT-THOMSEN, Veronika (orgs.). *Frauen, die letzte Kolonie*: Zur Hausfrauisierung der Arbeit. Reinbek bei Hamburg, Rowohlt-Taschenbuch-Verlag, 1983.

WICKHAM, James. Das irische Beschäftigungsmodell, die Krise und das eigenartige Überleben des Sozialstaats. In: DÖRRE, Klaus; JÜRGENS, Kerstin; MATUSCHEK, Ingo (orgs.). *Arbeit in Europa*: Marktfundamentalismus als Zerreißprobe. Frankfurt a. M./Nova York, Campus, 2014, p. 181-96.

WILLIAMS, Michelle; SATGAR, Vishwas (orgs.). *Marxisms in the 21ˢᵗ Century*: Crisis, Critique and Struggle. Johanesburgo, Wits University Press, 2013.

WILLIAMSON, Oliver E. *Die ökonomischen Institutionen des Kapitalismus*. Tübingen, Mohr Siebeck, 1990.

WINDOLF, Paul (org.). Finanzmarkt kapitalismus: Analysen zum Wandel von Produktionsregimen. *Kölner Zeitschrift für Soziologie und Sozialpsychologie, Sonderheft*, Wiesbaden, VS Verlag für Sozialwissenschaften, v. 45, 2005, p. 20-57.

_____. Was ist Finanzmarkt-Kapitalismus? In: _____ (org.). *Finanzmarkt-Kapitalismus*: Analysen zum Wandel von Produktionsregimen. Wiesbaden, VS-Verlag, 2005.

_____. Eigentümer ohne Risiko. Die Dienstleistungsklasse des Finanzmarkt-Kapitalismus. *Zeitschrift für Soziologie*, v. 37, n. 6, 2008, p. 515-36.

WINFRIED RUIGROK, Rob van Tulder. *The Logic of International Restructuring*. Londres, Routledge, 1995.

WIRTSCHAFTS- UND SOZIALWISSENSCHAFTLICHES INSTITUT IN DER HANS-BÖCKLER-STIFTUNG (org.). *WSI-Tarifhandbuch 2006*. Frankfurt a. M., WSI, 2006.

WOOD, Ellen Meiksin. *The Origin of Capitalism*. Nova York, Monthly Review Press, 1999. [Ed. bras.: *A origem do capitalismo*. Rio de Janeiro, Zahar, 2001.]

WRIGHT, Erik Olin. Working-Class Power, Capitalist-Class Interests, and Class Compromise. *American Journal of Sociology*, v. 105, n. 4, jan. 2000, p. 957-1002.

_____. Transformation des Kapitalismus. In: DÖRRE, Klaus; SAUER, Dieter; WITTKE, Volker (orgs.). *Kapitalismustheorie und Arbeit*: Neue Ansätze soziologischer Kritik. Frankfurt a. M./Nova York, Campus, 2012, p. 462-88.

WSF WIRTSCHAFTS- UND SOZIALFORSCHUNG. *Erhebung zur beruflichen und sozialen Lage von Lehrenden in Weiterbildungseinrichtungen*. Schlussbericht, Kerpen, 2005.

YERGIN, Daniel; STANISLAW, Joseph. *Staat oder Markt*: Die Schlüsselfrage unseres. Jahrhunderts. Frankfurt a. M., Campus, 1999.

ZEISE, Lucas. *Ende der Party*: Die Explosion im Finanzsektor und die Krise der Weltwirtschaft. Colônia, PappyRossa, 2008.

ZINN, Karl Georg. *Neoliberalismus*. In: URBAN, Hans-Jürgen (org.). *ABC zum Neoliberalismus*. Hamburgo, VSA-Verlag, 2006, p. 164-6.

Fonte dos textos

1. A nova expropriação capitalista: dinâmicas e limites do capitalismo financeiro[1]

   DÖRRE, Klaus. "Die neue Landnahme. Dynamiken und Grenzen des Finanzmarktkapitalismus". In: DÖRRE, Klaus; LESSENICH, Stephan; ROSA, Hartmut. *Soziologie – Kapitalismus – Kritik*: eine Debatte. Frankfurt am Main, Suhrkamp, 2012, p. 21-86.

2. Expropriação capitalista: causas, efeitos e limites da dinâmica capitalista de crescimento

   DÖRRE, Klaus. "Landnahme: Triebkräfte, Wirkungen und Grezen kapitalistischer Wachstumsdynamik". In: BACKHOUSE, Maria; GERLACH, Olaf; KALMRING, Stefan; NOWAK, Andreas (orgs.). *Die globale Einhegung*: Krise, ursprüngliche Akkumulation und Landnahmen im Kapitalismus. Münster, Westfälisches Dampfboot, 2013, p. 112-40.

3. Precariedade: a nova questão social do século XXI?

   DÖRRE, Klaus. "Prekarität – die soziale Frage des 21. Jahrhunderts?". In: BÖHME, Gernot; GAHLINGS, Ute (orgs.). *Wie lebt es sich in unserer Gesellschaft?* Bielefeld, Aisthesis, 2015, p. 89-121.

4. Expropriação capitalista e classes sociais: sobre a relevância da exploração secundária

   DÖRRE, Klaus. "Landnahme und soziale Klassen. Zur Relevanz sekundärer Ausbeutung". In: THIEN, Hans-Günter (org.). *Klassen im Postfordismus*. Münster, Westfälisches Dampfboot, 2010, p. 113-51.

5. A hora do predador: expropriação capitalista do Estado, subclasses e segurança interna

   DÖRRE, Klaus. "Stunde des Raubtiers". In: HIRSCH, Michael; VOIGT, Rüdiger (orgs.). *Symbolische Gewalt*: Politik, Macht und Staat bei Pierre Bourdieu. Baden-Baden, Nomos, 2017, p. 167-96.

---

[1] Versão modificada, tradução brasileira publicada originalmente na *Revista Direito & Práxis*, v. 6, n. 12, 2015, p. 536-603 (trad. Carolina Alves Vestena e Iasmin Goes, rev. Guilherme Leite Gonçalves e Enrico Roberto).

6. Teoria crítica e crise: a expropriação capitalista nas fronteiras da dinâmica capitalista

DÖRRE, Klaus. "Kritische Theorie und Krise: Landnahme an den Grenzen kapitalistischer Dynamik". In: BITTLINGMAYER, Uwe; DEMIROVIC, Alex; FREYTAG, Tatjana (orgs.). *Handbuch Kritische Theorie*. Wiesbaden, Springer, 2017, p. 1-129.

Sobre o autor

Klaus Dörre é professor titular de sociologia na Universidade Friedrich-Schiller de Jena (Alemanha) e um dos mais destacados sociólogos da atualidade. Suas áreas de pesquisa incluem teoria do capitalismo, capitalismo financeiro, sindicalismo estratégico, trabalho flexível e precário.

Principal seguidor da tradição de Rosa Luxemburgo na Alemanha, a contribuição teórica mais importante de Dörre é o teorema da *Landnahme* (expropriação capitalista), debate ancorado nas discussões sobre a continuidade da acumulação primitiva e nas reflexões de Luxemburgo.

Dörre faz parte de um círculo marxista alemão que resistiu ao giro normativo da Escola de Frankfurt conduzido nos anos 1970 por Habermas. Ele é um dos poucos marxistas alemães que conseguiu se tornar professor universitário, dado o grau de resistência ao marxismo que se desenvolveu na academia alemã, e usa sua influência em intervenções públicas contra a ascensão do nazifascismo no país. Seu engajamento político vai além: ele faz parte da coordenação científica do Attack, movimento crítico à globalização; do IGMetall, o maior sindicato metalúrgico do mundo; e do partido político Die Linke, agremiação de esquerda crítica alemã.

É autor de inúmeros artigos e livros publicados em inglês e alemão, dos quais se destacam: *Soziologie, Kapitalismus, Kritik: Eine Debatte* (Suhrkamp, 2009), escrito em coautoria com Stephan Lessenich e Hartmut Rosa e lançado em inglês como *Sociology, Capitalism, Critique* (Verso, 2015); e sua obra mais recente *Die Utopie des Sozialismus* (Matthes&Seitz, 2021).

Teorema da expropriação capitalista é o primeiro livro de Klaus Dörre publicado no Brasil.

OUTRAS PUBLICAÇÕES DA BOITEMPO

Bem mais que ideias:
a interseccionalidade como teoria social crítica
PATRICIA HILL COLLINS
Tradução de **Bruna Barros** e **Jess Oliveira**
Orelha de **Elaini Cristina Gonzaga da Silva**

Um dia esta noite acaba
ROBERTO ELISABETSKY
Orelha de **Irineu Franco Perpétuo**
Quarta capa de **Odilon Wagner**

Justiça interrompida
NANCY FRASER
Tradução de **Ana Claudia Lopes** e **Nathalie Bressiani**
Orelha de **Flávia Biroli**

Lacan e a democracia
CHRISTIAN DUNKER
Orelha de **Vladimir Safatle**
Quarta capa de **Maria Lívia Tourinho Moretto** e **Nelson da Silva Jr.**

O que é a filosofia
GIORGIO AGAMBEN
Tradução de **Andrea Santurbano** e **Patricia Peterle**
Orelha de **Cláudio Oliveira**

A questão comunista
DOMENICO LOSURDO
Organização e introdução **Giorgio Grimaldi**
Tradução de **Rita Coitinho**
Orelha de **Marcos Aurélio da Silva**

Sinfonia inacabada:
a política dos comunistas no Brasil
ANTONIO CARLOS MAZZEO
Prólogo de **Milton Pinheiro**
Apresentação de **Mauro Iasi**
Orelha de **Marly Vianna**

ASTROJILDO PEREIRA

Conselho editorial: Fernando Garcia de Faria, Ivana Jinkings, Luccas Eduardo Maldonado e Martin Cezar Feijó

Crítica impura
Prefácio de **Joselia Aguiar**
Orelha de **Paulo Roberto Pires**
Anexos de **Leandro Konder**

Formação do PCB
Prefácio de **José Antonio Segatto**
Orelha de **Fernando Garcia**
Anexos de **Alex Pavel (Astrojildo Pereira)**

Interpretações
Prefácio de **Flávio Aguiar**
Orelha de **Pedro Meira Monteiro**
Anexos de **Nelson Werneck Sodré** e **Florestan Fernandes**

Machado de Assis
Prefácio de **José Paulo Netto**
Orelha de **Luccas Eduardo Maldonado**
Anexos de **Euclides da Cunha**, **Rui Facó**, **Astrojildo Pereira** e **Otto Maria Carpeaux**

URSS Itália Brasil
Prefácio de **Marly Vianna**
Orelha de **Dainis Karepovs**

O revolucionário cordial
MARTIN CEZAR FEIJÓ
Prefácio de **Sérgio Augusto**
Orelha de **Gilberto Maringoni**

ESCRITOS GRAMSCIANOS

Conselho editorial: Alvaro Bianchi, Daniela Mussi, Gianni Fresu, Guido Liguori, Marcos del Roio e Virgínia Fontes

Homens ou máquinas?
escritos de 1916 a 1920
ANTONIO GRAMSCI
Seleção e apresenttação de **Gianni Fresu**
Tradução de **Carlos Nelson Coutinho** e **Rita Coitinho**
Orelha de **Marcos del Roio**

MARX-ENGELS

A guerra civil dos Estados Unidos
KARL MARX E FRIEDRICH ENGELS
Seleção dos textos de **Murillo van der Laan**
Tradução de **Luiz Felipe Osório** e **Murillo van der Laan**
Prefácio de **Marcelo Badaró Mattos**
Orelha de **Cristiane L. Sabino de Souza**

Rosa Luxemburgo

Publicado em junho de 2022, 109 anos após o lançamento de *A acumulação do capital*, de Rosa Luxemburgo, este livro foi composto em Adobe Garamond Pro, corpo 11/13,2, e impresso em papel Pólen Soft 80 g/m² pela gráfica Rettec, para a Boitempo, com tiragem de 2 mil exemplares.